高等学校“十三五”规划教材

新能源汽车技术与应用

魏 玲 刘曙光 主编
赵红阳 参编

北 京
冶 金 工 业 出 版 社
2024

内 容 提 要

本书全面、系统地论述了新能源汽车的定义与分类，阐述了环境和能源问题对于发展新能源汽车的必要性和发展现状及趋势；重点介绍了动力电池与能量存储、电机驱动系统、纯电动汽车、混合动力汽车和燃料电池汽车的结构、原理及设计方法等；对再生制动的基本原理、电动汽车充换电技术也进行了介绍。

本书可作为高等院校汽车类专业的教材，也可供从事新能源汽车技术和相关研究的工程技术人员参考。

图书在版编目(CIP)数据

新能源汽车技术与应用/魏玲，刘曙光主编. —北京：冶金工业出版社，2018.9（2024.1 重印）

高等学校“十三五”规划教材

ISBN 978-7-5024-7908-4

Ⅰ.①新… Ⅱ.①魏… ②刘… Ⅲ.①新能源—汽车—高等学校—教材 Ⅳ.①U469.7

中国版本图书馆 CIP 数据核字（2018）第 216950 号

新能源汽车技术与应用

出版发行 冶金工业出版社 **电　　话** (010)64027926
地　　址 北京市东城区嵩祝院北巷 39 号 **邮　　编** 100009
网　　址 www.mip1953.com **电子信箱** service@mip1953.com

责任编辑 俞跃春 杜婷婷 美术编辑 彭子赫 版式设计 禹 蕊
责任校对 郑 娟 责任印制 窦 唯

北京建宏印刷有限公司印刷
2018 年 9 月第 1 版，2024 年 1 月第 2 次印刷
787mm×1092mm 1/16；19 印张；461 千字；292 页
定价 49.00 元

投稿电话 (010)64027932 投稿信箱 tougao@cnmip.com.cn
营销中心电话 (010)64044283
冶金工业出版社天猫旗舰店 yjgycbs.tmall.com
（本书如有印装质量问题，本社营销中心负责退换）

前　　言

汽车的发展极大地改变了人们的生活方式，提高了人们的生活质量，同时汽车工业的发展也带来了大量的就业机会和财富，推动了经济的发展，并且汽车技术的进步也极大地促进了机械、电子、化工等相关科学技术的进步。可以说，汽车的出现改变了整个世界的面貌。

然而，汽车的发展在给人类带来巨大益处的同时也存在能源环境和气候问题的挑战。2016 年全球汽车保有量已达到 15.9 亿辆，其中中国为 1.9 亿辆，近几年全球汽车保有量仍快速增长，因此燃油汽车每年消耗的能源和排放的污染物的数量也在逐年递增。面对日益严峻的能源、环境和气候问题，世界各国政府、学术界和工业界都将目光投向了环保与节能的新能源汽车上，并且都在加大对新能源汽车开发的投入力度，加速新能源汽车的商业化步伐。

环境和能源问题，特别是环境问题是新能源汽车发展的主要推动力。2009 年 3 月 20 日我国发布了《汽车产业调整和振兴规划》，我国政府非常重视新能源及节能汽车的发展，启动了国家节能和新能源汽车示范工程，由中央财政安排资金给予补贴，支持大中城市示范推广混合动力汽车、纯电动汽车、燃料电池汽车等节能和新能源汽车。《中国制造 2025》明确提出纯电动和插电式混合动力汽车、燃料电池电动汽车是国内未来的重点发展方向，并分别提出了 2020 年和 2025 年的发展目标；继续支持电动汽车、燃料电池电动汽车发展，提升动力电池、驱动电机等核心技术的工程化和产业化能力，形成从关键零部件到整车的完整工业体系和创新体系，推动新能源汽车同国际先进水平接轨。本书的内容将对新能源汽车的推广应用起到一定的积极作用。

本书讨论了新能源汽车技术及应用的有关内容。全书分为 8 章。第 1 章讨论了新能源汽车的定义与分类，阐述了环境和能源问题对于发展新能源汽车的必要性，并介绍了新能源汽车的发展现状及趋势；第 2 章重点论述了动力电池与能量存储，包括电化学蓄电池、太阳能电池、超级电容和飞轮电池，还介绍了混合能量存储系统储能装置；第 3 章讲述了电机驱动系统工作原理及特性，包括直流电机驱动系统、交流感应电机驱动系统、交流永磁电机驱动系统、开关磁阻电机驱动系统；第 4 章讲述了纯电动汽车的基本结构及原理，同时也讲述了电池管理系统；第5章讲述了混合动力汽车的结构及原理，给出了串联式、并联式、混联式混合动力汽车驱动系设计；第6章讲述了燃料电池汽车的结构及原理，在讨论了燃料电池技术的基础上，介绍了燃料电池混合动力驱动系设计；第7章讲述了再生制动的基本原理，讨论了电动汽车和混合动力汽车的制动系统；第8章对电动汽车充电基础设施进行了相关介绍，并介绍了充电站建设工程实例。书中既有新能源汽车广泛应用的成熟技术，同时还介绍了一些国内外有关新能源汽车的新技术。

本书由辽宁工业大学电气工程学院魏玲、黄山学院刘曙光担任主编。全书由魏玲、刘曙光统编定稿。具体编写分工如下：第8章，第5章中的5.1节、5.2节、5.3节、5.4节由魏玲编写；第4章、第5章中的5.6节由刘曙光编写；其余内容由其他人员编写。

在本书编写过程中借鉴了参考文献中的相关内容，对文献作者表示感谢。本书获2018年度安徽省高校科学研究重大项目（KJ2018A0408）、2017年度安徽省教育厅新工科研究与实践项目（2017xgkxm47）、2017年度安徽省教育厅教学研究重大项目（2017jyxm0454）的资助，在此表示衷心的感谢。

由于新能源汽车技术还在发展中，很多相关的技术和理论还在研究过程中，加之作者水平有限，书中的疏漏和不当之处，敬请读者指正。

编 者

2018年5月

目　　录

1 绪　　论

【本章重点和难点】

（1）本章重点：

1）新能源汽车的定义与分类。

2）发展新能源汽车的重要性。

3）新能源汽车发展现状。

（2）本章难点：

1）几种新能源汽车发展前景。

2）汽车新能源的比较。

1.1 新能源汽车的定义与分类

1.1.1 新能源汽车的定义

根据我国汽车产业发展政策，国家发展和改革委员会公告〔2007〕第72号公布了《新能源汽车生产准入管理规则》，2009年在国家《汽车产业调整和振兴规划》的指导下，工业和信息化部公告〔2009〕第44号公布了《新能源汽车生产企业及产品准入管理规则》（以下简称《规则》）。《规则》对新能源汽车做出了明确的定义：新能源汽车是指采用非常规的车用燃料作为动力来源（或使用常规的车用燃料，采用新型车载动力装置），综合车辆的动力控制和驱动方面的先进技术，形成的技术原理先进，具有新技术、新结构的汽车。

2012年4月18日在国务院常务会议上，讨论并通过了《节能与新能源汽车产业发展规划（2012~2020年）》，规划指出：要以线盘驱动为汽车工业转型的主要战略取向，当前重点推进化电动汽车和插电式混合动力汽车产业化，推广普及非插电式混合动力汽车、节能内燃机汽车，提升我国汽车产业整平技术水平。2015年5月8日，国务院又正式印发了《中国制造2025》，这是一份围绕实现制造强国的纲领性文件，在十大重点领域的“6. 节能与新能源汽车”中明确提出：继续支持电动汽车、燃料电池汽车发展，掌握汽车低碳化、信息化、智能化核心技术，提升动力电池、驱动电机、高效内燃机、先进变速器、轻量化材料、智能控制等核心技术的工程化和产业化能力，形成从关键零部件到整车的完整工业体系和创新体系，推动自主品牌节能与新能源汽车同国际先进水平接轨。2016年4月6日国务院召开常务会议，进一步通过了《装备制造业标准化和质量提升规划》，要求所涉及的10大重点领域对接《中国制造2025》。2016年7月和11月，国务院又相继颁发了《“十三五”国家战略性新兴产业发展规划》和《“十三五”国家科技创新规划》，这两份文件再次把新能源汽车列入规划。2017年6月，在《科学美国人》杂志发布的2017年度全球十大新兴技术榜单中，“新能源汽车”榜上有名。

石油短缺、环境污染、气候问题是全球汽车产业面临的共同挑战，发展新能源汽车已成为大势所趋，新能源汽车必将成为21世纪汽车工业发展的热点。

1.1.2　新能源汽车的分类

根据《规则》的规定，新能源汽车包括混合动力汽车（Hybrid electric vehicle，HEV）、纯电动汽车（Battery electric vehicle，BEV）、燃料电池电动汽车（Fuel cell electric vehicle，FCEV）、氢发动机汽车（Hydrogen fueled engine vehicle，HFEV）、天然气汽车（Natural gas vehicle，NGV）以及其他新能源（如高效储能器、二甲醚）汽车等各类别产品。

1.1.2.1　混合动力汽车

混合动力汽车是指由多于一种的能量转换器提供驱动动力的混合型电动汽车，即使用蓄电池和副能量单元的电动汽车，其副能量单元实际上是一部燃烧某种燃料的原动机或动力发电机组，目前，混合动力汽车多采用传统燃料的燃油发动机与电力混合。

按照动力系统结构的不同，混合动力汽车可以分为串联式混合动力汽车（Series hybrid electric vehicle，SHEV）、并联式混合动力汽车（Parallel hybrid electric vehicle，PHEV）和混联式混合动力汽车（Plug-in split hybrid electric vehicle，PISHEV）。按照燃料种类的不同，又可以分为汽油混合动力和柴油混合动力两种。目前在国内市场上，混合动力汽车的主流是汽油混合动力，而国际市场上柴油混合动力车型发展也很快。

混合动力汽车是传统内燃机汽车与电动汽车相结合的产物，其关键技术是混合动力系统，它的性能直接关系到混合动力汽车整车性能。混合动力汽车最突出的优势就是其燃油经济性，可以按平均需用的功率确定内燃机的最大功率，使内燃机处于油耗低、污染少的最优工况下工作，一般比传统燃料汽车节约燃油30%～50%，同时也可以显著降低排放；同时电池可以方便地回收制动等工况时的能量；从普及推广的角度可以利用现有的加油站设施，无需新的投资。

但是混合动力汽车也存在着价格高、长距离高速行驶基本不能省油等问题。目前，我国混合动力汽车技术发展较快，部分车型已处于技术成熟期。

1.1.2.2　纯电动汽车

纯电动汽车是指以车载电源为动力，用电机驱动车轮行驶，符合道路交通、安全法规各项要求的车辆。

纯电动汽车完全采用可充电式电池驱动，其基本结构并不复杂，电动发电机和车载电池是其中的关键部件，其中又以电池最为关键。其难点在于电力储存技术。

由于电力可以从多种一次能源获得，不必担心能源的日渐枯竭，因此纯电动汽车具有广阔的使用前景，同时纯电动汽车无污染、低噪声、高能效，正是这些优点使电动汽车的研究和应用成为汽车工业的一个“热点”。目前蓄电池单位重量储存的能量太少，充电后行驶里程不理想；高储量的电池使用寿命较短，由于没形成经济规模导致使用成本高，难以实现商业化运营。

对于电动汽车产业化进程而言，目前最大的障碍就是基础设施建设以及价格。与混合动力相比，电动汽车更需要基础设施的配套，而这需要政府投入，相关企业合作共同建设，才有可能大规模普及推广。近年来，在我国继铅酸蓄电池类的纯电动汽车技术发展较为成熟之后，其他蓄电池也有了长足的发展。

1.1.2.3 燃料电池电动汽车

燃料电池电动汽车是利用燃料电池，将燃料中的化学能直接转化为电能来进行动力驱动的新型汽车。

与混合动力汽车相比，燃料电池电动汽车完全不进行燃料的燃烧过程，而是通过电池直接将化学能转化为电能，依靠电机驱动。与纯电动汽车相比，燃料电池汽车动力源主要是燃料电池，而不是蓄电池。燃料电池的能量转换效率比内燃机要高 2~3 倍，燃料电池化学反应过程不会产生有害产物。因此，从能源的利用和环境保护方面来看，燃料电池电动汽车是一种理想车辆，代表着清洁汽车未来的发展方向。

燃料电池电动汽车使用的燃料包括氢、甲醇、汽油、柴油等，国际上普遍采用的是高能量密度的液态氢。

近几年，虽然国际上在燃料电池技术已经取得了重大进展，但在燃料电池汽车开发中仍然存在着技术性挑战，如燃料电池组的一体化、整车集成、产业化、商业化等。在我国，燃料电池电动汽车的研究水平与发达国家相差无几，有关专家指出我国完全有能力在这一领域赶超世界先进水平。

1.1.2.4 氢发动机汽车

氢发动机汽车是在现有的发动机基础上加以改造，从氢气（或其他辅助燃料）和空气的混合燃烧产生能量从而获得动力的汽车。与氢燃料电池汽车不同的是，氢动力汽车使用的是内燃机，而氢燃料电池汽车是电机，没有氢的燃烧过程。

由欧盟委员会发起并推广的氢燃料内燃机项目，历经 3 年时间于 2007 年取得了一定的成功。其研发的氢燃料发动机的性能已经可以和传统内燃机相媲美。然而，由于氢燃料加注基础设施的限制，现阶段的氢动力汽车一般也设计为可以同时使用汽油。2005 年 1 月，宝马汽车公司首次向北美推出概念跑车 H2R，该跑车采用液氢燃料，0~96km/h 的加速时间仅需 6s，其续驶里程高达 350km。

氢发动机汽车除了具备无污染、低排放等优点外，还具有一些特殊的优势，如对氢的要求较低、燃烧性能高、内燃机技术成熟等。但是氢发动机汽车现在面临氢的制取和液态氢的储存这两大难题，能否有效地解决这两大难题将决定氢发动机汽车的发展前景。

1.1.2.5 天然气汽车

天然气汽车是以天然气作为燃料的汽车，又称为“蓝色动力”汽车。按照天然气的化学成分和形态，分为压缩天然气汽车（Compressed natural gas，CNG）、液化天然气汽车（Liquefied natural gas，LNG）和液化石油气汽车（Liquefied petroleum gas，LPG）三种。天然气汽车由于采用天然气为燃料，所以具有低污染、低成本、安全性高的特点，但动力性能较低，不易携带，而且一旦大规模投入使用，必须建立相应的加气站及为加气站输送天然气的管道，涉及城市建设规划、经费投入和环境安全等诸多因素，成本较高。

我国天然气资源丰富，天然气汽车技术发展较快，在天然气资源丰富的地区，天然气汽车比较普及。

1.1.2.6　其他新能源汽车

除了上述新能源汽车外，目前还有以醇、醚和生物燃料为代表的其他有机燃料作为能源的新型汽车。

醇类燃料泛指甲醇和乙醇，都属于含氧燃料。醇类燃料既可以直接作为发动机燃料，也可与汽油或柴油配制成混合燃料。与汽油相比，醇类燃料具有较高的输出效率，能耗量折合油耗量较低，排放有害气体少，属清洁能源。甲醇主要从煤和石油中提炼，规模化生产后可降低成本。其缺点在于：产量偏低，成本偏高；具有毒性，泄漏后危害较大；有较强的腐蚀性，对管线的损伤较大。乙醇多由发酵法生产，成本较低。目前国外较多使用醇类与汽油或柴油掺混组成的复合燃料。比例控制在5%~15%以下时，可以避免对发动机结构的改造，这种比例的燃料在市场上已经推广，更大比例掺混燃料目前仍处于研究探索阶段。当汽油价格较高时，燃料乙醇具有明显的成本优势。然而，大规模使用燃料乙醇会导致玉米、甘蔗等农作物供不应求、价格上升。随着技术的进步，醇类燃料将有很大的发展使用空间。

使用醚类作为能源的汽车主要指采用燃料二甲醚发动机的汽车。甲醚是一种惰性非腐蚀性有机物，是优良的冷冻剂和燃料的替代品，二甲醚在常温、常压下为无色易燃气体。较高的十六烷值让二甲醚与柴油有相当的性能和热效率。其能量密度大，不会占用过多的体积，使用和存储较为方便。在发动机燃烧时不会产生炭烟，相比柴油，发动机燃烧二甲醚燃料的体积是柴油体积的2倍。如果要复原柴油机的动力，则需改造燃油供给系统。但是其生产工艺不适合大规模生产，成本偏高。

生物柴油是指利用植物油和动物脂肪等可再生资源与甲醇进行酯交换而形成的长链脂肪酸甲酯混合物。目前使用的“清洁柴油”是生物柴油与普通柴油不同比例的混合燃料。通常采用生物柴油的体积分数Bx来标称这两种物质的比例，目前主要采用的是B20混合柴油（即20%的生物柴油加80%的普通柴油）。生物柴油作为汽车燃料具有可再生性、环境友好性和优良的可替代性等突出优势。但是生物柴油也有一系列的缺点：挥发性低，易造成燃烧不完全、冷车不易启动、点火延迟等问题；燃烧残留物呈微酸性，对气缸有一定的腐蚀作用；安定性差，含双键的生物柴油在空气中容易氧化变质；对橡胶零件有害，含有微量甲醇与甘油的生物柴油会降解与它接触的橡胶零件。

1.2　发展新能源汽车的意义

1.2.1　汽车在社会发展中的地位

虽然汽车工业发展面临着能源危机和环境污染两大主要问题，但汽车在社会发展中的地位仍无法被撼动。汽车是“改变世界的机器”，是推动社会进步的车轮，汽车早已成为人们日常生活中不可或缺的重要组成部分。汽车的普遍使用，改变了经济社会结构，形成了一整套新的经济、文化、生活体系，更改善了人们的生活质量，推进了社会进步，促进了经济发展。对于蓬勃发展的我国来说，新型工业化过程中，汽车工业在我国经济发展中占据着重要的战略地位，其国民经济支柱产业的地位日益凸显。汽车工业的发展将大力推进高新技术的进步和创新。汽车工业必定在社会进程中起到积极的推动作用。

1.2.1.1 汽车在人们现实生活中的作用

(1) 汽车逐渐成为生活必需品。汽车从奢侈品变成了一件日常商品，人们的生活方式、生活观念和生活质量发生了巨大改变，使很多人对时间的概念不再局限于公共交通的时刻表。因此，汽车已经成为自由的象征，人们购买汽车更多是为了改变一种生活模式。

(2) 汽车增加了劳动就业率。汽车工业的发展能够给社会创造大量的就业岗位。在我国，有数据显示，2012 年末，汽车行业及直接相关就业职工总数约 3345.4 万人，占全国从业人数的 4.5%（全国从业人数，2012 年末按 73740 万人计算），即在我国从业人数当中，平均每 2 个人就有 1 个人从事与汽车产业有关的工作。因此，汽车工业的发展创造了大量的就业机会，极大促进了社会稳定。

(3) 汽车加快了公路网和城市化进程。第二次世界大战后，各国快速投入到基础设施建设，高速公路的发展也迎来了快速发展阶段。高速公路网的迅速建立为汽车产业的快速发展提供了条件。汽车在联系城市、城镇中发挥着巨大作用，已成为一种最常见的交通工具。大量汽车的使用促进了公路的建设，而公路网的延伸又进一步增大了汽车需求量。

(4) 汽车开拓了汽车服务贸易市场。汽车工业的每个环节，从市场、研发、采购、生产、销售、服务直至后勤，都已经超出了国家范围。由此而产生的贸易、法律、环保及产业经济影响已经远远超过了汽车工业本身。同时，与汽车产业发展密切相关的汽车服务贸易市场迅速发展，在发达国家已发展形成成熟的二手车置换、保险、信贷、维修、保养、租赁、物流、贸易和回收利用等业务。

(5) 汽车产生了一系列新生事物。汽车产业的发展创造了多种衍生新事物，如汽车购置阶段的车贷业务、汽车使用阶段的车险业务，以及汽车租赁、汽车维修企业和二手车市场等。汽车展会、汽车艺术及汽车旅馆更是成为了发达国家人们日常生活中的一部分，改变了人们生活和思维方式。另外，汽车交通的便捷性也改变了城市结构，淡化了人们的区域观念。

1.2.1.2 汽车在当代社会经济中的作用和地位

(1) 汽车工业在国民经济增幅中的地位。汽车既是高价值的产品，又是批量大的产品，因而它能够创造巨大的产值。2007 年我国汽车工业总产值达 22425.48 亿元，销售总产值为 21937.99 亿元。2008 年我国汽车工业总产值为 25887.14 亿元，同比增长 15.4%；销售总产值为 25546.24 亿元，同比增长 16.4%。2009 年我国汽车工业总产值为 33423.45 亿元，同比增长 29.1%；销售总产值为 32753.26 亿元，同比增长 28.2%。2010 年我国汽车工业总产值为 45473.95 亿元，同比增长 36.1%；销售总产值 44721.7 亿元，同比增长 36.5%。2011 年，全国汽车行业规模以上企业累计完成工业总产值 49994.89 亿元，同比增长 16.82%；累计完成工业销售产值 49219.96 亿元，同比增长 16.72%。2012 年我国汽车工业总产值已达到 52900 亿元。

(2) 汽车工业在工业化过程中的作用与地位。在工业化过程中，汽车工业作为龙头产业，不仅极大地促进了其上游产业的发展，如钢铁、有色金属和橡胶等产业；也对其下游产业起到了极大的促进作用，如汽车维修、销售、道路、运输、金融和保险等行业。

(3) 汽车工业对国家综合经济实力的影响。汽车工业的繁荣是一个国家工业整体实力提升的综合体现，同时也是国家综合经济实力增长的重要表现。自新中国成立以来，我国的汽车工业经历了从无到有、从小到大的发展过程。随着我国经济的不断发展，汽车制造水平不断提高，汽车产业的市场占有率也在不断攀升。作为一个新兴的汽车大国，我国拥有全球第一大汽车市场。汽车工业的发展对于国民经济的增长具有重要意义，对于增强我国的国际核心竞争力也具有重要作用。在当前全面建成小康社会的背景下，大力发展汽车工业已成为拉动国家综合实力增长的重要途径。

1.2.2 汽车对环境的影响

然而，汽车飞速发展的同时，给自然环境、人文环境及人类的生存和健康带来许多不利影响。

目前，内燃机汽车在国内外汽车市场上仍占绝大部分。汽车发动机燃烧燃料产生动力的同时排放出尾气。尾气的主要成分是二氧化碳（CO_2）、一氧化碳（CO）、氮氧化物（NO_x）和碳氢化合物（HC），还有铅尘和烟尘等污染物和一些固体细微颗粒物。

二氧化碳是大气主要的温室气体之一。当大气中二氧化碳含量升高时，会增强大气对太阳光中红外线辐射的吸收，阻止地球表面的热量向外散发，使地球表面的平均气温上升，产生温室效应。目前，全世界二氧化碳的排放量已超过 200 亿吨，其中汽车的排放量占 10%~15%。汽车尾气排放物中的二氧化碳占废气总量的 20%。

汽车排放二氧化碳的增多，加速全球变暖，威胁人类生存环境。

40 年来全球及中国二氧化碳排放总量变化趋势如图 1-1 所示。

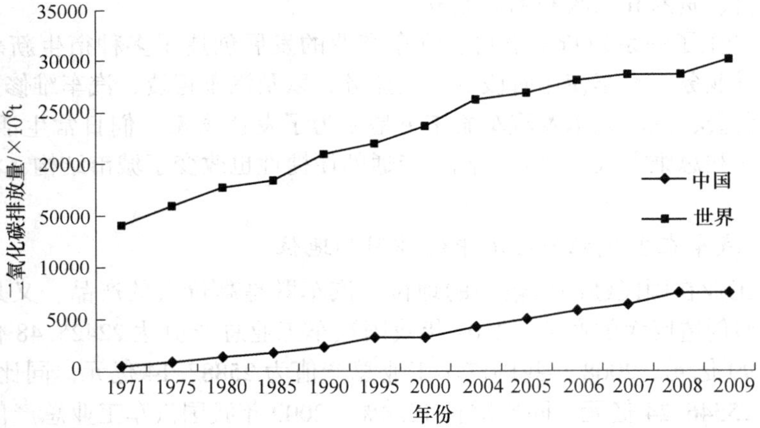

图 1-1 全球及中国二氧化碳排放总量变化趋势

由图 1-1 可见，随着汽车工业的发展，全球及中国二氧化碳排放总量逐年增加，碳排放问题日益突出，2009 年世界二氧化碳排放总量达到 300.6 亿吨。其中，国际能源署提供的数据表明，全球 23%的二氧化碳来自于交通运输，可见汽车工业是影响碳排放量的一个重要因素。

2009 年，我国二氧化碳排放总量达到 72.2 亿吨占全球 19.1%，已成为世界第一大二氧化碳排放国，美国以 18.4%的二氧化碳排放量位于第二位。因此，推广使用新能源汽车，减少二氧化碳排放量，是国家节能减排的必然选择。

汽车尾气中的一氧化碳、碳氢化合物、氮氧化物、颗粒物对人类健康则会产生直接危害。一氧化碳与血液中的血红蛋白结合的速度比氧气快250倍，从而削弱血液向各组织输送氧的功能，危害中枢神经系统，造成人的感觉、反应、理解、记忆力等机能障碍，重者危害血液循环系统，导致生命危险。

氮氧化物和碳氢化合物在太阳紫外线作用下，产生一种具有刺激性的化学烟雾，其对人体最突出的危害是刺激眼睛和上呼吸道黏膜。尾气中颗粒物成分很复杂，并具有较强的吸附能力，可以吸附各种金属粉尘、强致癌物质和病原微生物等。颗粒物随呼吸进入人体，会引起呼吸系统疾病及恶性肿瘤。

除了汽车尾气给环境带来的不利影响，汽车在生产、使用乃至报废过程中都会造成环境污染。汽车制造过程中，塑料制件中使用的氟利昂破坏臭氧层，铅基涂料会造成铅污染，油漆溶剂的散逸也会造成污染等。汽车排入大气中的碳氢化合物和氮氧化物等一次污染物，在阳光的作用下发生化学反应，生成臭氧、醛、酮、酸、过氧乙酰硝酸酯等二次污染物，参与光化学反应过程的一次污染物和二次污染物的混合物形成光化学烟雾，危害健康。

修建公路、停车场和加油站占用大量耕地，破坏植被，造成水土流失，危害野生动物。汽车报废处理过程中会产生大量固体废弃物、废水、废油等，污染周边环境及地下水资源。

综上所述，鉴于汽车工业高速发展的同时给环境带来严重的负面效应，关注经济发展的同时提高节能环保意识，适时适度推广新能源汽车是当务之急。

1.2.3 汽车对能源的影响

传统汽车工业以石油为燃料，对化石能源有巨大的需求和依赖。近年来中国汽车社会化进程加快，汽车产业迎来了跨越式的蓬勃发展时期。但是，汽车产量的急剧增长对能源的负面影响也越来越突出。

1.2.3.1 中国能源储量及进口依赖度

中国虽然是世界能源资源大国，能源资源丰富，但由于中国人口众多，人均能源资源相对贫乏。

据统计，中国煤炭2008年的探明储量为1145亿吨，占世界总量的13.86%，居世界第3位，但人均仅为世界人均的70%；石油和天然气探明储量分别为21亿吨和2.46万亿立方米，占世界总量的1.23%和1.33%，分别居世界第14位和第16位，而人均仅为世界的1/10和1/250。

2008年中国能源的资源及其在世界上的地位见表1-1。

表1-1 2008年世界主要能源储量分布情况

主要能源		石油/$\times10^8$t	天然气/$\times10^8$m^3	煤炭/$\times10^8$t
储量	世界	1708	1850200	8260
	中国	21	24600	1145
	亚太	56	153900	2593
	美国	37	67300	2383
中国储量占世界比例		1.23%	1.33%	13.86%

续表 1-1

主要能源		石油/×10^8t	天然气/×$10^8 m^3$	煤炭/×10^8t
产量	世界	39.29	30656	3324.9 百万吨油当量
	中国	1.9	761	1414.5 百万吨油当量
	亚太	3.81	4112	2030.7 百万吨油当量
	美国	3.05	5822	566.9 百万吨油当量
中国产量占世界比例		4.84%	2.48%	42.54%
消费量	世界	39.28	30187	3303.7 百万吨油当量
	中国	3.76	807	1406.3 百万吨油当量
	亚太	11.83	4853	2031.2 百万吨油当量
	美国	8.58	6572	565 百万吨油当量
中国消费量占世界比例		9.57%	2.67%	42.57%

图 1-2 表明了近年中国石油进口依存度变化情况。由图 1-2 可见，随着汽车工业的发展，我国石油进口依存度连年攀升，2008 年突破 50% 达到 19985 万吨，2010 年全国累计进口原油 2.39 亿吨，对外依存度达到 53.8%，“十二五”期间，中国石油需求将进一步增加，石油对外依存度已经越过 60%。我国原油消费占世界原油消费总量的份额，已从 1990 年的 3.5%增加到 2010 年的 10.6%，原油进口占世界进口总量的份额从 1990 年的 0.2%增加到 2010 年的 5.1%。在石油消费总量上，我国已经成为仅次于美国的石油消费大国。

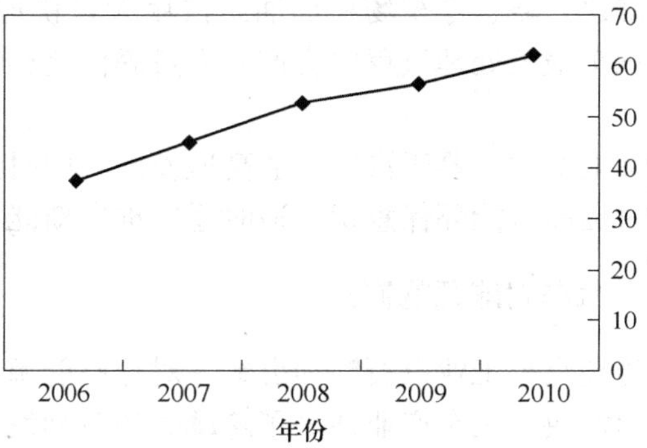

图 1-2 近年中国石油进口依存度变化

在石油进口依存度持续上升情况下，国际石油价格直接影响到我国的能源安全、经济安全乃至国家安全。

图 1-3 为 1992~2008 年迪拜原油现货价格走势图。2008 年石油价格已经突破 140 美元/桶。大力降低石油进口依存度，减轻国家经济对石油的依赖，缓解高价油带给市场的巨大压力，使得各种替代能源的研究势在必行。图 1-4 为中国民用汽车拥有量与能源消耗总量趋势图。

1.2.3.2 汽车增长对石油资源需求影响

近年来我国汽车产业发展迅速，已成为全球第一大汽车市场。2010 年、2011 年连续两年年产销量双双突破 1800 万辆，继续保持全球第一，年石油消耗量达到 4.39 亿吨。目前，我国人均 GDP 已超过 3000 美元，消费结构升级是必然趋势，加之国家正处于工业化、城市化的重要阶段，汽车需求的快速增长不可避免。截至 2011 年 6 月末，国内汽车保有量超过 8500 万辆（不含三轮汽车和低速货车）。有分析认为，到 2020 年中国汽车保有量可能达到 1.75 亿辆。按照 2009 年汽车单车年油耗 2.14t 燃油计算，2020 年汽车用油将达到 3.75 亿吨。按照出油率 80%计算，2020 年汽车用油相当于 2010 年中国石油消耗

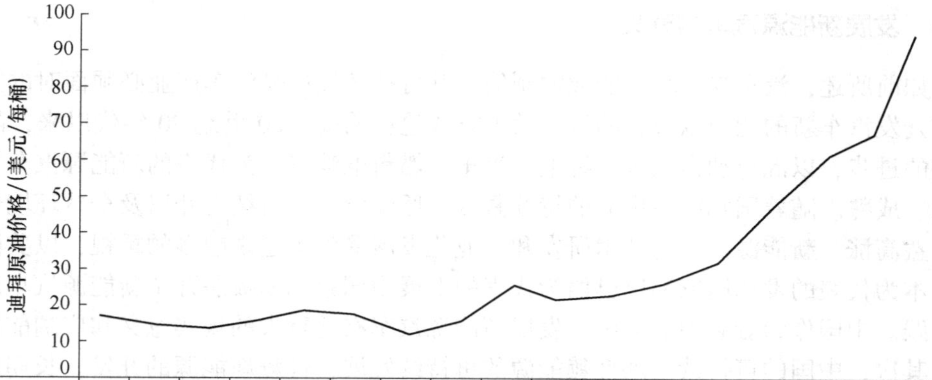

年份	1992	1993	1994	1995	1996	1997	1998	1999	2000	2001	2002	2003	2004	2005	2006	2007	2008
迪拜原油价格	17.2	14.9	14.7	16.1	18.5	18.2	12.2	17.3	26.2	22.8	23.7	26.8	33.6	49.4	61.5	68.2	94.3

图 1-3 1992~2008 年迪拜原油现货价格走势图

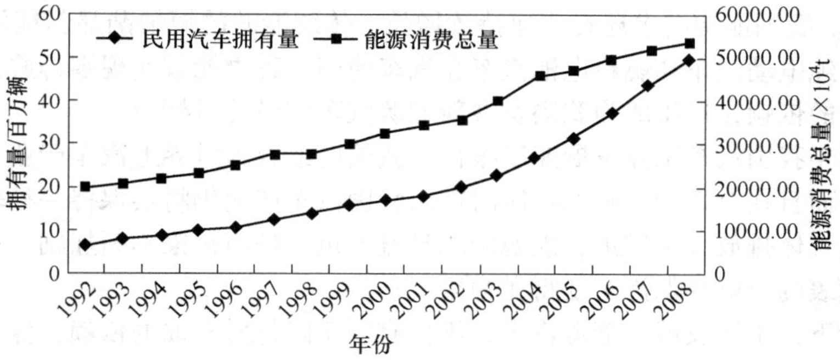

图 1-4 中国民用汽车拥有量与能源消耗总量趋势图

总量。汽车化与石油消费的矛盾日益突出。图 1-5 是中国交通运输行业燃油消耗与汽车拥有量走势图。

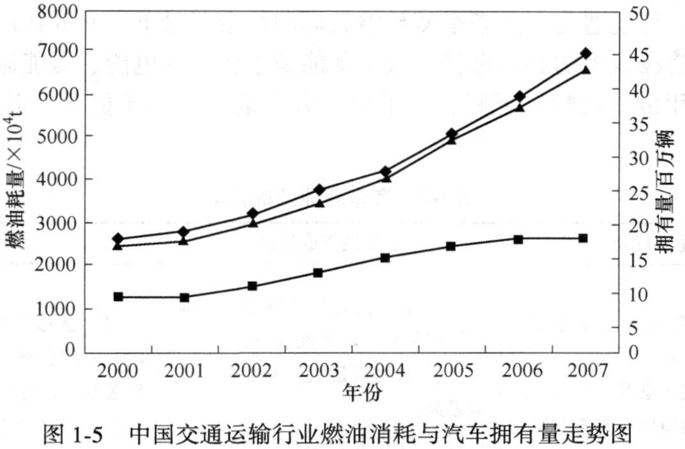

图 1-5 中国交通运输行业燃油消耗与汽车拥有量走势图

1.2.4 发展新能源汽车的意义

如前所述，汽车受环境、能源的制约，其可持续发展是汽车产业必须面对的问题，寻求和开发汽车新的能源以及新的汽车动力方式迫在眉睫。20 世纪 90 年代以来，随着科学技术的进步，以混合动力汽车、纯电动汽车、燃料电池汽车为代表的新能源汽车技术逐步涌现、成熟。随着国际能源供应的持续紧张、原油价格的持续上涨以及全球环境保护呼声的日益高涨，新能源汽车的技术研发和产业化发展受到了越来越多的重视，以美国、欧洲和日本为代表的发达国家和以巴西为代表的发展中国家都积极展开了新能源汽车产业发展的实践。中国作为崛起中的大国，发展新能源汽车有着重大的现实意义和广阔前景。

其次，中国的可持续发展仰赖能源的可持续发展，仰赖新能源的开发。长期以来，我国的工业呈粗放型经济增长方式，能源资源利用效率低下。按美元计算，中国现在每万美元 GDP 所消耗的能源数量是美国的 3 倍、德国的 5 倍、日本的近 6 倍。有资料显示：中国 1t 煤产生的效率仅相当美国的 28.6%、欧盟的 16.8%、日本的 10.3%。我国 33 种主要产品的单位能耗比国际平均水平高出 46%。我国能源利用效率比发达国家落后 20 年，相差 10%~20%。我国能源需求还在快速持续增长，传统能源的短缺凸显新能源开发的必要性和紧迫性，纯电动汽车和燃料电池汽车在汽车使用过程中能够实现零排放，并完全摆脱了对石油资源的依赖，这将成为我国发展新能源汽车的最终目标。

再则，近年我国汽车工业发展速度很快，我国已经成为世界上汽车产业发展潜力最大的地区之一，而且在今后相当长的一段时期内我国汽车产业仍将会保持一种较快的增长势头。面对温室气体排放大幅增加，能源问题日益严重，环境污染不断加剧，选择开发以新能源汽车为代表的节能环保汽车变得尤为重要。

在此背景下，中国发展新能源汽车，不仅有利于降低对石油的依赖，保证我国的能源安全，也有利于我国的环境保护和可持续发展，并为我国汽车产业实现跨越式发展提供重要的战略机遇。

1.3 汽车新能源

在能源短缺、环境恶化、生态平衡日益破坏的社会背景下，研究代用燃料问题已成为汽车产业实现可持续发展的必然选择。汽车新能源主要包括电能、氢能源、天然气、液化石油气、醇类（甲醇、乙醇）燃料、二甲醚、太阳能、生物质能等。其优缺点及应用前景见表 1-2。

表 1-2　汽车新能源的比较

新能源	主要优点	主要缺点或问题	现状与前景
电能	（1）电能来源非常丰富，且来源方式多； （2）直接污染及噪声很小； （3）结构简单，维修方便	（1）蓄电池能量密度小，汽车续驶里程短，动力性较差； （2）电池重量大，寿命短，成本较高； （3）蓄电池充电时间长	（1）从总体看仍处于试验研究阶段，要完全解决技术上的难题并降低成本，还需要一定时间； （2）公认的未来汽车的主流

续表 1-2

新能源	主要优点	主要缺点或问题	现状与前景
氢气	(1) 氢气的来源非常丰富; (2) 污染很小; (3) 氢的辛烷值高,热值高	(1) 氢气生产成本高; (2) 气态氢能量密度小且储运不方便,液态氢技术难度大,成本高; (3) 需要开发专用发动机	(1) 仍处于基础研究阶段,制氢及储带技术有待突破; (2) 有希望成为未来汽车的主要组成,但前景尚难估量
天然气	(1) 天然气资源丰富; (2) 污染小; (3) 天然气辛烷值高; (4) 价格低廉	(1) 建加气站网络要求投资强度大; (2) 气态天然气的能量密度小,影响续驶里程等性能; (3) 与汽油车相比,动力性低; (4) 储带有所不便	(1) 在许多国家获得广泛使用并被大力推广; (2) 其是 21 世纪汽车的重要类型
液化石油气	(1) 液化石油气来源较为丰富; (2) 污染性; (3) 化石油气辛烷值较高	面临天然气汽车类似问题,但程度较轻	(1) 目前世界上石油液化气汽车的保有量达 400 多万辆; (2) 其是 21 世纪汽车的重要品种
甲醇(乙醇)	(1) 来源较为丰富; (2) 辛烷值高; (3) 污染较小	(1) 甲醇的毒性较大; (2) 需解决分层问题; (3) 对金属及橡胶件有腐蚀性; (4) 冷启动性能较差	(1) 已获得一定程度应用; (2) 可以作为能源的一种补充,在某些国家或地区可能保持较大比例
二甲醚	(1) 来源较为丰富; (2) 污染小; (3) 十六烷值高	面临与液化石油气类似的储运方面的问题	(1) 正在研究开发; (2) 使用一步法生产二甲醚成本大幅下降后,可望有较好的发展前景
太阳能	(1) 来源非常丰富,可再生; (2) 污染小	(1) 效率低; (2) 成本高; (3) 受时令影响	(1) 正在研究; (2) 达到实用需相当长时间

表 1-3、表 1-4 分别列出典型代用燃料的主要性质和燃烧特性。

表 1-3 代用燃料的主要性质

燃烧性能	二甲醚	丁烷	氢气	甲醇	乙醇	汽油
分子式	C_2H_6O	C_4H_{10}	H_2	CH_3O	C_2H_5O	—
分子量	46.07	58.13	2.02	52.04	46.7	91.4
熔点/℃	-24.9	-0.5	—	—	—	—
液态密度/$MJ \cdot kg^{-1}$	668	610	71	769	—	750
低热值/$kJ \cdot kg^{-1}$	28430	45740	120100	20100	26900	43932
爆炸极限/%(体积分数)	3.4~17	1.9~8.4	4.1~74.2	6.0~37	3.5~19	1.3~7.6
着火温度/℃	235	365	574	470	392	257

表 1-4 几种常用代用燃料的主要燃烧特性

燃料性能	二甲醚	压缩天然气	柴油	汽油
液态体积质量	668	—	831	750
十六烷值	55~0	—	40~55	—
辛烷值	—	75	—	—
化学结构	CH_3-O-CH_3	CH_4+其他	—	—
化学当量空燃比	9.0	16.86	14.6	14.7
沸点/℃	-25	-162/-88	180/370	30/190

由表可以看出二甲醚（Di-methyl ether，DME）的热值高于甲醇和乙醇，其中甲醇最低。这三种代用燃料与汽油相比都具有燃用可能性。甲醇和乙醇的爆炸极限宽于汽油，有利于发动机的可操纵性。

与柴油相比，DME 的十六烷值高于柴油，DME 的碳比例较少，易于燃烧，而且自燃温度也低于柴油，这有利于发动机点火和启动。压缩天然气是一种相当良好的代用燃料，其含碳量低于柴油，含氢明显高于柴油。但是其自燃温度偏高，点火有些困难。

目前的代用燃料，其在性能上与现用的汽油、柴油基本相当，因此可以保证发动机的热效率、稳定性及其他重要性质。

1.3.1 电能

电能的来源方式很多，可由水能、风能、核能、煤炭等任何一种形式的能源转变而来，所以，电能很丰富。这就可以大力发展称为“21 世纪的重要交通工具”的电动汽车。电动汽车以其无污染、易启动、低噪声、易操纵等优点，一直以来深受人们的赞许。因此，发展电动汽车势在必行。电动汽车是全部或部分由电能驱动电机作为动力系统，符合道路交通、安全法规各项要求的汽车。电动汽车包括纯电动汽车、混合动力电动汽车和燃料电池汽车三种类型，是最具代表性、最有前途的新能源汽车。

1.3.2 氢能源

氢气与天然气、汽油、液化石油气相比，单位质量低，热值高，约是汽油低热值的 2.7 倍。可燃极限宽，易于实现稀薄燃烧，提高经济性，同时可以降低最高燃烧温度，大幅度降低 NO_x 排放。同时氢的自燃温度（585℃），比天然气、汽油都高，有利于提高压缩比，提高氢能源内燃机的热效率。虽然氢能源的自燃温度比天然气、汽油等燃料高，但其点火能量很低，最小可以低到 0.02MJ，这样氢能源内燃机工作时几乎不失火，具有良好的启动性。氢能源有害物排放少，燃烧主要产物是水，不产生 CO 及 CH，由于氢气火焰的淬冷距离比汽油短，因此靠近缸壁激冷层可燃混合气燃烧更完全，NO_x 排放大大降低。

由于氢能源燃料电池系统在能量密度、体积、反应速度以及成本等方面的问题，以燃料电池为动力的汽车距产业化还有一段距离。内燃机燃料既可以实现氢能源清洁、可再生的特点，又可以利用目前已经充分建立起来的内燃机工业基础，且氢气发动机热效率较高，综合效率与燃料电池效率相当，生产及使用成本低，在使用性能、成本等方面较容易得到发展和应用。目前制约氢能源内燃机的因素主要有：氢气沸点低（-253℃），储存和运输性能差，制取困难。

1.3.3 天然气

我国天然气资源储量约 38 万亿立方米，相对石油来说也是比较丰富的。天然气在汽车应用时污染小、价格较便宜、发动机使用寿命长，但使用有一定困难，储罐造价成本较高，所以，可研究开发新的储装技术，努力发展天然气汽车。液化石油气是由石油产品加工而成，其资源储量是有限的，但以其污染小、经济性好、储存运输方便等优点可作为汽车燃料的一种重要的补充。

天然气发动机主要分为两类：一是火花塞点火式发动机，此类发动机普遍存在低中负荷时热效率低、稀燃能力差等问题；另一类是利用柴油引燃的柴油/天然气双燃料发动机，此类发动机需要两套燃料供给系统，存在低负荷时碳氢排放高的问题。国内学者研究发现柴油/天然气双燃料发动机燃烧模式主要以预混燃烧为主，因此，颗粒物和碳烟排放较低。

由于天然气汽车在排放方面具有明显的优越性，与在用汽油车相比，天然气汽车颗粒物排放几乎为零，NO_x、CO 和 HC 的排放也显著降低，所以天然气汽车在改善空气质量方面有着重要意义。与此同时，天然气汽车技术也得到了前所未有的发展，从过去的常压天然气汽车发展到压缩天然气汽车和液化天然气汽车。

尽管如此，天然气汽车在使用中仍然存在一些问题，其中最为突出的是发动机功率下降、发动机腐蚀与早期磨损的问题。据资料报道，汽车在使用天然气作燃料时，功率一般要下降 15%左右，个别时候下降更多。功率下降的结果，一方面导致汽车重载、爬坡或加速时动力不足，另一方面导致燃料消耗相对增加，并增加污染物排放量。此外，汽车以天然气作燃料时，发现燃烧室部件明显腐蚀，甚至曲轴也出现腐蚀，气门、活塞环和汽缸磨损严重，与使用汽油时相比，汽车大修期通常要缩短 1/3～1/2。

1.3.4 液化石油气

液化石油气（LPG）是原油炼制汽油、柴油过程中的副产品，其来源比较广泛，可以从油田伴生气或天然气中通过炼油厂催化裂化装置获得。LPG 主要组分为丙烷（C_3H_8）、丁烷（C_4H_{10}）和少量烯烃等多种碳氢化合物。在常温下呈气态，加压至约 1.6MPa 或冷却后呈液态，液化后体积缩小为气态的 1/250 左右，因此便于以液态储存和运输，是理想的新能源。其辛烷值在 100～200 范围，相对于汽油机而言，抗爆性好，可以适当增加压缩比，热值与汽油值相近，可以提高动力性和经济性。LPG 是一种清洁燃料，由于火焰温度低于汽油和柴油，故 NO_x 量相应减少。LPG 常温下为气体，易与空气均匀混合，反应完全，CO 和微粒排放低，几乎无烟。废气中未燃烃成分稳定，在大气中不会形成有害的光化学烟雾，另外，LPG 和空气混合后进入发动机汽缸内，燃烧充分完全，积碳少，可以延长机油和发动机的寿命。

目前，LPG 在发动机上的应用研究主要是 LPG/柴油双燃料发动机，该发动机利用喷入的柴油将燃烧室内预混均匀的 LPG 与空气对混合气引燃，从而使发动机对外做功。在 LPG 缺乏时，也可以作为柴油机使用，这种发动机也需要在原机的基础上配一套供气系统和燃料储存系统。使用双燃料时，在不同的运行工况下，LPG 和柴油以不同的掺烧比在燃烧室中燃烧做功，保留柴油机功率大、转速高的特点的同时也降低了排放，提高了燃油经济性。该能源目前存在的主要问题为：LPG 密度大于空气，容易沉积，一旦泄漏容易在小范围内形成可燃混合气；在燃烧室中 LPG 黏度高，当烯烃含量过高时，容易发生胶结、积碳，对发动机气门、火花塞和活塞环造成破坏。

1.3.5　醇类燃料

在代用燃料中，醇类燃料是最有希望、最容易实现再生的液体新能源燃料。目前最广泛的醇类代用燃料为甲醇和乙醇。从表 1-3 中可以看到甲醇和乙醇热值较低，但由于其为含氧燃料，其理论空燃比比石油系燃料低，而且含氧百分率越大，理论空燃比越小，这样醇类燃料理论混合气热值与石油系燃料的理论混合气热值大致相当。在内燃机使用醇类代用燃料时，这一特性可以保证与原机同等的动力性。

表 1-5 是 4 种燃料理论空燃比和理论混合热值的比较。由表 1-5 可见，甲醇和乙醇的辛烷值很高，这一特点很适合将其作为汽油机的部分代用燃料使用。醇类燃料与柴油相比，其十六烷值、黏度、热值和密度等都比较低，与柴油之间不易溶解，但是，由于醇类燃料在柴油机上燃用时的热效率远高于其在汽油机上燃用时的热效率，加上其排污低，在增压柴油机上使用时，通过进气管能降低进气温度、提高工质密度等，国内外对此进行了较系统的研究，结果表明：采用柴油机高压油泵供醇方式，碳烟微粒（PM）均明显改善，NO_x 有所降低，HC 增加，CO 的变化与负荷有关。采用通过柴油机进气道供醇的方式，碳烟微粒均明显改善，NO_x 有所降低，HC 和 CO 均增加。

表 1-5　4 种燃料理论空燃比和理论混合热值的比较

特　性	甲醇	乙醇	汽油	柴油
低热值/MJ · kg^{-1}	19.916	26.778	43.932	42.677
理论空燃比	6.0	9.0	14.8	14.5
理论混合气热/MJ · kg^{-1}	2.674	2.678	2.778	2.753
辛烷值	106~112	110	—	—
十六烷值	5	8	—	40~55

醇类燃料在柴油机上的应用技术以掺烧方式应用，即指醇类燃料和燃油按比例掺和应用，目前尚未规模推广。

1.3.6　二甲醚

二甲醚（DME）是一种最简单的醚类化合物，在常温常压下为气体，在中等压力下为液体。液体二甲醚表面看似水，无色，几乎无臭，无毒，不致癌，腐蚀性小，对环境无污染。它的十六烷值较高（55 以上），适合在压燃式发动机上应用。对柴油机来说，燃料的自燃温度和低温流动性最为重要，DME 的自燃温度比柴油低 15℃，在缸内迅速与空气混合，滞燃期短，有利于发动机的冷启动，而且可以减少预混合燃烧量；DME 的汽化潜热大，约是柴油的两倍，DME 的蒸发能降低混合气温度，进一步降低 NO_x 排放。因此，DME 适用于高速柴油机使用。虽然十六烷值过高的燃料在燃烧过程中容易裂化，造成排气冒黑烟，燃料消耗量增大。但是 DME 分子间以 C—O 和 C—H 键结合，有利于减少生成的碳烟和颗粒。

目前存在的主要问题有：二甲醚黏度低，易引起高压供油系统泄漏和配件的早期磨损，给实用化带来难度；二甲醚燃烧与污染物排放研究方面存在薄弱环节，低温燃烧中，甲酸甲酯是否为主要燃烧产物，高温、高压条件下自燃着火的现象，其异构化和过氧化机理以及微量排放物生成机理有待于研究。

1.3.7 太阳能

太阳能的热电利用是指将太阳辐射直接转换为热与电供人们使用。

按太阳总辐射量空间分布，可分为最丰富区、很丰富区、丰富区和一般地带四个地区。

我国属于上述一、二、三地区占国土面积96%以上，太阳能资源总量可达1.7万亿吨标准煤，发电可利用量可达22亿千瓦。目前发电成本为1kW/h为2.6~4.1元，我国已成为世界太阳能供热的第一位。

汽车上利用太阳能主要是光伏发电供给电动汽车电能。目前主要以单晶硅电池为主，预计2020年可实现晶体硅电池和薄膜电池共同应用格局，再进一步发展多层复合砷化镓太阳能电池。当前我国太阳能光伏利用还处在初级阶段，电池成本较高。在汽车上应用尚未突破关键技术。

1.3.8 生物柴油

生物柴油是指以油料作物、野生油料植物、工程微藻等水生植物油脂以及动物油脂、餐饮废油等为原料，通过酯交换工艺制成的有机脂肪酸酯类燃料，是生物质能的一种，是可代替石化柴油的再生性柴油燃料。

生物柴油汽车就是指使用全部或部分的生物柴油作为燃料的汽车。

生物柴油可以以100%浓度用于柴油发动机，我国已经颁布了国家标准《柴油机燃料调和用生物柴油（BD100）》(GB 20828—2015)，但目前世界上主要的生物柴油还是将生物油与矿物油调和使用，生物油一般占生物柴油总体积的2%~20%。目前行业上生物柴油的规模应用普遍在B5(5%的生物柴油+95%的标准柴油)~B20(20%的生物柴油+80%的标准柴油）之间。

生物柴油的最大优点是环保特性优良。根据美国科学家的研究结果，使用生物柴油可降低90%的空气毒性，二氧化碳排放要比柴油减少60%，能满足欧洲Ⅱ、Ⅲ排放标准；车辆成本低。使用生物柴油的汽车与普通柴油车相同，车辆无需任何修改；安全性好；具有较好的低温启动性和润滑性能。生物柴油的闪火点较高，毒性较低，是一种环境友好的可再生燃料。作为清洁、优质的可再生性能源，在世界石油储量持续减少的今天，开发生物柴油具有极其重大的意义。

生物柴油的缺点是燃烧效果差。生物柴油的黏度高于柴油，导致喷射效果不佳。由于生物柴油的低挥发性，造成燃烧不完全，影响汽车燃烧效率；制取生物柴油的成本较高；消耗大量耕地资源。生物柴油作为柴油替代燃料有着独特的优势，但由于原料和加工制取等原因，与石化柴油相比，生物柴油的氧化稳定性很差，对生物柴油的实际使用和储存都造成了很大的困难。

1.4　新能源汽车发展现状

在当前全球汽车工业面临能源环境问题的巨大挑战的情况下，发展电动汽车，实现汽车能源动力系统的电气化，推动传统汽车产业的战略转型，在国际上已经形成了广泛共识。根据各大汽车公司发布的产品上市计划，今后几年将迎来国际电动汽车产业化发展的一次高潮。电动汽车一旦取得市场突破，必将对国际汽车产业格局产生巨大而深远的影响。

1.4.1　国外新能源汽车发展现状

20 世纪 70 年代，由于汽车保有量呈几何级数增长，造成了严重的环境污染。尤其在一些大城市，随着一系列光化学污染等环境污染事件的发生，西方发达国家政府开始注重环境保护，这使得一些著名的汽车公司转向研究和开发新能源汽车。从此，世界发达国家均投入巨资进行电动汽车商业化开发和应用。到 20 世纪 90 年代，欧美发达国家纷纷制定了汽车尾气排放标准并严格执行。

1.4.1.1　纯电动汽车发展

纯电动汽车问世于 20 世纪 90 年代，但由于电池性能不能满足需求，一度退出历史舞台。随着高性能锂离子电池和一体化电力驱动系统等技术的发展应用，纯电动汽车再次受到各国政府和企业的重视。纯电动汽车已在续驶里程、动力性、快充等方面取得了可喜的进展，即将进入实用化阶段。

对于纯电动汽车技术，首先值得一提的是成立于 2003 年的美国特斯拉（Tesla）公司，它生产和销售纯电动汽车以及零件，总部设在美国加利福尼亚州硅谷，2008 年 10 月，第一批全球首款量产版电动敞篷跑车 Tesla Roadster 下线并开始交付，Tesla Roadster 每次充电的续航里程超过 320km，并保持了 501km 的最高纪录，如图 1-6 所示。Tesla 公司 2013 年全年全球销售量超过 21000 辆，年营业收入超过 20 亿美元，成为纯电动汽车行业的翘楚。日本由于石油资源贫乏，近几年开始致力于推广电动汽车的普及应用，尤其在混合动力汽车领域独树一帜，如丰田、本田、日产等混合动力汽车在国际市场上均取得了显著的绩效，日本已成为目前电动汽车技术发展速度最快的少数几个国家之一。当前，日本电动车的发展比以前更受重视，发展的速度也进一步加快。相比之下，美国传统汽车公司在电动汽车产业化方面有一定差距，三大汽车公司只是小批量生产、销售过纯电动汽车。

图 1-6　Tesla Roadster 电动汽车

纯电动汽车在美、日、欧等国家和地区得到小规模的商业化推广应用，主要应用在市政用车、公交车、公务用车和私人用车等领域。在电池技术突破尚未明朗前，国外纯电动汽车的发展重点：一是发展小型乘用车；二是发展大型公交车、市政、邮政等特殊用途车辆。为满足用户使用需求，通常采用增程式方案，在纯电动汽车上增设常规能源系统为车辆补充电能。

纯电动汽车的攻关重点集中在提高电池性能、降低成本方面。与传统汽车性能、成本比照，要满足产业化要求，纯电动汽车动力电池的质量能量密度需大幅度提高，成本也需大幅度下降。

1.4.1.2 混合动力汽车发展

日本最早开始混合动力汽车开发，并最先实现了产业化，目前总销量已经达到200万辆以上，并开始赢利。丰田普锐斯（Prius）于1997年10月底问世，是世界上最早实现批量生产的混合动力汽车，如图1-7所示。第一代产品自重1515kg，汽油机排量1500cc，最大功率42.6kW/4600（r/min），永磁无刷发电机，额定功率为30kW，采用氢镍电池，串并联控制方式，百公里油耗3.4L。

目前Prius已推出第三代产品，动力电池也改为锂电池，其他性能也大幅度改善。Prius的全球累计销量超过200万辆。

自1997年丰田首先在日本推出Prius混合动力汽车以来，各大汽车企业纷纷推出混合动力汽车产品，如本田Insight（见图1-8）、通用Satum VUE、福特Escape等。随着技术的成熟和生产规模的扩大，成本大幅下降。欧洲混合动力汽车技术起步较晚，采取与美国合作方式共享混合动力总成技术，主要应用于采用传统技术油耗较高的车型上。

图1-7 丰田Prius

图1-8 本田Insight

国际上，混合动力商用车也取得了快速发展，已开发了混合动力公交车、市政用车和军车等。美国在混合动力公交客车的开发和应用上取得了一定的成果，目前已有多种车型在运行。欧洲客车和卡车生产商已将目光聚焦在混合动力技术上。德国奔驰、瑞典沃尔沃和波兰索拉丽斯等相继开发了混合动力商用车。

混合动力技术是由单一发动机驱动向纯电动驱动转移的必经环节。合理采用混合动力技术可以较明显地节油减碳，并将成本控制在一定范围内，因此混合动力汽车已成为世界各国汽车公司产业化的重点。随着电池技术的逐步成熟，逐渐提高混合度以实现传统能源向电气化转化，是混合动力技术发展的方向。前期主要为单电机并联、双电机并联和双电机混联等方案，后期将向插电式方案发展，实现向纯电动方案过渡。在动力系统结构方面，混合动力汽车将向更高的集成度发展。根据车用能源的发展情况，有发动机与电机集成、传动系与电机集成两种趋势，从而实现向电动化转型。

1.4.1.3 燃料电池汽车发展

燃料电池汽车是使作为燃料的氢在汽车搭载的燃料电池中，与大气中的氧发生化学反应，从而产生出电能来启动电动机，进而驱动汽车。由于燃料电池汽车技术的战略意义十分重大，美、日、欧等发达国家和地区都在潜心致力于燃料电池汽车的研究，除国内的燃料电池开发计划外，美国通用与日本丰田、美国国际燃料电池公司与日本东芝、德国奔驰与西门子、法国雷诺与意大利 De Nora 公司等纷纷组成强大的跨国联盟，优势互补，联合开发并推出了一系列的燃料电池汽车。图 1-9 为丰田燃料电池汽车。

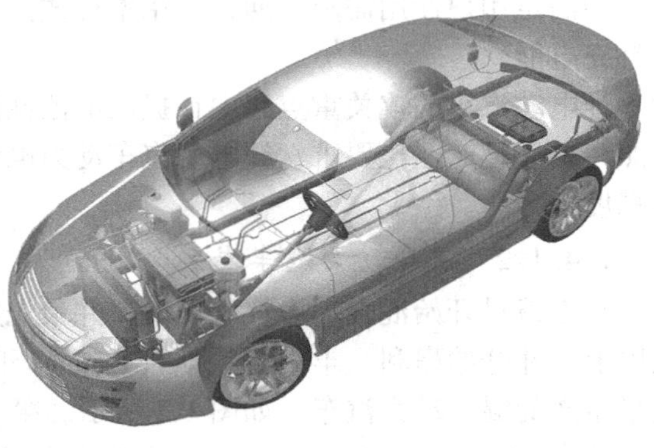

图 1-9 丰田燃料电池汽车

目前，燃料电池技术取得了较大进展．其中燃料电池膜的寿命已超过 5000h，电池堆实验室寿命也提高到 2000h 以上，燃料电池堆成本已降低至 94 美元/kW。近年来，燃料电池出现模块化趋势，单个燃料电池模块的功率范围被界定在一定的范围之内，通过提高产品性能实理模块化组装，以满足不同车辆对燃料电池功率等级的要求。通过采用混合动力技术，优化蓄电池和燃料电池的能量分配，以有效提高燃料电池的寿命、降低系统成本。燃料电池汽车技术攻关的焦点是提高可靠性、耐久性。

近年来，各国政府相继发布电动汽车发展战略和国家计划，加大政策支持力度，增加研发投入，全力推进电动汽车产业化，电动汽车技术瓶颈突破的预期大大增强。世界电动汽车产业进入了快速发展的新阶段。

1.4.1.4 氢动力汽车发展

由欧盟委员会发起并推广的氢燃料内燃机项目（HyICE），历经 3 年时间于 2007 年取得了一定的成功。其研发的氢燃料发动机的性能已经可以和传统内燃机相媲美。然而，由于氢燃料加注基础设施的限制，现阶段的氢动力汽车一般也设计为可以同时使用汽油。2005 年 1 月，宝马汽车公司首次向北美推出概念跑车 H2R，该跑车采用液氢燃料，0~96km/h 的加速时间仅需 6s，其续驶里程高达 350km。国内方面，2007 年，长安汽车公司开发了国内第一台高效零排放的氢内燃机，并在 2008 年北京车展上展出了自主研发的中国首款氢动力概念跑车“氢程”。

与传统汽车相比，氢动力汽车能量转化效率高达 60%~80%，为内燃机的 2~3 倍。燃料电池本身工作没有噪声、没有振动，其电极仅作为化学反应的场所和导电的通道，本身不参与化学反应，没有损耗，寿命长。从这些方面来看，氢动力汽车当之无愧地是未来汽车发展的重点。图 1-10 为丰田氢发动机汽车。

1.4.2 国内新能源汽车发展现状

我国新能源汽车起步于 21 世纪初。“十五”和“十一五”规划期间，国家先后制定了多项新能源汽车发展规划。其中，2001 年，我国启动“863”电动汽车重大专项计划，

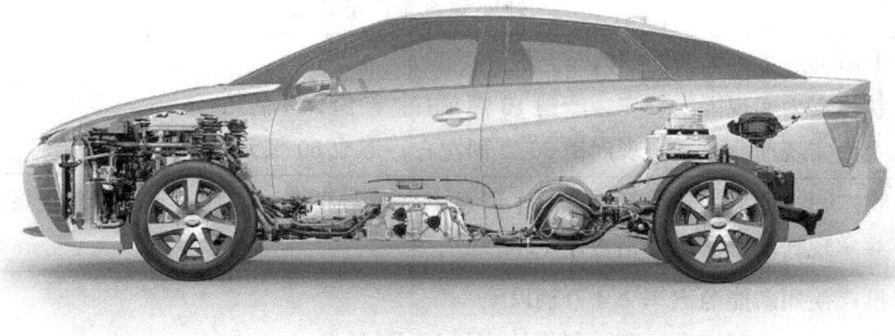

图 1-10 丰田氢发动机汽车

使新能源汽车的研发投入大大增加；而且科技部在“十五”期间投资 9.5 亿元人民币，组织实施国家“863”电动汽车专项计划，还包括国家科技攻关计划“清洁汽车关键技术研究与示范应用”专项。涉及的电动汽车包括三类，即纯电动汽车、混合动力汽车以及燃料电池电动汽车。将这三类电动汽车称为“三纵”；而把电池（燃料电池和动力蓄电池）及超级电容技术、动力总成控制（电机、电机传动和发动机）及共性技术（新材料、新部件、共性技术和基础设施相关技术）称为“三横”，建立“三纵三横”的开发布局，如图 1-11 所示。

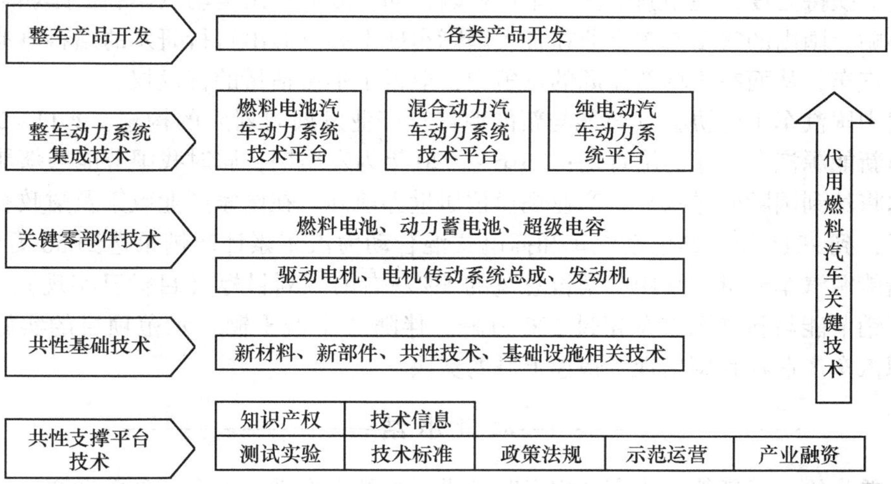

图 1-11 “三纵三横”研发布局

在“863”等国家项目的大力支持下，国家先后投入多达 20 亿元的研发经费到 200 多家相关企业、大专院校和科研院所。2010 年 10 月，国务院正式发布了《关于加快培育和发展战略性新兴产业的决定》，重点培育发展战略性新兴产业之一的新能源汽车产业，将重点突破动力电池、驱动电机和电子控制领域的关键核心技术，推进新能源汽车（如插电式混合动力汽车和纯电动汽车）的推广应用和产业化。而国家的此项重大决定标志着发展新能源汽车已上升到国家战略层次。为响应国家号召，各地此后均出台地方性新能源汽车产能规划，见表 1-6。

表 1-6 地方新能源汽车产能规划

地区	新能源汽车产能规划
上海	2010 年，上海形成 1 万辆新能源汽车产能 2012 年，整体实力实现国内领先，产销 10 辆左右，产值 200 亿元 2015 年，全面实现产业化，实现产销 30 万辆左右，形成 60 亿元左右的产业规模
广州	2020 年，将广州打造城世界级新能源汽车研发中心和制造基地，其中节能和新能源汽车产业产值将达 2400 亿元，并实现新能源汽车产销占比 15%
深圳	2012 年，推广使用新能源汽车 2.4 万辆以上 2015 年，推广使用的新能源汽车计划累计达到 10 万辆
北京	依托北汽集团，2010 年新能源汽车产销规模至少达到 1 万辆
重庆	2011 年年底前推广示范 1150 辆节能与新能源汽车，包括 300 辆公务车、700 辆出租车、50 辆公交车、100 辆私家车，示范推广车将享受购车及路桥费补贴等政府扶持政策
武汉	2020 年，新能源汽车产能力争达到 60 万辆，销售完成 50 万辆，其中中高端混合动力客车、插电式混合动力（PHEV）公交车和可快速更换电车组纯电动公交车将成为新动力汽车发展重点之一

目前各大车企都成立了新能源汽车研发公司或部门，在节能与新能源汽车整车技术研究开发，车用动力蓄电池、驱动电动机、燃料电池发动机等关键零部件技术研究方面，以及技术标准和试验测试技术研究方面开展工作。与此同时，各地方政府也纷纷加大新能源汽车产业的扶持力度，规划新能源汽车产业园，同时政府推出电动汽车和乙醇燃料都获得了高额补贴。国内的很多汽车企业在各大国际车展上频频展出自行研发的燃料电池汽车及混合动力汽车，从而在这场新能源的竞争中，取得了不可估量的首发权。

根据中国汽车工业协会《节能与新能源汽车产业发展规划》的构想：2011~2015 年，是节能与新能源汽车产业的培育期；2016~2020 年为发展期，届时我国节能与新能源汽车整体技术将达到国际先进水平，产业规模位居世界前列。在国家产业政策及财政补贴政策的鼓励下，到 2015 年，纯电动汽车和插电式混合动力汽车累计产销量达到 50 万辆以上，并实现新能源汽车销量占乘用车销售总量的 5%左右的规划目标（目标已实现）；到 2020 年累计产销节能与新能源汽车超过 500 万辆。伴随“十城千辆”示范项目的实施，节能与新能源汽车产业在我国出现了快速上升的势头。

本 章 小 结

本章首先给出了新能源汽车的定义与分类，包括混合动力汽车、纯电动汽车、燃料电池电动汽车、氢发动机汽车、天然气汽车以及其他新能源汽车等各类别产品；其次，在分析汽车对环境、能源的影响的基础上，阐述了发展新能源汽车的重要性。由于汽车受环境、能源的制约，其可持续发展是汽车产业必须面对的问题，寻求和开发汽车新的能源以及新的汽车动力方式迫在眉睫。20 世纪 90 年代以来，随着科学技术的进步，以混合动力汽车、纯电动汽车、燃料电池汽车为代表的新能源汽车技术逐步涌现、成熟。随着国际能源供应的持续紧张、原油价格的持续上涨以及全球环境保护呼声的日益高涨，新能源汽车的技术研发和产业化发展受到了越来越多的重视，以美国、欧洲和日本为代表的发达国家和以中国为代表的发展中国家都积极展开了新能源汽车产业发展的实践。针对汽车用新能源，本章同时介绍了汽车新能源的种类，主要包括电能、氢能源、天然气、液化石油气、醇类（甲醇、乙醇）燃料、二甲醚、太阳能、生物质能等，在使用中这些新能源各有其优缺点；最后，给出了国内外新能源汽车发展现状。在当前全球汽车工业面临能源环境问题的巨大挑战的情况下，发展新能源汽车，尤其是纯电动汽车，实现汽车能源动力系统的电气化，推动传统汽车产业的战略转型，在国际上已经形成了广泛共识。

思考题

1-1 简述新能源汽车的分类。

1-2 简述汽车在社会发展中的地位。

1-3 在分析汽车对环境、能源的影响的基础上，阐述发展新能源汽车的重要性。

1-4 汽车新能源主要包括电能、氢能源、天然气、液化石油气、醇类（甲醇、乙醇）燃料、二甲醚、太阳能、生物质能等，试述它们的优缺点及应用。

1-5 简述国内外新能源汽车的发展现状。

2　动力电池与能量存储

【本章重点和难点】

(1) 本章重点:

1) 了解动力电池分类和基本要求。

2) 掌握动力电池的工作原理，包括铅酸蓄电池、镍氢电池、锂电池、锌空气电池、太阳能电池。

3) 掌握超级电容储能、飞轮储能、混合储能系统的工作原理。

(2) 本章难点:

1) 电化学蓄电池的电化学反应。

2) 超级电容工作原理。

3) 飞轮储能工作原理。

4) 混合储能系统工作原理。

2.1　动力电池的性能评价

电池是电动汽车的动力源，是能量的存储装置。要使电动汽车能与燃油汽车相竞争，关键是开发出比能量高、比功率大、使用寿命长、成本低的电池。

2.1.1　动力电池的分类

新能源汽车用动力电池品种繁多，用途广泛，外形差别大，它的分类方法很多。

2.1.1.1　按电池的工作性质及使用特征分类

按电池的工作性质及使用特征来分类，一般分为四类:

(1) 一次电池。又称“原电池”，即放电后不能用充电的方法使它复原的电池。换言之，这种电池只能使用一次，放电后电池只能被遗弃了。这类电池不能再充电的原因，或是电池反应本身不可逆，或是条件限制使可逆反应很难进行，如锌锰干电池、锌汞电池、银锌电池。

(2) 二次电池。又称“蓄电池”，即放电后又可用充电的方法使活性物质复原而能再次放电，且可反复多次循环使用的一类电池。这类电池实际上是一个化学能量储存装置，用直流电将电池充足，这时电能以化学能的形式储存在电池中，放电时，化学能再转换为电能，如铅酸电池、镍镉电池、镍氢电池、锂离子电池、锌空气电池。

(3) 储备电池。又称“激活电池”，是正、负极活性物质和电解液不直接接触，使用前临时注入电解液或用其他方法使电池激活的一类电池。这类电池的正、负极活性物质化学变质或自放电，因与电解液的隔离而基本上被排除，从而使电池能长时间储存，如镁银电池、钙热电池、铅高氯酸电池。

(4) 燃料电池。又称“连续电池”，即只要活性物质连续地注入电池，就能长期不断地进行放电的一类电池。它的特点是电池自身只是一个载体，可以把燃料电池看成一种需要电能时将反应物从外部送入的一种电池，如氢燃料电池、肼空燃料电池。

必须指出，上述分类方法并不意味着某一种电池体系只能分属一次电池、二次电池、储备电池或燃料电池。相反，某一种电池体系可以根据需要设计成不同类型的电池。如锌银电池，可以设计成一次电池，也可以设计成二次电池，或储备电池。

2.1.1.2 按电池反应原理分类

按电池反应原理可以分为化学电池、物理电池和生物电池三大类。

(1) 化学电池。利用物质的化学反应发电，化学电池按工作性质分为原电池、蓄电池、燃料电池和储备电池。

化学电池按电解质分为酸性电池、碱性电池、中性电池、有机电解质电池、非水无机电解质电池、固体电解质电池等。

化学电池按电池的特性分为高容量电池、密封电池、高功率电池、免维护电池、防爆电池等。

化学电池按正负极材料分为锌锰电池系列、镍镉镍氢系列、铅酸系列、锂电池系列等。

(2) 物理电池。物理电池是利用光、热、物理吸附等物理能量发电的电池，如太阳能电池、超级电容器、飞轮电池等。

(3) 生物电池。生物电池是利用生物化学反应发电的电池，如微生物电池、酶电池、生物太阳电池等。

2.1.2 动力电池的性能指标

化学电池品种繁多，性能各异。常用以表征其性能的指标有电性能、力学性能、储存性能等，有时还包括使用性能和经济成本。

2.1.2.1 电压

电压分电动势、额定电压、开路电压、放电电压和终止电压等。

(1) 电动势。电池的电动势，又称电池标准电压或理论电压，为组成电池的两个电极的平衡电位之差。

(2) 端电压。电池的端电压是指电池正极与负极之间的电位差。

(3) 开路电压。电池的开路电压是无负荷情况下的电池电压。开路电压不等于电池的电动势。必须指出，电池的电动势是从热力学函数计算而得到的，而电池的开路电压则是实际测量出来的。

(4) 工作电压。电池在某负载下实际的放电电压，通常是指一个电压范围。例如，铅酸蓄电池的工作电压为1.8~2V；镍氢电池的工作电压为1.1~1.5V；锂离子电池的工作电压为2.75~3.6V。

(5) 额定电压。系指该电化学体系的电池工作时公认的标准电压。例如，锌锰干电池为1.5V，镍镉电池为1.2V，铅酸蓄电池为2V。

(6) 终止电压。指放电终止时的电压值，视负载和使用要求不同而异。以铅酸蓄电池为例，电动势为2.1V，额定电压为2V，开路电压接近2.1V，工作电压为1.8~2V，放电终止电压为1.5~1.8V（放电终止电压根据放电率的不同，其终止电压也不同）。

(7) 充电电压。指外电路直流电压对电池充电的电压。一般的充电电压要大于电池的开路电压，通常在一定的范围内。例如，镍镉电池的充电电压为1.45~1.5V；锂离子电池的充电电压为4.1~4.2V；铅酸蓄电池的充电电压为2.25~2.7V。

(8) 电压效率。指电池的工作电压与电池电动势的比值。电池放电，由于存在电化学极化、浓差极化和欧姆压降，使电池的工作电压小于电动势。改进电极结构（包括真实表面积、孔率、孔径分布、活性物质粒子的大小等）和加入添加剂（包括导电物质、膨胀剂、催化剂、疏水剂、掺杂等）是提高电池电压效率的两个重要途径。

2.1.2.2　内阻

电池在短时间内的稳态模型可以看作一个电压源，其内部阻抗等效为电压源内阻，内阻大小决定了电池的使用效率。蓄电池的内阻包括正负极板的电阻、电解液的电阻、隔板的电阻和连接体的电阻等。

(1) 正负极板电阻。目前普遍使用的铅酸蓄电池正、负极板为涂膏式，由铅锑合金或铅钙合金板栅架和活性物质两部分构成。因此，极板电阻也由板栅电阻和活性物质电阻组成。板栅在活性物质内层，充放电时，不会发生化学变化，所以它的电阻是板栅的固有电阻。活性物质的电阻是随着电池充放电状态的不同而变化的。

当电池放电时，极板的活性物质转变为硫酸铅，硫酸铅含量越大，其电阻越大。而电池充电时将硫酸铅还原为铅，硫酸铅含量越小，其电阻越小。

(2) 电解液电阻。电解液的电阻视其浓度不同而异。在规定的浓度范围内一旦选定某一浓度后，电解液电阻将随充放电程度而变。电池充电时，在极板活性物质还原的同时电解液浓度增加，其电阻下降；电池放电时，在极板活性物质硫酸化的同时电解液浓度下降，其电阻增加。

(3) 隔板电阻。隔板的电阻视其孔率而异，新电池的隔板电阻趋于一个固定值，但随电池运行时间的延长，其电阻有所增加。因为电池在运行过程中有些铅渣和其他沉积物在隔板上，使得隔板孔率有所下降而增加了电阻。

(4) 连接体电阻。连接体包括单体电池串联时连接条等金属的固有电阻，电池极板间的连接电阻，以及正、负极板组成极群的连接体的金属电阻，若焊接和连接接触良好，连接体电阻可视为一固定电阻。

每只电池所呈现的内阻就是上述物体电阻的总和。电池的内阻在放电过程中会逐渐增加，而在充电过程中则逐渐减小。同批电池，内阻过大或过小者都不正常，内阻过小可能意味微短路，内阻太大又可能是极板老化、活性物质丧失、容量衰减，内阻变化可以作为电池裂化的充分性参考依据之一。

2.1.2.3　容量和比容量

A　容量

指电池在充足电以后，在一定的放电条件下所能释放出的电量，以符号 C(Capacity)

表示，其单位为安时（A · h）或毫安时（mA · h），容量与放电电流大小有关，与充放电截止电压也有关系。电池的容量可分为理论容量、额定容量、实际容量和标称容量。

（1）理论容量（C_0）。假设电极活性物质全部参加电池的电化学反应所能提供的电量，是根据法拉第定律计算得到的最高理论值。

（2）额定容量（C_g）。额定容量也称保证容量，是指设计和制造电池时，按照国家或相关部门颁布的标准，保证电池在一定的放电条件下能够放出的最低限度的电量。

（3）n 小时率容量。n 小时率容量是指完全充电的蓄电池以 n 小时率放电电流放电，达到规定终止电压时所释放的电量。

（4）实际容量（C）。实际容量是指电池在一定的放电条件下实际放出的电量，它等于放电电流与放电时间的乘积。实际放电容量受放电率的影响较大，所以常在字母 C 的右下角以数字标明放电率，如 $C_{20}=50\text{Ah}$，表明在 20 小时率下的容量为 50Ah。对于实用中的化学电源，其实际容量总是低于理论容量而通常比额定容量大 10%~20%。电池容量的大小，与正、负极上活性物质的数量和活性有关，也与电池的结构和制造工艺、电池的放电条件（电流、温度）有关。影响电池容量因素的综合指标是活性物质的利用率。换言之，活性物质利用的越充分，电池给出的容量也就越高。采用薄型电极和多孔电极，以及减小电池内阻，均可提高活性物质的利用率，从而提高电池实际输出的容量。

（5）标称容量。标称容量（或公称容量）是用来鉴别电池适当的近似值。在指定放电条件时，一般指 0.2C 放电时的放电容量。

B 比容量

为了比较不同系列的电池，常用比容量的概念。比容量是指单位质量或单位体积的电池所能给出的电量，相应地称为质量比容量或体积比容量。

电池在工作时通过正极和负极的电量总是相等的。但是，在实际电池的设计和制造中，正、负极的容量一般不相等，电池的容量受容量较小的电极的限制。实际电池中多为正极容量限制整个电池的容量，而负极容量过剩。

2.1.2.4 能量

电池的能量是指在一定放电条件下，电池所能输出的电能，通常用瓦时（W · h）表示。电池的能量反映了电池做功能力的大小，也是电池放电过程中能量转换的量度，它影响电动汽车的行驶距离。

（1）理论能量。假设电池在放电过程中始终处于平衡状态，其放电电压保持电动势的数值，而且活性物质的利用率为 100%，即放电容量等于理论容量，则在此条件下电池所输出的能量为理论能量，也就是可逆电池在恒温、恒压下所做的最大功。

（2）实际能量。实际能量是电池放电时实际输出的能量。它在数值上等于电池实际容量与电池平均工作电压的乘积。

（3）比能量。比能量分为质量比能量和体积比能量。

质量比能量是指单位质量电池所能输出的能量，单位常用 W · h/kg。

体积比能量是指单位体积电池所能输出的能量，也称能量密度，单位常用 W · h/L。常用比能量来比较不同的电池系列。

比能量也分为理论比能量和实际比能量。

理论比能量指 1kg 电池反应物质完全放电时理论上所能输出的能量。根据正、负极活性物质的理论质量比容量和电池的电动势，电池的理论质量比能量可以直接计算出来。如果电解液参加电池的反应，还需要加上电解质的理论用量。理论比能量只考虑了按照电池反应式进行的完全可逆的电池反应条件下的比能量，因此是一种理想化的模型。对于实际应用的电池，实际比容量更有意义。因为电池反应不可能达到完全可逆的充放电和能量状态，而且实际电池中很多必要辅助材料占据了电池的质量和体积。

实际比能量是指质量 1kg 的电池在放电过程中实际输出的能量，表示为电池实际输出能量与整个电池质量（或体积）之比，由于各种因素的影响，电池的实际比能量远小于理论比能量。

电池的比能量是综合性指标，它反映了电池的质量水平。电池的比能量影响电动汽车的整车质量和续驶里程，是评价电动汽车的动力电池是否满足预定的续驶里程的重要指标。

2.1.2.5 效率

动力电池作为能量存储器，充电时把电能转化为化学能储存起来，放电时把电能释放出来。在这个可逆的电化学转换过程中，有一定的能量损耗。通常用电池的容量效率和能量效率来表示。对于电动汽车，续驶里程是最重要指标之一，在电池组电量和输出阻抗一定的前提下，根据能量守恒定律，电池组输出的能量转化为两部分：一部分作为热耗散失在电阻上；另一部分提供给电机控制器转化为有效动力。两部分能量的比率取决于电池组输出阻抗和电机控制器的等效输入阻抗之比，电池组的阻抗越小，无用的热耗就越小，输出效率就更大。

（1）容量效率。容量效率是指电池放电时输出的容量与充电时输入的容量之比。影响电池容量效率的主要因素是副反应。当电池充电时，有一部分电量消耗在水的分解上。此外，自放电、电极活性物质的脱落、结块、孔率收缩等也降低容量输出。

（2）能量效率。能量效率也称电能效率，是指电池放电时输出的能量与充电时输入的能量之比，影响能量效率的原因是电池存在内阻，它使电池充电电压增加，放电电压下降。内阻的能量损耗以电池发热的形式损耗掉。

2.1.2.6 功率与比功率

电池的功率是指电池在一定放电条件下，单位时间内输出的能量，单位为瓦（W）或千瓦（kW）。

单位质量或单位体积电池输出的功率称为比功率，单位为 W/kg 或 W/L。如果一个电池的比功率较大，则表明在单位时间内，单位重量或单位体积中给出的能量较多，即表示此电池能用较大的电流放电。因此，电池的比功率也是评价电池性能优劣的重要指标之一。

2.1.2.7 放电电流和放电深度

在谈到电池容量或能量时，必须指出放电电流大小或放电条件，通常用放电率表示。

（1）放电率，指放电时的速率，常用“时率”和“倍率”表示。时率是指以放电时间（h）表示的放电速率，即以一定的放电电流放完额定容量所需的时间。倍率是指电池在规定时间内放出额定容量所输出的电流值，数值上等于额定容量的倍数。

（2）放电深度，表示放电程度的一种量度，为放电容量与总放电容量的百分比，简称 DOD（depth of discharge）。放电深度的高低跟二次电池的充电寿命有很大的关系：二次电池的放电深度越深，其充电寿命就越短，因此在使用时应尽量避免深度放电。

【例题 2-1】 某蓄电池容量为 3.5A·h，若放电电流达到 7A 时放电时率、放电倍率是多少？当蓄电池容量降为 2.8A·h 时放电深度是多少？

【解】 蓄电池的容量是指蓄电池在完全充足电的情况下，在允许放电的范围内对外输出的电量。当电池以恒定电流值进行放电时，其容量 Q 等于放电电流和放电时间 t 的乘积，即 $Q=It$。

（1）放电电流达到 7A 时，放电时间为 7/3.5=2h，放电倍率为 7/3.5=2 倍。

（2）蓄电池容量降为 2.8A·h 时，放电深度 DOD 为 2.8/3.5×100%=80%。

2.1.2.8 荷电

电池还有多少电量，又称剩余电量，常取其与额定容量或实际容量的比值，称荷电状态（State of charge，SOC）。SOC 反映蓄电池容量的状况，SOC=1 即表示蓄电池为充满状态。随着蓄电池的放电，蓄电池的电荷逐渐减少，此时蓄电池的充电状态可以用 SOC 值的百分数的相对量来表示电池中电荷的变化状态。一般蓄电池放电高效率区为 50%～80%SOC。

2.1.2.9 储存性能和自放电

对于所有化学电源，即使在与外电路没有接触的条件下开路放置，容量也会自然衰减，这种现象称为自放电，也称荷电保持能力。

电池自放电的大小，用自放电率来衡量，一般用单位时间内容量减少的百分比表示：

自放电率=(储存前电池容量-储存后电池容量)/储存前电池容量×100%

电池的自放电主要是由电极材料、制造工艺、储存条件等多方面因素决定的。从热力学的角度来看，电池的放电过程是体系自由能减少的过程，因此自放电的发生是必然的，只是速率有所差别。影响自放电率的因素主要是电池储存的温度和湿度条件等。温度升高会使电池内正负极材料的反应活性提高，同时电解液的离子传导速度加快，镉等辅助材料的强度降低，使自放电反应速率大大提高。如果温度太高，就会严重破坏电池内的化学平衡，发生不可逆反应，最终会严重损害电池的整体性能。湿度的影响与温度条件相似，环境湿度太高也会加快自放电反应。一般来说，低温和低湿的环境条件下，电池的自放电率低，有利于电池的储存。但是温度太低也可能造成电极材料的不可逆变化，使电池的整体性能大大降低。

电池的储存性能是指电池在一定条件下储存一定时间后主要性能参数的变化，包括容量的下降、外观情况和有无变形或渗液情况。国家标准均有电池的容量下降和外观变化及漏液比例的限制。

2.1.2.10 寿命

电池的寿命分储存寿命和使用寿命。

（1）储存寿命有“干储存寿命”和“湿储存寿命”两个概念。对于在使用时才加入电解液的电池储存寿命，习惯上也称为干储存寿命。干储存寿命可以很长。对于出厂前已加入电解液的电池储存寿命，习惯上称为湿储存寿命（或湿荷电寿命）。湿储存时宜放电严重，寿命较短。

(2) 使用寿命是指电池实际使用的时间长短。对一次电池而言，电池的寿命是表征给出额定容量的工作时间（与放电倍率大小有关)。对二次电池而言，电池的寿命分充放电循环寿命和湿搁置使用寿命两种。

充放电循环寿命，是衡量二次电池性能的一个重要参数。在一定的充放电制式下，电池容量降至某一规定值之前，电池能耐受的充放电次数，称为二次电池的充放电循环寿命。充放电循环寿命越长，电池的性能越好。在目前常用的二次电池中，镍镉电池的充放电循环寿命500800次，铅酸电池200500次，锂离子电池6001000次，锌银电池很短，约100次左右。

二次电池的充放电循环寿命与放电深度、温度、充放电制式等条件有关。减少放电深度（即“浅放电”），二次电池的充放电循环寿命可以大大延长。

2.1.3 动力电池的基本要求

新能源汽车对动力电池的要求主要有：

(1) 比能量高。为了提高电动汽车的续驶里程，要求电动汽车上的动力电池尽可能储存多的能量，但电动汽车又不能太重，其安装电池的空间也有限，这就要求电池具有高的比能量。

(2) 比功率大。为了能使电动汽车在加速行驶、爬坡能力和负载行驶等方面能与燃油汽车相竞争，就要求电池具有高的比功率。

(3) 充电技术成熟、时间短，充电技术要有通用性，能够实现无线充电。在充电时间上能够实现快速充电。

(4) 连续放电率高、自放电率低，电池能够适应快速放电的要求。自放电率要低，电池能够长期存放。

(5) 适应车辆运行环境，电池能够在常温条件下正常稳定地工作，不受环境温度的影响，不需要特殊的加热、保温系统，能够适应电动汽车行驶时的振动。

(6) 安全可靠。电池应干燥、洁净，电解质不会渗漏腐蚀接线柱、外壳。应不会引起自燃或燃烧，在发生碰撞等事故时，不会对乘员造成伤害。废电池能够回收处理和再生利用，电池中有害重金属能够集中回收处理。电池组可以采用机械装置进行整体快速更换，线路连接方便。

(7) 长寿命、免维护。电池的循环寿命不低于1000次，在使用寿命限定期间内，不需要进行维护和修理。

2.1.4 电池模型

电池系统建模是车载动力电池管理系统研发的一个重要内容。目前，世界范围内的学者对这一问题进行了广泛研究，开发出不同复杂程度和精确度的电池模型，以用于电池设计、性能估算或是电路仿真，其中主要的模型有3种，即电化学模型、数学模型和电气模型。

电化学模型反映电池内部反应机理及相关电池设计参数，主要用于优化电池结构设计。然而，这类模型较为复杂，其参数受电池结构、材料、尺寸等具体因素影响，难以计算和确定，不适用于控制设计。数学模型通过经验公式和数学理方法预测了电池在系统层面的特性．如运行时间、效率、容量等，但是却不能表现电池充放电电压电流等用于电路设计仿真的关键特性，因此太过简化不足以代表电池物理含义，主要适用于系统设计。另外，数学模型仅适用于特定场合，并且有较大误差。

电气模型使用电压源、电阻、电容组成电路，模拟电池的动态特性，可以与其他电路或系统结合起来进行设计和仿真，其精确度介于电化学模型和数学模型之间。电气模型更加直观，便于使用，更加适用于与电路结合起来进行仿真试验。目前已公开发表的电气类电池模型有很多，它们主要分为 3 类，即等效电路模型、交流阻抗模型和运行时间模型，如图 2-1 所示。

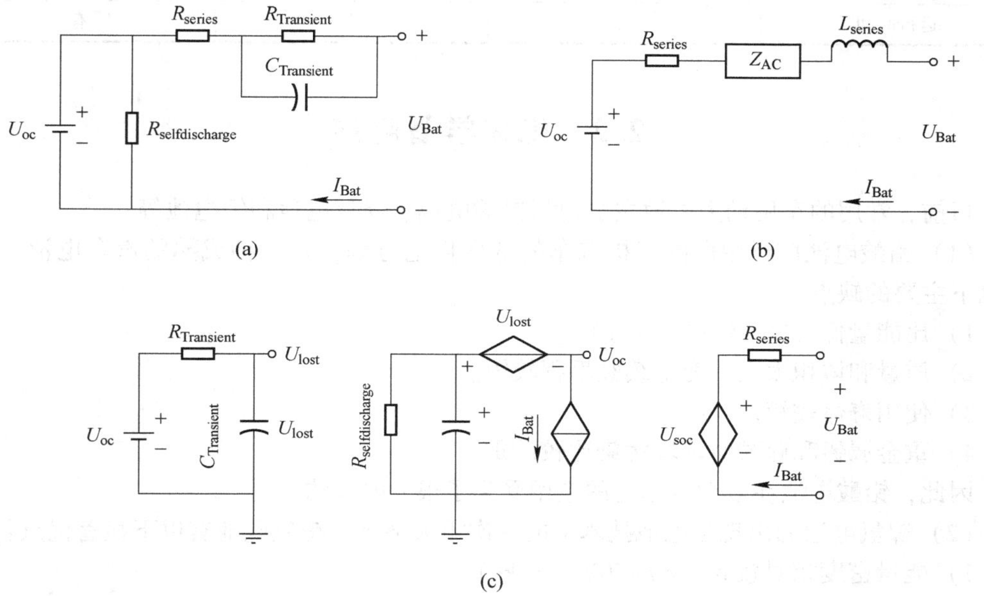

图 2-1 三类电池模型

（a）等效电路模型；（b）交流阻抗模型；（c）运行时间模型

（1）等效电路模型。典型的等效电路模型有 R_{int}、RC、Thevenin、PNGV 和 GNL 模型等。图 2-1（a）是最具代表性的 Thevenin 等效电路模型。它通过理想电压源 U_{oc} 来描述电池开路电压，用一个串联电阻 R_{Series} 和一个 RC 并联网络 $R_{Transient}$ 和 $C_{Transient}$ 来预测电池在某一 SOC 下对瞬时负载的响应。Thevenin 假定开路电压 U_{oc} 不随 SOC 变化，因此该模型不能表现电池稳态电压变化，也不能预测电池运行时间。在该电路基础上增加原件，如电容器，可构成一些派生电路，具有相比 Thevenin 较好的模拟效果。

（2）交流阻抗模型。图 2-1（b）所示为交流阻抗模型，它采用电化学阻抗谱的方法，得出了频域交流等效阻抗模型，用一个等效的复阻抗 ZAC 来匹配这个阻抗谱。本模型匹配过程复杂且不直观，也不能体现直流特性和电池运行时间。

（3）运行时间模型。图 2-1（c）是运行时间模型，采用复杂的电路拓扑来仿真电池的运行时间、直流特性。其中 U_{oc} 用来表征电池开路电压，其电压变化反映了开路电压随 SOC 的变化情况。$R_{discharge}$ 反映电池自放电情况。该模型适用于电流恒定的情况，当负载电流变化时，其仿真精确程度下降。

对电动汽车及其充电设施进行研究时，电池的直流特性、容量特性、暂态响应等都是研究者最为关心的因素，由前述分析可知，常见的电路等效模型可适用于不同需求的电池特性分析，其复杂程度和精确度各不相同，它们的特性比较见表 2-1。

表 2-1　三种电池模型特性比较

特　性	等效电路模型	交流阻抗模型	运行时间模型
直流特性	无	无	有
容量特性	有限	有	无
暂态特性	有	有限	有限
运行时间	无	无	有

2.2　电化学蓄电池

目前，常用的车用动力电池主要包括铅酸电池、镍氢电池和锂电池等。

(1) 铅酸电池广泛用做内燃机汽车的低压供电电源，是一种成熟的汽车电池，但存在以下主要的缺点：

1) 比能量低（28~45W · h/kg）。

2) 质量和体积太大，充电续驶里程较短。

3) 使用寿命较短。

4) 重金属铅和硫酸对环境污染比较严重。

因此，铅酸电池在电动汽车上的应用受到了很大的制约。

(2) 镍氢电池的出现是电池技术上的一次重大突破。镍氢电池有以下显著优点：

1) 能量密度相对较高（60~70W · h/kg）。

2) 无镉污染，被称为绿色电池。

3) 可以大电流快速充放电。

4) 电池的工作电压为 1.2V，与镍镉电池有互换性。

但是，镍氢电池的重要原材料镍的价格近几年来涨幅较大，因而使得镍氢电池的应用受到了很大的制约。由于镍氢电池技术开发较早，产品化技术比较成熟，因此商业化的电动汽车主要采用该种电池。如丰田公司的混合动力汽车 Prius 以及本田公司的 Civic 中采用的都是日本松下公司技术生产的镍氢电池。目前国内和国外汽车公司开发的混合动力汽车也多数采用这种动力电池。

(3) 继镍氢电池之后，锂动力电池已经成为新能源汽车研究中的一个热点技术，锂电池具有以下优点：

1) 单节工作中压高达 3.6~4.2V，相当于 3 节镍氢电池串联。

2) 能量密度高，目前质量比能量可达到 150W · h/kg，是镍氢电池的 2 倍左右。

3) 能量效率高，锂离子电池能量效率可达 99%以上。

4) 自放电率小，一般自放电率小于 6%。

5) 循环使用寿命长，可以循环充放电 500 次以上。

6) 无记忆效应。

7）可以进行大电流充放电。

8）不含重金属以及有毒物质，不污染环境，是理想的绿色储能电源。

2.2.1 铅酸蓄电池

2.2.1.1 分类

铅酸电池（Lead acid battery）是第一代动力电池，1895 年，法国科学家普兰特（Plante）研制成功第一只可充电的铅酸电池，距今已有 100 多年的历史了。随着设计和工艺的不断改进，铅酸电池具有生产技术成熟、性能稳定、产品价格低、原材料来源丰富和可回收再循环利用等优点。

铅酸蓄电池的种类较多，品种规格多样，按用途可分为启动用、牵引用、铁路客车用、内燃机车用、汽车用、摩托车用、航空用、潜艇用、坦克用、矿灯用、航标用及其他便携装备用等；按极板结构可分为涂膏式、管式、形成式等；按照荷电状态可分为干放电式、干荷电式、带液充电式、湿荷电式、免维护式、少维护式；按照电池盖和排气栓结构可分为开口式、排气式、防酸隔爆式、防酸消氢式、阀控密封式。

2.2.1.2 工作原理

铅酸蓄电池的基本结构如图 2-2 所示。它由正负极板、隔板、电解液、溢气阀、外壳等部分组成。极板是铅酸蓄电池的核心部件，正极板上的活性物质是二氧化铅，负极板上的活性物质为海绵状纯铅；隔板是隔离正、负极板，防止短路，作为电解液的载体，能够吸收大量的电解液，起到促进离子良好扩散的作用；电解液由蒸馏水和纯硫酸按一定比例配制而成，主要作用是参与电化学反应，是铅酸蓄电池的活性物质之一；溢气阀位于蓄电池顶部，起到安全、密封、防爆等作用。

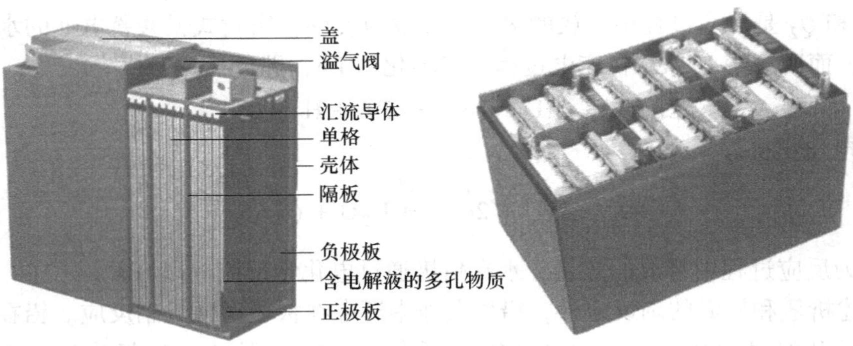

(a) (b)

图 2-2 铅酸蓄电池的基本结构

（a）铅酸蓄电池的基本结构；（b）铅酸蓄电池内部结构

正极活性物质是二氧化铅（PbO_2），负极活性物质是海绵状金属铅，电解液是硫酸（H_2SO_2）。正、负两极活性物质在电池放电后都转化为硫酸铅（$PbSO_4$），这就是“双硫酸盐化”理论。铅酸电池充放电时主要发生如下电化学反应：

负极反应 $$Pb + HSO_4^- - 2e \longrightarrow PbSO_4 + H^+$$

正极反应 $$PbO_2 + 3H^+ + HSO_4^- + 2e \longrightarrow PbSO_4 + 2H_2O$$

电池总反应 $PbO_2 + Pb + 2H^+ + 2HSO_4^- \longrightarrow 2PbSO_4 + 2H_2O$

在电池反应过程中，硫酸起着传导电流的作用，同时也参加电池反应。但参加反应的是硫酸氢根离子而不是硫酸根离子，这与硫酸的二级离解常数差别较大有关，即

$$H_2SO_4 \xrightarrow{K_1} H^+ + HSO_4^-,\ K_1 = 10^3$$

$$HSO_4^- \xrightarrow{K_2} H^+ + SO_4^{2-},\ K_2 = 1.02 \times 10^{-2}$$

在电池充电过程中，当正极板的荷电状态达到70%左右时，水开始分解，即

$$2H_2O \longrightarrow O_2 + 4H^+ + 4e$$

对于早期的开口式铅酸蓄电池而言，由于氢气和氧气析出并从电池中逸出，不能进行气体的再复合，因此需要对电池加酸加水进行维护。阀控铅酸电池（Value regulated lead acid battery，VRLA）则能够做到氧气的复合再利用，同时抑制氢气的析出，克服了传统铅酸电池的缺点。

在阀控铅酸电池中，产生的氧气迁移到负极并被海绵状金属铅还原。氧气在极板间的迁移根据电池结构的不同有两种基本方式：

（1）当使用吸收式玻璃毡（Absorption glass mat，AGM）隔板时，氧气经过AGM的毛细管到达负极。

（2）当硫酸电解液为凝胶时，氧气经过凝胶电解液的裂缝到达负极。

氧气在负极板栅的还原反应过程也存在以下两种不同机理：

（1）化学机理。

$$Pb + \frac{1}{2}O_2 \longrightarrow PbO + Q_1$$

$$PbO + H_2SO_4 \longrightarrow PbSO_4 + H_2O + Q_2$$

其中，Q_1 和 Q_2 是反应过程中释放的热量。该反应使阀控密封式铅酸蓄电池的水分解后又得以恢复，而所产生 $PbSO_4$ 在充电过程中又转化为Pb，即

$$PbSO_4 + 2H^+ + 2e \longrightarrow Pb + H_2SO_4$$

（2）电化学机理。

$$\frac{1}{2}O_2 + 2H^+ + 2e \longrightarrow H_2O + Q_3$$

其中，Q_3 为反应过程中释放的热量，水在负极通过电化学反应得以恢复。

除上述析氢和析氧的副反应外，铅酸电池中还存在板栅腐蚀的副反应。铅在负极的平衡电位附近开始发生腐蚀而生成 $PbSO_4$，而在正极电位下进一步氧化生成 PbO_2 保护层，即

$$Pb + 2H_2O \longrightarrow PbO_2 + 4H^+ + 4e$$

2.2.1.3 应用特点

铅酸电池具有以下优点：

（1）自放电率小，25℃下自放电率小于2%/月。

（2）电池寿命较长，可长期在浮充状态下使用。

（3）结构紧凑，密封良好，抗震性能好，比容量高。

（4）电池的高低温性能较好，可在-40~50℃范围内使用。

（5）价格低廉，制造及维护成本低。

（6）无“记忆效应”（浅循环工作时容量损失）。

（7）电池失效后的回收利用技术比较成熟，回收利用率高。

但与镍氢电池、锂离子电池相比，铅酸电池也存在许多不足，最为突出的是比能量低，一般为30~50Wh/kg，其次循环寿命短。另外，由于在制造和使用过程中产生污染，铅酸电池的发展受到了制约。目前，铅酸电池的研究方向是通过材料和板栅设计的优化，提高能量密度和延长循环寿命。

2.2.2 镍氢电池

2.2.2.1 工作原理

镍氢电池（Nickel/Metal Hydride，Ni/MH）是新型环保的二次碱性电池，与传统的铅酸电池相比具有更高的比能量和循环寿命，近几年受到关注。

镍氢电池正极活性物质为NiOOH（放电时）和$Ni(OH)_2$（充电时），称氧化镍电极，负极活性物质为H_2（放电时）和H_2O（充电时），称储氢合金（电极称储氢电极），电解液为30%的氢氧化钾。在电池充放电过程中的电池反应为：

正极 $$Ni(OH)_2 + OH^- - e \xrightarrow{充电/放电} NiOOH + H_2O$$

负极 $$H_2O + e \xrightarrow{充电/放电} 1/2H_2 + OH^-$$

总反应 $$Ni(OH)_2 \xrightarrow{充电/放电} NiOOH + 1/2H_2$$

充电时，负极析出的氢气储存在容器中，正极由氢氧化亚镍变成氢氧化镍和水；放电时，氢气在负极被消耗掉，正极由氢氧化镍变成氢氧化亚镍。电池的开路电压为1.2~1.3V，因储氢材料和制备工艺不同而有所不同。

当镍氢电池过充电时，两极上的反应为：

氧化镍电极上 $$4OH^- - 4e \longrightarrow 2H_2O + O_2$$

储氢电极上 $$2H_2O + 4e \longrightarrow 2OH^- + H_2$$

总反应 $$H_2O \longrightarrow H_2 + 1/2O_2$$

再化合 $$H_2 + 1/2O_2 \longrightarrow H_2O$$

蓄电池过充电时，正极析出氧气，负极析出氢气。由于有催化剂的氢电极面积大，而且氧气能随时扩散到氢电极表面，因此，氢气和氧气易在蓄电池内部再化合生成水，保持容器内的气压不变，这种再化合的速率很快，可以使蓄电池的内部氧气浓度不超过千分之几。

当镍氢电池过放电时，电极反应为：

氧化镍电极上 $$2H_2O + 2e \longrightarrow 2OH^- + H_2$$

储氢电极上 $$H_2 + 2OH^- + 2e \longrightarrow 2H_2O$$

虽然过放电时电池总反应的净结果为零，但电池会出现反极现象。由于在正极上产生的氢气会在负极上新化合，因此保持了体系的稳定。另外，负极活性物质氢以氢原子态能以相当高的密度吸附于储氢合金中，在这样的电极上，吸放氢反应能平稳地进行，放电性能比镉—镍电池高。

2.2.2.2　结构与特点

A　电池结构

圆柱形金属氢化物镍蓄电池结构如图 2-3 所示，主要由正极、负极、分离层、外壳、电解液等组成。金属氢化物镍蓄电池正极是活性物质氢氧化镍，负极是储氢合金，分离层是隔膜纸，用氢氧化钾作为电解质，在正、负极之间有分离层，共同组成金属氢化物镍单体电池。在金属铂的催化作用下，完成充电和放电的可逆反应。在圆柱形电池中，正、负极用隔膜纸分开卷绕在一起，然后密封在金属外壳中。在方形电池中，正负极由隔膜纸分开后叠成层状密封在外壳中。电动汽车用金属氢化物镍蓄电池的基本单元是单体电池，按使用要求组合成不同电压和不同电荷量的金属氢化物镍蓄电池总成，如图 2-4 所示。

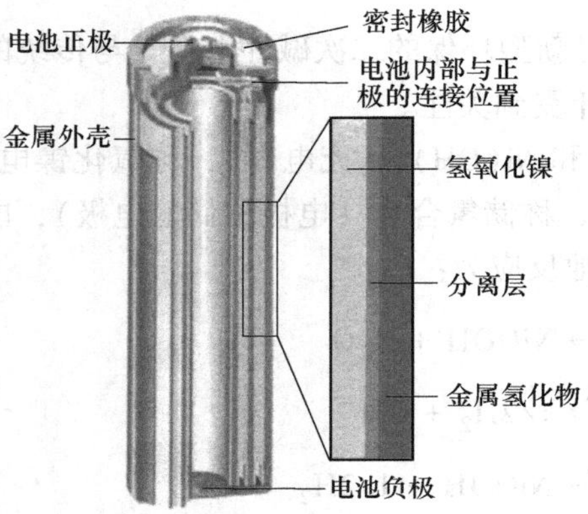

图 2-3　圆柱形金属氢化物镍蓄电池的基本结构

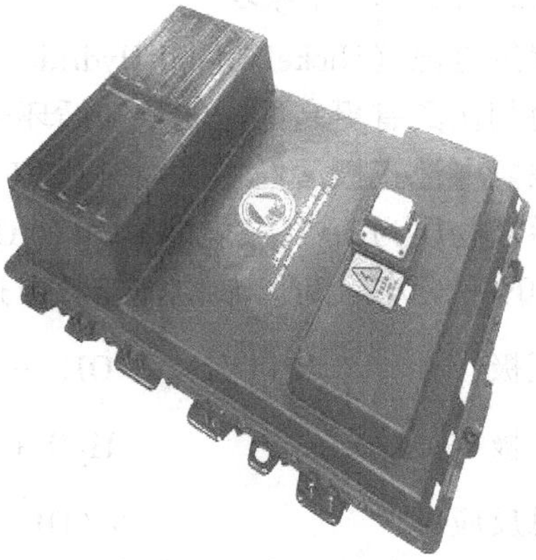

图 2-4　电动汽车用金属氢化物镍蓄电池总成

B　性能特点

20 世纪 70 年代中期，美国研制成功了功率大、质量轻、寿命命长、成本低的镍氢电池，并且于 1978 年成功地将这种电池应用在导航卫星上。镍氢电池与同体积镍镉电池相比，容量可提高一倍，而且没有重金属镉带来的污染问题，它的工作电压与镍镉电池完全相同，工作寿命也大致相当，但它具有良好的过充电和过放电性能。

镍氢电池的比功率可达到 900W/kg（瞬时脉冲放电功率），比能量可达 95Wh/kg 以上；循环寿命长，全充放电可达 1000 次（80%DOD），浅充放电达 5 万～10 万次（40%DOD），工作环境温度范围为−30～55℃。

与铅酸电池相比，镍氢电池具有容量大、结构坚固、充放电循环次数多的特点，但价格高一些；镍氢电池是密封免维护电池，不含 Pb、Cr、Hg 等有毒物质，正常使用过程中也不会产生任何有害物质；镍氢电池具有较好的低温放电特性，自放电率很小，在常温下，镍氢电池充足电后，放置 28 天，电池容量仍能保持在标称容量的 75%～85%，可深度放电，价格便宜且普及。但镍氢电池有记忆效应、能量密度低、充电速率较慢等特点。

2.2.3　锂电池

锂离子电池（Lithium-ion battery，LIB）是 20 世纪 90 年代发展起来的高容量可充电电池。锂离子电池以其工作电压高、能量密度大、比功率高、质量轻、体积小、循环寿命长、自放电率低、无记忆效应、绿色环保等优点而广受关注并迅速发展起来，成为新一代动力电池。

2.2.3.1 锂电池分类

根据电极材料的不同，锂离子电池可分为钴酸锂电池（$LiCoO_2$）、镍酸锂电池（$LiNiO_2$）、锰酸锂电池（$LiMn_2O_4$）、磷酸铁锂电池（$LiFePO_4$）、钛酸锂电池（$Li_4Ti_5O_{12}$）等。钴酸锂电池作为最早商品化的锂离子电池，工艺成熟、市场占有率高、材料加工性能好、振实密度高、工作电压高（3.6V）且放电平稳；但钴酸锂原材料较贵，且抗过充电等安全性能差，不适合大型动力电池领域。镍酸锂电池比容量高于钴酸锂电池，且镍资源相对丰富，但由于合成条件苛刻，充放电状态下不太稳定，安全性还有待提高。锰酸锂电池工作电压为4.0V，理论容量为148mA·h/g，热稳定性好、耐过充电、安全性高、资源丰富、价格低，在目前的动力电池上占有很大的市场；但自身导电性能差，高温循环性能有待提高。钛酸锂作为负极材料时，可大大提高体系的充放电速度、循环性能和安全性能；但高倍率工作的容量衰减和热管理系统有待改善。

2.2.3.2 工作原理

锂离子蓄电池主要由正极、负极、隔膜板、电解液和安全阀等组成。圆形锂离子蓄电池的基本结构如图2-5所示。

锂离子电池采用了一种锂离子嵌入和脱嵌的金属氧化物或硫化物作为正极，有机溶剂—无机盐体系作为电解质，碳材料作为负极。充电时，Li^+从正极脱出嵌入负极晶格，正极处于贫锂态；放电时，Li^+从负极脱出并插入正极，正极为富锂态。为保持电荷的平衡，充、放电过程中应有相同数量的电子经外电路传递，与此同时在正负极间迁移，使负极发生氧化还原反应，保持一定的电位，如图2-6所示。

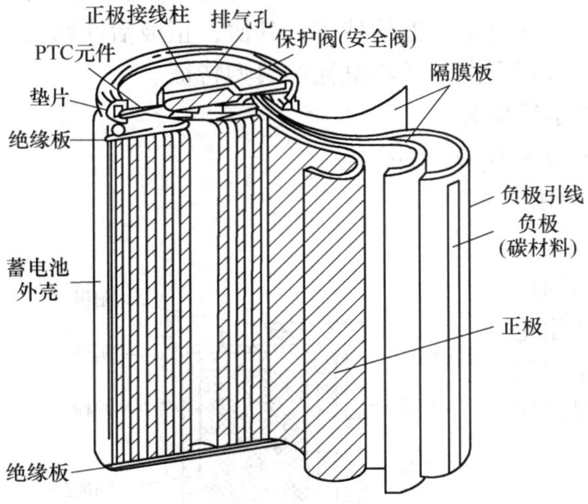

图2-5 圆形锂离子蓄电池的基本结构

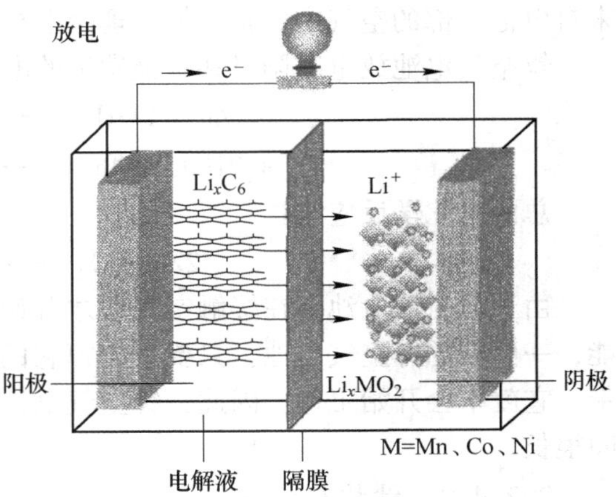

图2-6 锂离子电池工作原理

注：电子与锂离子在充电时反向移动。

电池的电化学反应式为

正极 $$LiMO_2 \xrightarrow{\text{充电/放电}} Li_{1-x}MO_2 + xLi^+ + xe^-$$

负极　　$nC + xLi^+ + xe^- \xrightarrow{充电/放电} Li_xC_n$

总反应　　$LiMO_2 + nC \xrightarrow{充电/放电} Li_{1-x}MO_2 + Li_xC_n$

式中，M = Co、Ni、Fe、Mn 。

【例题 2-2】　对钴酸锂电池（$LiCoO_2$）来说，以 $LiCoO_2$ 为正极材料、石墨为负极材料，那么电池的电化学反应式是什么？

【解】　根据锂离子电池电化学反应式，钴酸锂电池的电化学反应式为

正极　　$LiCoO_2 \xrightarrow{充电/放电} Li_{1-x}CoO_2 + xLi^+ + xe^-$

负极　　$6C + xLi^+ + xe^- \xrightarrow{充电/放电} Li_xC_6$

总反应　　$LiCoO_2 + 6C \xrightarrow{充电/放电} Li_{1-x}CoO_2 + Li_xC_6$

2.2.3.3　性能特点

磷酸铁锂电池的理论容量为 170mA · h/g，循环性能好，单体 100% DOD 循环 2000 次后容量保持率为 80%以上，安全性高，可在 1～3*C* 下持续充放电，且放电平台稳定，瞬间放电倍率能达 30*C*。但磷酸铁锂电池的低温性能差，0℃时放电容量将为 70%～80%，电池的一致性仍然存在问题，成组后电池能量密度、循环寿命等性能大大下降，大规模应用中仍然存在多项技术难点。

2.2.4　锌空气电池

2.2.4.1　工作原理

锌空气电池（Zinc-air battery）是以空气中的氧气为正极活性物质，金属锌为负极活性物质的一种新型化学电源。锌空气电池是一种半蓄电池半燃料电池。首先，负极活性物质同锌锰、铅酸等蓄电池一样封装在电池内部，具有蓄电池的特点；其次，正极活性物质来自电池外部的空气中所含的氧，理论上有无限容量，是燃料电池的典型特征。

锌空气电池放电时阳极和阴极发生的电化学反应为：

$$Zn + 2OH^- \longrightarrow ZnO + H_2O + 2e^-$$

$$O_2 + 2H_2O + 4e^- \longrightarrow 4OH^-$$

总的电化学反应为：

$$2Z_n + O_2 \longrightarrow 2Z_nO$$

由于锌空气电池要在接触空气后才开始产生电能，一个新的锌空气电池，只要不撕掉它的密封胶带，它就不会开始工作，因此，锌空气电池保存时间很长。

2.2.4.2　结构与特点

锌空气电池的基本结构如图 2-7 所示，主要由阳极、阴极、隔离层、绝缘和密封层、电解液和外壳等组成。阳极是起催化作用的炭从空气中吸收氧；阴极是锌粉和电解液的混合物，呈糊状；隔离层用于隔离两极间固体粉粒的移动；绝缘和密封层

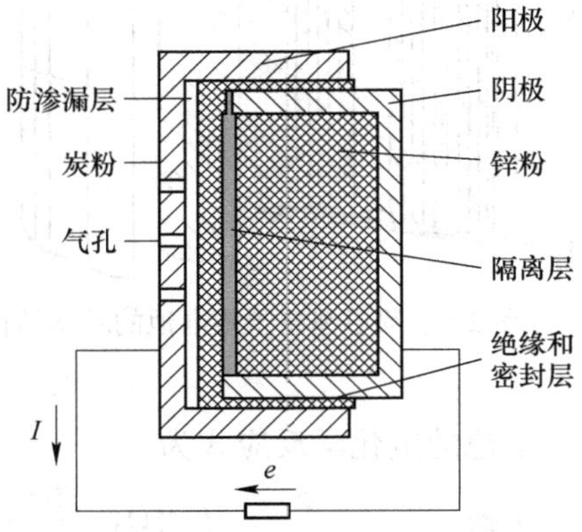

图 2-7　锌空气电池的基本结构

是尼龙材料；电解液是高浓度的氢氧化钾水溶液；外壳是镍金属，具有良好的防腐性的导体。

锌空气电池是以空气中的氧作为正极活性物质的一种高效环保型电池，理论上锌空气电池的质量比能量为 340W · h/kg，体积比能量为 1050W · h/L，这是现在所有化学电源中最高的，实际比能量也是最高的，锌空气电池放电电压平稳，放电持续时间长，无环境污染，成本低，原材料易得，制作工艺简单，被誉为面向 21 世纪的环保型新能源。

2.3 太阳能电池

2.3.1 太阳能电池工作原理

太阳能电池是将太阳能直接转换成电能的器件。它的基本构造由半导体的 PN 结组成。此外，异质结、肖特基势垒等也可以得到较好的光电转换效率。下面以最普通的硅 PN 结太阳能电池为例，分析光能转换成电能的工作原理。

太阳能电池由硅 PN 结构成，在表面及背面形成无整流特性的欧姆接触。并假设除负载电阻 R 外，电路中无其他电阻成分。当具有 $h\nu$(eV)（$h\nu>E_g$，E_g 为硅的禁带宽度）能量的光子照射在太阳能电池上时，产生电子—空穴对。由于光子的能量比硅的禁带宽度大，因此电子被激发到比导带底还高的能级处。对于 P 型硅来说，少数载流子浓度 n_p 极小（一般小于 10^5/cm），导带的能级几乎都是空的，因此电子又马上落在导带底。这时电子及空穴将总的 $h\nu-E_g$(eV) 的多余能量以声子（晶格振动）的形式传给晶格。落到导带底的电子有的向表面或结扩散，有的在半导体内部或表面复合而消失了。但有一部分到达结的载流子，受结处的内建电场加速而流入 N 型硅中。在 N 型硅中，由于电子是多数载流子，流入的电子按介电弛豫时间的顺序传播，同时为满足 N 型硅内的载流子电中性条件，与流入的电子相同数目的电子从连接 N 型硅的电极流出。

在负载电阻上，一个电子失去一个 qV 的能量，即等于光子能量 $h\nu$ 转换成电能 qV。流过负载电阻的电子到达 P 型硅表面电极处，在 P 型硅中成为过剩载流子，于是和被扫出来的空穴复合，形成光电流。

2.3.2 太阳能电池基本特性

2.3.2.1 短路电流

太阳能电池的短路电流等于其光生电流。分析短路电流的最方便的方法是将太阳光谱划分成许多段，每一段只有很窄的波长范围，并找出每一段光谱所对应的电流，电池的总短路电流是全部光谱段贡献的总和，在实际的半导体表面的反射率与入射光的波长有关，一般为 30%~50%。为防止表面的反射，在半导体表面制备折射率介于半导体和空气折射率之间的透明薄膜层。这个薄膜层称为减反射膜（Antireflective coating）。将具有不同折射率的氧化膜重叠两层，在满足一定的条件下，就可以在更宽的波长范围内减少折射率。此外也可以将表面加工成棱锥体状的方法，来防止表面反射。

2.3.2.2 开路电压

当太阳能电池处于开路状态时，对应光电流的大小产生电动势，这就是开路电压。在较弱阳光时，硅太阳能电池的开路电压随光的强度作近似直线的变化。而当有较强的阳光时，开路电压则与入射光的强度的对数成正比。

2.3.2.3 太阳能电池的输出特性

为了描述电池的工作状态，往往将电池及负载系统用一等效电路来模拟。在恒定光照下，一个处于工作状态的太阳能电池，其光电流不随工作状态而变化，在等效电路中可把它看作是恒流源。光电流一部分流经负载 R_L，在负载两端建立起端电压 V，反过来它又正向偏置于 PN 结二极管，引起一股与光电流方向相反的暗电流 I_{bk}，这样，一个理想的 PN 同质结太阳能电池的等效电路就被绘制成如图 2-8（a）所示。但是，由于前面和背面的电极和接触，以及材料本身具有一定的电阻率，基区和顶层都不可避免地要引入附加电阻。流经负载的电流，经过它们时，必然引起损耗：在等效电路中，可将它们的总效果用一个串联电阻 R_s 来表示。由于电池边沿的漏电和制作金属化电极时，在电池的微裂纹、划痕等处形成的金属桥漏电等，使一部分本应通过负载的电流短路，这种作用的大小可用一并联电阻 R_{sh} 来等效。其等效电路就绘制成图 2-8（b）的形式。其中暗电流等于总面积 A_T 与 I_{bk} 乘积，而光电流 I_L 为电池的有效受光面积 A_E 与 I_L 的乘积，这时的结电压 V_j 不等于负载的端电压。

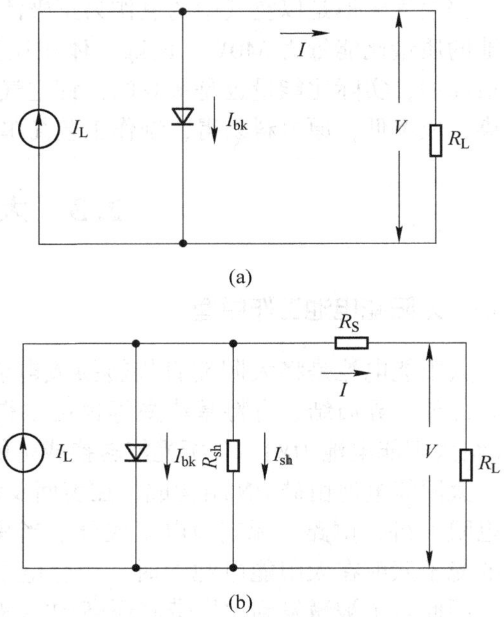

图 2-8 PN 同质结太阳能电池等效电路
（a）不考虑串并联电阻；（b）考虑串并联电阻

由图 2-8 可见：

$$V_j = IR_s + V \tag{2-1}$$

根据图 2-8 就可以写出输出电流和输出电压 V 之间的关系为：

$$I = \frac{R_{sh}}{R_s + R_{sh}}\left[I_L - \frac{V}{R_{sh}} - I_{bk}\right] \tag{2-2}$$

当负载 R_L 从 0 变化到无穷大时，输出电压 V 则从 0 变到 V_{OC}，同时输出电流便从 I_{SC} 变到 0，由此得到电池的输出特性曲线，如图 2-9 所示。曲线上任何一点都可以作为工作点，工作点所对应的纵横坐标，即为工作电流和工作电压，其乘积 $P=IV$ 为电池的输出功率。在太阳能电池的输出特性图上，总能找到一点 M，使对应的 IV 为乘积最大，此点即为最大功率输出点。

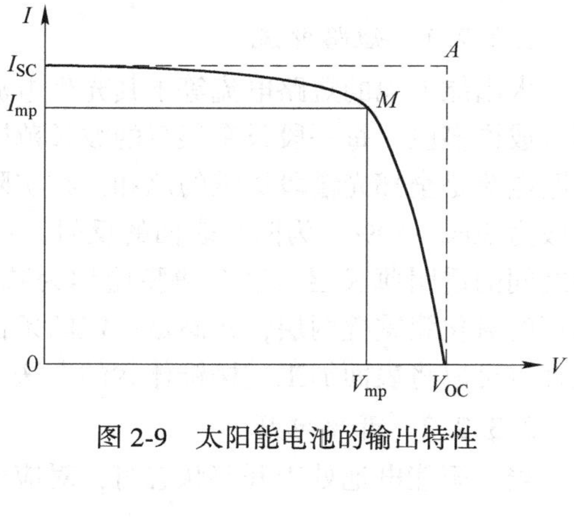

图 2-9 太阳能电池的输出特性

转换效率是表示在外电路连接最佳负载

电阻 R 时，得到的最大能量转换效率，其定义为：

$$\eta = \frac{P_{max}}{P_{in}} = \frac{I_{mp}V_{mp}}{P_{in}} \tag{2-3}$$

即电池的最大功率输出与入射功率之比。

太阳能电池的光谱响应是指光电流与入射光波长的关系，设单位时间波长为 λ 的光入射到单位面积的光子数为 $\Phi_0(\lambda)$，表面反射系数为 $\rho(\lambda)$，产生的光电流 I_L，则光谱响应 $SR(\lambda)$ 定义为：

$$SR(\lambda) = \frac{I_L(\lambda)}{q\Phi_0(\lambda)[1-\rho(\lambda)]} \tag{2-4}$$

其中

$$I_L = I_L|_{顶层} + I_L|_{势类} + I_L|_{基区}$$

太阳能电池的温度效应，载流子的扩散系数随温度的增高而增大，所以少数载流子的扩散长度也随温度的升高稍有增大，因此，光生电流 I_L 也随温度的升高有所增加。但是 I_0 随温度的升高指数增大，因而 V_{OC} 随温度的升高急剧下降。当温度升高时，填充因子下降，转换效率随温度的增加而降低。

2.3.3 影响太阳能电池转换效率的因素

影响太阳能电池转换效率的因素如下：

（1）禁带亮度。V_{OC} 随 E_g 的增大而增大，但另一方面，I_{SC} 随 E_g 的增大而减小。结果是可期望在某一个确定的 E_g 随处出现太阳能电池效率的峰值。

（2）温度。随温度的增加，效率 η 下降。I_{SC} 对温度 T 很敏感，温度还对 V_{OC} 其主要作用。

对于硅，温度每增加 1℃，V_{OC} 下降室温值的 0.4%，η 也因而降低约同样的数。例如，一个硅电池在 20℃ 时的效率为 20%，当温度升到 120℃ 时，效率仅为 12%。又如 GaAs 电池，温度每升高 1℃，V_{OC} 降低 1.7mV 或降低 0.2%。

（3）复合寿命。希望载流子的复合寿命越长越好，主要是因为这样做 I_{SC} 大。在间接带隙半导体材料（如硅）中，离结 100μm 处也产生相当多的载流子，所以希望它们的寿命能大于 1μs。在直接带隙材料，如 GaAs 或 Cu_2S 中，只要 10ns 的复合寿命就已足够长了。长寿命也会减小暗电流并增大 V_{OC}。

达到长寿命的关键是在材料制备和电池的生产过程中，要避免形成复合中心。在加工过程中，适当而且经常进行工艺处理，可以使复合中心移走，因而延长寿命。

（4）光强。将太阳光聚焦于太阳能电池，可使一个小小的太阳能电池产生大量的电能。设想光强被浓缩了 X 倍，单位电池面积的输入功率和 I_{SC} 都将增加 X 倍，同时 V_{OC} 也随着增加 $(kT/q)\text{In}X$ 倍。因而输出功率增加将大大超过 X 倍，而且聚光的也使转换效率提高了。

（5）表面复合速率。低的表面复合速率有助于提高 I_{SC}，并由于 I_0 的减小而使 V_{OC} 改善。前表面的复合速率测量起来很困难，经常被假设为无穷大。

（6）串联电阻。在任何一个实际的太阳能电池中，都存在着串联电阻，其来源可以是引线、金属接触栅或电池体电阻。不过通常情况下，串联电阻主要来自薄扩散层。PN

结收集的电流必须经过表面薄层再流入最靠近的金属导线，这就是一条存在电阻的路线，显然通过金属线的密布可以使串联电阻减小。一定的串联电阻 R_s 的影响是改变 I-V 曲线的位置。

一个太阳能电池的转换效率是其输出功率与输入功率之比。为获取高效率，希望有大的短路电流，高的开路电压和大的填充因子，如果太阳能电池用禁带宽度（E_g）小的材料做成，则短路电流较大。好的制造工艺及好的电池设计因载流子复合最小，也能使短路电流提高。太阳能电池若用 E_g 大的材料做成，则具有较高的开路电压。填充因子是 I-V 曲线拐点处陡度的量度，串联电阻可使它变小。转换效率随光强增大而增大，随温度降低也增大。

用 E_g 值介于 1.2~1.6eV 的材料做成太阳能电池，可望达到最高效率。薄膜电池用直接带隙半导体更为可取，因为它能在表面附近吸收光子。

2.3.4　太阳能电池组件

单体太阳能电池不能直接做电池使用。作电源用必须将若干单体电池串联、并联连接并严密封装成组件。对太阳能电池组件要求如下：有一定的标称工作电流输出功率。工作寿命长，要求组件能正常工作到 20~30 年，因此要求组件所使用的材料、零部件及结构，在使用寿命上互相一致，避免因一处损坏而使整个组件失效。有足够的机械强度，能经受在运输、安装和使用过程中发生的冲突，振动及其他应力。组合引起的电性能损失小，成本低。

常规的太阳能电池组件结构形式有下列几种：玻璃壳体式结构如图 2-10 所示，底盒式组件如图 2-11 所示，平板式组件如图 2-12 所示，无盖板的全胶密封组件如图 2-13 所示。

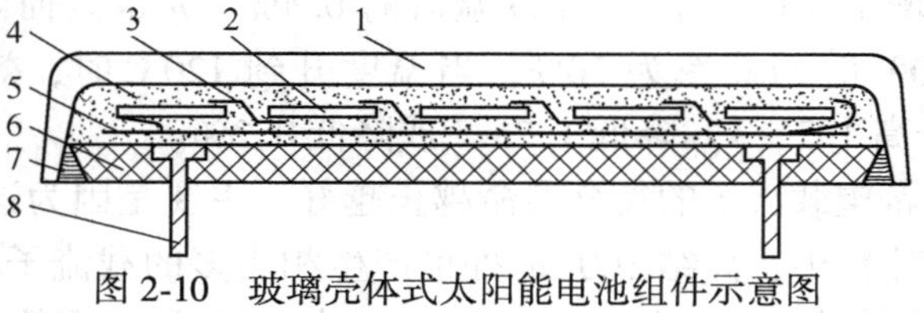

图 2-10　玻璃壳体式太阳能电池组件示意图

1—玻璃壳体；2—硅太阳能电池；3—互连条；4—胶黏剂；5—衬底；
6—下底板；7—边框线；8—电极接线柱

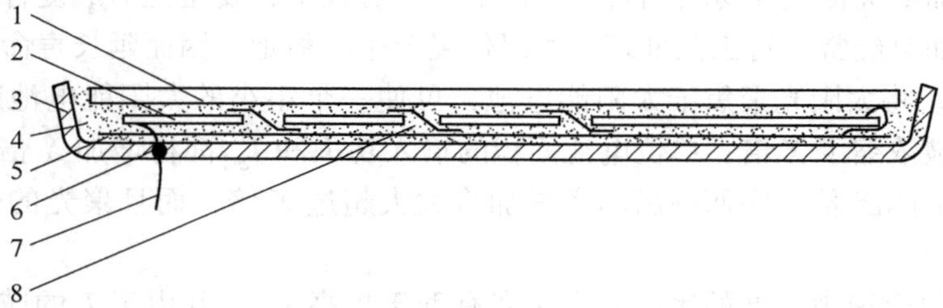

图 2-11　底盒式太阳能电池组件示意图

1—玻璃盖板；2—硅太阳能电池；3—盒式下底板；4—胶黏剂；5—衬底；
6—固定绝缘胶；7—电极引线；8—互连条

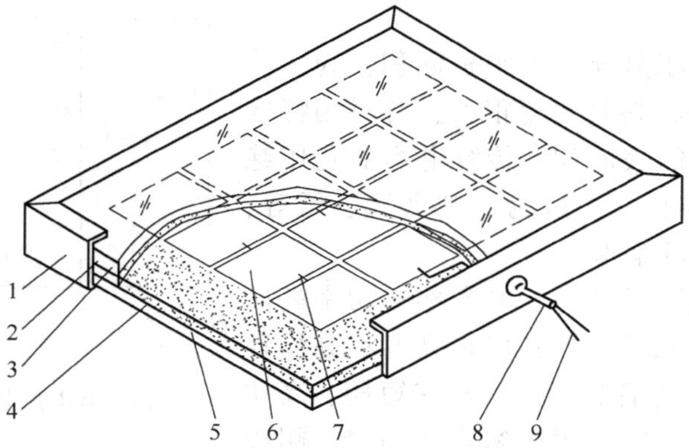

图 2-12 平板式太阳能电池组件示意图

1—边框；2—边框封装胶；3—上玻璃盖板；4—胶黏剂；5—下底板；6—硅太阳能电池；7—互连条；8—引线护套；9—电极引线

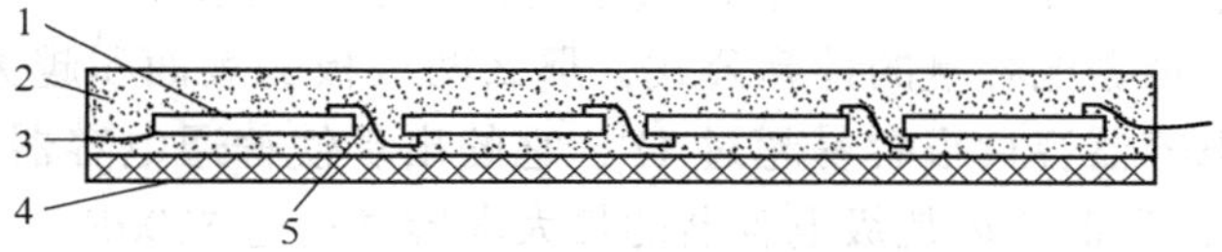

图 2-13 全胶密封太阳能电池组件示意图

1—硅太阳能电池；2—胶黏剂；3—电极引线；4—下底板；5—互连条

2.4 超级电容器

电动汽车加速和爬坡时的功率需求与正常行驶时差别很大。在现有的技术条件下，单一的动力电池难以同时满足续驶能力和功率输出的要求，必须在比能量和比功率以及循环使用寿命间做出平衡。超级电容器是为了满足电动汽车能量和功率实时变化要求而提出的一种能量储存装置，它是一种电化学电容器，兼具电池和传统物理电容器的优点。超级电容器通常和其他电池联合应用作为电动汽车的动力电源，可以满足电动汽车对功率的要求而不降低电池的性能。超级电容器的使用将减少汽车对电池大电流放电的要求，达到减少电池体积和延长电池寿命的目的。开发高比能量、高比功率、长寿命、高效率和低成本的超级电容器可以提高商业化电动汽车的动力性能、经济性和续驶里程。

2.4.1 超级电容器工作原理

超级电容器（Super Capacitor，Ultra Capacitor）是一种电化学装置，是介于电池与普通电容器间的过渡部件，其放电过程高度可逆，可进行高效率的快速充放电（达秒级）。根据电极材料的不同，超级电容器可分为使用碳电极的双电层超级电容器、使用金属氧化物电极的超级电容器和使用有机聚合物电极的超级电容器三类。双电层超级电容器的工作原理如图 2-14 所示，电压加在两个极板上，加在正极板的电动势吸引电解液中的负离子，负极板吸引正离子，两极板的表面形成双电层电容器。

2.4.2 超级电容器应用性能

超级电容器在分离出的电荷中存储能量，用于存储电荷的面积越大，分离出的电荷越密集，其电容量越大。

传统电容器的面积是导体的平板面积，为了获得较大的容量，导体材料卷制得很长，有时用特殊的组织结构来增加它的表面积。传统电容器是用绝缘材料分离它的两极板，一般为塑料薄膜、纸等，这些材料通常要求尽可能薄。

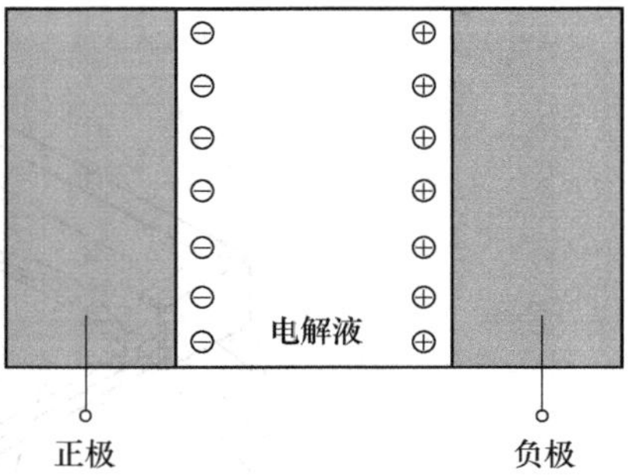

图 2-14　双电层超级电容器的工作原理

在传统的能量储存元件中，电容器的功率高而能量低，电池则正好相反。当它们在高温和高循环的条件下使用时，将会缩短寿命，而在短期、高功率能量条件下应用时，又显得既笨重又昂贵。超级电容器则克服了上述缺点，其功率密度远高于普通电池，其能量密度也远高于常规电容器，具有如下特点：

（1）电容量大，超级电容器采用活性炭粉与活性炭纤维作为可极化电极与电解液接触的面积大大增加。根据电容量的计算公式，那么两极板的表面积越大，则电容量越大。因此，一般双电层电容器容量很容易超过 1F，它的出现使普通电容器的容量范围骤然跃升了 3、4 个数量级，目前单体超级电容器的最大电容量可达 5000F。

（2）妥善解决了储存设备高比功率和高比能量输出之间的矛盾，高功率密度。超级电容器的内阻很小，并且在电极/溶液界面和电极材料本体内均能够实现电荷的快速储存和释放，因而它的输出功率密度高达数 kW/kg，是任何一个化学电源所无法比拟的，是一般蓄电池的数十倍。一般来说，比能量高的储能体系其比功率不高，而一个储能体系的比功率高，则其比能量就不一定很高，许多电池体系就是如此。超级电容器可以提供 1~5kW/kg 的高比功率的同时，其比能量可以达 5~20W · h/kg。将它与蓄电池组结合起来，可构成一个兼有高比能量和高比功率输出的储能系统。

（3）充电时间短，充放电循环寿命很长。超级电容器最短可在几十秒内充电完毕，最长充电不过十几分钟，远快于蓄电池的充电时间。超级电容器在充放电过程中没有发生电化学反应，因而其循环寿命可达数万次以上，远比蓄电池的充放电循环寿命长，可达 500000 次或 90000h，而蓄电池的充放电寿命很难超过 1000 次。

（4）可以提供很高的放电电流。如 2700F 的超级电容器额定放电电流不低于 950A，放电峰值电流可达 1680A。

（5）可以在很宽的温度范围内正常工作（-40~+70℃），而蓄电池很难在高温特别是低温环境下工作。

（6）可以任意并联使用以增加电容量，如采取均压后，还可以串联使用。

（7）储存寿命长。超级电容器充电后，虽然也有微小的漏电流存在，但这种发生在电容器内部的离子或质子迁移运动是在电场的作用下产生的，并没有出现化学或电化学反应，没有产生新的物质，且所用的电极材料在相应的电解液中也是稳定的，因此超级电容器的储存寿命几乎可以认为是无限的。

（8）高可靠性。超级电容器工作过程中没有运动部件，维护工作少，因此超级电容器的可靠性非常高。

2.4.3 超级电容器在汽车上的应用

超级电容器具有广泛的用途。与燃料电池等高能量密度的物质相结合，超级电容器能提供快速的能量释放，满足高功率需求，从而使燃料电池可以仅作为能量源使用。目前，超级电容器的能量密度可高达20kW/kg，已经开始抢占传统电容器和电池之间的这部分市场。

在那些要求高可靠性而对能量要求不高的应用中，可以用超级电容器来取代电池，也可以将超级电容器和电池结合起来，应用在对能量要求很高的场合，从而可以采用体积更小、更经济的电池。

超级电容器可以输出大电流，也可以快速吸收大电流。与化学充电原理相比，超级电容器的工作原理使这种产品的性能更稳定，因此，超级电容器的使用寿命更长。对于像电动工具和玩具这种需要快速充电的设备来说，超级电容器无疑是一个很理想的电源。

超级电容器的容量足够大，成本很低，对环境又无污染。大功率的超级电容器对于电动汽车的启动、加速和上坡行驶具有极其重要的意义：在汽车启动和爬坡时快速提供大功率电流；在汽车正常行驶时由蓄电池快速充电；在汽车刹车时快速存储发电机产生的大电流，这些可以减少电动汽车对蓄电池大电流充电的限制，大大延长蓄电池的使用寿命，提高电动汽车的实用性。如图 2-15 所示是超级电容城市客车，车辆进站后，利用乘客上下车的时间，车顶的充电设备会自动升起，搭到充电站的电缆上充电，补充能源。

图 2-15 超级电容城市客车

2.4.3.1 在纯电动车上的应用及发展

超级电容对整车动力性能的影响主要在于对续驶里程的影响。超级电容的容量、能量密度、放电深度、功率密度等性能参数都会影响车辆行驶的能量消耗和续驶里程。

目前在国际上，污染小、节省能源的电动汽车已引起相当高的重视。在电动车的部件中，超级电容器凭借使用寿命长、安全性强等特点，已成为电动汽车开发的重要方向之一。这种以电容为能源的电动客车无污染、零排放、低温特性好，适合于北方城市公交运行，具有良好的市场前景和社会效益。

将超级电容器应用到电动公交车上已经是一个很热门的话题了。由于公交线路站点是固定不变的，超级电容器的充电时间很短，在 1min 之内即可完成，所以可以利用公交车进站的时间充电，这样既不影响乘客的乘车时间，又不会像现在的有轨电车那样车顶上必须有两个“辫子”，这样也省去了电车轨道设置的费用，看起来也更美观一些。超级电容器有个缺点就是能量密度小，充电一次只能跑 20～25km，但它的充电速度快，充完就可以接着跑。

2.4.3.2 在混合动力车上的应用

混合电动车的动力系统是以燃油发动机作为主要动力，其电力能量储藏系统通常是二次电源，在内燃机车的电启动系统中采用超大容量电容器辅助启动装置，显示了较突出的优势：

（1）由于启动功率的增加，缩短了柴油—发电机组的启动时间。柴油机旋转加速度增加，提高了燃油点燃质量。

（2）降低了启动时蓄电池组的最大电流负荷，有助于延长蓄电池的使用寿命。

（3）确保了启动的可靠性，特别是在低温以及蓄电池组亏电或参数变坏时尤为明显。

（4）在现有蓄电池技术状况下，可以有效减小蓄电池容量。

但超级电容器并不能完全取代电池，因为它的能量密度比较低。超级电容器单体的工作电压较低，因此要通过多个电容器单体的串联才能得到较高的工作电压，而多个单体串联对单体的统一性要求比较高，且串联起来后体系的容量又会成倍减少。现在这方面的很多工艺都还在研发当中。

超级电容的特性正好满足混合动力电动汽车的特殊要求。利用超级电容瞬时高功率特性，避免了要求发动机频繁启动和蓄电池提供瞬间大功率的特殊要求，同时还可以对制动能量进行回收利用，从而可以节约能源、减少排放污染，尤其适合经常在城市行驶的混合动力电动汽车。在回收制动能量方面，汽车在行驶过程中至少有30%的能量因热量散发和制动而消耗掉，特别是在城市行驶，经常遇到红灯，这样不仅造成能源浪费，而且增加环境污染。如能把制动所消耗的能量回收起来用于汽车启动、加速，可谓一举两得。由于蓄电池充电是通过化学反应来完成的，所需时间较长，但制动时间较短，因而回收能量效果不佳。超级电容独有的特性非常适合用于制动过程中能量回收，而且成本低，应用前景广阔。

在为发动机冷启动时提供瞬时大功率方面，发动机的冷启动对蓄电池提出了特殊的要求，蓄电池必须提供瞬间大功率，发动机才可能启动。然而，一般蓄电池不具备这种特性，除非用启动点火型电池，但是启动点火型电池并不适合长时期小电流工作环境，而且在低温下经常失效，因此也不适合。研究发现，如果把超级电容和蓄电池联合用在发动机启动系统，发挥超级电容的独有特性，构成新型的启动系统，这个问题就可迎刃而解。

2.5　超高速飞轮

2.5.1　超高速飞轮的工作原理

现代飞轮储能系统（Flywheel Energy Storage System，FESS）是一种在机械能和电能之间进行能量转换的储能装置，所以也称做飞轮电池（Flywheel battery），或者电动机械电池（Electromechanical battery）。飞轮电池是以高速旋转的飞轮转子的旋转动能的形式储存能量的。和传统的化学电池类似，飞轮电池的工作过程也可以分为“充电”和“放电”两种模式。但是和化学电池不同的是，飞轮电池的“充放电”是由发电/电动机以及与其连成一体的飞轮转子完成的，即是由同一个电机分别工作在其“电动”和“发电”状态实现的。具体说来，飞轮电池的工作过程可以分为以下3个阶段：

（1）当飞轮在充电时，从电网来的电能经功率电子变换，驱动和飞轮转子连成一体的电机带动飞轮高速旋转，飞轮就以电能的形式把能量存储下来，从而完成电能—机械能的能量存储过程，此时电机处于电动机工作状态。

（2）在能量保持阶段，电机几乎维持一个恒定的转速，直到接收到一个能量释放的控制信号。

（3）当需要给负载供电时，高速旋转的飞轮转子作为原动机带动电机发电，经功率变换器输出适用于负载的电流和电压，此时电机处于发电机状态，从而完成机械能—电能转换的能量释放过程。由此，整个飞轮储能系统完成了一次电能的输入、储存和输出的过程。飞轮电池一般由高速旋转的飞轮转子、电动/发电机、轴承支撑系统、功率变换装置、电子控制设备以及附加设备（如真空罩、紧急备用轴承）等组成。图2-16为飞轮储能系统的拓扑结构示意图。

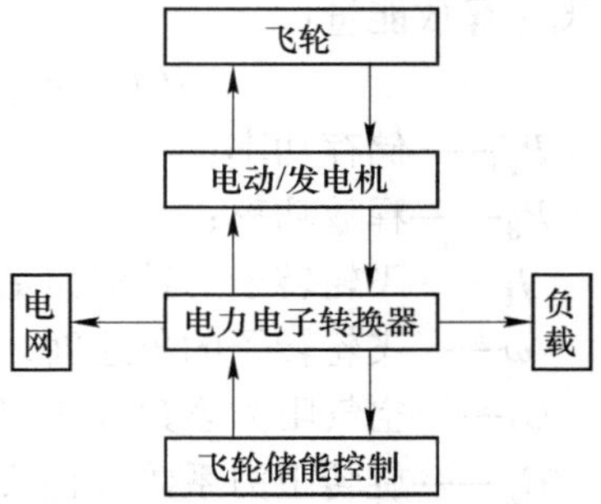

图2-16　飞轮储能系统的拓扑结构图

飞轮储能器中没有任何化学活性物质，也没有任何化学反应发生。旋转时的飞轮是纯粹的机械运动，飞轮在转动时的动能为：

$$E = \frac{1}{2}J\omega^2 = \frac{1}{2}mr^2\omega^2 \tag{2-5}$$

式中　J——飞轮的转动惯量；

ω——飞轮旋转的角速度；

m——飞轮质量；

r——飞轮半径。

【例题2-3】　一个直径为230mm、质量为13.5kg的飞轮，要达到动能（比能量）150W · h/kg时，飞轮转速可达多少？通过什么途径能提高飞轮电池的储能量？

【解】　由式（2-5）得到

$$\omega = \frac{1}{r}\sqrt{\frac{2E}{m}}$$

将 $r = 115\text{mm}$、$m = 13.5\text{kg}$、$E = 150\text{W} \cdot \text{h/kg}$ 代入，可计算出飞轮转速 ω 将达到200000r/min。

由式（2-5），提高飞轮电池的储能量可以有两个途径：一是增加飞轮转子的转动惯量 J，二是提高飞轮的旋转速度 ω。

前一种方法对于固定应用场合，对飞轮电池的质量和大小没有严格要求的时候比较适用。飞轮的转动惯量正比于飞轮的直径和飞轮的质量，过于庞大、沉重的飞轮在高速旋转时，会受到极大的离心力作用，往往超过飞轮材料的极限强度，很不安全。因此，用增大飞轮转动惯量的方法来增加飞轮的动能是有限的。飞轮的动能与角速度的平方成正比，在不增加飞轮直径和飞轮质量情况下，提高飞轮旋转的角速度，能够明显地提高飞轮的动能。现代飞轮储能器所用的飞轮，一般尽量做成尺寸小、质量轻、超高速旋转的小型飞轮，飞轮的转速可以达到200000r/min以上。提高转速可以大大提高飞轮的储能量，提高飞轮转速是实现大容量储能的有效方法，当然，飞轮的最大转速受材料承载应力的限制。

2.5.1.1 超高速飞轮的能量储存与释放

飞轮存储能量：

$$P_c(t)=[J_f\omega(t)+C_1\omega^2(t)+C_2]\omega^2(t) \tag{2-6}$$

飞轮释放能量：

$$P_d(t)=[J_f\omega(t)+C_1\omega^2(t)-C_2]\omega^2(t) \tag{2-7}$$

式中 P_c——储存功率；

P_d——释放功率；

J_f——飞轮转子的转动惯量；

ω——飞轮转子的角速度；

C_1——空气阻力系数（由飞轮转子周围空气产生）；

C_2——旋转阻力系数（由飞轮转子的惯性产生）。

2.5.1.2 超高速飞轮能量储存与释放过程中的阻力

在飞轮储存能量和释放能量过程中，要受到周围空气阻力的作用，因此超高速飞轮一般是在密封的真空外壳中高速旋转。

但飞轮角速度由 ω_{min} 逐渐增加到 ω_{max} 时，飞轮动能变化产生的阻力转矩随飞轮角速度变化是递增的。其关系为：

$$\begin{cases}\dfrac{dF}{d\omega}=-M_h\omega\dfrac{dt}{d\omega}\\ M_h=-C_1\omega^2(t)-C_2\end{cases} \tag{2-8}$$

式中 M_h——飞轮能量变化产生的阻力转矩。

2.5.1.3 超高速飞轮的转动惯量

一般超高速飞轮多采用绕垂直轴旋转的结构形式，因为在地球重力场中，绕垂直轴旋转的超高速飞轮受地球重力场的影响较绕水平轴旋转的超高速飞轮小，而且绕垂直轴旋转的超高速飞轮的陀螺效应，更有利于飞轮储能器保持稳定的运转。

2.5.1.4 超高速飞轮能量储存与释放工作循环

超高速飞轮的储能是重要的设计指标。超高速飞轮的能量储存与释放工作循环如图 2-17 所示，在飞轮储存能量时飞轮转子加速，之后飞轮保持匀速旋转，在飞轮释放能量时飞轮转子减速。

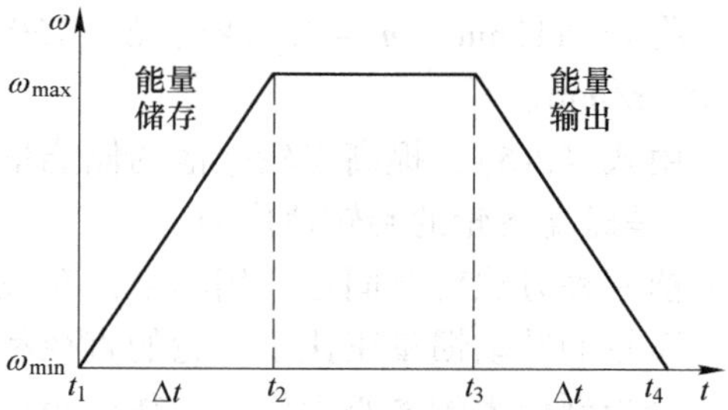

图 2-17 超高速飞轮能量储存与能量释放工作循环

飞轮在给定的最高转速 ω_{max} 与最低转速 ω_{min} 之间循环运转时，可以吸收和释放的能量大小为：

$$\Delta E=\frac{1}{2}J(\omega_{max}^2-\omega_{min}^2) \tag{2-9}$$

由此，引入定义：

$$\alpha=1-\frac{\omega_{min}^2}{\omega_{max}^2} \tag{2-10}$$

α 称为放电深度。在通常情况下，选择最小转速为最大转速的 1/2，则总储能量的 3/4 能量可以被利用，放电深度达 75%。

衡量任何储能装置性能的一个重要的指标就是其储能密度，即单位质量的储能装置所存储的能量。为了飞轮电池的小型化并且便于携带，所以设计飞轮的时候都不希望其质量不能很大，同时又受到工作空间的限制，因此要求其具有较高的储能密度。要想获得较大的能量储存和较高的储能密度，强度大而密度小的材料是飞轮转子的理想材料。

形状系数用来衡量飞轮转子材料得到有效利用的程度，取决于飞轮转子的结构形状、飞轮材料的物理特性以及飞轮内部的应力分布，飞轮的形状（断面形状）有矩形、圆形、椭圆形、菱形等十几种形状，不同形状的飞轮，其形状系数也不同。对于金属材料的飞轮来说，由于金属属于各向同性材料，所以不存在等应力设计的问题，所以一般选择等厚度圆盘形状，目的是便于加工。

2.5.2 能量转换控制

飞轮储能系统的主电路拓扑结构如图 2-18 所示。系统由直流母线电容 C_4，逆变器（S_1~S_6）、飞轮单元等组成。其中飞轮单元包括驱动电机、飞轮转盘和轴承支撑系统等，它们均被放置于密闭的真空套筒中，以减小飞轮转盘高速旋转时的风损。飞轮储能系统运行时，逆变器驱动飞轮单元的驱动电机，拖动飞轮转盘高速旋转，电能转化为机械能；当需要释放能量时，控制器将储存在飞轮中的机械能转换为电能输出。

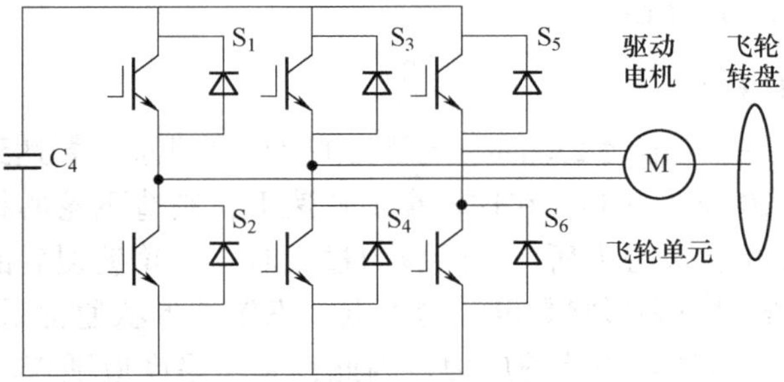

图 2-18 飞轮储能主电路拓扑

飞轮储能系统处于放电状态时，逆变器实现飞轮单元向直流母线侧的能量回馈。飞轮单元的能量回馈有以下特点：

（1）在稳态情况下，飞轮单元充电时，由无刷直流控制电机（Brushless DC Motor, BLDCM）的电压方程，直流母线电压大于电机反电动势幅值的 2 倍，处于放电状态时，直流母线电压仍大于 2 倍的反电动势幅值，因此，单纯采用不控整流的方式无法释放能量。

（2）飞轮驱动电机在能量回馈时主要运行于高速区。随着能量的释放，飞轮转速下降，反电动势的频率和电压变化范围大，一般要求飞轮转速降至 50% 额定转速时，仍能实现能量回馈。

飞轮系统利用电机的四象限运行原理，使发电机和电动机共用一台电机的方法，不但可以提高效率，还可以减少整个储能装置的尺寸，使储能密度大大提高。考虑到飞轮储能系统的运行特点，从系统结构及降低功耗出发，在实际应用中，国内外研究机构或单位多采用永磁无刷直流电机，永磁无刷电机具有易于调速、恒功率调速范围宽、无励磁损耗、易于实现双向功率流动等优点，在飞轮储能应用中有很大吸引力。图 2-19 为直流电机的电动发电可逆工作示意图。

2.5.3 超高速飞轮的构造

图 2-20 给出了典型超高速飞轮的结构示意图，它主要由飞轮、电动机/发电机系统、旋转轴、轴承及真空室等组成。

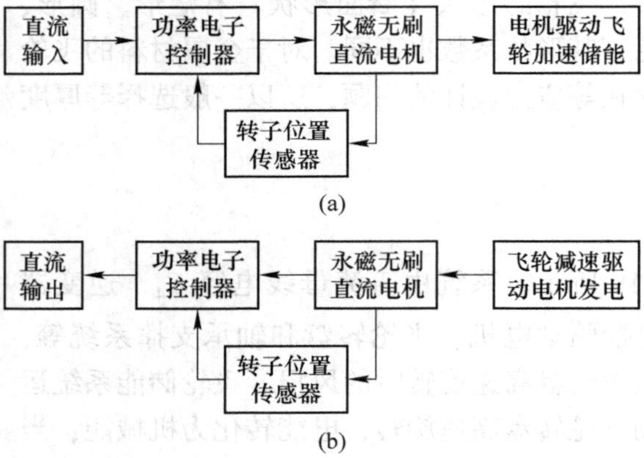

图 2-19 电动发电可逆工作示意图
(a) 电动状态；(b) 发电状态

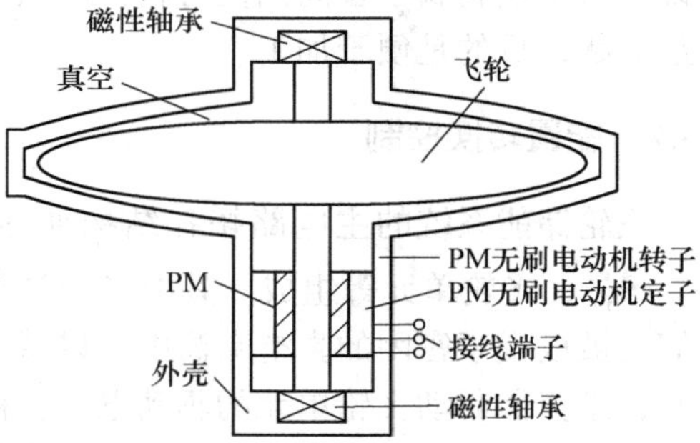

图 2-20 超高速飞轮的结构示意图

2.5.3.1 飞轮材料

由例题 2-3 可知，一个直径为 230mm、质量为 13.5kg 的飞轮，要达到比能量 150W·h/kg 时，飞轮转速将达到 200000r/min。在这样高的转速下，制造飞轮的材料所受到的离心力要比钢材的强度大 12 倍，离心力所产生的应力过大时，飞轮破裂后的碎片会产生极大的破坏力，因此，飞轮的材料和形状是设计的重点。飞轮的形状通常采用等应力设计原则，即飞轮转子的每一部分都具有相等的应力。因此，飞轮厚度应随着转子半径的增加而递减。而且要求飞轮转子的材料绝对均匀和平衡，且必须有非常好的动平衡精度。

2.5.3.2 电动机/发电机系统

超高速飞轮储能装置中有一个内置电机，它既是电动机也是发电机。在充电时，它为电动机给飞轮加速；当放电时，它又作为发电机给外设供电，此时飞轮的转速不断下降；而当飞轮空闲运转时，整个装置则以最小损耗运行。

飞轮电机必须满足飞轮储能系统的要求，具体要求主要有：

(1) 飞轮电机应具有可逆性，能运行于电动和发电两种状态。

(2) 飞轮储能量和转速平方成正比，因此要求飞轮电机具有较高的运行速度。

(3) 储能和释能要求电机能够适应大范围速度变化。

(4) 长时间不间断运行要求电机有较长的使用寿命。

(5) 长时间的储能运行要求电机空载损耗不能太大。

(6) 要求电机有较大的转矩输出能力和功率容量。

(7) 要求电机运行效率高、调速性能好。

从以上需求出发，现在常用的电机有永磁无刷电机、三相无刷直流电机、磁阻电机感应电机等，这几种电机在国内外的飞轮设计当中都有使用，其中以永磁无刷直流电动机应用居多，它具有调节控制方便、调速范围宽、转子损失低、易于实现双向率转换等优点，同时其结构简单，可以根据飞轮电池的设计要求做成各种形状，因此飞轮储能装置中具有很大的吸引力，尤其是应用在转速 30000r/min 以上的飞轮系统：目前永磁电机的转速可以达到 200000r/min。美国 Indigo 能源公司的飞轮电池采用了三相高效的永磁无刷电机，其能量转换效率大于 95%。

2.5.3.3 飞轮转轴支撑系统

飞轮电池储能的一个特点是：在相当长的待机时间里，飞轮仍不停地高速旋转。因此，要保存飞轮的旋转功能，消除轴承的摩擦损耗（这也是延长轴承寿命所必需的）是实现高效飞轮电池的关键，所以飞轮转子的轴承支撑系统是飞轮实现高效储能的关键问题。飞轮电池对轴承支撑系统的要求是承受重载、损耗少、寿命长、维护方便等。

飞轮电池的支撑方式主要有超导磁悬浮、电磁悬浮、永磁悬浮、机械支撑四种，以及它们的两两组合。

在早期的飞轮电池装置中，较多地采用陶瓷轴承、宝石轴承和滚动轴承等机械轴承，这类轴承方式由于存在机械摩擦和磨损，所以转速不高，寿命低，运行效率不高，一般适用于快速充放电系统，所以现代的新型飞轮储能系统大多都不采用机械轴承。但是，由于其结构简单紧凑、坚固，一般为飞轮转子在紧急状态时的辅助轴承使用。

近年来，以超高速磁悬浮列车为代表，采用磁力将物体悬浮的技术已经趋于实用阶段。对于旋转体来说，替代过去的机械轴承，采用非接触的磁悬浮轴承成为飞轮电池的转子支撑系统的理想选择，磁悬浮轴承技术具有以下特点：

（1）非接触，没有磨损，寿命长且工作性能不变。

（2）无需润滑，不需要润滑介质，故不用泵、管道、过滤器和密封件等，也不会因润滑剂泄漏而污染环境，并且能在高温或极低温（−253~450℃）等特殊环境下工作。

（3）磁悬浮飞轮的转速只受转子离心力的限制，圆周转速高，因此转子角动量与质量比可以较大地提高，从而减轻了飞轮质量。

将磁悬浮轴承作为储能飞轮的支撑元件是个非常不错的选择。近年来储能飞轮研究的大力发展和性能的提高在很大程度上也是得益于采用了磁悬浮轴承，磁悬浮轴承的发展为储能飞轮的研究开发开辟了一条新的途径。

2.5.3.4 真空环境

在 200000r/min 的超高转速条件下转动时，飞轮周围的空气会形成强烈的涡流，造成巨大的空气阻力，会损耗飞轮的能量，这对转子的运动非常不利。为了减少飞轮室风力损耗，现代高速飞轮储能器是在高度密封的环境中运转的，真空容器的真空度在 10^{-3} ~ 10^{-4} Pa 以下，关键是解决真空容器的密封，以防止外部气体渗入真空容器中，以及解决飞轮系统材料逸出的气体，它同样会破坏真空容器的真空度。

2.5.3.5 功率变换装置

功率变换装置的作用在于控制电机，实现电能和机械能的相互转换。当飞轮储能时，交流配电系统的电能经过整流装置转换成直流电，然后由功率变换装置按照恒定转矩或恒定功率的原理控制电机加速。达到一定转速后转入低压模式，由功率变换装置提供一低压来抵消电机损耗维持飞轮的转速。释能时电机作为同步发电机运行，发出的电能先整流成直流电，再由稳压装置变换成稳定的直流电，电能经逆变器变换后转化为交流电输送给交流配电系统。如果配电系统是直流配电系统，则不需要与之相连的逆变环节。

2.5.3.6 附加设备

附加设备包括辅助轴承以及真空室等设备，其中，机械辅助轴承又称为保持轴承或者称为着陆轴承。采用辅助轴承是基于以下两个原因：

（1）在日程维护中，电磁轴承不工作但要保持转子低速旋转，此时需要辅助轴承来支撑转子。

（2）在运行过程中，磁轴承因某种原因突然断电，出于安全性的考虑，需要辅助轴承临时支撑转子直到转子完全停下来为止。

为减少风损，防止高速旋转的飞轮发生安全事故，飞轮系统一般放置在高真空的密封机壳内。虽然提高真空度能降低风损，但因为稀薄的气体环境使散热功能减弱，转子的温度易升高。

2.5.4 飞轮电池特性

作为电池家族的新成员，这种新型的动能电池与传统化学电池相比具有以下几方面突出的优点：

（1）能量转换效率高，工作效率高达90%。

（2）储能密度高，储能密度大于150W·h/kg，功率密度可达5000W/kg。

（3）循环寿命长，无过充电和过放电问题，化学电池一般不能深度放电，也不能过充电，否则其寿命会急剧下降。而飞轮电池在深度放电时，其性能完全不受影响，而且在电力电子装置的协助下，非常容易防止过充电（实际上是限制转子的最高转速）。飞轮电池的寿命主要取决于其电力电子装置的寿命，故能够重复运行几百万次，一般可达到20年左右。

（4）容易测量放电深度，充电时间较短，飞轮电池只要测出转子的转速，就能确切知道其放电深度，而化学电池就没有这么容易了。另外，飞轮电池的充电一般在几分钟之内即可完成，而化学电池则需要几小时，常见的需要七八小时。

（5）对温度不敏感，化学电池在高温或低温时其性能会急剧下降，而飞轮电池则不然。

（6）对环境友好，化学电池在报废后会对环境产生恶劣影响，而且回收成本较高，飞轮电池是一种绿色电池，它不会对环境产生任何影响，故它在电动汽车方面的应用极具潜力。

（7）低损耗，独一无二的轴承系统和真空工作环境使机械损耗可以被忽略，其他损耗也可通过设计使之最小化到可忽略的水平。

当然，飞轮储能系统也有它的局限性，存在制造成本高、平稳性不好、抗震性能不佳等缺点，但是随着飞轮储能技术的继续发展和研究的不断深入，这些缺点将会逐步得到改善和解决。

2.6 混合能量存储系统

2.6.1 混合储能系统的优点

在现阶段，无论各类电化学蓄电池、燃料电池、超级电容器还是超高速飞轮都不能完全兼顾安全性、高比功率、高比能量、长使用寿命、技术成熟以及工作温度范围宽等多方面的要求。一般说来，比能量高的储能装置其比功率不会太高；同样，一个储能装置的比功率比较高，其比能量就不一定很高，这些能量源不能同时提供高比能量和高比功率，难以单独用作电动汽车的能源。采用混合能源系统，即混合动力系统成为电动汽车设计中一个实用的方案。

从广义上来讲，混合动力电动汽车指的是装备有两种具有不同特点驱动装置的车辆。这两个驱动装置中有一个是车辆的主要动力来源，它能够提供稳定的动力输出，满足汽车稳定行驶的动力需求；另外还有一个辅助驱动装置，它具有良好的变工况特性，能够进行功率的平衡、能量的再生与存储。

根据国际机电委员会下属的电力机动车技术委员会的建议，混合动力电动汽车是指由两种和两种以上的储能器、能源成转换器作驱动能源，其中至少有一种以上能提供电能的车辆称为混合动力电动汽车。根据这个定义，混合动力电动汽车有很多种形式，一般可以分为油电混合、飞轮与电池混合、燃料电池与蓄电池混合以及电—电混合等。为了避免混淆，业内通常用内燃机和蓄电池动力混合的车辆来代表混合动力电动汽车，把燃料电池与蓄电池的混合车型称为燃料电池电动汽车，而把蓄电池与电容器动力混合的车辆称为超级电容器辅助动力电动汽车等。

由于随着使用的能源数目的增加，整个动力系统的布置和控制难度加大，通常采用两种能源的混合动力系统（一个具有比较高的比能量，而另一个应有比较高的比功率），电动汽车使用混合动力系统具有以下优点：

(1) 实现了电动汽车对能量和功率要求的分离，使得电动汽车可使用蓄电池、燃料电池等高能量的能源和使用超级电容超高速飞轮等高功率的能源。

(2) 由于无需同时追求高比能量和比功率，能源的循环寿命得以延长，生产成本降低。

(3) 充分利用了电动汽车各种能源的优点，比如蓄电池的技术成熟、成本低廉，燃料电池高比能量和高燃油效率，超级电容巨大的比功率和瞬间充/放电能力，超高速飞轮巨大的比功率和不受限制的使周寿命。

使用高比能量能源和高比功率能源的混合动力系统电动汽车在正常行驶条件下，高比能量的能源通过功率变换器向电动机供能，为了使高比功率的能源时刻都具有高功率输出能力，在车辆轻载行驶条件下，由高比能量的能源向高比功率的能源充电，在车辆加速或爬坡行驶时，高比功率的能源和高比能量的能源同时给电动机供能。当车辆制动或下坡行驶时，电动机工作于发电机模式，再生能量通过功率变换器为高比功率的能源充电，若高比功率的能源不能全部接受再生能源，剩余部分则由高比能量的能源吸收。

2.6.2 几种典型的混合储能系统

基于现有的各种能源技术，可用与电动汽车的混合动力系统包括蓄电池与蓄电池的混合动力、蓄电池与超级电容的混合动力以及燃料电池与蓄电池的混合动力和飞轮混合电池。

2.6.2.1 超级电容器与蓄电池混合

由于超级电容比能量低，难以满足电动汽车的实际应用，必须与其他的能源结合使用。作为电—电混合的超级电容和蓄电池混合储能系统，蓄电池提供高的能量密度，超级电容提供高的功率密度，这样可以同时延长电动车的续驶里程、改善电动车的启动/加速性能并回收制动能量，这种混合储能结构的研究有助于加快实现用纯电动车越来越多地取代内燃机汽车的发展目标，减轻环境污染和能源危机。该混合动力系统需要在蓄电池和超级电容器之间安装个功率变换器，这是基于超级电容器的工作电压比较低来考虑的（即使采用多个电容器组合使用，工作电压通常也小于 100V）。目前，使用阀控铅酸电池和超级电容的混合动力系统（由阀控铅酸电池输出车辆平均的能量消耗，超级电容输出峰值功率）已经引起广泛关注。在车辆低功率行驶时，由阀控铅酸电池为超级电容器充电，而在车辆再生制动期间，由超级电容吸收再生能量。其他可能的混合动力系统还有 MH/Ni 电池和超级电容器混合动力、锂离子电池和超级电容器混合动力。

2.6.2.2 电性能的改善

采用超级电容器与蓄电池并联时启动过程的电压波形相比，启动瞬间电压由仅采用蓄电池时的 3.2V 提升到 7.2V；启动电流从 560A 提高到 1200A；启动瞬时的电源输出功率从 2kW 提高到 8.7kW；启动过程的平稳电压由 7V 提高到 9.4V；启动过程的平稳，电流由 280A 提高到 440A；启动过程的电源平稳输出功率从 2.44kW 提高到 4.12kW。

2.6.2.3 启动性能的改善

超级电容器与蓄电池并联应用可以提高机车的启动性能，将超级电容（450F/16.2V）与 12V、45A·h 的蓄电池并联启动安装 1.9L 柴油机的汽车，在 10℃时平稳启动，尽管在这种情况中，当不连接超级电容器，蓄电池也可以启动，但采用超级电容器与蓄电池并联时启动电动机的速度和性能都非常好。由于电源的输出功率的提高，启动速度由仅用蓄电池时的启动速度 300r/min，增加到 450r/min；尤其在提高汽车在冷天的启动性能（更高的启动转矩）上，超级电容器是非常有意义的，在零下 20℃时，由于蓄电池的性能大大下降，很可能不能正常启动或需多次启动才能成功，而超级电容器与蓄电池并联时则仅需一次点火。其优点是非常明显的。

2.6.2.4 对蓄电池应用状态的改善

超级电容器与蓄电池并联时，由于超级电容器的等效串联电阻远低于蓄电池的内阻，因此，在启动瞬间，1200A 启动电流中的 800A 电流由超级电容器提供，蓄电池仅提供 400A 的电流。明显低于仅采用蓄电池的 560A，有效地降低了蓄电池极板的极化，阻止了蓄电池内阻的上升，使启动过程的平稳电压得到提高。

最主要的是蓄电池极板极化的减轻不仅有利于延长蓄电池的使用寿命，而且也可以消除频繁启动对蓄电池寿命的影响。

A 飞轮混合电池

超高速飞轮安装在化学电池或内燃机供能的汽车上，以起缓冲器作用，与系统协同工作，称为飞轮混合电池。作为辅助动力源，超高速飞轮在电动汽车上的作用主要有两方面：

（1）稳定主动力源的功率输出，即在电动汽车启动、爬坡和加速时，飞轮储能器能够快速、大能量地提供动力（放电），为主动力源提供辅助动力，并减少主动力源的动力输出。

（2）提高制动时能量回收的效率，即在电动汽车下坡、滑行和制动时，飞轮储能器能够快速、大能量地储存动能（充电），充电速度不受活性物质化学反应速度的影响，提高了再生制动时能量回收的效率。

现有的研究表明，合理设计混合飞轮电池车辆运行可节能30%，并能减少废气排放量75%。理论上超高速飞轮具有很高的动能，但由于一般金属材料无法承受其高速旋转所产生的应力以及目前难以解决的陀螺力矩抑制问题，故在实际应用中还有很多的困难，但这并不能埋没超高速飞轮作为辅助动力源所表现出来的优点。

随着研究的深入和高强度碳纤维复合材料的发明，超高速飞轮会像蓄电池和燃料电池一样，作为独立的能源系统向用电系统供电。作为远期目标，有望成为具有最高比能量（比其他任何电池都高，甚至超过内燃机）和比功率的能源系统。

B 蓄电池和蓄电池混合动力

在蓄电池和蓄电池混合动力系统中，一种蓄电池具有高比能量，另一种蓄电池具有高比功率。考虑到技术成熟程度和造价，Zn空气电池和阀控铅酸电池成为最佳选择。Zn空气电池的比能量高达230W·h/kg，用于提高车辆的续驶里程，阀控铅酸电池的比功率高达300W/kg，用于车辆加速和爬坡行驶，这种混合动力方案克服了机械充电式Zn空气电池不能回收车辆再生制动能量的缺点。

其他可能的蓄电池和蓄电池的混合动力系统还包括Zn空气和MH/Ni混合动力、Zn空气和锂离子混合动力。

C 燃料电池和蓄电池的混合动力

虽然燃料电池具有非常高的比能量，但比功率低并且难以实现再生能量回收，因此燃料电池和蓄电池的混合动力系统也是一种方案，其中，蓄电池的选择用于弥补燃料电池的缺点。固态聚合燃料电池（SPFC）和阀控铅酸电池（VRLA）、SPFC和MH/Ni以及SPFC和Li-Lon的混合动力都是常用的几种燃料电池和蓄电池的混合动力系统。

本章小结

本章首先给出了新能源汽车动力电池分类，同时给出电池的性能指标，并对动力蓄电池提出了基本要求。针对动力电池，详细分析了铅酸电池、镍氢电池、锂电池、锌空气电池、太阳能电池的工作原理和性能特点。

在现有的技术条件下，单一的动力电池难以同时满足续驶能力和功率输出的要求，必须在比能量和比功率以及循环使用寿命间做出平衡。超级电容器是为了满足电动汽车能量和功率实时变化要求而提出的一种能量储存装置，本章详细分析了超级电容器的工作原理，并介绍了在汽车上的应用。

作为储能家族的新成员，飞轮储能与化学电池相比具有许多突出优点。飞轮储能是一种在机械能和电能之间进行能量转换的储能装置，所以也叫做飞轮电池。和传统的化学电池类似，飞轮电池的工作过程也可以分为“充电”和“放电”两种模式。但是和化学电池不同的是，飞轮电池的“充放电”是由发电/电动机以及与其连成一体的飞轮转子完成的。本章同时也引入并详细分析了这种新技术的工作原理及其应用。

无论各类电化学蓄电池、燃料电池、超级电容器还是超高速飞轮都不能完全兼顾安全性、高比功率、高比能量、长使用寿命、技术成熟以及工作温度范围宽等多方面的要求。一般说来，比能量高的储能装置其比功率不会太高；同样，一个储能装置的比功率比较高，其比能量就不一定很高，这些能量源不能同时提供高比能量和高比功率，难以单独用作电动汽车的能源。采用混合能源系统，即混合动力系统成为电动汽车设计中一个实用的方案。基于现有的各种能源技术，可用于电动汽车的混合动力系统包括蓄电池与蓄电池的混合动力、蓄电池与超级电容的混合动力以及燃料电池与蓄电池的混合动力和飞轮混合电池。

思考题

2-1　对新能源汽车动力电池的基本要求是什么？

2-2　试论述铅酸电池充放电时的电化学反应过程。在电池反应过程中，硫酸起着怎样的作用？

2-3　试论述镍氢电池的工作原理。

2-4　试论述锂电池的工作原理，对磷酸铁锂电池（$LiFePO_4$）来说，其电化学反应式是什么？

2-5　影响太阳能电池效率转换的因素是什么？

2-6　超级电容器的性能特点是什么？

2-7　试述飞轮储能工作原理，进一步说明提高飞轮电池的储能量有哪些途径？

2-8　混合储能系统的优点是什么？进一步说明集中典型混合动力的特点。

3 电机驱动系统

【本章重点和难点】

（1）本章重点：

1）了解电机驱动系统的基本特性。

2）掌握直流电机驱动系统的工作原理和基本特性。

3）掌握交流感应电机驱动系统的工作原理。

4）掌握永磁同步电机、永磁无刷直流电机驱动系统的工作原理。

5）掌握开关磁阻电机驱动系统的工作原理。

（2）本章难点：

1）直流电机的控制方式。

2）交流感应电机的控制方式。

3）永磁同步电机、永磁无刷直流电机的控制方式。

4）开关磁阻电机的控制方式。

3.1 电机驱动系统的基本特性

3.1.1 电机驱动系统的组成

电机驱动系统是新能源汽车的心脏，它的主要任务是在驾驶员的控制下，高效率地将动力电池的能量转化为车轮的动能驱动车辆，或者将车轮上的动能反馈到动力电池中以实现车辆的能量回收制动。

电机驱动系统主要由电机及其控制系统组成，如图 3-1 所示。电机由控制系统控制，

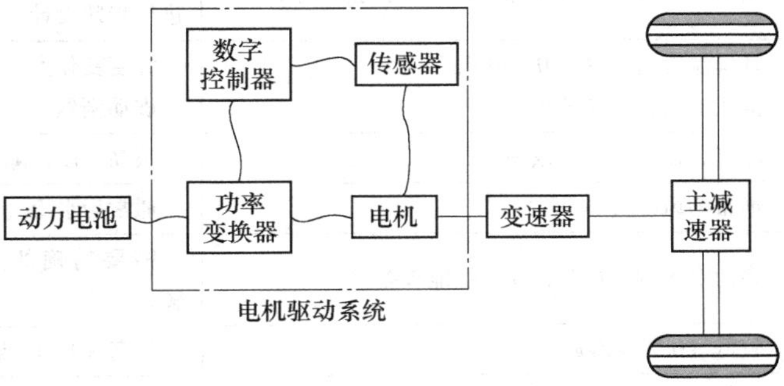

图 3-1 电机驱动系统

是一个将电能转变为机械能的装置。电机控制系统主要包括控制器和功率变换器。控制器分为三个功能单元，即传感器、中间连接电路与处理器。传感器把测得的数据，如电流、电压、温度、速度、转矩以及电磁通等转变为电信号，通过连接电路把这些电信号调整到合适的值，然后输入处理器。处理器的输出信号通常经过中间电路放大，驱动功率变换器的半导体元件。在驱动和制动能量回收过程中，电池与电机之间的能量流动是通过功率变换器进行调节的。电机与车轮通过机械传动装置连在一起，该传动装置是可选的，因为电机也可以装在车轮上直接驱动。

3.1.2 驱动电机的分类

如图 3-2 所示，适用于电力驱动的电机可分为两大类，即有换向器电机和无换向器电机。前者有换向器组件，而后者则无换向器组件。随着功率电子技术的发展，采用电子换向的无换向器电机的性能已超过了机械换向器式电机。在现代电机中，人们越来越倾向于采用无换向器的电机。

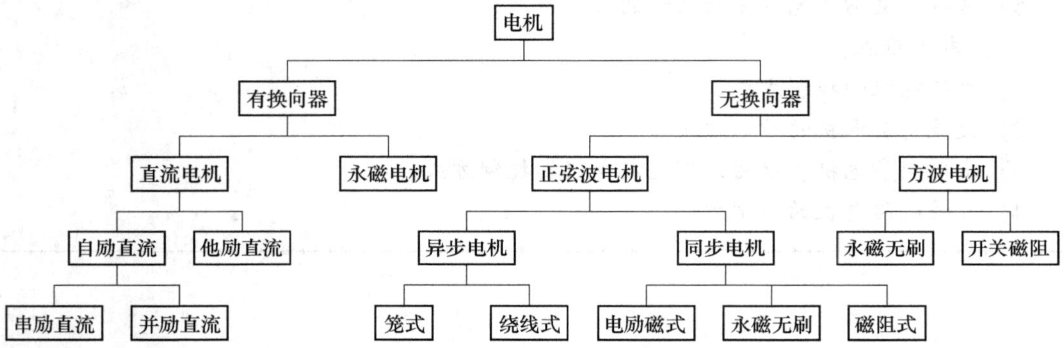

图 3-2 主要驱动电机的分类

用于新能源汽车的驱动电机与常规工业用电机有很大的不同（见表 3-1），工业用驱动电机通常优化在额定的工作点，而电动汽车用驱动电机通常要求能够频繁地启动/停车、加速/减速，低速或爬坡时要求高转矩，高速行驶时要求低转矩，并要求变速范围大。

表 3-1 新能源汽车用电机与常规工业用电机的比较

项 目	工 业 应 用	汽 车 应 用
封装尺寸	空间不受限制，可用标准封装配套各种应用	布置空间有限，必须根据不同产品进行特殊设计
工作环境	环境温度适中（-20~+40℃） 静止应用，震动较小	温度变化大（-40~+105℃） 震动剧烈
可靠性要求	较高，以保证生产效率	很高，以保障乘车者安全
冷却方式	通常为风冷（体积大）	通常为水冷（体积小）
控制性能	多为变频调速控制，动态性能较差	需要精确的力矩控制，动态性能较好
功率密度	较低（0.2kW/kg）	较高（1~1.5kW/kg）
总体性价比	一般	极高：既要性能好，又要价格便宜

3.1.3 新能源汽车对驱动电机的性能要求

新能源汽车对驱动电机的性能要求如下：

(1) 过载能力强。为保证车辆动力性好，要求电机具有较好的转矩过载和功率过载能力，峰值转矩一般为额定转矩的2倍以上，峰值功率一般为额定功率的1.5倍以上，且峰值转矩和峰值功率的工作时间一般要求5min以上。

(2) 转矩响应快。电机一般采用低速恒转矩和高速恒功率控制方式，要求转矩响应快、波动小、稳定性好。

(3) 调速范围宽。要求电机具有较宽的调速范围，最高转速是基速的2倍以上，电机要能四象限工作。

(4) 高效工作区宽。电机驱动系统要求有宽转速范围高效工作区，系统效率大于80%的转速区大于75%。

(5) 功率密度高。为便于电机及其控制系统在车辆上的安装布置，要求系统具有很高的功率密度。

(6) 电机驱动系统可靠性好，电磁兼容性好，易于维护。

电机大小取决于输出力矩（而不是功率）大小以及散热能力。就某一给定电机而言，在不考虑散热限制的前提下，电机低速时输出力矩大小取决于功率变换器的电流大小，高速时输出力矩大小受制于功率变换器的电压大小，最大输出功率由功率变换器的容量决定。

目前新能源汽车常用的电机驱动系统主要有以下4种：

(1) 直流电机驱动系统。电机控制器一般采用脉宽调制（Pulse width modulation，PWM）斩波控制方式。

(2) 交流感应电机驱动系统。电机控制器采用PWM方式实现高压直流到三相交流的电源变换，采用变频调速方式实现电机调速，采用矢量控制或直接转矩控制策略实现电机转矩控制的快速响应。

(3) 交流永磁电机驱动系统，包括正弦波永磁同步电机驱动系统和梯形波无刷直流电机驱动系统。其中正弦波永磁同步电机控制器采用PWM方式实现高压、直流到三相交流的电源变换，采用变频调速方式实现电机调速；梯形波无刷直流电机控制通常采用“弱磁调速”方式实现电机的控制。由于正弦波永磁同步电机驱动系统低速转矩脉动小且高速恒功率区调速更稳定，因此比梯形波无刷直流电机驱动系统具有更好的应用前景。

(4) 开关磁阻电机驱动系统。电机控制一般采用模糊滑模控制方法。

3.2 直流电机驱动系统

早期的新能源汽车通常采用直流电机驱动系统。直流电机分为励磁绕组式和永磁式两种。前者有励磁绕组且磁场可由直流电流控制，而后者没有励磁绕组且永磁体的磁场是不可控制的。直流电机驱动系统具有成本低、调速性能好、控制简单、技术成熟等优点，但是由于在运行过程中需要电刷和换向器换向，因而电机本身的效率低于交流感应电机，同时，电刷需要定期维护，造成了使用的不便。此外，电机本身的体积大、重量大、最高转速低，这些因素都限制了其在新能源汽车中的应用。

3.2.1　直流电机的基本结构与工作原理

直流电机主要由定子（固定不动）与转子（旋转）两大部分组成，定子与转子之间有空隙，称为气隙。其中定子部分又包括机座、主磁极（N、S 极）、换向极、端盖、电刷等，转子部分又包括电枢铁心、电枢绕组、换向器、转轴等。

直流电机的工作原理非常简单，如图 3-3 所示。根据安培电磁力定律，当一载流导线放置在磁场中时，将产生作用于导线上的磁场力，该力垂直于导线和磁场。若把电刷接到电源上，在电枢线圈中就会有电流流过，在电枢线圈中产生电磁力，使转子旋转。由于有电刷和换向器使得电枢绕组中产生的是交变电流，因此保证了电磁力的方向不改变，使得转子可以连续地按一个方向旋转。

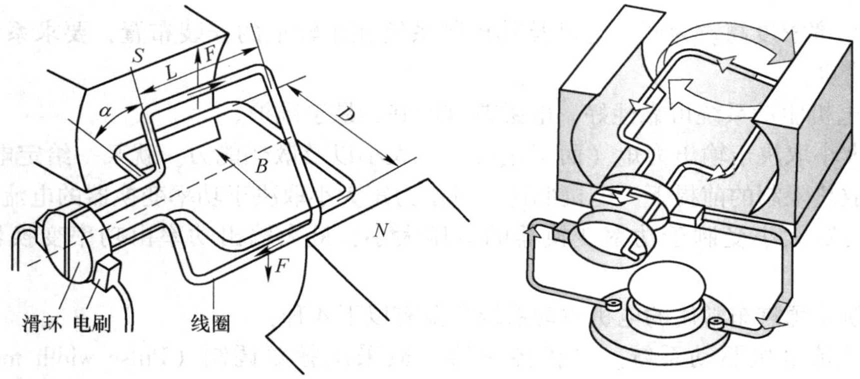

图 3-3　直流电机简化模型与工作原理

3.2.2　直流电机的种类及其基本性能

在直流电机中，由磁极的励磁磁动势单独建立的磁场是电机的主磁场，也称励磁磁场。直流电机按照励磁方式的不同可以分为永磁式和励磁式。根据励磁绕组和转子绕组的连接关系，励磁式直流电机又可细分为 4 种，如图 3-4 所示。

（1）他励直流电机：励磁绕组与转子电枢的电源分开，永磁直流电机也可以看作是他励直流电机。

（2）并励直流电机：励磁绕组与转子电枢并联在同一电源上。

（3）串励直流电机：励磁绕组与转子电枢串联到同一电源上。

（4）复励直流电机：励磁绕组与转子电枢的连接有串有并，接在同一电源上。

没有外部控制时，各种励磁电机在额定电压时的转矩—转速特性曲线如图 3-5 所示。对于他励直流电机，励磁电压和电枢电压可以互相独立控制，其转矩—转速特性是线性相关的，转速随转矩的增大而减小，转速调节是通过调节电枢回路的电阻来实现的。对于串励直流电机，励磁电流与电枢绕组的电流相等，转矩增加伴随着电枢电流的增大及磁通的增加，结果转速下降使一次侧与感应电压保持平衡，转矩与转速成反比关系。对于并励直流电机，励磁绕组与电枢绕组连接在同一电源上，其特性与他励直流电机相似。对于复励直流电机，串励绕组磁动势的方向与并励绕组的相同，其特性界于串励直流电机与并励直流电机之间，取决于串励与并励磁场的相对强弱。值得注意的是，由于串励直流电机在低速时能提供高转矩，所以它广泛用于传统电动汽车驱动系统。它所提供的单位电流转矩在所有电动机中是最高的，这种特性能大大降低车辆加速与爬坡时的电能消耗。

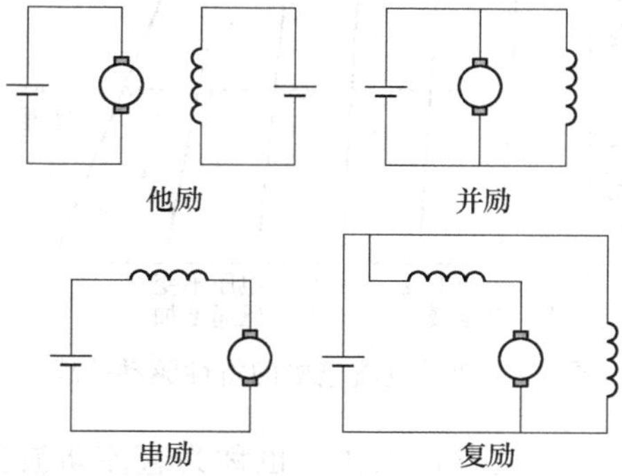

图 3-4 直流电机 4 种励磁方式

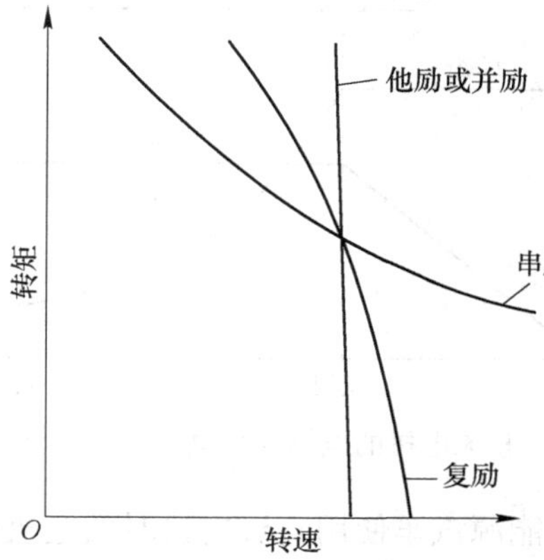

图 3-5 励磁绕组直流电机的转矩—转速特性曲线

用永磁体取代励磁绕组和磁极结构，励磁绕组直流电机就变成了永磁直流电机。与励磁绕组直流电机相比，永磁直流电机由于采用永磁体，大大节省了空间并且没有磁场损失，所以它的功率密度和效率都较高。永磁体的磁导率和空气的差不多，所以电枢反应减小，电磁交换得以改善。但由于永磁直流电机的励磁不能控制，所以不能从永磁直流电机得到与励磁绕组直流电机相似的工作特性。

由于换向器和电刷的存在，励磁绕组直流电机和永磁直流电机存在同样的问题。换向器引起转矩波动并限制了电机的转速，而电刷带来摩擦与射频干扰。而且，由于磨损和断裂，换向器和电刷需定期维护。这些缺点使其可靠性低且不适合于免维护工作，从而限制了它们在新能源汽车驱动领域的广泛应用。

3.2.3 直流电机的控制系统

一般而言，直流电机的转速控制可以通过两种方法实现，即电枢控制和励磁控制。电枢调速方式属于恒转矩调速，励磁调速方式属于恒功率调速。当直流电机电枢电压减小时，电枢电流和电机转矩就会降低，由此引起电机转速降低。反之，当电枢电压增加时，电机转矩就会增加，由此会引起电机转速增加。由于电枢的最大允许电流不变，且磁场是固定的，电枢电压的控制可在任何转速下保持最大转矩不变。然而，由于电枢电压不能超过其额定值，这种控制方法只适于直流电机的工作转速低于基速的场合。另外，当电枢电压值恒定，直流电机的励磁电压减弱时，电机的感应电动势就会降低。由于电枢电阻很小，电枢电流增大的程度比磁场减弱的程度要大，因此，电机转矩增加，电机转速也随之增大。由于电枢的最大允许电流是常数，所以当电枢电压保持不变时，无论转速多大，感应电动势都是恒定的。因此，电机所允许的最大功率恒定，允许的最大转矩随电机转速的变化而逆向变化。所以，为使新能源汽车的直流电机有较宽的转速控制范围，电枢控制必须和励磁控制相结合。当电机转速在零与基速之间时，励磁电流保持在额定值，采用电枢控制。当电机转速超过基速时，电枢电压保持在额定值，采用励磁控制。采用电枢与励磁控制相结合的控制方式，所允许的最大转矩与最大功率，如图 3-6 所示。他励直流电机在电动机和再生制动两种工作模式时的转矩—转速特性曲线，如图 3-7 所示。

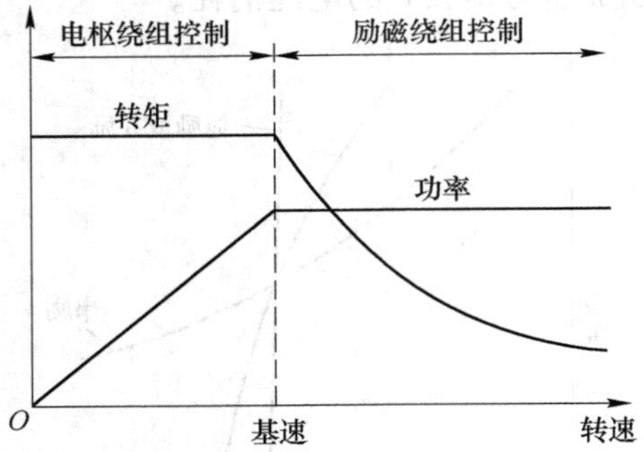

图 3-6　直流电机的电枢与励磁绕组的混合控制

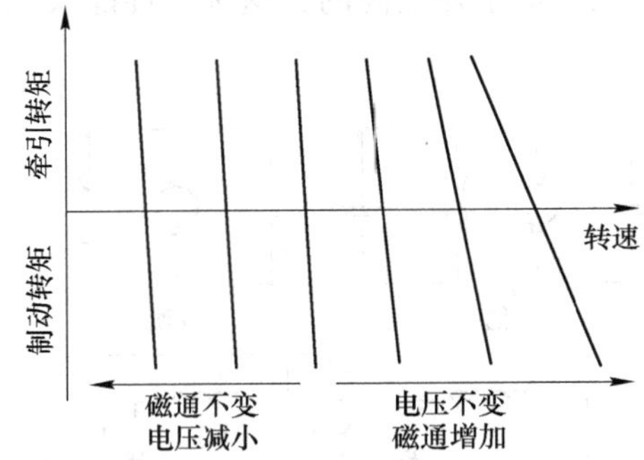

图 3-7　他励直流电机的特性驱动曲线

新能源汽车使用直流电机时的电机控制器一般以斩波方式工作，也称为直流斩波器，主要由功率开关模块和中央控制器构成。斩波器是直流电源和负载电机之间的一个周期性通断的开关控制装置，它的作用是改变供给电机的电压，实际上，它作为一个电压调节系统而工作。由于采用斩波输入电压而变成在时间上断续的脉冲输出，这类调节器因此而得名。

直流斩波器分为第一、第二和第四象限型。第一象限型直流斩波器适用于电动机工作模式，能量从电源流向负载，如图 3-8 所示。第二象限直流斩波器如图 3-9 所示，它既适合于电动机模式，又适合于再生制动模式，所以它在新能源汽车驱动中是首选的。第四象限直流斩波器不用机械接触器实现反向工作，而是用电子控制来实现正向的电动机工作模式和逆向的再生制动工作模式。

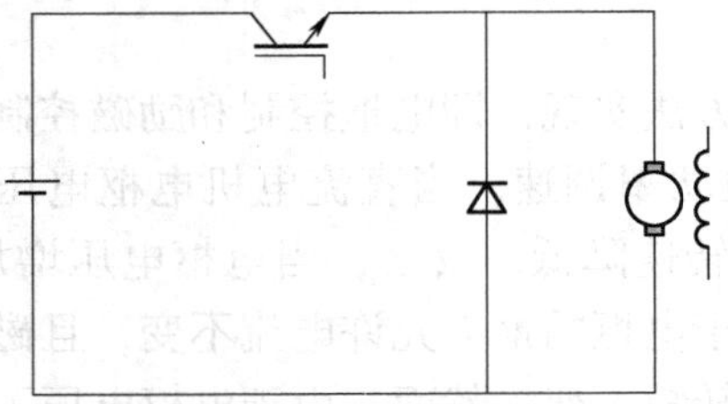

图 3-8　第一象限直流斩波控制

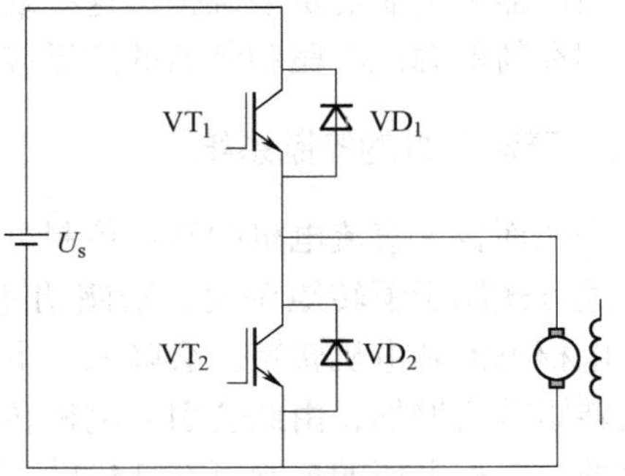

图 3-9　用于新能源汽车驱动的第二象限直流斩波器

如图 3-10 所示，直流斩波器的输出电压有 3 种调节方式，即脉宽调制（PWM）方式、频率调制方式和限流控制方式。第一种方法，斩波器的频率保持不变，只改变脉冲的宽度。第二种方法，脉冲宽度保持不变，斩波频率是可变的。第三种方法，脉冲宽度和频率都是可变的，使负载电流控制在某个特定的最大值和最小值之间。

新能源汽车直流电机驱动通常采用 PWM 控制方式，通过斩波器控制电路控制 IGBT（图 3-9 中的 VT_1）的门极实现 VT_1 的通断，调节 VT_1 通断占空比 δ，直流电机电枢电压依

赖于占空比 δ 的变化。此外，通过斩波器控制电路控制 IGBT（图 3-9 中的 VT_2）的门极实现 VT_2 的通断来实现电机电枢电压泵升来给动力电池（图 3-9 中的 U_s）充电，完成电机的再生制动过程。

新能源汽车的加速踏板位移、制动踏板位移和转向盘转角映射到驱动电机及其控制系统的是转矩（或转速）控制信号，电机及其控制系统采取转矩和转速闭环控制，通过调节占空比 δ 来控制电机电枢电压，以实现电机电磁转矩和电机转速的调节，系统一般采用比例、积分、微分（PID）调节控制。

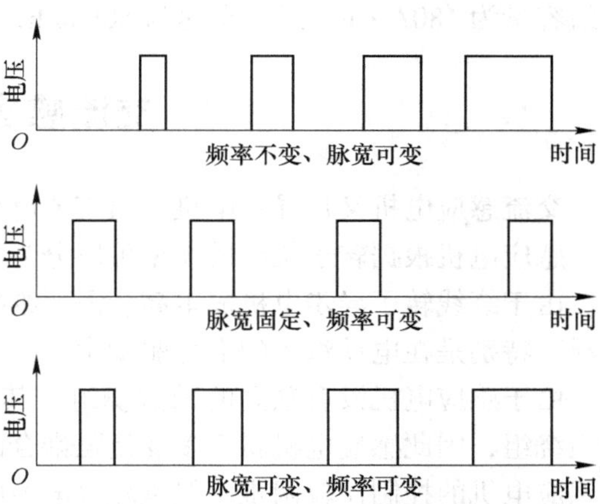

图 3-10 直流斩波器控制下的输出电压

【例 3-1】 图 3-11 为某新能源车型无刷直流电机的典型设计，试分析其工作原理。

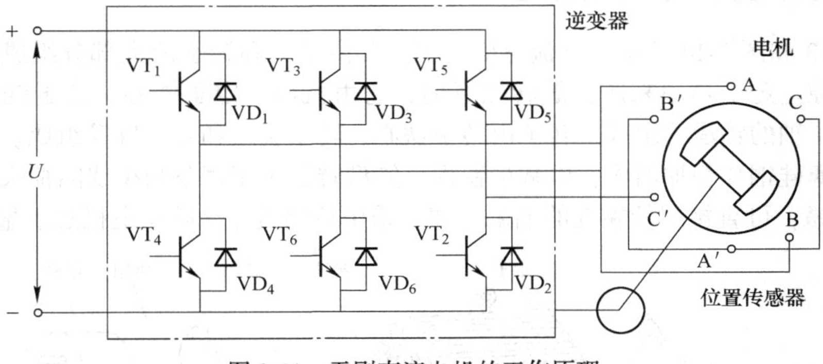

图 3-11 无刷直流电机的工作原理

【解】 如图 3-11 所示，逆变器由 6 个 IGBT（VT_1、VT_2、VT_3、VT_4、VT_5、VT_6）组成，控制方式采用 PWM 斩波控制电路。利用电机转子位置传感器输出信号控制电子换向线路去驱动逆变器的功率开关器件，使电枢绕组依次馈电，从而在定子上产生跳跃式的旋转磁场，拖动电机转子旋转。同时，随着电机转子的转动，转子位置传感器又不断送出位置信号，以不断地改变电枢绕组的通电状态，使得在某一磁极下导体中的电流方向保持不变，这样无刷直流电机就旋转起来。

图 3-12 搭载无刷直流电机的纯电动桶装垃圾运输车

图 3-12 是搭载无刷直流电机的纯电动桶装垃圾运输车，适用于城市道路、居民小区、公园、车站等带有垃圾桶收集垃圾的场所垃圾收集作业，垃圾收入垃圾桶后，通过本产品对垃圾桶进行置换与转运作业。该车搭载了大容量磷酸铁锂电池、无刷直流电机，电机额定电压为 72V，额定功率为 7kW；电

池组容量为 180A · h；最高车速为 50km/h，最大坡度为 15%，满载续驶里程大于 120km。

3.3　交流感应电机驱动系统

交流感应电机又称异步电机，与直流电机相比，具有效率高、结构简单、免维护等优点。感应电机根据转子绕组的类型可以分为两类，分别是绕线转子异步电机和笼型异步电机。由于绕线转子异步电机成本高、需要维护、缺乏坚固性，因而没有笼型异步电机应用广泛，特别是在电动汽车的电力驱动中。

由于感应电机没有独立的励磁绕组，其电枢绕组（定子绕组）既是励磁绕组，又是转矩绕组，因此感应电机属于多变量强耦合的非线性系统，其励磁与转矩之间的耦合，使得感应电机的控制比较困难。但是随着电力电子及微电子技术的进步和运动控制理论的发展，及新的控制技术的不断采用，感应电机的控制技术得到质的飞跃。目前，感应电机驱动系统在大功率新能源汽车中得到了广泛的应用。

3.3.1　交流感应电机结构与工作原理

如图 3-13 和图 3-14 所示，交流感应电机主要由定子和转子两大部分组成，定子和转子之间是气隙。定子是用来产生旋转磁场的，它由机座、定子铁心、定子绕组、铁心外壳、支撑转子轴的轴承等组成。转子由转子铁心、转子绕组和转子轴等组成。转子铁心和定子铁心由薄硅钢片叠加而成，以减少铁损。笼型转子采用铜条减少线圈损失，定子铁心采用 C 级绝缘，可直接用低黏度的油来冷却，采用铸铝机座来减小电机总重量。

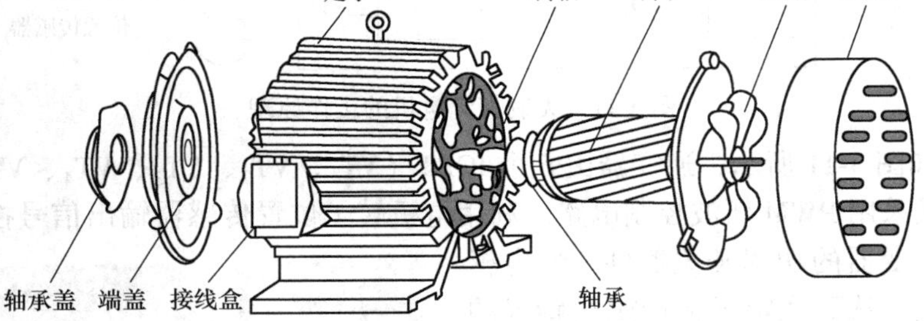

图 3-13　交流感应电机结构

在电机定子上有三相对称的交流绕组（各相差 120°，见图 3-15），三相对称交流绕组通入三相对称交流电流时，将在电机气隙空间产生旋转磁场，转子绕组的导体处于旋转磁场中，转子导体切割磁力线，并产生感应电动势。由于转子导体通过端环自成闭路，在感应电动势的作用下，转子导体中将产生与感应电动势方向基本一致的感应电流。感应电流与旋转磁场相互作用产生电磁力，电磁力作用在转子上产生电磁转矩，驱动转子旋转。

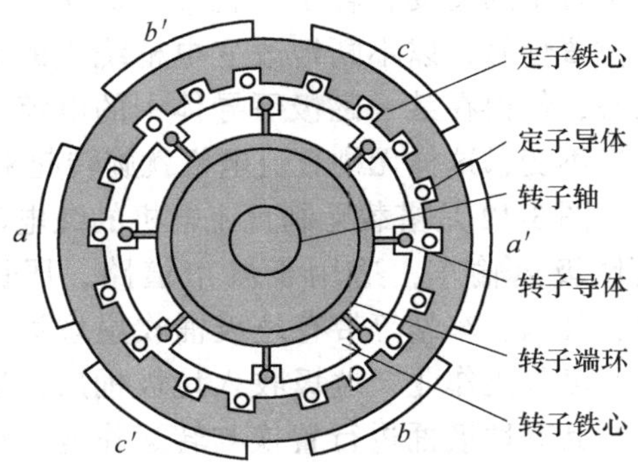

图 3-14　交流感应电机横断面

3.3.2 交流感应电机控制系统

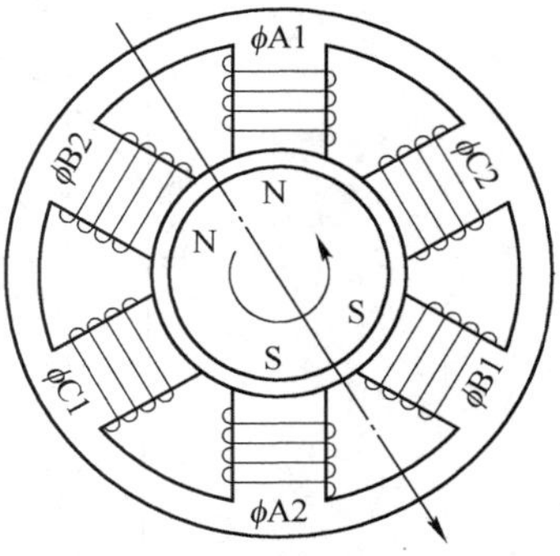

图 3-15 空间对称分布的三相定子绕组

交流感应电机控制系统的主要作用是为电机提供变压、变频电源，同时其电压和频率能够按照一定的控制策略进行调节，以使驱动系统具有良好的转矩—转速特性。

3.3.2.1 功率变换器

电动汽车的动力电池提供的是直流电源，而三相异步感应电机不能直接使用直流电源，因此必须有功率变换器将直流电源变换为频率和幅值都可以调节的交流电，来实现对感应电机的控制。电动汽车的感应电机使用的几乎都是专用的三相电压型 PWM 变换器。由于硬开关变换器的拓扑结构几乎是固定不变的，所以变换器的设计通常取决于功率器件的选择和 PWM 的变换方案。目前，基于变换器的 IGBT 最受青睐，被许多现代电动汽车采用。选择功率器件的标准是：

（1）由于变换过程中会产生浪涌电压，所以要求其额定电压至少是蓄电池额定电压的两倍。

（2）要求额定电流足够大，不需要再并联功率器件。

（3）为抑制谐波和噪声，要求开关速度足够高。

选择 PWM 变换方案时，要求其输出基波的幅值和频率能平稳变化；输出谐波失真最小；开关算法要求用尽可能少的硬件和软件实时执行；在蓄电池电压波动大的情况下，比如-35%～+25%，控制器不能失去控制。有许多可用的 PWM 方案，如正弦波 PWM、均衡 PWM、优化 PWM、三角波 PWM、随机 PWM、等效面积 PWM、滞环 PWM 和空间矢量 PWM 等。其中电流控制滞环 PWM 和空间矢量 PWM 在电动汽车感应电机驱动中得到了广泛应用。电压控制型等面积 PWM 方案是专门为以电池为动力的电动汽车感应电机驱动设计的。

等面积 PWM 明显的优点是谐波失真小、软件和硬件最少、能实时执行并允许直流电压波动。如图 3-16 所示，其基本原理是把一个正弦波分成若干份脉宽，每个脉冲的面积等于同一参考系下正弦波对应部分的面积。这些脉宽可用数学方程式表示，直接取决于瞬时直流电压，它们能用最少的硬件和软件进行实时计算，并且自动调节变化的蓄电池电压。

自 1986 年直流电路的变换器问世以来，人们就一直为感应驱动电机开发软开关变换器。接着，人们又提出了许多改进的软开关变换器的拓扑结构，如谐振直流电路、串联谐振直流电路、并联谐振直流电路、同步谐振直流电路、谐振变换、辅助谐振整流极和辅助谐振缓冲变换器。其中，辅助谐振缓冲变换器（Auxiliary resonant-converter，ARS）是专门为新能源汽车驱动开发的。

通过采用辅助开关、谐振感应线圈和谐振缓冲电容可得到软开关的条件，ARS 变换器的两种三相拓扑结构，如图 3-17 所示。变换器拓扑结构可使主功率元件和辅助开关在零电压开关状态下工作。而且，这些拓扑结构的寄生电感和杂散电容作为谐振分量的一部分，用来减少过流或过压给主功率开关带来的危害。因此，ARS 变换器拓扑技术在新能

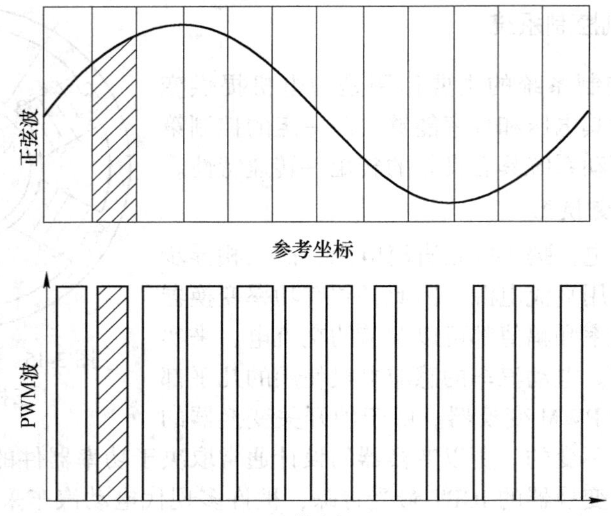

图 3-16　等面积 PWM

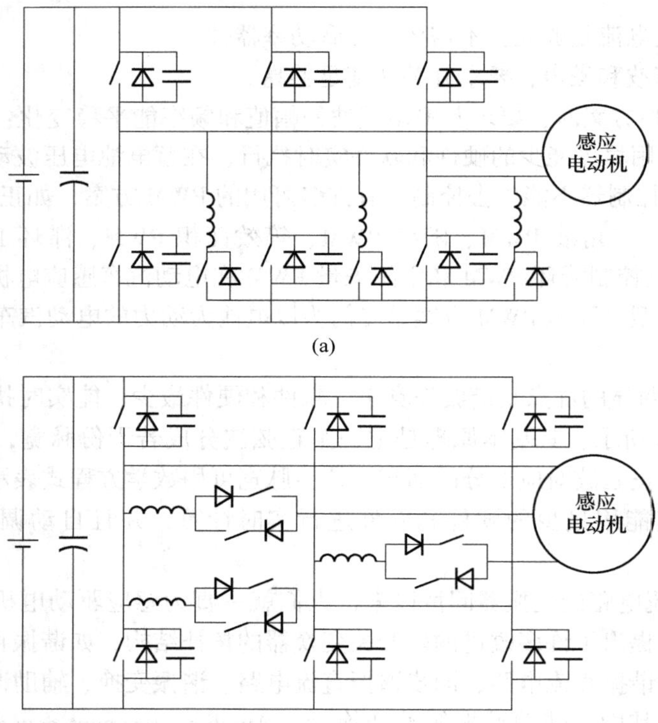

(b)

图 3-17　三相 ARS 变换器拓扑结构

（a）星形结构；（b）三角形结构

源汽车驱动中有应用的前景。

星形（Y-ARS）和三角形（△-ARS）拓扑结构的变换器比较而言，△-ARS 变换器在新能源汽车驱动中更受青睐，因为它有大功率的容量、没有漂移电压或过压给辅助功率开关带来危害、不需要另外安装电压或电流传感器，它的谐振开关没有跨接反并联的快速可逆恢复二极管。Δ-ARS 变换器的电路如图 3-18 所示。

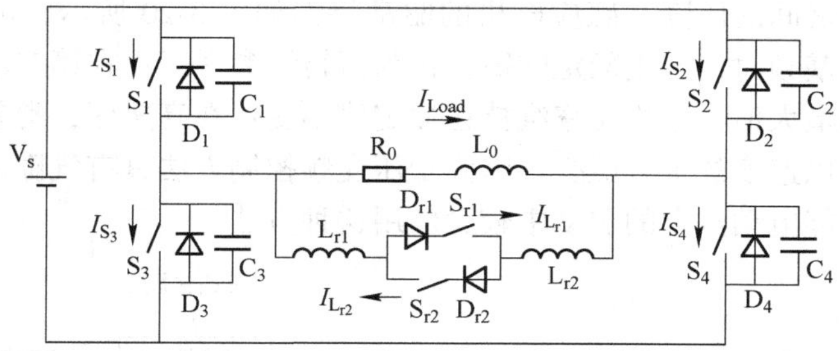

图 3-18 Δ-ARS 变换器的电路图

尽管 ARS 变换器在电动汽车驱动中有应用前景，但实际应用之前还需要不断完善，尤其应降低它的控制复杂性，同时为确保感应电机驱动变速控制，需要修正它的 PWM 开关方案。

3.3.2.2 转速控制方式

由于感应电机的直轴和交轴的磁耦合作用，导致它动态模型的高度非线性，使得感应电机的控制比直流电机要复杂得多。感应电机转速控制的基本方程为：

$$N = N_s(1 - s) = \frac{60f}{p}(1 - s) \tag{3-1}$$

式中 N——电机转速；

N_s——同步旋转磁场转速；

s——滑差率；

p——磁极对数；

f——电源频率。

通过改变 s、p 和 f 可以控制电机转速，因此可以将感应电机的基本调速方式相应分为三种，即调压调速、变极调速和变频调速。改变感应电机输入电源电压进行调速的方式称为调压调速，是一种变滑差率调速；变换感应电机绕组极对数，从而改变同步转速进行调速的方式称为变极调速，其转速阶跃变化；改变感应电机输入电源频率，从而改变同步转速的调速方式称为变频调速，其转速可以均匀变化。一般采用控制多种变量的方法。高级的控制策略和复杂控制算法如自适应控制、变结构控制和最优控制等已经得以使用，以获得快速响应、高效率和宽转速范围。

为了实现感应电机的理想控制，许多新的控制方法被应用到电动汽车的感应电机驱动中来，其中较为成功的是变压变频（VVVF）控制、磁场定向控制（Field oriented control，FOC，也称矢量控制或解耦控制）、变极控制。传统的交压变频控制技术由于其动态模型的非线性不能使感应电机满足所要求的驱动性能，而矢量控制感应电机可以克服由于其非线性带来的控制难度，能在线准确辨识出电机的参数，控制性能非常优越。目前随着微处理器性能的不断提高，国内外许多公司已推出了多种型号的基于矢量控制的控制器，控制性能已基本满足电动汽车的动力性要求。

A　变压变频控制（VVVF）

感应电机驱动的 VVVF 控制系统如图 3-19 所示，此方法是在基频以下用恒压恒频控制，基频以上用变频恒压控制。在频率很低时，定子阻抗下降，通过提高电压来补偿电源电压与感应电动势之间的压降。感应电机的驱动特性如图 3-20 所示，可分为三段：第一段在电机频率低于基频时，产生额定转矩，称为恒转矩参考区；在第二段，定子电压保持恒定，滑差增加到最大值，电机功率维持在额定值不变；在高速区，滑差维持常数，而定子电流衰减，转矩以速度的平方减少。因为变压变频控制方法具有气隙磁通偏移和延时响应等缺点，在高性能电动汽车的驱动中较少使用这种方法。

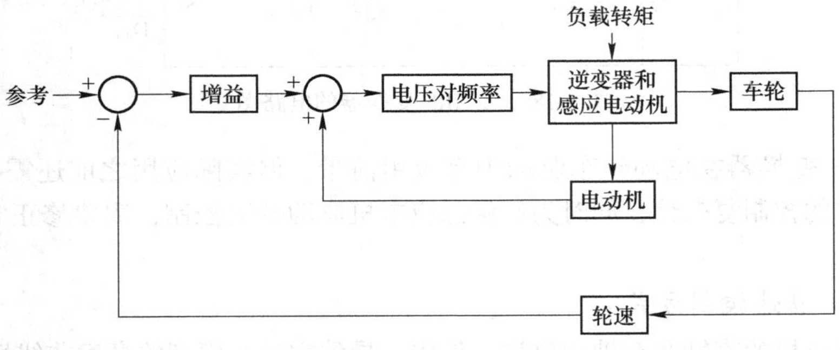

图 3-19　VVVF 控制的感应电机驱动系统

B　矢量控制（FOC）

为了改善电动汽车感应驱动电机的动态特性，应优先选择 FOC 而不是 VVVF 控制。矢量控制的基本思路是从电机电转速磁场理论出发，运用统一电机理论，以产生相同的旋转磁场为准则，通过坐标变换及磁场定向，将感应电机的定子电流分解为励磁和转矩两个彼此正交的分量，将感应电机等效为直流电机，实现转矩与励磁之间的解耦。

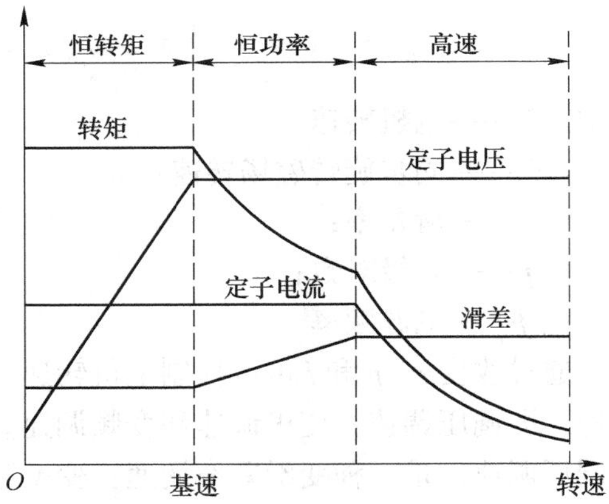

图 3-20　感应电机的驱动特性曲线

图 3-21 为感应电机的矢量控制原理图。从图中可以看出，矢量控制引入的矢量变换 V_R^{-1} 与感应电机内部的旋转变换 V_R 相抵消。如果不考虑变换器的电流滞后，则系统相当于由线性控制器直接控制一台直流电机，系统等效为图 3-22 所示的直流调速系统。

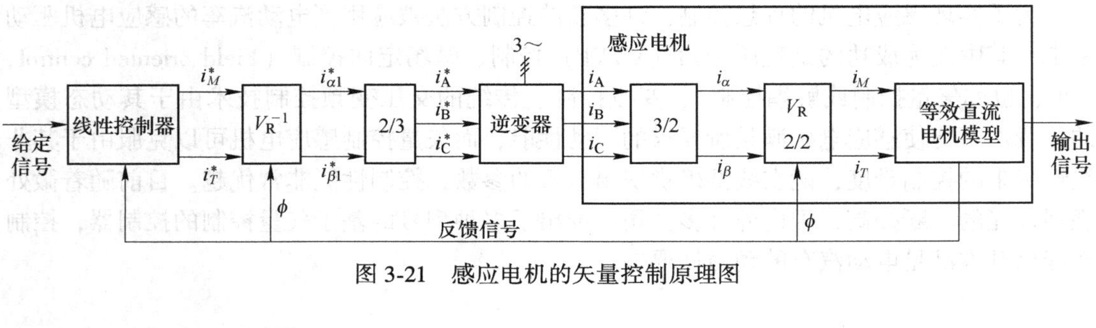

图 3-21　感应电机的矢量控制原理图

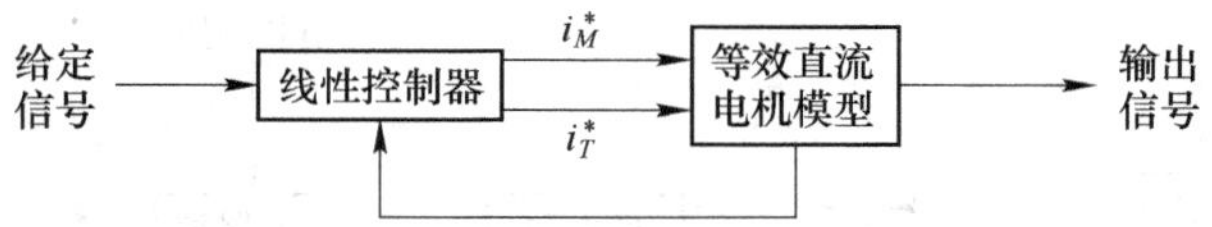

图 3-22 感应电机矢量控制的等效直流调速系统

下面介绍矢量控制的基本原理。

通过使用矢量控制，把静态参考坐标系（d-q 坐标系）变换为同步旋转坐标系下（x-y 坐标系）的新数学模型，如图 3-23 所示。这样，电机的所有变量如电源电压 u_s、定子电流 i_s转子电流 i_r和转子磁通链 λ_r 在稳态给定时可用标量表示。当 x 轴与信号转子磁通链矢量的方向一致时，参考坐标系（α-β 系）就与转子磁通同步旋转，如图 3-24 所示。这里 $i_{s\alpha}$和 $i_{s\beta}$分别是定子电流在 α 轴和 β 轴上的分量。电机转矩 T 为：

$$T=\frac{3}{2}p\frac{M}{L_r}\lambda_r i_{s\beta} \tag{3-2}$$

式中 M——绕组间的互感；

L_r——转子绕组的自感。

λ_r 可写成 $Mi_{s\alpha}$，因此转矩方程可写成：

$$T=\frac{3}{2}p\frac{M^2}{L_r}i_{s\alpha}i_{s\beta} \tag{3-3}$$

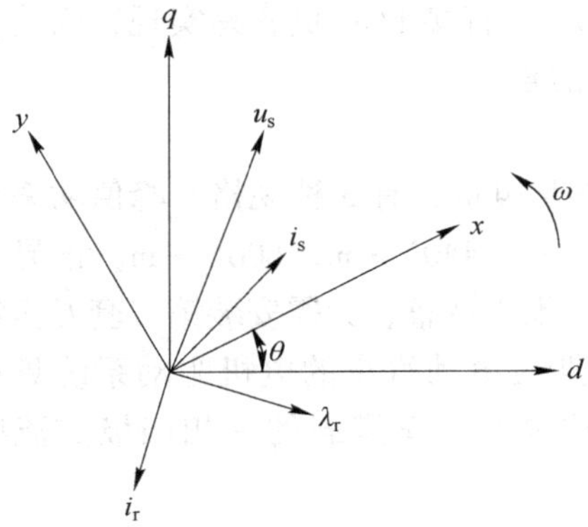

图 3-23 普通同步旋转 x-y 轴坐标系

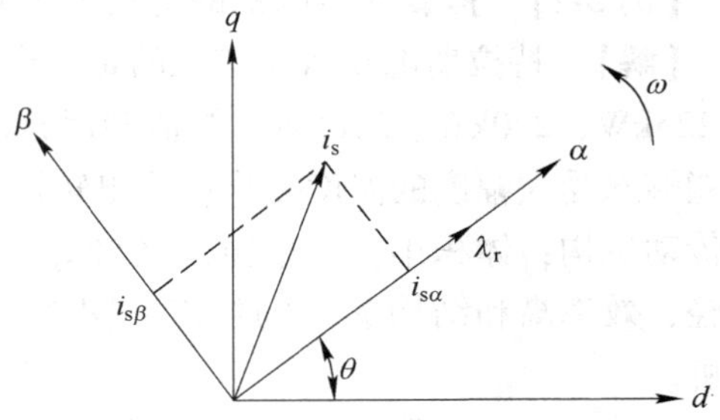

图 3-24 与转子磁通同步旋转的 α-β 轴坐标系

此转矩方程与他励直流电机的转矩方程十分相似，$i_{s\alpha}$类似励磁电流 I_f，而 $i_{s\beta}$类似电枢电流 I_a。因此，$i_{s\alpha}$可作为 i_s 的励磁分量，其作用是建立气隙磁通，而 $i_{s\beta}$可作为 i_s 的转矩分量，产生期望的电机转矩。因此只要保持励磁分量不变，通过采用 FOC 方法，调节转矩分量就可有效地控制电机转矩。感应电机驱动产生类似他励直流电机理想的暂态快速响应。FOC 控制的感应电机驱动系统框图，如图 3-25 所示。

为获得上面的 FOC，转子磁通链矢量应与 α 轴一致，可通过转差率 ω_{slip}控制来解耦：

$$\omega_{slip}=\frac{R_r i_{s\beta}}{L_r i_{s\alpha}} \tag{3-4}$$

式中 R_r——转子绕组的电阻。

自 FOC 问世以来，出现了许多实现 FOC 的方法，这些方法基本上可以根据转子磁通

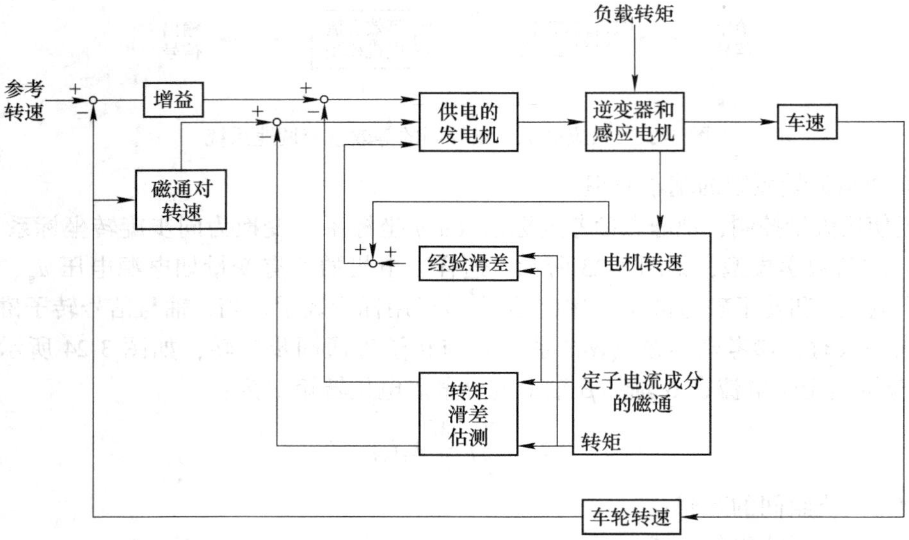

图 3-25　FOC 控制的感应电机驱动系统

位置的获取方式分成两类，直接 FOC 和间接 FOC。直接 FOC 需要直接测量转子磁通，增加了实施的复杂性和低速测量时的不可靠性，因此很少用于新能源汽车的驱动。间接 FOC 是用计算代替直接测量决定转子磁通，间接 FOC 比直接 FOC 更容易实现，因此，间接 FOC 在高性能电动汽车驱动中的应用具有很好的前景。

【例 3-2】　搭载异步电机的电动汽车应用实例。

【解】　特拉斯电动汽车搭载的是一台 375V 的异步电机，有 3 种规格，峰值功率分别为 225kW、270kW、310kW，峰值转矩分别为 430N · m、440N · m、600N · m。该异步电机能够忍受大幅度的温度变化；输出转矩可以在大范围内调整，无需安装第二套乃至第三套传动机构；体积小，质量轻，仅 52kg。因此，特斯拉电动汽车的电机驱动系统具有重量轻、效率高和结构紧凑的优点。图 3-26 为特斯拉电动汽车搭载的三相四极交流感应电机。

图 3-26　特斯拉电动汽车采用的交流异步电机

3.4 交流永磁电机驱动系统

3.4.1 交流永磁电机的种类和结构

3.4.1.1 交流永磁电机的种类

交流永磁电机主要包括永磁同步电机（Permanent Magnet Synchronous Motor，PMSW）和无刷直流电机（Brushless DC Motor，BLDCM）两大类。两者最主要的区别在于永磁体励磁磁场在定子绕组中感应出的电动势波形：永磁同步电机感应出的电动势波形为正弦波，而无刷直流电机为梯形波，如图 3-27 所示。交流永磁电机采用稀土永磁体励磁，与感应电机相比不需要励磁电路（见图 3-28），具有效率高、功率密度大等特点，在中小功率的驱动系统中有优势，目前在电动汽车中得到了一定的应用。

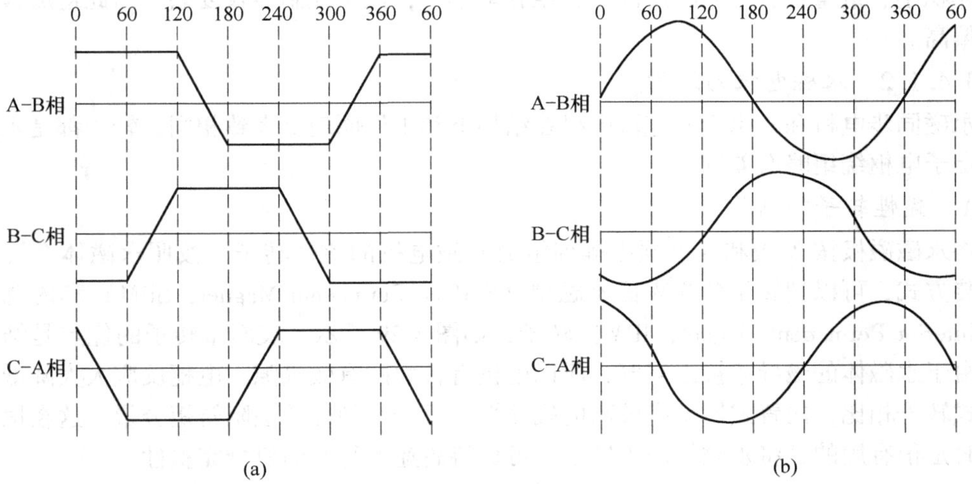

图 3-27 永磁电机感应电动势波形
（a）无刷直流电机；（b）永磁同步电机

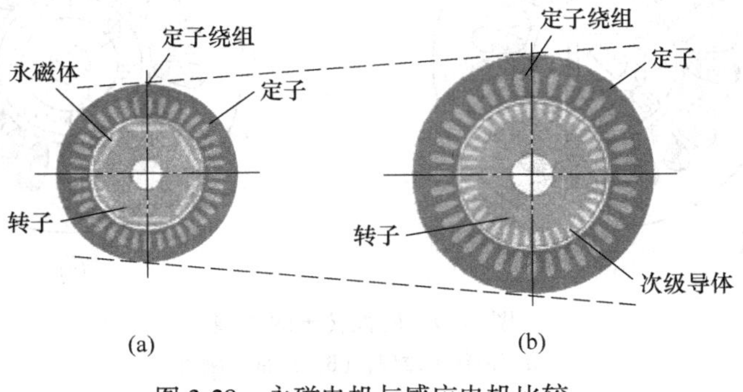

图 3-28 永磁电机与感应电机比较
（a）永磁电机；（b）感应电机

无刷直流电机的特点是：永磁体在气隙中产生的磁场在空间按照矩形分布，定子三相绕组为集中整距绕组，电机定子电流为方波电流，电机的反电动势为梯形波。由于永磁无刷直流电机存在永久磁场，不能采用其他电机的控制方法控制磁通量来进行调速，而通常采用“弱磁调速”的技术，在不改变永磁场强度的条件下，来减少永磁场的磁通量，实现对永磁无刷直流电机高速运行时的转速和转矩的控制。无刷直流电机外特性曲线类似于永磁直流电机，特性较硬，但是由于没有电刷和换向器，所以可以在高速下运行，因此体积和重量可以减小，同时提高了可靠性，而且无刷直流电机的控制相对简单。但是受绕组电感的影响，造成无刷直流电机的电流不可能是理想的方波，在换向时会发生相电流的重叠，从而引起转矩产生一些波动。

永磁同步电机的特点是：永磁体在气隙中产生的磁场空间上按照正弦分布，定子三相绕组为正弦分布绕组，电机的反电动势及电机定子电流均为正弦波。永磁同步电机通常采用矢量控制策略，其定子电流的直轴分量为零，其交轴电流在磁场的作用下产生电磁转矩，利用矢量控制算法可以实现宽范围的恒功率弱磁调速。永磁同步电机的优点是效率高、体积小、重量轻、控制精度高、转矩脉动小等，但是控制器较复杂，因此造成其目前成本偏高。

3.4.1.2 永磁电机的结构

永磁同步电机和永磁无刷直流电机在结构上和工作原理上大致相同，转子都是永久磁铁，定子电枢绕组略有差别。

A 磁性转子的结构

将永磁磁极按 *N* 极和 *S* 极顺序排列组成永磁电机的磁性转子。按照永磁体在转子上的安装方式，可以把转子分为表面永磁型（Surface Permanent Magnet，SPM）和内置永磁型（Interior Permanent Magnet，IPM）转子，如图 3-29 所示。表面型转子的优点是结构简单，由于永磁体的磁导率接近空气，所以电机有较大的有效气隙，电枢反应大大降低。与表面式转子相比，内置式转子有较高的磁显性，可产生额外的磁阻转矩分量，这在恒功率运行时是很有用的，将永磁体嵌入转子，可保持高速运行时的机械完整性。

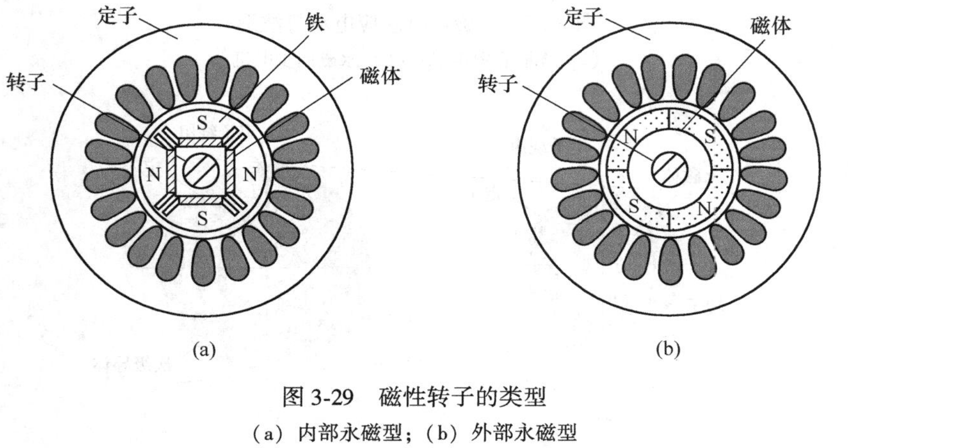

图 3-29 磁性转子的类型
（a）内部永磁型；（b）外部永磁型

还有一种转子既有永磁体又有励磁绕组，称为永磁混合型转子，如图 3-30 所示。永磁磁通分量和励磁磁通分量在气隙中叠加形成气隙磁通，气隙磁通可以通过调节励磁电流来控制。特别是在高速区，可以方便地进行弱磁调节。因此采用这种转子的电机在宽转速范围内有最佳效率和理想的驱动特性，非常适合新能源汽车驱动用。

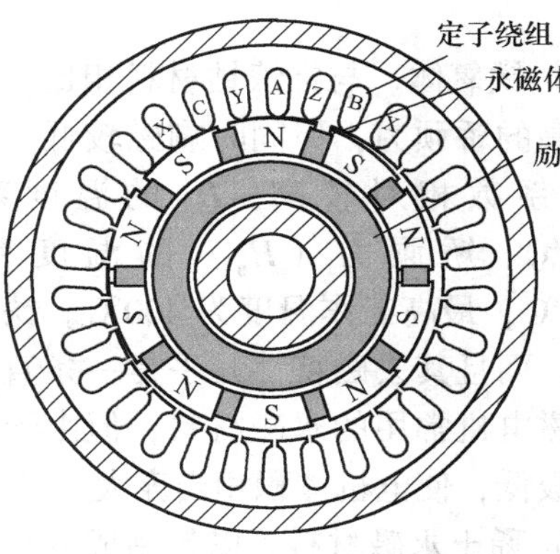

图 3-30 永磁混合型转子

B 磁极的数量

一般感应电机的磁极数量增多以后，电机在同样的转速下，工作频率随之增加，定子的铜耗和铁耗也相应增加，将导致功率系数急剧下降。而永磁电机的磁极增至一定数量以后，不仅对电机的性能没有明显的影响，还可以有效地减小电机的尺寸和质量。

永磁电机的气隙直径和有效长度，取决于电机的额定转矩、气隙磁通密度、定子绕组的线电流密度等参数变化的影响。气隙磁通密度主要受磁性材料的磁性限制，因此需要采用磁能密度高的磁性材料。另外，在气隙磁通密度相同的条件下，增加磁极的数量，就可以减小电机磁极的横截面面积，从而使电机转子的铁心的直径减小。图 3-31 为二极、四极和六极永磁转子的结构。

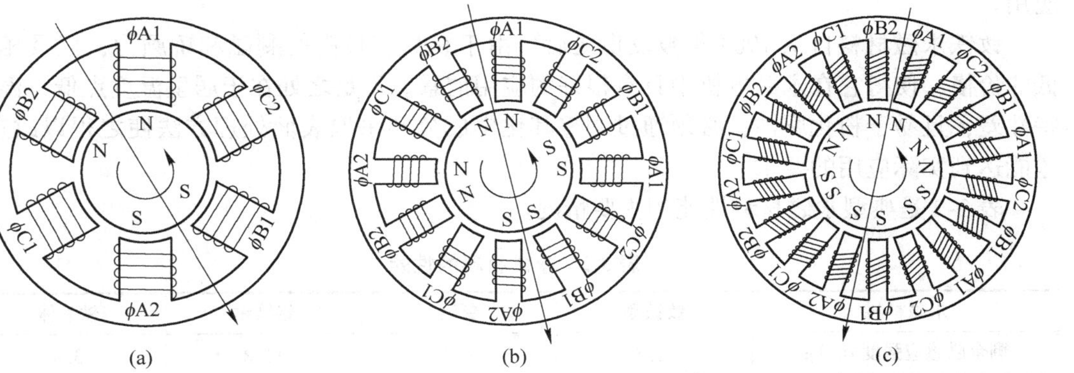

图 3-31 不同磁极数量的转子

（a）二极永磁转子；（b）四极永磁转子；（c）六极永磁转子

3.4.1.3 永磁体材料

永磁体给电机提供长久励磁，目前用于电机的永磁体材料主要有三类：

（1）铝镍钴（Al-Ni-Co）。

（2）陶瓷（铁氧体），例如钡铁氧体（$BaO\text{-}6Fe_2O_3$）和铁酸锶（$SrO\text{-}6Fe_2O_3$）。

（3）稀土永磁材料，钐钴（SmCo）和钕铁硼（NdFeB）。

用于电机的不同永磁体材料的典型性能，如图 3-32 所示。

（1）铝镍钴。铝镍钴材料的主要优点是其高剩余磁通密度和低温度系数。这种材料剩磁（B_r）的温度系数为 0.02%/℃，且其最高工作温度为 520℃。这些优点使很高的气隙磁密和高运行温度成为可能。但是铝镍钴材料的矫顽力很低，且其退磁曲线呈现高度的非线性。因此，铝镍钴材料不仅易于磁化，而且也很容易退磁，这限制了它在电机中的应用。

(2) 铁氧体。与铝镍钴材料相比，铁氧体具有较高的矫顽力，但同时剩磁较低。铁氧体的温度系数相对较高，B_r 的温度系数为 0.20%/℃，矫顽力（H_c）的温度系数为 0.27%/℃，最高工作温度为400℃。铁氧体价格低廉，而且其去磁特性几乎是一条直线，是传统永磁电机常用的永磁材料，但由于铁氧体的磁能极低，使电机体积相当庞大。

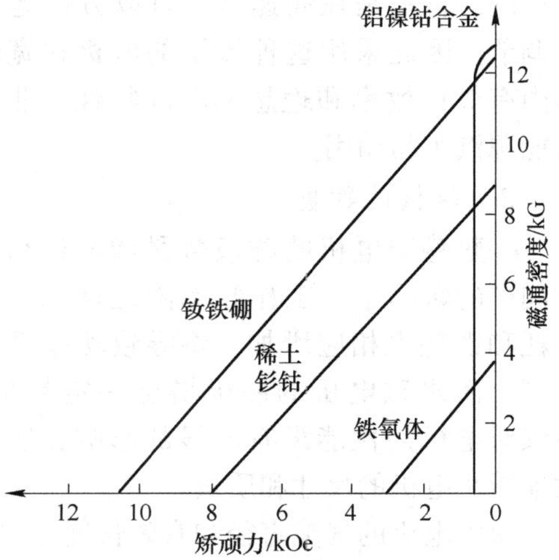

图 3-32　永磁材料的退磁特性曲线

(3) 稀土永磁材料。以钐钴成分为基础的第一代稀土永磁体发明于20世纪60年代，并自70年代初期进入商业化生产。目前，钐钴已成为一种广泛的硬磁材料。它具有高剩磁、高矫顽力、高磁能积、线性退磁曲线和低温度系数的优点。其 B_r 的温度系数为（0.03～0.45)%/℃，而 H_c 的温度系数为（0.14～0.40)%/℃，最高工作温度为250～300℃。但其昂贵的价格限制了它在电机中的广泛应用。

钕铁永磁材料自从1983年被发现之后，由于它具有较高的剩磁和矫顽力，以及相对低的价格，使得它在永磁电机中具有很好的应用前景。不足之处在于居里温度点低，温度特性差，且易于粉化腐蚀，必须通过调整其化学成分和采取表面处理方法使之得以改进，才能达到实际应用的要求。

表3-2是典型永磁材料性能的主要情况。

表 3-2　永磁材料的性能

永磁材料	钕铁硼	钐钴	铝镍钴	铁氧体
剩余磁感应强度 B_r/kg	12.5	8.7	12.8	3.8
矫顽力 H_c/kOe	10.5	8.0	0.6	3.0
最大磁能积 BH_{max}/MGOe	36.0	18.3	5.5	3.5
回复磁导体 μ_r	1.8	1.0	4.0	1.0
居里温度/℃	310	720	800	310
温度系数/%·℃$^{-1}$	-0.13	-0.04	-0.03	-0.19

永磁材料的特性通常与温度有关，一般永磁体随温度的增加而失去剩磁，如果永磁体的温度超过居里温度，则其磁性为零。退磁特性曲线也随温度变化，在一定温度范围内，其变化是可逆的，且近似线性。因此，在设计永磁电机时，必须考虑电机运行过程中温度的变化范围。

3.4.2　永磁同步电机驱动系统

如果励磁绕组用永磁体代替，传统的同步电机就变成永磁同步电机。永磁同步电机模型如图 3-33 所示，在定子三相多绕组中通入三相对称交流电则会产生旋转磁场，用旋转磁极 S、N 来模拟转子，根据磁极异性相吸、同性相斥的原理，不论定子旋转磁极与永磁转子起始时相对位置如何，定子的旋转磁极都会由于磁拉力拖着转子同步旋转，同步电机转速可表示为：

$$n = n_s = \frac{60f_s}{p_n} \tag{3-5}$$

式中 f_s——电源频率；

p_n——电机极对数；

n_s——同步转速。

从式（3-5）可以看出，电机转速与同步转速之间没有相对运动。

永磁同步电机通常采用矢量控制算法，在此不再赘述。

3.4.3 永磁无刷直流电机驱动系统

无刷直流电机的结构如图 3-34 所示，用装有永磁体的转子取代有刷直流电机的定子磁极，将原直流电机的电枢变为定子后就变成了无刷直流电机。这种电机的显著优点是省去了机械换向器和电刷，而且方波电流和方波磁场相互作用可产生大转矩。电机的定子绕组多做成三相对称星形接法，同三相感应电机十分相似。一相解耦型永磁无刷直流电机与永磁同步电机相比，有更好的动态特性和弱磁控制能力。

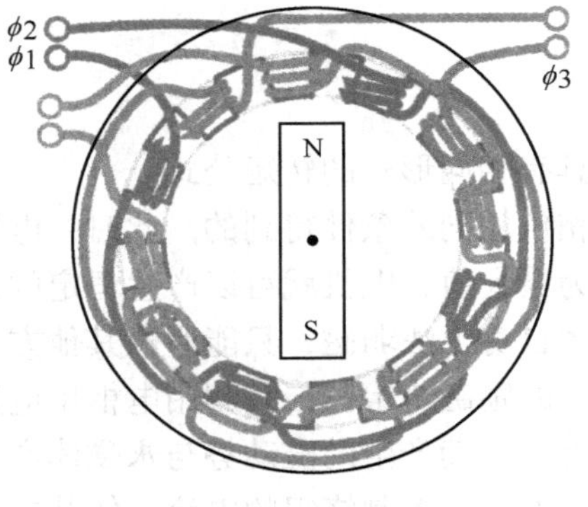

图 3-33 永磁同步电机模型

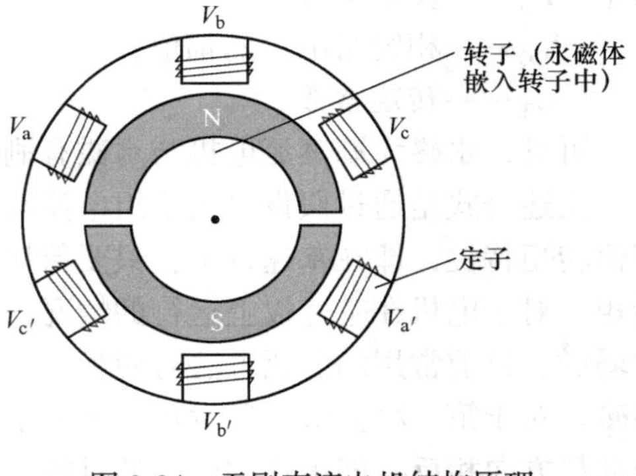

图 3-34 无刷直流电机结构原理

无刷直流电机产生的反电动势为梯形波，而非正弦波，因此难以用矢量控制算法，而应直接在本身的相变量上建立数学模型。

如果电机的三相绕组在空间上完全对称，同时假设电机的磁场不饱和，并忽略涡流及磁滞损耗，则电机的电压方程为：

$$\begin{bmatrix} u_a \\ u_b \\ u_c \end{bmatrix} = \begin{bmatrix} e_a \\ e_b \\ e_c \end{bmatrix} + \begin{bmatrix} r & 0 & 0 \\ 0 & r & 0 \\ 0 & 0 & r \end{bmatrix} \begin{bmatrix} i_a \\ i_b \\ i_c \end{bmatrix} + \begin{bmatrix} L & M & M \\ M & L & M \\ M & M & L \end{bmatrix} \frac{d}{dt} \begin{bmatrix} i_a \\ i_b \\ i_c \end{bmatrix} \tag{3-6}$$

式中 u，e，i——分别为定子绕组的电压、电动势和电流；

L，M——分别为每相绕组的自感和彼此之间的互感。

对于三相绕组为 Y 形连接，而且没有中线的情况，三相电流满足：

$$i_a + i_b + i_c = 0 \tag{3-7}$$

则电机的电压方程为：

$$\begin{bmatrix} u_a \\ u_b \\ u_c \end{bmatrix} = \begin{bmatrix} e_a \\ e_b \\ e_c \end{bmatrix} + \begin{bmatrix} r & 0 & 0 \\ 0 & r & 0 \\ 0 & 0 & r \end{bmatrix} \begin{bmatrix} i_a \\ i_b \\ i_c \end{bmatrix} + \begin{bmatrix} L-M & 0 & 0 \\ 0 & L-M & 0 \\ 0 & 0 & L-M \end{bmatrix} \frac{d}{dt} \begin{bmatrix} i_a \\ i_b \\ i_c \end{bmatrix} \tag{3-8}$$

电机的输出功率为：

$$P = e_a i_a + e_b i_b + e_c i_c \tag{3-9}$$

电机的电磁转矩为：

$$T_e = \frac{P}{\omega_m} \tag{3-10}$$

式中　ω_m——转子机械角速度。

下面以两两导通三相星形连接为例，给出无刷直流电机的平均电磁转矩公式。假设无刷直流电机永磁体在气隙中产生的磁感应强度为方波，在空间占 180°电角度；定子绕组为 60°相差的集中整距绕组，定子电流为在空间对称的梯形三相电流，各相彼此相差 120°电角度；忽略电枢反应及铁损、磁损。当绕组相电流与对应的反电动势相位完全相同时，电机产生的电磁转矩为：

$$T_e = \frac{2E_a I_{DC}}{\omega_m} = C_T I_{DC} \tag{3-11}$$

式中　E_a——反电动势幅值；

I_{DC}——相绕组电流的幅值；

C_T——转矩常数。

可见，永磁无刷直流电机与永磁有刷直流电机具有相同形式的转矩公式。

上述公式是通过假设电机绕组电流与反电动势相位相同的条件得到的。此时，电机具有恒转矩特性，即在基速以下，只要保持绕组电流为最大值，电机就可以产生恒定的最大转矩。对于电机在基速以上运行的情况，由于永磁体自身无法弱磁，只能通过其他方式进行弱磁。目前常用的弱磁方法有两种，一是增加额外的励磁绕组；二是利用电枢反应进行弱磁。对于第一种方法，通过控制额外励磁绕组电流，使其产生的磁动势与永磁体产生的磁动势方向相反，即可达到弱磁的目的。对于第二种方法，控制绕组的电流，使其在相位上超前其对应的反电动势一定的角度，电枢绕组产生的磁动势与永磁体产生的磁动势不再正交，利用直轴去磁电流引起的去磁电枢反应，可以实现弱磁。目前，主要用第二种方法。

上述分析假设电机绕组为集中绕组，气隙磁感应强度为方波，绕组电流也为方波。事实上，由于绕组电感的影响，电流并非理想的方波，在换向时，不同相绕组会发生电流重叠。此外，由于漏磁及磁路饱和等一些因素的影响，气隙磁感应强度并非理想的方波。因此，无刷直流电机的电磁转矩会发生一些脉动。

【例 3-3】　永磁直流无刷电机驱动控制器的主驱动电路如图 3-35 所示，试设计变流电路中 6 个 IGBT 的控制逻辑并画出相应的波形图。

【解】　直流无刷电机的控制原理，要让电机转动起来，首先控制电路就必须根据霍尔元件（hall-sensor）感应到电机转子目前所在位置，然后依照定子绕线决定开启（或关闭）换流器（inverter）中功率晶体管的顺序，inverter 中之 VT_1、VT_3、VT_5（这些称为上臂功率晶体管）及 VT_2、VT_4、VT_6（这些称为下臂功率晶体管），使电流依序流经电机线圈产生顺向（或逆向）旋转磁场，并与转子的磁铁相互作用，如此就能使电机顺时/逆时转动。当电机转子转动到 hall-sensor 感应出另一组信号的位置时，控制电路又再开启下一组功率晶体管，如此循环，电机就可以依同一方向继续转动直到控制电路决定要电机转子停止，则关闭功率晶体管（或只开下臂功率晶体管）；要电机转子反向，则功率晶体管开启顺序相反。高转速的速度控制必须考虑到系统的时钟分辨率是否足以掌握处理软件指令的时间，另外对于 hall-sensor 信号变化的资料存取方式也影响到处理器效能与判定正确性、实时性。永磁直流无刷电机霍尔信号与相电流及反电动势的关系，如图 3-36 所示。

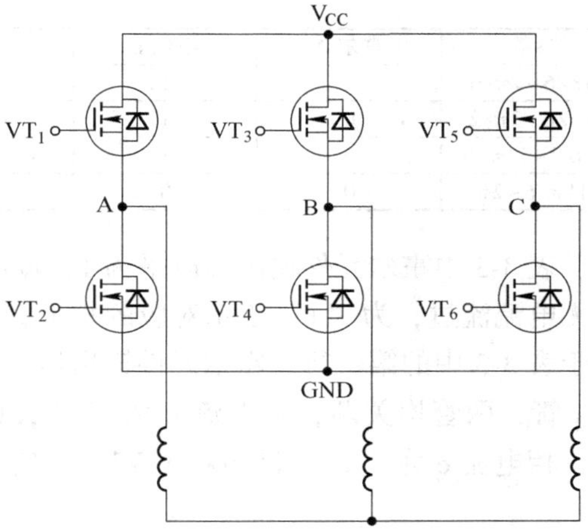

图 3-35 永磁直流无刷电机驱动电路

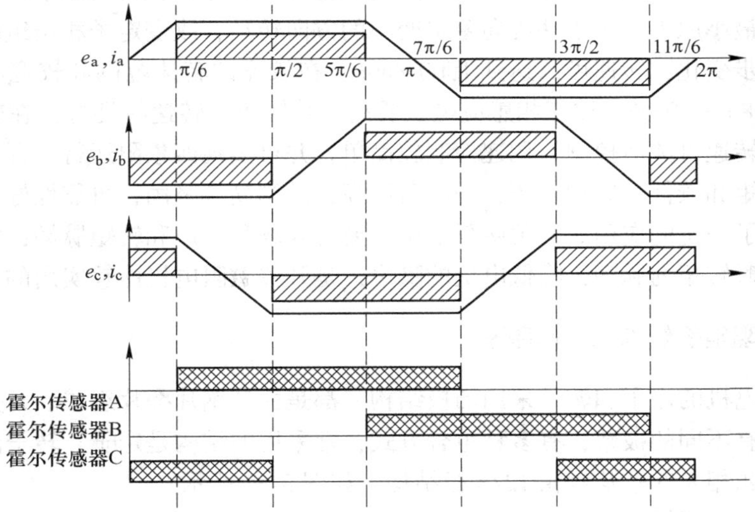

图 3-36 永磁直流无刷电机霍尔信号与相电流及反电动势的关系

由图 3-36 可以看出，通过检测霍尔元件输出信号，即可以确定 VT 管的通断逻辑，其关系见表 3-3。

表 3-3 VT 管的通断逻辑关系

参数	霍尔 A	霍尔 B	霍尔 C	相电流 a	相电流 b	相电流 c
0～π/6	0	0	1	0	−	+
π/6～π/2	1	0	1	+	−	0
π/2～5π/6	1	0	0	+	0	−

续表 3-3

参数	霍尔 A	霍尔 B	霍尔 C	相电流 a	相电流 b	相电流 c
$5\pi/6\sim7\pi/6$	1	1	0	0	+	-
$7\pi/6\sim3\pi/2$	0	1	0	-	+	0
$3\pi/2\sim11\pi/6$	0	1	1	-	0	+
$11\pi/6\sim2\pi$	0	0	1	0	-	+

表 3-3 中霍尔元件输出高电平为 1，输出低电平为 0，对应的相电流为 0，表示该组线圈无电流流过，为“+”表示对应的相上臂导通，“-”表示对应的相下臂导通。例如对应于表 3-3 中的第一行，霍尔元件输出信号为“001”，相电流 a 为“0”，该相对应 VT_1、VT_2 管，两管均关断，相电流 b 为“-”，该相对应 VT_3、VT_4 管，则 VT_3 关断，VT_4 导通，相电流 c 为“+”，该相对应 VT_5、VT_6 管，则 VT_5 导通，VT_6 关断。

3.5 开关磁阻电机驱动系统

开关磁阻电机是一种新型电机，它的结构比其他任何一种电机都要简单，在电机的转子上没有滑环、绕组等转子导体和永久磁铁等。开关磁阻电机的定子和转子都是凸极结构，只在电机的定子上安装有简单的集中励磁绕组，励磁绕组的端部较短，没有相间跨越线，磁通量集中于磁极区，通过定子电流来励磁。各组磁路的磁阻随转子位置不同而变化。按照磁阻最小原理，转子铁心向磁阻变小的方向转动，改变定子相绕组的通电时间和顺序，转子同步变化，转速可以达到 1500r/min。在较宽的转速范围和较宽的转矩范围内效率可以达到 85%~93%，比三相感应电机要高。其转矩、转速特性好，在较宽的转速范围内，转矩、转速可灵活控制，调速控制较简单，并可实现四象限运行。开关磁阻电机有较高的启动转矩和较低的启动功率，功率密度高，结构简单坚固，可靠性好，近年来在电动汽车中得到了一定的应用。开关磁阻电机主要的问题是噪声和转矩脉动，如何减小电机在低转速运行时转矩的脉动，降低电机的噪声，是开关磁阻电机能够实用的关键。

3.5.1 开关磁阻电机结构和工作原理

开关磁阻电机的定子和转子采用凸极结构，都是由硅钢片叠片组成。开关磁阻电机的定子和转子具有不同的极数，有多种组合方式，常采用的结构是定子、转子的极数分别为三相 6/4 极、四相 8/6 极及六相 12/8 极结构，如图 3-37 所示。

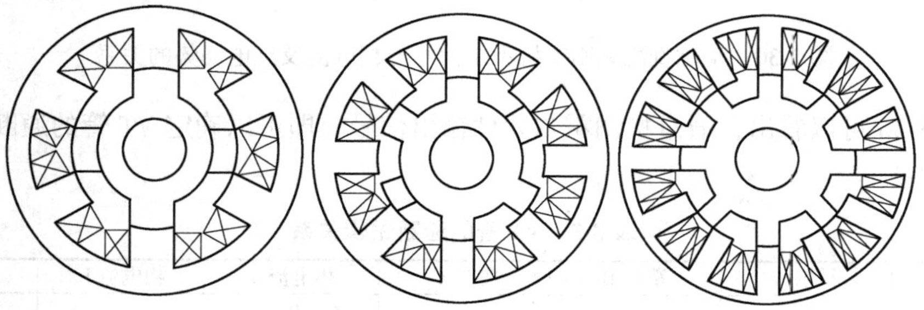

(a) (b) (c)

图 3-37 开关磁阻电机的基本结构

（a）6/4 极；（b）8/6 极；（c）12/8 极

在定子相对称的两个凸极上的集中绕组互相串联，构成一相，但在转子上没有任何绕组。因此，定子上有 6 个凸极的为三相开关磁阻电机，定子上有 8 个凸极的为四相开关磁阻电机，如此类推，其不同组合方式的结构方案见表 3-4。

表 3-4 开关磁阻电机的结构方案

相 数	3	4	5	6	7	8	9
定子极数 N_s	6	8	10	12	14	16	18
转子极数 N_r	4	6	8	10	12	14	16
步进角	30°	15°	9°	6°	4.28°	3.21°	2.5°

开关磁阻电机的气隙磁场有三类形式，即径向磁场、轴向磁场和混合磁场。

开关磁阻电机是根据磁场力原理工作的，图 3-38 所示是四相 8/6 极开关磁阻驱动电机，图中只画出了其中一相绕组的情况。由于定子和转子极是凸极结构，所以每相绕组的电感 L 随转子位置的变化而变化，如图 3-39 所示。开关磁阻电机的工作原理遵循磁阻最小的原则——磁阻总要沿着磁阻最小的路径闭合，而具有一定形状的铁心在移动到最小磁阻位置时，必使自己的主轴线与磁场的轴线重合。当 B 相绕组受到激励时，为减小磁路的磁阻，转子顺时针旋转，直到转子极 2 与定子极 B 相对，此时磁路的磁阻最小（电感最大）。然后，切断绕组 B 的激励，给绕组 A 施加激励，磁阻转矩使转子极 1 与定子极 A 相对。转矩方向一般指向最近的一对磁极相对的位置。因此，根据转子位置传感器的反馈信号，相绕组按 B-A-D-C 的顺序导通，使转子沿顺时针方向连续旋转；反之，若按 D-A-B-C 的顺序导通，则电机会按逆时针方向连续旋转。通过控制加到电机绕组中电流脉冲的幅值、宽度及其与转子的相对位置，即可控制开关磁阻电机转矩的大小与方向。

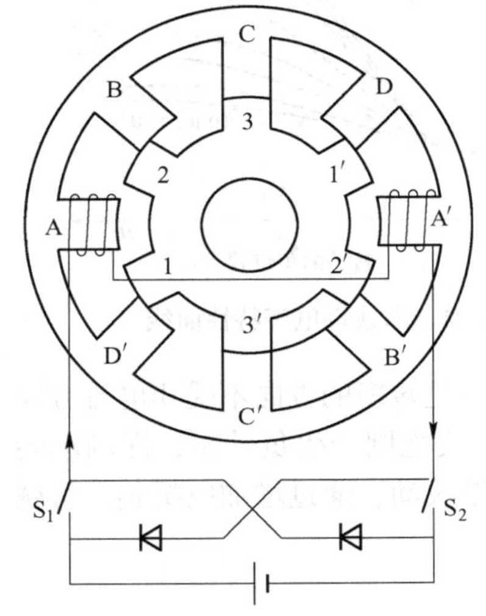

图 3-38 四相 8/6 极开关磁阻驱动电机

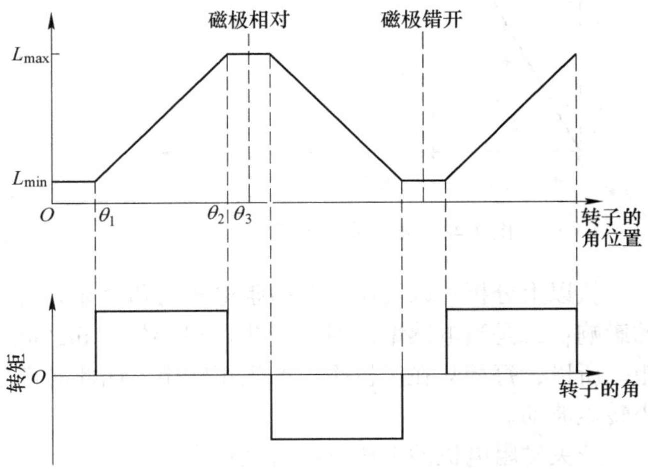

图 3-39 电感和恒电流转矩与转子位置的关系曲线

根据磁共能原理，每相转子在不同位置产生的磁阻转矩为：

$$T(\theta, i) = \frac{\partial W'(\theta, i)}{\partial \theta} \tag{3-12}$$

式中　θ——转子位置角；

i——相绕组电流；

$W'(\theta,i)$——磁共能。

磁共能即磁化曲线下的面积，如图 3-40 所示，其面积可表示为：

$$W'(\theta,\ i) = \int_0^i \psi(\theta,\ i)\,\mathrm{d}i \tag{3-13}$$

磁链 $\psi(\theta,\ i)$ 可写成 $\psi(\theta,\ i) = L(\theta,\ i)i$，所以：

$$T(\theta,\ i) = \frac{1}{2}\frac{\partial}{\partial\theta}\int_0^{i^2} L(\theta,\ i)\,\mathrm{d}i^2 \tag{3-14}$$

特定情况下，开关磁阻电机域没有磁饱和，电感与相绕组电流矩无关，可推导出磁阻转矩为：

$$T(\theta,\ i) = \frac{1}{2}i^2\frac{\mathrm{d}L}{\mathrm{d}\theta} \tag{3-15}$$

在恒定相绕组电流 i 下，转矩的波形如图 3-39 所示。当考虑磁饱和时，电感是转子位置角度和相绕组电流的函数。电感、磁链和转矩的非线性特性曲线分别如图 3-41 ~ 图 3-43 所示。

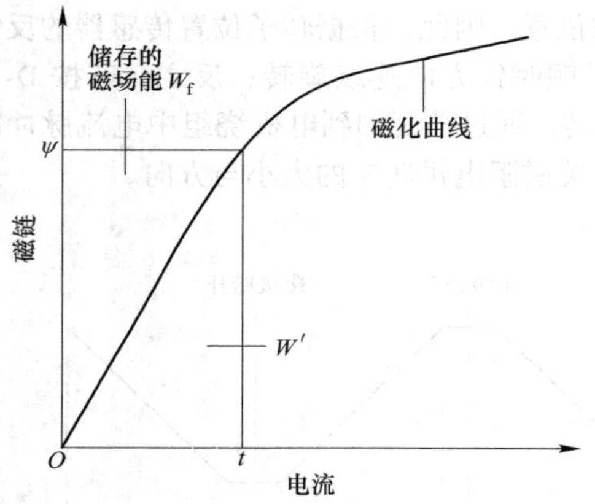

图 3-40　磁共能的定义

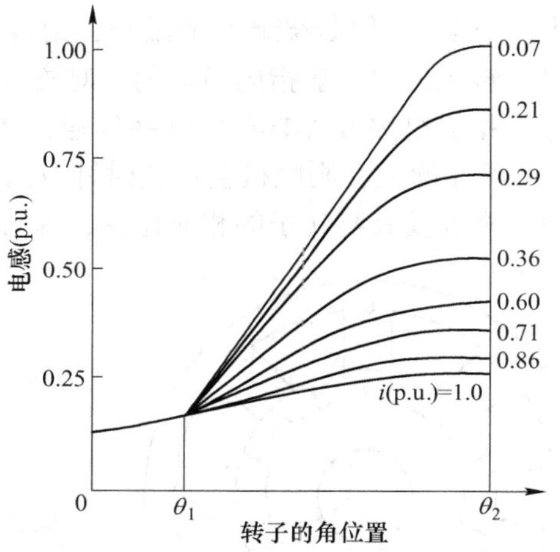

图 3-41　非线性电感特性曲线

从以上分析可以看出开关磁阻电机的两个显著特点：一是转矩的方向不受相电流方向的影响；二是当电感增加时，产生电机转矩（$\mathrm{d}L/\mathrm{d}\theta>0$），反之则产生负转矩，即制动转矩。所以，每相只在半极距内产生正转矩，因此易产生转矩波动，通过增加电机相数可减小转矩波动。

开关磁阻电机的电压方程可表示为：

$$u = Ri + L\frac{\mathrm{d}i}{\mathrm{d}t} + i\frac{\mathrm{d}L}{\mathrm{d}\theta}\omega \tag{3-16}$$

式中　u——相电压；

R——绕组电阻；

ω——转子转速。

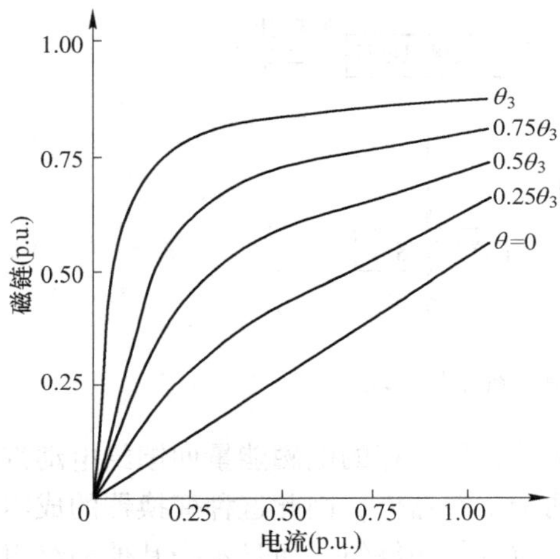

图 3-42 非线性磁链特性曲线

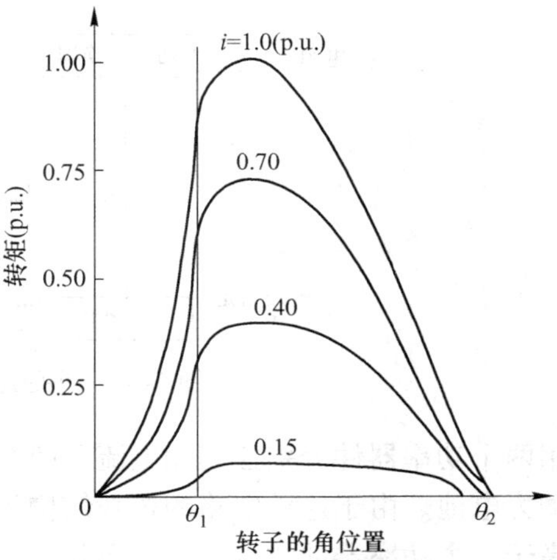

图 3-43 非线性转矩特性曲线

相应的相电流可表示为：

$$i = \frac{u}{\omega} f(\theta) \tag{3-17}$$

式中 $f(\theta)$——电机结构参数、转子位置二触发角和关断角的函数。

因此，m 相开关磁阻电机的平均转矩为：

$$T = \frac{m}{\theta_{cy}} \int_0^{\theta_{cy}} \frac{1}{2} i^2 \frac{\partial L}{\partial \theta} d\theta = \frac{mu^2}{2\theta_{cy}\omega^2} \int_0^{\theta_{cy}} f^2(\theta) \frac{\partial}{\partial \theta} d\theta \tag{3-18}$$

式中 θ_{cy}——转子极距角。

如果开关磁阻电机的相电压、触发角和关断角给定，则平均转矩和功率为：

$$T_{av} = \frac{K}{\omega^2} \tag{3-19}$$

$$P = \frac{K}{\omega} \tag{3-20}$$

从式中可以看出开关磁阻电机的转矩与转速的平方成反比，功率与转速成反比，这与串励直流电机的特性类似。

3.5.2 开关磁阻电机控制系统

开关磁阻电机控制系统主要由功率变换器、控制器、位置传感器等组成，如图 3-44 所示。功率变换器向开关磁阻电机提供运转所需的能量，由动力电池或交流电整流后得到的直流电供电，开关磁阻电机绕组电流是单向的。控制器综合处理指令、速度、电流和位置传感器的反馈信号，控制功率器件的工作状态，实现对开关磁阻电机的状态控制。

与直流驱动电机类似，为使噪声减小到最小，开关磁阻电机的斩波频率应高于 10kHz。为减少功率器件的数量，充分利用单极工作，有很多种功率变换器电路。但是减少功率器件数目带来许多负面影响，如控制性能变差、可靠性降低、工作性能变差，需增加额外的无源器件等。图 3-45 所示的功率变换器电路很适合新能源的开关磁阻电机。它

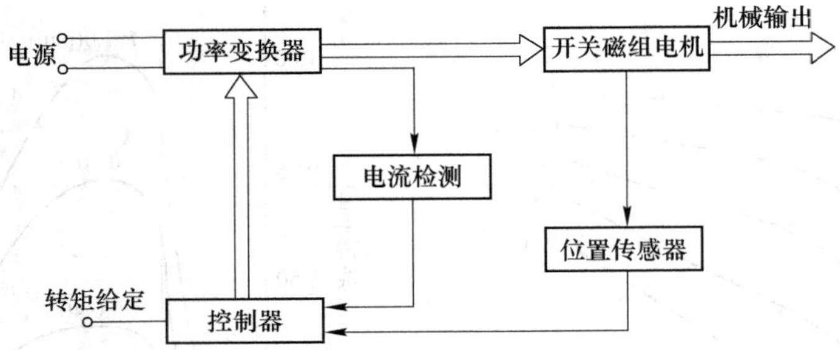

图 3-44　开关磁阻电机控制系统结构原理

利用两个功率器件分别控制相电流和两个续流二极管，把储存的电磁能量回馈给电动汽车的动力电池。由于这种电路的拓扑结构每相需要两个功率器件，因此这种变换器的成本相对高于一个功率器件的变换器，但是其逆变桥可以控制每相绕组，而且不受其他相绕组状态的影响。因此，可以采用相重叠，使转矩增加，电动汽车驱动的恒功率范围变宽。

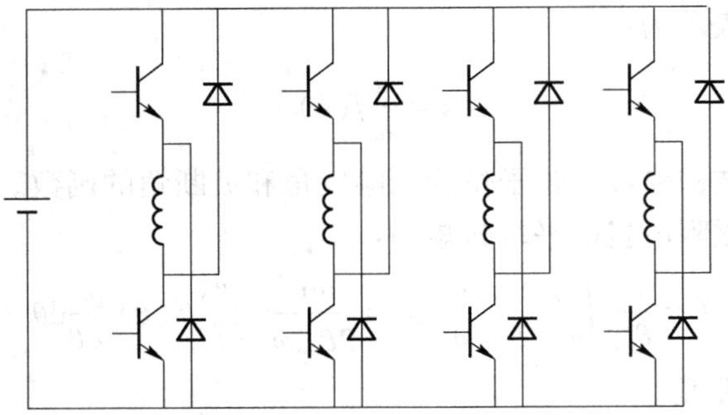

图 3-45　开关磁阻电机的功率变换器电路图

开关磁阻电机运行特性可分为 3 个区，即恒转矩区、恒功率区和串励特性区，如图 3-46所示。在恒转矩区，由于电机转速较低，电机反电动势小，因此需对电机进行斩波限幅，称为电流斩波控制（CCC）方式。在 CCC 方式，触发角 θ_{on} 和关断角 θ_{off} 不变，触发角仅由速度反馈决定。通过改变电流限制可控制转矩，因此用 CCC 可得到恒转矩特性。

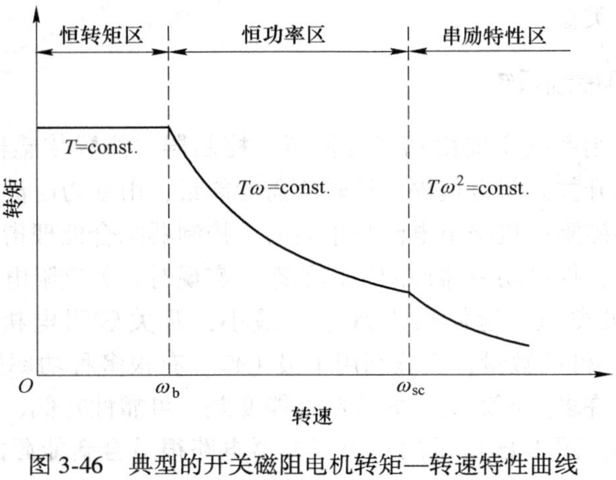

图 3-46　典型的开关磁阻电机转矩—转速特性曲线

在恒功率区，通过调节主开关管的导通角和关断角取得恒功率特性，称为角度位置控制（Angle position control，APC）。在临界转速 ω_{sc}，θ_{on}和 θ_{off}达到它们的极限值。随后，开关磁阻电机不再保持恒功率的工作特性，而进入串励特性区，此时，$\omega_c = \omega_{cy}/2$（ω_c是导通角）。CCC 和 APC 方式下电流和电感的典型波形，如图 3-47 所示。

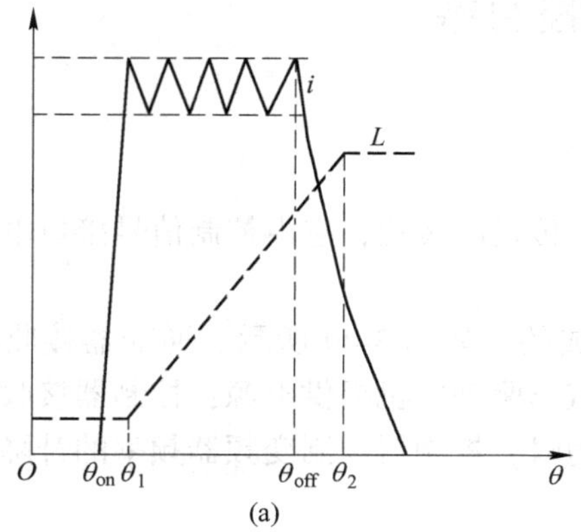

图 3-47 在 CCC 和 APC 方式下的电流和电感波形

（a）CCC 模式；（b）APC 模式

由于开关磁阻电机的控制要求独特，因此感应电机和同步电机的控制方法不再适用。传统的控制方法如 PID 控制不适用于电动汽车，所以人们为电动汽车的开关磁阻电机新开发了一种模糊滑模控制（Fuzzy sliding-mode control，FSMC）方法，这种方法综合利用了模糊逻辑控制（FLC）和滑模控制（SMC）。

由于 FLC 控制在不使用控制系统数学模型的条件下，能够将语言控制策略转换为自动控制，所以可用来处理复杂且不能精确定义的系统。但由于模糊控制规则是靠经验决定的，它的隶属函数的选择主要靠试错法，因此 FLC 设计费时，而且受控系统的动态响应也不能事先确定。

应用 SMC 方法，控制系统对于外来干扰和参数变化具有很强的鲁棒性。因此，可以通过预定状态轨迹的理想滑模面来支配受控系统的动态特性。但由于系统的各种非理想性如开关磁滞性、控制系统和数字采样的延时等的存在，状态轨迹通常沿非理想滑模面震颤，这种不期望的震颤在控制系统产生高频非模型控制的动态特性。

FSMC 方法结合了 FLC 和 SMC 的优点，即用 SMC 克服开关电机的非线性，而用 FLC 减少控制震颤。电动汽车开关磁阻电机的 FSMC 系统如图 3-48 所示，它由两个闭环组成，

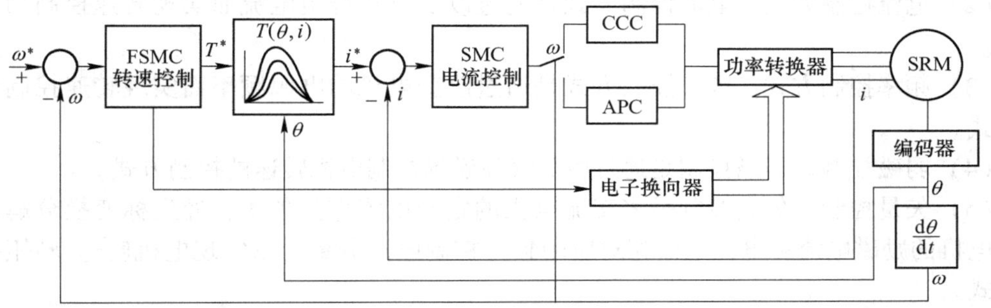

图 3-48 开关磁阻电机的 FSMC 系统

一个是内部的电流环，另一个是外部的速度环。FSMC 的输入是参考速度 ω^* 与反馈速度 ω 之差，而输出是参考转矩 T^*。它的参考电流 i^* 用开关磁阻电机的非线性转矩—角特性表示。

3.6 电机控制器

3.6.1 电机控制器的组成与原理

电机控制器是控制动力电源与电机之间能量传输的装置，它由控制信号接口电路、电机控制电路和驱动电路组成。

电机控制器是由逆变器和控制器两部分组成的，如图 3-49 所示。逆变器接收电池输送过来的直流电能，逆变成三相交流电给电动汽车驱动电机提供电源；控制器接收电机转速等信号反馈到仪表，当发生制动或者加速行为时，控制器控制变频器频率的升降，从而达到加速或者减速的目的。

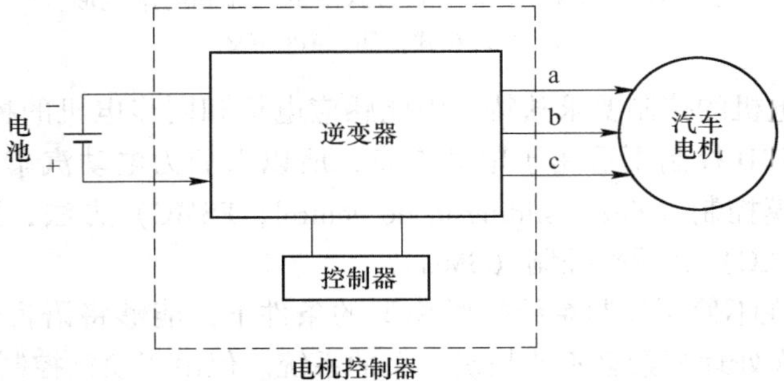

图 3-49 电机控制器组成与原理

3.6.2 电机控制方式

电机控制方式主要有电压控制方式、电流控制方式、频率控制方式、弱磁控制、矢量控制、直接转矩控制。

（1）电压控制方式。电压控制方式是通过改变电机端电压而实现转速控制的控制方式。

（2）电流控制方式。电流控制方式是通过改变电机绕组电流而实现转速控制的控制方式。

（3）频率控制方式。频率控制方式是通过改变电机的电源频率而实现转速控制的控制方式。

（4）弱磁控制。弱磁控制是通过减弱气隙磁场控制电机转速的控制方式。

（5）矢量控制。矢量控制是将交流电机的定子电流作为矢量，经坐标变换分解成与直流电机的励磁电流和电枢电流相对应的独立控制电流分量，以实现电机转速/转矩控制的方式。

（6）直接转矩控制。直接转矩控制是用空间矢量的分析方法，直接在定子坐标系下计算并控制交流电机的转矩，采用定子磁场走向，借助于离散的两点式调节产生 PWM 信号，直接对逆变器的开关状态进行控制，以获得转矩的高动态性能的控制方式。

随着电动汽车和控制技术的发展，现代控制和智能控制在电机控制中的应用已成为趋势。

3.6.3 电机控制器容量等级

电机控制器选择必须与电机相匹配。控制器容量等级为 5kV · A、10kV · A、15kV · A、35kV · A、50kV · A、60kV · A、100kV · A、150kV · A、200kV · A、270kV · A、300kV · A、360kV · A、420kV · A 及以上。

额定电压小于或等于 360V 和额定功率小于或等于 200kW，单台电机与控制器输出容量的匹配关系，见表 3-5。

表 3-5 额定电压小于或等于 360V 和额定功率小于或等于 200kW 单台电机与控制器输出容量的匹配关系

电机额定功率/kW	控制器输出容量/kV · A	电机额定功率/kW	控制器输出容量/kV · A	电机额定功率/kW	控制器输出容量/kV · A
1	5	18.5	50	90	150
2.2	5	22	50	110	200
3.7	10	30	60	132	200
5.5	15	37	60	150	270
7.5	15	45	100	160	330
11	35	55	100	185	360
16	35	75	150	200	420

图 3-50 为无刷直流电机控制器，它除了具有调速功能外，还具有能量回收功能，把制动时整车的动能通过电机发电产生电能回馈到电池，既可以最大限度地减少摩擦制动造成的能量损失，又可以提高电动汽车的续驶里程，降低运营成本，提高运营效率。

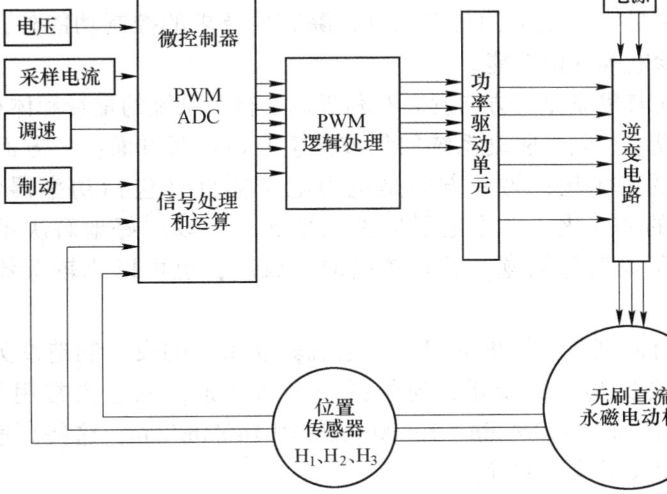

图 3-50 无刷直流电机控制器

无刷直流电机控制器具有以下特点：

（1）电路具有完善的保护功能。具有过热保护、限流保护、异常保护和欠压保护功能。过热保护功能可避免调速器内部元件工作在过热环境中，能显著延长元件工作寿命；限流保护功能除了能在电机堵转时保护调速器内部元件外，还能防止电机过热；异常保护功能能在调速器或电机出现异常时迅速关断，避免故障进一步扩大；欠压保护功能可以避免蓄电池过度放电，显著延长蓄电池寿命，减少用户不必要的损失。

（2）经过严格的密封性测试，保证了其优良的防水防潮性能。

（3）控制器具有符合国际通用标准的 CAN 总线功能，便于与整车控制系统联网使用，达到快捷智能化控制。

3.7 电机驱动系统发展现状与趋势

上面讨论的 4 种类型的电机驱动系统是目前最为常见的用于电动汽车的电机驱动系统。这 4 种电机驱动系统各有优缺点：直流电机驱动系统由于成本低、技术成熟，在前期得到了广泛应用，但是随着功率半导体器件性能的不断提高及价格的大幅降低，直流电机驱动系统在电动汽车上的应用范围将逐渐缩小；交流感应电机的主要优点是结构简单、可靠，质量较小，但控制器技术较复杂；开关磁阻电机的优点是结构简单、可靠，成本较低，缺点是质量较大，易于产生噪声；永磁电机尤其是永磁同步电机效率高，启动转矩较大，功率密度较高，随着成本的降低和可靠性的进一步提高，永磁电机驱动系统将在电动汽车上得到更大范围的应用。

近年来，国外驱动电机及控制系统呈现出如下发展趋势：

（1）电机驱动系统向永磁化、数字化和集成化方向发展。永磁电机具有功率密度和转矩密度高、效率高、便于维护的优点，采用矢量控制的驱动控制系统，可使永磁电机具有宽广的调速范围，因此，目前电机类型由原来的日系永磁电机、北美系交流感应电机、欧系永磁和感应电机并存的状况，发展为均向永磁电机靠拢的态势。

数字化不仅包括驱动控制的数字化、驱动到数控系统接口的数字化，而且还包括测量单元数字化。用软件最大程度上的代替硬件，除完成要求的控制功能外，还可以具有保护、故障监控、自诊断等其他功能。

电机驱动技术向着集成化的方向发展有利于减小整个系统的重量和体积，并可以有效地降低系统的制造成本。电机驱动系统的集成化主要包括两方面：一方面是电机与变速器、电机与发动机的集成化；另一方面是电力电子器件（包括功率器件、控制器件、传感器、电源等）的集成化。电力电子器件的集成化可以较好地解决不同工艺的电路之间的组合和高电压隔离等问题，具有较高的集成度，也可以比较有效地减小体积和重量。

（2）电机转速有向高速化发展的趋势。电机驱动系统的设计制造商为了更好地满足整车制造商对电机高比功率的要求，纷纷提高电机转速，从过去常用的 4000r/min 和 6000r/min 提高的现在的 10000r/min、12000r/min 和 14000r/min，这些高速电机为了满足车辆的要求又纷纷加装了减速装置。

（3）电机驱动系统的冷却有向液冷发展的趋势。由于电动车用电机驱动系统工作环境温度为-30~85℃（客车）和-30~105℃（轿车），同时要求防水、防尘、防烟雾。因此，电机的防护等级均要求达到IP54，这给电机的冷却系统设计带来了很大的困难。经过多年的探索，液冷方式成为一条重要的解决途径。

近年来，配合“电动汽车重大科技专项”和“节能与新能源汽车重大项目”，我国各电机研发单位开发了一系列满足各类整车要求的电机系统，包括永磁无刷电机（包括永磁磁阻同步电机和无刷直流电机）、交流异步电机和开关磁阻电机等各种电机类型，功率覆盖了200kW以下范围，部分性能达到了国际先进水平，形成了电机驱动系统自主开发能力和小批量（千套级）生产能力，各电机研制企业正在进行产业化能力建设。

“节能与新能源汽车重大项目”规定的电机技术指标见表3-6。

表3-6 电机技术指标

技术指标		混合动力驱动系统			纯电动和燃料电池主驱动系统	
		中混合轿车	强混合轿车	客车	轿车	客车
电机峰值功率（系列化，5%浮动）/kW		10、15、20	30、40、50	60、90	50、90	120、180、240
系统目标价格/万元	2008	1.2~1.8	2.5~3.5	4~5	3~4	7~10
	2010	1~1.2	2~2.5	2.5~3	2~2.5	5~7
最高系统效率/%		90	90	90	93	90
高效区（效率>80%）		≥50%				
速度控制精度		基速以下：±50%r/min；基速以上：1%				
转矩控制精度		1/2额定转矩以下：±5N·m；1/2额定转矩以上：5%				
转矩响应时间		额定转速下，目标值为额定转矩时，阶跃响应时间≤10ms				
控制器工作环境温度范围①/℃		-30~80				
电机工作环境温度范围/℃		-30~105	-30~105	-30~105	-30~85	-30~85
噪声/dB（A）		满足整车要求				
设计寿命②/×10^4km		≥30	≥30	≥50	≥30	≥50
平均故障间隔里程③/×10^4km		2008年≥0.75				
		2010年≥1				

①假定水冷，进水温度不高于70℃。
②由整车单位，零部件单位，标准制定机构合作制定电机驱动系统考核规范，以此考核电机驱动系统寿命。
③平均故障间隔里程由整车单位根据零部件单位提供的产品化样机，小批量试用产品的实测故障（二类故障以上）及发生里程进行记录统计，并综合零部件单位寿命试验时的故障数据做出考核结论。

本章小结

电机驱动系统是新能源汽车的心脏，其主要任务是在驾驶员的控制下，高效率地将动力电池的能量转化为车轮的动能驱动车辆，或者将车轮上的动能反馈到动力电池中以实现车辆的能量回收制动。用于新能源汽车的驱动电机与常规工业用电机有很大的不同，工业用驱动电机通常优化在额定的工作点，而电动汽车用驱动电机通常要求能够频繁地启动/停车、加速/减速，低速或爬坡时要求高转矩，高速行驶时要求低转矩，并要求变速范围大。鉴于此，本章首先给出了新能源汽车对驱动电机的性能要求。

针对新能源汽车常用的4类电机驱动系统（直流电机驱动系统、交流感应电机驱动系统、交流永磁电机驱动系统和开关磁阻电机驱动系统)，本章详细分析了它们的工作原理和控制方式：

(1) 直流电机驱动系统。电机控制器一般采用脉宽调制（PWM）斩波控制方式。

(2) 交流感应电机驱动系统。电机控制器采用 PWM 方式实现高压直流到三相交流的电源变换，采用变频调速方式实现电机调速，采用矢量控制或直接转矩控制策略实现电机转矩控制的快速响应。

(3) 交流永磁电机驱动系统，包括正弦波永磁同步电机驱动系统和梯形波无刷直流电机驱动系统。其中正弦波永磁同步电机控制器采用 PWM 方式实现高压、直流到三相交流的电源变换，采用变频调速方式实现电机调速；梯形波无刷直流电机控制通常采用“弱磁调速”方式实现电机的控制。由于正弦波永磁同步电机驱动系统低速转矩脉动小且高速恒功率区调速更稳定，因此比梯形波无刷直流电机驱动系统具有更好的应用前景。

(4) 开关磁阻电机驱动系统。电机控制一般采用模糊滑模控制方法。

本章最后讨论了 4 种类型电机驱动系统各自的优缺点，并给出了新能源汽车电机驱动系统的发展现状与趋势。

思考题

3-1 新能源汽车驱动电机是如何分类的？

3-2 新能源汽车对驱动电机的性能要求是什么？

3-3 简述直流电机的工作原理。

3-4 直流电机的转速控制是如何实现的？

3-5 简述交流感应电机的工作原理。

3-6 交流感应电机的转速控制是如何实现的？

3-7 简述永磁同步电机的工作原理。

3-8 简述永磁无刷直流电机的工作原理。

3-9 简述开关磁阻电机的工作原理。

3-10 开关磁阻电机的转速控制是如何实现的？

3-11 4 种类型电机驱动系统各自的优缺点是什么？

3-12 电机驱动系统的发展趋势是怎样的？

4 纯电动汽车

【本章重点和难点】

（1）本章重点：

1）了解电动汽车的基本结构、电力驱动的不同结构形式、储能装置的不同结构形式。

2）熟悉电动汽车的行驶性能。

3）熟悉增程式电动汽车的组成和工作原理。

4）熟悉电池管理系统的功能及组成。

（2）本章难点：

1）电动汽车的动力性，包括驱动力、行驶阻力、驱动力和行驶阻力的平衡、功率平衡。

2）电动汽车的续驶里程估算方法及续驶里程的影响因素。

3）增程式电动汽车控制策略。

4）电池 SOC 估算方法。

相比于其他类型的新能源汽车，纯电动汽车完全依靠存储在动力电池中的电能驱动行驶，不会产生传统汽车排放的CO、HC 和 NO_x 等污染物，是公认的未来理想的交通工具。电动汽车与燃油汽车的主要区别在于它们的驱动系统不同，传统的燃油汽车用液态的汽油或柴油作燃料，用内燃机驱动，而电动汽车用电机驱动，用动力电池作相应的能源。由于电机驱动独有的一些特点，使得电动汽车的结构和许多性能特性与燃油汽车存在较大的差别。

4.1 电动汽车的发展历史

4.1.1 纯电动汽车的发展历史与现状

1834 年，苏格兰人德文博特（T. Davenport）制造了一辆电动三轮车，它由一组不可充电的简单玻璃封装的干电池驱动，只能行驶一小段距离。1859 年法国人普兰特（G. Plante）发明了世界第一只可充电的蓄电池，为后来电动汽车的发展奠定了基础。1881 年，法国工程师特鲁夫（G. Trouve）第一次将直流电机和可充电的铅酸电池用于私人车辆，并在同年巴黎举办的国际电器展览会上展出了一辆能实际操作使用的电动三轮车。

1885年，在德文博特的电动车问世半个世纪后，德国人卡尔·本茨（K. Benz）发明了汽油机驱动的汽车，并于1886年1月26日获得专利，成为人类历史上的伟大创举。但是，当时由于电动汽车比燃油汽车结构简单，且只需配有电机和电池，制造起来比较容易，而燃油汽车性能比较差，发动机启动也很困难，所以在初期阶段中，电动汽车得到了发展。

19世纪末，许多美国、英国和法国的公司都开始生产电动汽车。最早的电动汽车制造厂是由Morris和Salom拥有的电动客车和货车公司，图4-1所示的是由马车改装而成的电动汽车。另一个比较早的电动汽车生产商是Pope制造公司，到1898年底，Pope生产了大约500辆Columbia型电动汽车。1896~1920年期间，Riker电动汽车公司生产了多种不同类型的电动汽车，其中1897年生产的Victoria是一种设计较好的车型。除了美国电动汽车制造厂外，英国的伦敦电动出租汽车公司1897年生产了15辆电动出租车，如图4-2所示。法国的BGS公司在1899~1906年也生产了几种不同类型的商用型电动汽车，包括小汽车、货车、客车和豪华轿车。1899年，比利时人Camille Jenatzy驾驶的电力驱动汽车“Ja-mais Contente”首次实现了每小时百公里以上的车速。

图4-1　Morris和Salom公司生产的电动汽车

图4-2　1897年英国伦敦的电动出租车

1895~1915年是早期电动汽车的黄金时代。1900年，在美国销售的4200辆汽车中有38%是电动汽车，22%是燃油汽车，40%是蒸汽机汽车。在当时，电动汽车是金融巨头的代步工具及财富的象征。

进入20世纪以后，由于大量发现油田，石油开采提炼和内燃机技术的迅速进步，而电动汽车则由于电池技术进步缓慢，在性能、价格等方面都难以与燃油车竞争而逐步被燃油汽车所取代。1911年，Kettering发明了汽车发动机启动机，使得燃油汽车更具吸引力，从此打破了电动汽车在市场的主导地位。而福特汽车公司的出现彻底结束了电动汽车的生命，到19世纪30年代，电动汽车几乎消失了。

直到20世纪七八十年代，石油危机和空气污染等原因才促使人们重燃对纯电动汽车的兴趣。

20世纪70年代初期，美国、英国、法国、德国、意大利和日本开始发展电动汽车。20世纪70年代后期，世界上许多国家和地区的公司都开始研制电动汽车。但是石油价格在20世纪70年代末开始下跌，在电动汽车成为商业化产品发展起来之前，能源危机和石油短缺变得不再严重。因而电动汽车的商业化失去了动力，电动汽车的发展显著变慢，又开始走入低谷。

20世纪80年代，由于人们日益关注空气质量和温室效应所产生的影响，电动汽车的发展再次获得生机。20世纪90年代初，一些国家和城市开始实行更严格的排放法规。1990年，美国加利福尼亚州，大气资源管理局（CARB）颁布了一项法规，规定1998年在加利福尼亚州出售的汽车中2%必须是零排放车辆（ZEVs），到2003年零排放车辆应达到10%。受加利福尼亚州法规的影响，美国其他州以及世界上其他国家开始制定类似的法规。纯电动汽车被认为是符合零排放标准的唯一可用的技术，所以纯电动汽车迅速发展起来。

汽车制造商在不断推动电动汽车技术发展的同时，开始将电动汽车商业化。

在世界范围内，尤其在美国、日本和欧洲，许多汽车生产商开始生产电动汽车或者涉及电动汽车领域。美国的通用、福特、克莱斯勒、美国电动汽车公司以及Solectria为了响应加州的法规，在电动汽车的发展中起着很重要的作用。在日本几乎所有的汽车生产商，如丰田、日产、本田、马自达、大发、三菱、铃木、五十铃汽车公司等都制定了自己的商业化电动汽车的发展计划。欧洲的许多国家，尤其是法国、德国、意大利和英国都启动了电动汽车发展计划，其中较活跃的汽车公司有雪铁龙、雷诺、宝马、奔驰、奥迪、沃尔沃、大众、欧宝、菲亚特等。除了汽车生产商以外，还有一些电力公司和电池生产商在电动汽车的示范中也起着积极的作用，其目的都是为了促进以充电电池为动力的电动汽车的商业化，并最终获得商业利益。通常他们和汽车生产商合作来发展电动汽车，或者选购电动汽车用于电池评估和演示。

虽然在这一阶段，纯电动汽车得到了各个企业的重视，但是由于电力电子学尚未建立，既没有完善的科学理论做指导，受缺乏高科技含量的电力电子装置可供采用。特别是，当时几乎只有铅酸蓄电池可供使用，而铅酸蓄电池体积大、质量重，能量密度小而且功率密度低、充电时间长、每次充足电后续驶里程较短，再加上电力传动系统的制造成本过高等因素困扰，阻碍了纯电动汽车的大规模发展。

2000年年未，随着各国对纯电动汽车技术研发投入的不断加大，车用动力电池、电机及其控制系统等瓶颈技术取得了重大进展，电力电子、控制和信息技术的广泛应用促使纯电动汽车技术深入发展、日臻完美，产品的可靠性、寿命得到明显提升，成本得到有效控制，纯电动汽车技术在世界范围内得到快速发展，一批装备了先进动力电池的纯电动汽车已经进入或即将进入消费市场。

各种高新技术开始在纯电动汽车上应用，赋予其新的生命力和发展机遇，主要表现为：

（1）动力电池技术得到飞速发展，高性能的锂离子电池逐步取代传统的铅酸电池和镍氢电池，在比能量、比功率、安全性、可靠性、循环寿命和成本等方面取得很大的进步。

（2）高效的一体化电力驱动系统取代传统的直流电机，驱动系统效率和性能不断提高。

（3）网络化控制系统的应用促进了纯电动汽车的模块化和智能化。

（4）电动化辅助系统的广泛应用提高了整车能量利用效率和性能。

（5）轻量化技术和电气、结构安全性技术在电动汽车上得到了系统的应用。

（6）把纯电动汽车推广应用作为系统工程，不仅重视汽车本身的研发，而且开始了充电站等基础设施的规划与建设。

（7）概念车型上轮毂电机和线控技术等前沿技术得到初步应用。

4.1.2　混合动力电动汽车的发展历史与现状

早在20世纪初，混合动力电动汽车就已经出现在汽车市场上。1916年，美国芝加哥的伍德斯（Woods）汽车公司推出了一辆并联混合动力电动汽车，除了电机驱动外还装有一台12马力4缸汽油机（1马力=0.735kW），用于高速行驶及对电池充电。在纯电动模式下，最高车速为32km/h，两种驱动系统都工作时，最高车速可达58km/h。1899年在巴黎美术展览馆展出了两款混合动力电动汽车，一款是比利时Pieper研究院开发的并联式混合动力电动汽车，装有一台由电机和铅酸蓄电池组辅助的小型空冷汽油发动机；另一款是法国Vendovelli与Priestly公司制造的串联式混合动力电动汽车，与1.1kW发电机相组合的一台0.75马力的汽油发动机安装在拖车上，以通过对电池组的再充电延长其续驶里程。1899~1914年期间，出现了兼有并联和串联模式的其他形式混合动力电动汽车。

早期的混合动力电动汽车是为了辅助那时功率偏小的内燃机汽车，或是为了增加电动汽车的续驶里程。与纯电动汽车的命运相似，第一次世界大战后，混合动力电动汽车从市场上逐渐消失了。

20世纪70年代的石油危机并没有促使混合动力电动汽车成功进入市场，那时人们的焦点还在纯电动汽车上。到了90年代，当人们认识到纯电动汽车还难以达到实用化程度后，又对混合动力电动汽车产生了浓厚的兴趣。世界各主要汽车厂商都投入巨资来开发混合动力电动汽车，并取得不少成果。在混合动力电动汽车商品化的过程中，丰田的Prius和本田的Insight是最具有历史意义的两款车型。丰田第一代Prius于1997年上市，本田第一代Insight于1999年上市。

2000年以后，混合动力汽车市场增长加快，产品系列从日本丰田一枝独秀向多元化发展，多车型投入商业化应用，通用、大众、雪铁龙、雷诺、宝马、日产、现代、三菱等世界大型汽车公司纷纷推出具有各自特色的混合动力汽车。

目前，混合动力电动汽车技术发展表现为：

（1）轿车混合动力系统的模块化愈加明显，逐步推进汽车动力的电气化。从只具备自动启停、怠速关机功能的“轻混合”、以并联式混合动力发动机为主体的“中混合”和以混联式为特征的“深混合”，随着电功率的比例逐步提高，混合程度不断提高，最终过渡到可充电式的“全混合”方式。

（2）城市客车混合动力系统出现平台化趋势。发电机组+驱动电机+储能装置构成了混合动力系统的基本技术平台。通过换用不同的发电机组即APU，使从汽油、柴油内燃机到气体燃料发动机各种不同的能源动力转化装置，形成油—电、气—电、电—电各种不同混合动力系统，促进动力系统的平稳过渡与转型。

（3）插电式混合动力技术越来越引起人们的关注。通用汽车公司在2007年年底展示了插电式混合动力概念车Volt Concept。该车配备新一代驱动系统，混合形式为串联型，采用通过两个额定功率为 40kW 轮边电机驱动前轮的驱动方式，配合 1.01 排量 3 缸涡轮增压汽油发动机，以及最大输出功率为 53kW 的电机。该车采用锂离子充电电池，其容量在 16kW · h 以上。该锂离子充电电池可以利用家用电源充电，该车充电一次可使电动汽车行驶约 40mile（1mile = 1.609km）。此外，双模式混合动力和液压混合动力等技术也都取得了较大进展，相继有样车问世。

4.1.3 燃料电池电动汽车的发展历史与现状

1968 年，通用汽车公司生产出了世界第一辆可使用的燃料电池电动汽车，该燃料电池汽车以厢式货车为基础制造，装载了最大功率为 150kW 的燃料电池组，燃料为低温冷藏的液氢，汽车的续驶里程为 200km。但由于该车的复杂结构，自身部件几乎占去所有车内空间，加上当时人们环境意识的淡薄且能源供需矛盾并不突出，因此后续的开发工作停止了。到了 20 世纪 90 年代，作为解决环境污染和能源供需问题的重要途径之一的燃料电池电动汽车技术受到了空前重视，主要汽车厂商和生产国几乎都投入了大量的人力和物力研发燃料电池电动汽车。1993 年加拿大巴拉德（Ballard）公司研制出世界第一辆燃料电池公共汽车。

戴姆勒汽车公司是世界上最大的燃料电池电动汽车厂商之一。从 1994 年开始，戴姆勒公司相继推出了 necar 1（New Electric Car 1）、necar 2、necar 3、necar4 和 necar 5 燃料电池电动汽车，如图 4-3~图 4-5 所示。

图 4-3 奔驰燃料电池电动汽车 necar 1、necar 2 和 necar 3

图 4-4 奔驰燃料电池电动汽车 necar 4

图 4-5 奔驰燃料电池电动汽车 necar 5

2003 年，戴姆勒启动了世界上范围最广的燃料电池车系列试验，范围涉及燃料电池轿车、客货车以及公共汽车。目前，已经有 100 多辆燃料电池汽车投入日常运营，从而为戴姆勒的工程师们提供了包括整车和部件优化、基础设施建设以及提高氢燃料电池技术市场认可度等方面的宝贵资料。

作为汽车动力系统转型的前瞻技术，国外企业界纷纷组成强大的跨国联盟，以期达到优势互补的目的，如日本丰田与美国通用公司、日本东芝公司与美国国际燃料电池公司、雷诺汽车公司与意大利 De Nora 公司分别组成联盟开发燃料电池电动汽车。目前几乎所有的国外大企业集团全部介入，投入的总额将近 100 亿美元，并正在进行各种示范验证，目前全球投入商业化示范运行的燃料电池汽车数量超过 100 辆。

目前，燃料电池汽车样车开发和示范运行都已证明其技术的可行性，但要达到实用化还面临着很多的挑战，主要是：

（1）燃料电池的寿命需要进一步提高。目前燃料电池的使用寿命只有 2000~3000h，而实用化的目标寿命应大于 5000h。因此，减缓和消除工况循环下材料与性能的衰减、增加对燃料与空气中杂质的耐受力、提高零度以下储存和启动能力等成为研究热点。

（2）燃料电池的成本要大幅度降低。2005 年，美国能源部依据现有材料与工艺水平，预测在批量生产条件下燃料电池系统的成本为 108 美元/kW，到 2010 年达到的目标成本是 35 美元/kW。为此需要研究满足寿命与性能要求的廉价替代材料与改进关键部件的制备工艺，并逐步建立批量生产线。

（3）解决氢源和基础设施问题。结合本地资源情况，选择合适的制氢途径，进行加氢站的建设和示范。同时开展车载储氢材料和储氢方法研究，提高整车续驶里程。

4.2 电动汽车的基本结构

与燃油汽车相比，电动汽车的结构特点是灵活，这种灵活性源于电动汽车具有以下几个独特的特点。首先，电动汽车的能量主要是通过柔性的电线而不是通过刚性联轴器和传动轴传递的，因此，电动汽车各部件的布置具有很大的灵活性。其次，电动汽车驱动系统的布置不同，如独立的四轮驱动系统和轮毂电机驱动系统等，会使系统结构区别很大；采用不同类型的电机，如直流电机和交流电机，会影响到电动汽车的重量、尺寸和形状；不同类型的储能装置，如蓄电池和燃料电池，也会影响电动汽车的重量、尺寸及形状。另外，不同的能源补充装置具有不同的硬件和机构，例如，蓄电池可通过感应式和接触式的充电机充电，或者采用更换蓄电池的方式，将替换下来的蓄电池进行集中充电。

如图 4-6 所示，电动汽车系统一般可分为 3 个子系统，即电力驱动子系统、主能源子系统和辅助控制子系统。其中，电力驱动子系统又由电机、电控单元、功率转化器、机械传动装置和车轮等组成；主能源子系统由主电源、能量管理系统和充电系统等构成；辅助控制子系统具有动力转向单元、温度控制单元和辅助动力源等功能。根据从制动踏板和加速踏板输入的信号，电子控制器发出相应的控制指令来控制功率转换器的功率装置的通断，功率转换器的功能是调节电机和电源之间的功率流。当电动汽车制动时，再生制动的动能被电源吸收，此时功率流的方向要反向。能量管理系统和电控系统一起控制再生制动及其能量的回收，能量管理系统和充电器一同控制充电并监测电源的使用情况。辅助动力供给系统供给电动汽车辅助系统不同等级的电压并提供必要的动力，它主要给动力转向、空调、制动及其他辅助装置提供动力。除了从制动踏板和加速踏板给电动汽车输入信号外，转向盘输入也是一个很重要的输入信号，动力转向系统根据转向盘的角位置来决定汽车灵活地转向。

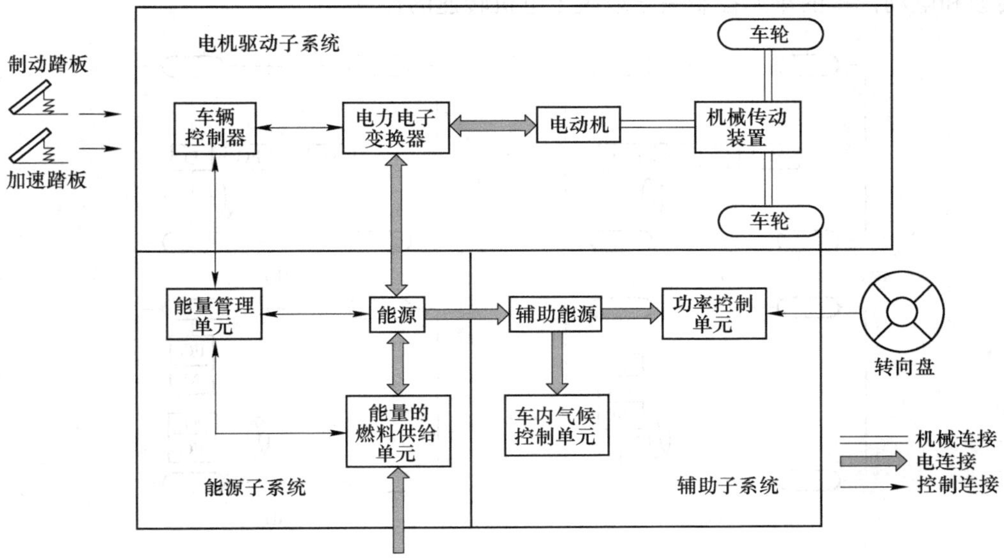

图 4-6 电动汽车的基本结构

采用不同的电力驱动系统可构成不同结构形式的电动汽车。下面主要根据电力驱动系统的不同把电动汽车分为以下 6 种，如图 4-7 所示。

（1）第一种类型如图 4-7（a）所示，由发动机前置前轮驱动的燃油车发展而来，它由电机、离合器、齿轮箱和差速器组成。离合器用来切断或接通电机到车轮之间传递动力的机械装置，变速器是一套具有不同速比的齿轮机构，驾驶员可选择不同的变速比，把力矩传给车轮。在低速挡时，车轮获得大力矩低转速；在高速挡时，车轮获得小力矩高转速。汽车在转弯时，内侧车轮的转弯半径小，外侧车轮的转弯半径大，差速器使内外车轮以不同转速行驶。

（2）如果用固定速比的减速器，去掉离合器，可减小机械传动装置的重量、缩小其体积。图 4-7（b）所示为由电机、固定速比的减速器和差速器组成电力驱动系统。应该注意，这种结构的电动汽车由于没有离合器和可选的变速挡位，不能提供理想的转矩/转速特性，因而不适合于使用发动机的燃油汽车。

（3）图 4-7（c）所示的这种结构与发动机横向前置、前轮驱动的燃油汽车的布置方式类似，它把电机、固定速比减速器和差速器集成为一个整体，两根半轴连接驱动车轮，这种结构在小型电动汽车上应用最普遍。

（4）图 4-7（d）所示的双电机独立驱动结构是采用两个电机通过固定速比的减速器分别驱动两个车轮，每个电机的转速可以独立地调节控制，因此不必选用机械差速器；而且比燃油汽车易于实现整车复杂的动力学控制。

（5）电机也可以装在车轮里面，称为轮毂电机，可进一步缩短从电机到驱动车轮的传递路径，如图 4-7（e）所示。为了将电机转速降低到理想的车轮转速，可采用固定减速比的行星轮变速器，它能提供大的减速比，而且输入和输出轴可布置在同一条轴线上。

（6）图 4-7（f）表示了另一种使用轮毂电机的电动汽车结构，这种结构采用低速外转子电机，彻底去掉了机械减（变）速器，电机的外转子直接安装在车轮的轮缘上，车轮转速和电动汽车的车速控制完全取决于电机转速的控制。

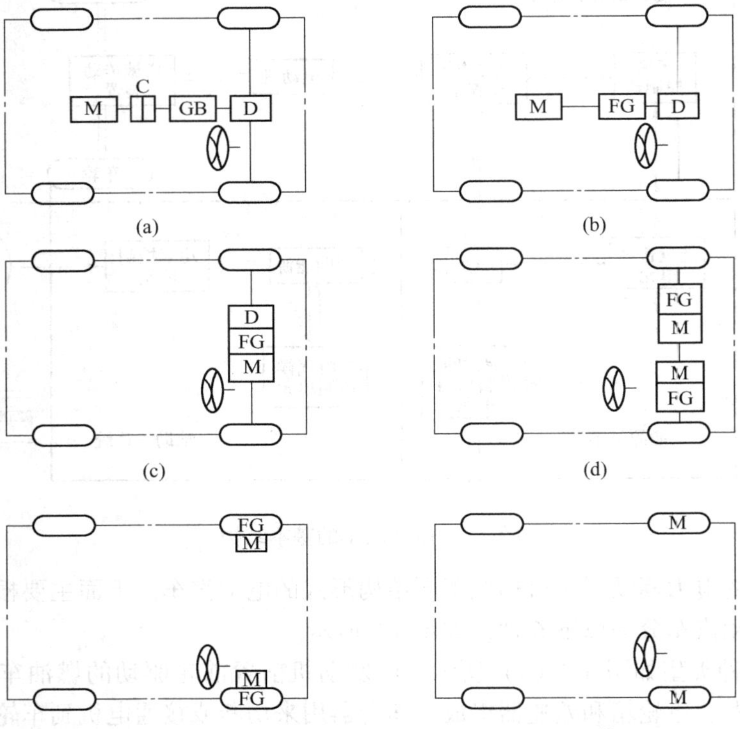

图 4-7　电力驱动的 6 种结构形式

C—离合器；D—差速器；FG—固定速比变速器；GB—变速器；M—驱动电机

采用不同类型的储能装置，如不同的蓄电池、燃料电池、超级电容器和高速飞轮等，也会构成不同的电动汽车结构形式，如图 4-8 所示。

（1）图 4-8（a）所示是现在电动汽车所独有的以蓄电池作能量源的一种结构，蓄电池可以布置在车的四周，也可以集中布置在车的尾部或者布置在底盘下面。所选用的蓄电池应该能提供足够高的比能量和比功率，并且在车辆制动时能回收再生制动能量。具有高比能量和高比功率的动力电池对电动汽车而言是最理想的能量源，比能量影响电动汽车的行驶里程，而比功率影响电动汽车的加速性和爬坡能力。

（2）为了解决一种蓄电池不能同时满足对比能量和比功率的要求这个问题，可以在电动汽车上同时采用两种不同的蓄电池，其中一种能提供高比能量，另外一种提供高比功率。图 4-8（b）显示的是这两种电池作混合能量源的基本结构，这种结构不仅分开了对比能量和比功率的要求，而且在汽车下坡或制动时可利用蓄电池回收能量。

（3）除了蓄电池以外，还可以用燃料电池作储能装置，它是一个小型的发电装置。

燃料电池的工作原理是利用可逆的电解过程，即用氢气和氧气结合产生电和水。氢气可以储存在一个车载的氢气罐里，而氧气可以直接从空气里获得。燃料电池能提供高的比能量但不能回收再生制动能量，因此最好与一种能提供高比功率且能高效回收制动能量的蓄电池结合在一起使用。图 4-8（c）所示的就是用燃料电池和蓄电池作混合能量源的结构。

（4）燃料电池所需的氢气不仅能以压缩氢气、液态氢或金属氢化物的形式储存，还可以由常温的液态燃料如甲醇或汽油随车产生。图 4-8（d）是一个带小型重整器的电动汽车的结构，燃料电池所需的氢气由重整器随车产生。

（5）当用蓄电池与超级电容器进行混合时，所选的蓄电池必须能提供高比能量，因为电容器本身比蓄电池具有更高的比功率和更高效回收制动能量的能力。

由于用在电动汽车上的电容器相对而言电压较低，所以需要在蓄电池和电容器之间加一个 DC/DC 功率变换器。图 4-8（e）显示了用蓄电池和电容器作混合能量源的结构。

（6）与超级电容类似，高速飞轮是另外一种新兴的具有高比功率和高效制动能量回收能力的储能器。用于电动汽车的飞轮与传统低速笨重的飞轮是不同的，这种飞轮重量轻，且在真空下高速运转。超高速飞轮与具有两种工作模式（电动机和发电机）的电机转子相结合，能够将电能和机械能进行双向转换。图 4-8（f）显示了用这种飞轮和蓄电池作混合能量源的结构，所选用的蓄电池应能提供高比能量。飞轮最好与无刷交流电机结合使用，因为这种电机的效率比直流电机高。另外应在蓄电池和飞轮之间加一个 AC/DC 功率变换器。

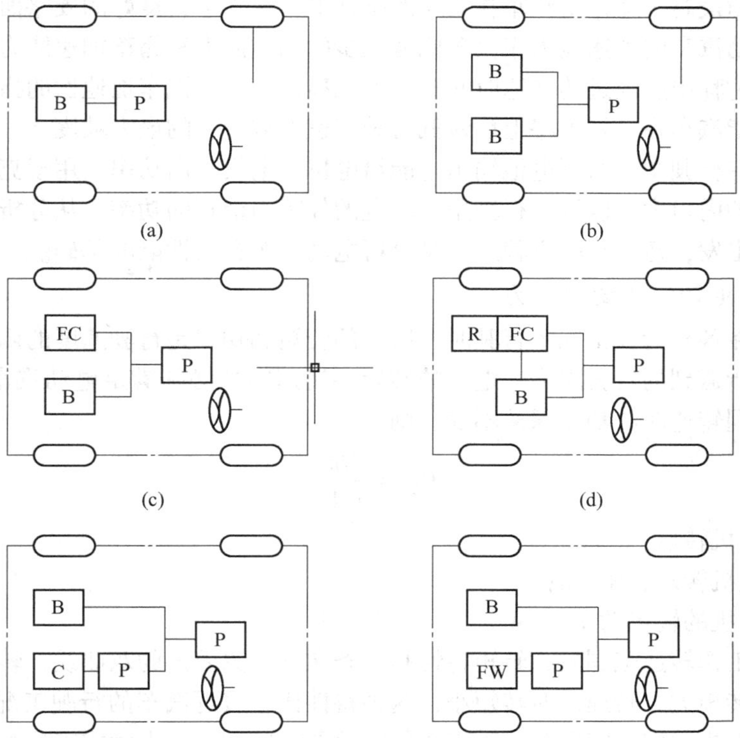

图 4-8 储能装置的 6 种结构形式

B—动力电池；C—超级电容；FC—燃料电池；FW—超高速飞轮；P—功率变换器；R—重整器

4.3 电动汽车的行驶性能

电动汽车与内燃机汽车在外表上没有什么区别。它们都采用橡胶轮胎，电动汽车行驶时，车轮与地面之间相互接触与相互作用，以及它们之间的力学过程也不存在本质的区别。这两种汽车的转向装置、悬架装置及制动系统基本上也是相同的。它们之间的主要差别是采用了不同的动力系统。内燃机汽车是燃油混合气体在内燃机中燃烧做功，从而推动汽车前进。电动汽车是由蓄电池提供电能，经过驱动系统和电机，驱动电动汽车行驶。因此，电动汽车的操纵稳定性、平顺性及通过性与内燃机汽车完全相同。电动汽车本身除具有再生制动性能外，与内燃机的制动性能也是相同的。电动汽车的能量供给和消耗，与蓄电池的性能密切相关，直接影响电动汽车的动力性和续驶里程，同时影响电动汽车行驶的成本效益，这是研究电动汽车经济性的课题。

4.3.1 电动汽车的动力性

与燃油汽车一样，电动汽车的动力性也可以用最高车速、加速性能和最大爬坡度来进行描述，但是与燃油汽车不同的是，电机存在不同的工作制，如 1min 工作制、30min 工作制等，即存在连续功率、小时功率和瞬时功率，因此在描述或评价电动汽车的动力性时要做一说明。

电动汽车的最高车速是指汽车在无风的条件下，在水平、良好的硬路面上所能达到的最高车速。电动汽车的加速能力用汽车原地起步的加速能力和超车加速能力来表示，通常采用汽车加速过程中所经过的加速时间和加速距离作为评价汽车加速性的指标。电动汽车的爬坡能力是指汽车在良好道路上以最低行驶车速上坡行驶的最大坡度。

电动汽车在行驶中，由蓄电池输出电能给电机，电机输出功率，用于克服电动汽车本身的机械装置的内阻力，以及由行驶条件决定的外阻力消耗的功率。从分析电动汽车行驶时的受力状况出发，建立行驶方程式，是分析电动汽车行驶性能的基础。

4.3.1.1　电动汽车的驱动力

电动汽车在各种行驶工况下行驶时，所需的转矩和功率是行驶速度的函数，取决于不同车速行驶时所遇到的行驶阻力，电机的转矩—转速特性必须满足电动汽车的这种需要。假设电机在不同转速时的功率保持不变，则：

$$P_M = \frac{Mn}{9549} \tag{4-1}$$

式中　n——电机转速，r/min；

M——电机转矩，N · m；

P_M——电机的输出功率，kW。

在电机的工作转速范围内，转矩特性是一条在第一象限内的双曲线，转矩与转速成反比，转速低时转矩大，转速高时转矩小，这种特性比较接近汽车的行驶工况，如图 4-9 所示。但是各种电机的转矩特性与这种理想的特性是有区别的。串励式直流电机的功率和转矩特性如图 4-10 所示，串励式交流电机的功率与转矩特性，如图 4-11 所示。

这些特性图上有 3 条曲线，即连续功率、小时功率和启动功率（瞬时功率），启动功

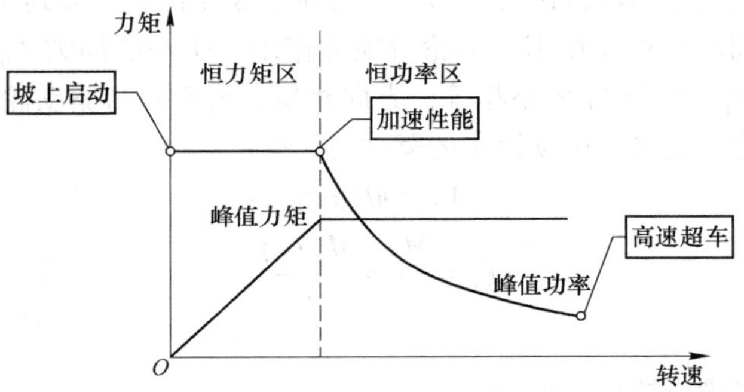

图 4-9 理想的电动汽车驱动电机的功率和转矩特性

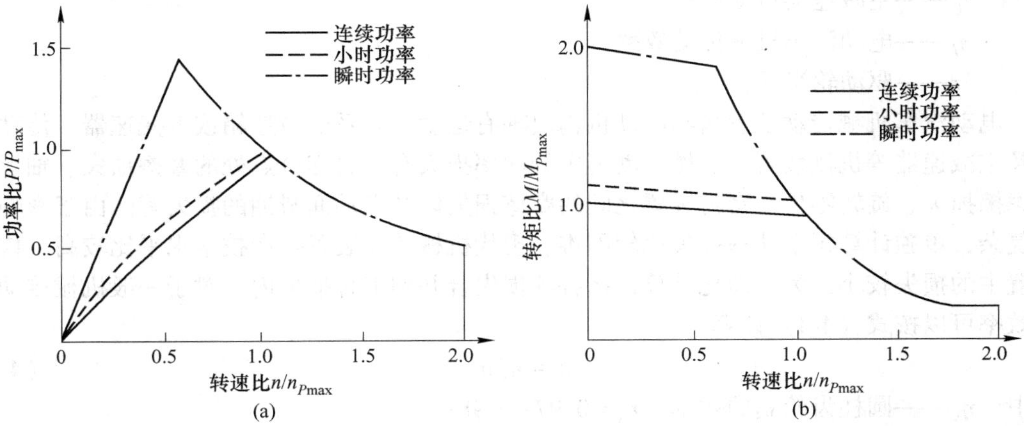

图 4-10 串励式直流电机的功率和转矩特性

(a) 功率特性；(b) 转矩特性

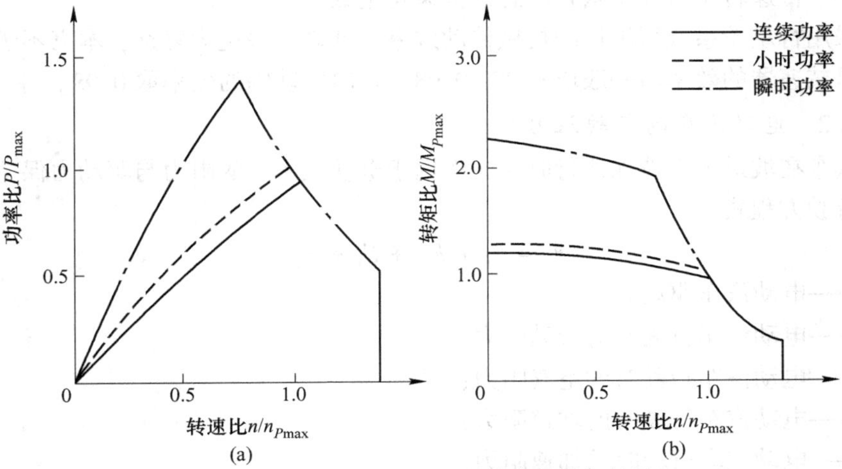

图 4-11 串励式交流电机的功率与转矩特性

(a) 功率特性；(b) 转矩特性

率和小时功率均大于连续功率。由于电机发热，启动功率与小时功率使用时间受到限制，但是却可以利用这个特性，使得车辆在短时间内能够得到较大加速度或者克服较大的坡道阻力。电动汽车的电机输出轴输出转矩 M，经过减速齿轮传动，传到驱动轴上的转矩 M_t，使驱动轮与地面之间产生相互作用，车轮对地面作用产生一圆周力 F_0，同时，地面对驱动轮产生反作用力 F_t。F_t与 F_0大小相等、方向相反，F_t方向与驱动轮前进方向一致，是推动汽车前进的外力，定义为电动汽车的驱动力。有：

$$M_t = Mi_d i_0 \eta \tag{4-2}$$

$$F_t = \frac{M_t}{r} = \frac{Mi_g i_0 \eta}{r} \tag{4-3}$$

式中　F_t——驱动力，N；

M——电动机输出转矩，N · m；

i_g——减速器或者变速器传动比；

i_0——主减速器传动比；

η——电动汽车机械传动效率；

r——驱动轮半径，m。

电动汽车机械传动装置指与电动机输出轴有运动学联系的减速箱或者变速器、传动轴以及主减速器等机械装置。机械传动链中的功率损失有齿轮啮合点处的摩擦损失、轴承中的摩擦损失、旋转零件与密封装置之间的摩擦损失以及搅动润滑油的损失等。由于影响因素复杂，单独计算每个功率损失比较困难。现代机械传动装置生产技术水平比较高，传动装置中的损失较小，为了简化计算，将各项损失合并到啮合损失内。对于一般机械传动装置效率可以按式（4-4）计算：

$$\eta = \eta_y^n \eta_z^m \tag{4-4}$$

式中　η_y——圆柱齿轮副的效率，η_y=0.97~0.98；

η_z——锥齿轮副的效率，η_z=0.96~0.97；

n——传递转矩时处于啮合状态的圆柱齿轮副数；

m——传递转矩时处于啮合状态的锥齿轮副数。

对于采用行星轮系或行星排的机械传动效率，计算方法更为复杂，本书不予讨论。对于单排行星减速器的效率值一般取 0.97~0.98。万向传动轴的效率取 0.98。

4.3.1.2　电动汽车的行驶阻力

电动汽车在坡道上上坡加速行驶时，作用于电动汽车上的阻力与驱动力保持平衡，建立的汽车行驶方程式为：

$$F_t = F_f + F_w + F_i + F_j \tag{4-5}$$

式中　F_t——电动汽车驱动力；

F_f——电动汽车行驶时的滚动阻力；

F_w——电动汽车行驶时的空气阻力；

F_i——电动汽车行驶时的坡道阻力；

F_j——电动汽车行驶时的加速阻力。

A　滚动阻力 F_f

电动汽车在硬路面上行驶，由于橡胶轮胎的弹性迟滞形成的能量损失，相当于汽车车轮在前进方向上遇到的一个阻力消耗了汽车的能量。将这个阻力定义为汽车行驶的滚动阻

力 F_f，通常它与车轮上的法向载荷成正比，即：

$$F_f = fG\cos\alpha \tag{4-6}$$

式中 G——汽车的总重量，N；

α——汽车在坡道上行驶时道路的坡度角；

f——滚动阻力系数。

滚动阻力系数 f 数值由试验确定，影响滚动阻力系数的因素很复杂。通常滚动阻力系数与路面的种类、行驶车速，以及轮胎的材料、构造、气压等因素有关。为了降低滚动阻力系数，可以采用低弹性迟滞橡胶、薄胎面、高压子午线轮胎。

B 空气阻力 F_w

根据空气动力学原理，汽车在行驶过程中由于空气动力的作用，在汽车行驶方向上作用在汽车上的分力称为空气阻力。空气阻力通常与气流相对速度的动压力成正比。空气阻力可以表示为：

$$F_w = \frac{C_D A v_\alpha^2}{21.15} \tag{4-7}$$

式中 C_D——空气阻力系数；

v_α——汽车行驶速度，km/h；

A——迎风面积，m^2。

降低空气阻力的主要途径是降低 C_D 值。空气阻力系数 C_D 值与汽车表面的结构形状有关，由风洞试验确定。通常，轿车 $C_D = 0.3 \sim 0.46$，货车 $C_D = 0.6 \sim 0.7$，大客车 $C_D = 0.6 \sim 0.7$。

C 坡道阻力 F_i

汽车上坡行驶时，除必须克服滚动阻力与空气阻力外，还必须克服上坡阻力 F_i。由于汽车的重力沿上坡路面的分力 $G\sin\alpha$ 阻止汽车前进，此力成为上坡阻力，有：

$$F_i = G\sin\alpha \tag{4-8}$$

道路的坡度角除以角度表示外，道路工程上常以坡度表示，将坡度角的正切值定义为坡度，即：

$$i = \tan\alpha = \frac{h}{s} \tag{4-9}$$

一般的路面上坡度角很小，可以近似地认为：

$$F_i = G\sin\alpha = Gi \tag{4-10}$$

D 加速阻力 F_j

设有两个物体，其质量均等于 M，其中一个物体在运动时有一部分质量可以旋转，并与该物体有一定的运动学联系；另一个物体没有旋转质量。若以相同的力作用于该物体时，两个物体所得到的加速度是不相等的，前者的加速度小于后者。这是因为物体受力作用而作加速运动时，有旋转质量的那一部分除随该物体作平移加速外，还将产生旋转加速。因此，旋转质量加速旋转而形成附加惯性负荷，表现为对该物体整体的阻力。对于有旋转质量的物体，其加速度比没有旋转质量的物体的加速度要小一些。可以设想有旋转质量的物体，其质量比无旋转质量的物体增加了 δ 倍，δ 称为质量增加系数，或者质量换算系数，用牛顿第二定律表示为：

$$F = \delta m a \tag{4-11}$$

电动汽车加速行驶时的加速阻力则可以表示为：

$$F_j = \frac{\delta G}{g} \frac{dv}{dt} \tag{4-12}$$

电动汽车的质量换算系数可进一步作理论分析计算，通常由试验确定。但电动汽车还缺乏实验数据和近似的计算方法，可参考内燃机汽车的质量换算系数的计算方法。由于电动汽车没有笨重的内燃机和飞轮，电动汽车的质量换算系数会相对小一些。

4.3.1.3　电动汽车行驶的驱动力与行驶阻力的平衡

电动汽车在行驶过程中，驱动力与行驶阻力始终保持平衡，这种平衡关系由电动汽车行驶方程式（4-5）表示。可以利用行驶方程式通过解析法或者图解法分析电动汽车的动力性能。

绘制给定电动汽车的驱动力和行驶用力平衡图时，已知数据如下：电动机输出轴上的转矩特性，汽车的总质量，减速器与主减速器的传动比，传动效率，车轮半径，汽车空气阻力系数，汽车的迎风面积。利用式（4-3）即可计算电动汽车车轮上的驱动力，车速可由式（4-13）利用电机的转速换算。

$$v_\alpha = 0.377 \frac{nr}{i_d i_0} \tag{4-13}$$

利用上述计算结果，即可画出驱动力图。

电动汽车等速行驶时，由式（4-5）得：

$$F_t = F_f + F_w \tag{4-14}$$

将不同车速下的滚动阻力和空气阻力加起来画在驱动力图上，如图 4-12 所示。由驱动力曲线与 F_f+F_w 曲线的交点即可求出电动汽车的最高车速。特别要注意，这个交点是在电动机的连续工作区，还是在短时工作区或者瞬时工作区。电动汽车的最高车速只有在电机的连续工作区才有意义。

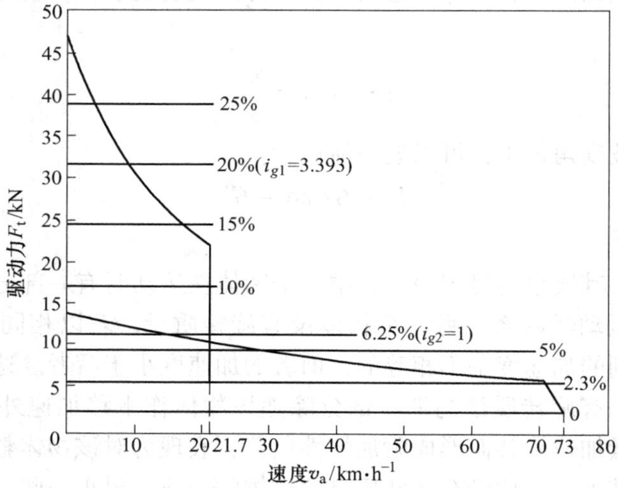

图 4-12　驱动力—行驶阻力平衡图

令
$$F_{fw}=F_f+F_w \tag{4-15}$$
将式（4-5）改写为：
$$F_i+F_j=F_i-F_{fw} \tag{4-16}$$
汽车在坡道上以速度 v 等速行驶，$F_j=0$，则：
$$i=\frac{F_i-F_{fw}}{G} \tag{4-17}$$

由式（4-17）可求出电动汽车以速度 v 等速爬坡行驶时的坡度 i。当车速 $v=v_{min}$ 时，即可求得电动汽车的最大爬坡度 i_{max}。注意此处 F_t 应该取短时工作的转矩曲线对应之 F_t，如图 4-12 所示。图 4-13 表示 5 种不同主减速比时的电动汽车爬坡坡度曲线。

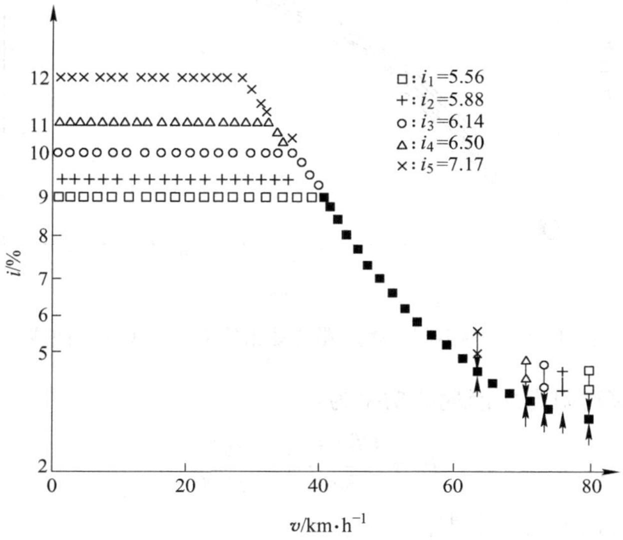

图 4-13 5 种不同主减速比的电动汽车爬坡度

当汽车在水平、良好的硬路面上加速行驶时，$F_i=0$，有：
$$F_j=F_t-F_{fw} \tag{4-18}$$
$$\frac{dv}{dt}=\frac{g}{\delta g}(F_t-F_{fw}) \tag{4-19}$$
利用式（4-19），再经过一些数学处理后，可由计算机编程计算汽车的加速性能，图 4-14 表示 5 种不同主减速器传动比的电动汽车加速曲线。

4.3.1.4 电动汽车的功率平衡

由电动汽车行驶方程式（4-5），可知：
$$F_i=F_f+F_w+F_i+F_j \tag{4-20}$$
以电动汽车行驶速度 v_a 乘以上式两端，再经过单位换算之后可得：
$$P_t=\frac{Gf\cos a v_a}{3600}+\frac{G\sin a v_a}{3600}+\frac{C_D A v_a^3}{76140}+\frac{\delta G v_a}{3600g}\frac{dv}{dt} \tag{4-21}$$
电机的输出功率换算到驱动轮上的输出功率，应该考虑传递过程中的机械损失，即：

$$P_t = \eta P_M \tag{4-22}$$

因此有：

$$P_M = \frac{1}{\eta}\left(\frac{Gf\cos\alpha v_a}{3600} + \frac{G\sin\alpha v_a}{3600} + \frac{C_D A v_a^3}{76140} + \frac{\delta G v_a}{3600g}\frac{dv}{dt}\right) \tag{4-23}$$

式中　P_M——电机输出功率，kW。

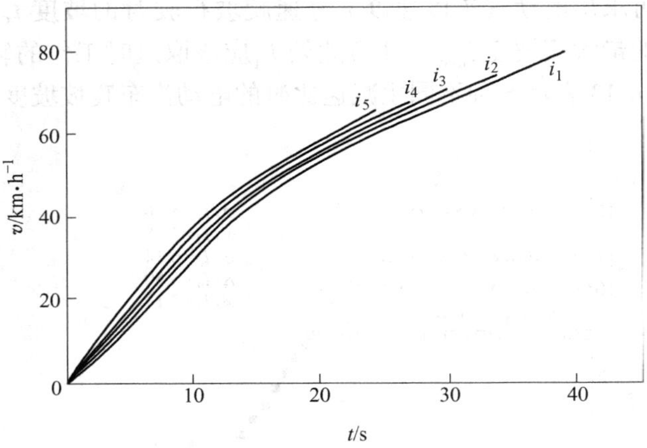

图 4-14　5 种不同主减速器传动比的电动汽车加速曲线

克服电动汽车滚动阻力所消耗的功率为：

$$P_f = \frac{Gf\cos\alpha v_a}{3600} = \frac{Gfv_a}{3600} \tag{4-24}$$

克服空气阻力所消耗的功率为：

$$P_w = \frac{C_D A v_a^3}{76140} \tag{4-25}$$

克服坡度阻力所消耗的功率为：

$$P_w = \frac{G\sin\alpha v_a}{3600} = \frac{Giv_a}{3600} \tag{4-26}$$

克服空气阻力所消耗的功率为：

$$P_j = \frac{\delta G v_a}{3600g}\frac{dv}{dt} \tag{4-27}$$

电动汽车在行驶时，电机传递到驱动轮的输出功率与驱动轮上的阻力功率始终保持平衡。有：

$$P_M = \frac{1}{\eta}(P_f + P_w + P_i + P_j) \tag{4-28}$$

或

$$P_i + P_j = \eta\left[P_t - \frac{1}{\eta}(P_f + P_w)\right] \tag{4-29}$$

可以用图 4-15 所示的功率平衡图表示上述功率关系。

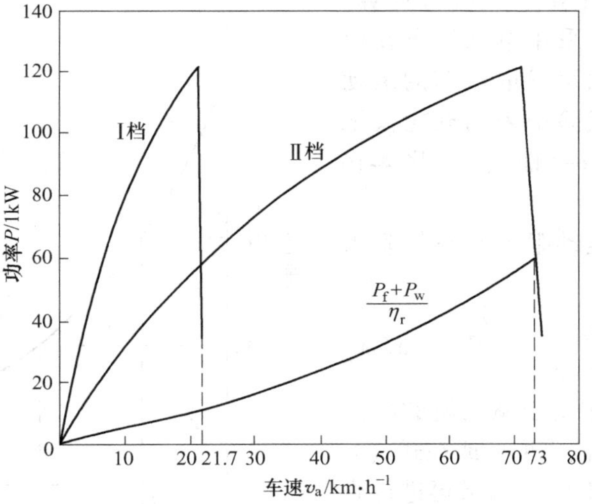

图 4-15 电动汽车功率平衡图

利用图 4-15，由阻力功率 $\frac{1}{\eta}(P_f + P_w)$ 与连续工作的电机输出功率曲线的交点，可求出电动汽车的最高车速。在良好的平路上加速行驶的坡度 $i=0$，由式（4-29）得：

$$P_j = \eta\left[P_t - \frac{1}{\eta}(P_f + P_w)\right] \tag{4-30}$$

车速为 v_a时的加速度为：

$$\frac{dv}{dt} = \frac{3600g\eta}{\delta G v_a}\left[P_t - \frac{1}{\eta}(P_f + P_w)\right] \tag{4-31}$$

汽车等速上坡行驶时，加速度 $dv/dt=0$，则：

$$P_i = \eta\left[P_t - \frac{1}{\eta}(P_f + P_w)\right] \tag{4-32}$$

车速为 v_0时的爬坡度为：

$$i = \frac{3600\eta}{G v_0}\left[P_t - \frac{1}{\eta}(P_f + P_w)\right] \tag{4-33}$$

应当指出，利用功率平衡图求最高车速时，P_t应取连续功率曲线上的点；求取加速度和最大爬坡度时，P_t可以取持续 1～5min 工作的功率曲线上之点。

4.3.2 电动汽车的续驶里程及其影响因素

电动汽车动力电池组充满一次电后的最大行驶里程称为电动汽车的续驶里程。电动汽车的续驶里程短，是近一个世纪以来落后于内燃机汽车的重要原因。因此，如何降低不同行驶工况下电动汽车的能量消耗，提高电动汽车的效率，增加续驶里程是发展电动汽车必须解决的重要课题。国外对此进行了大量的研究工作，但是仍缺少系统的深入的理论分析。本节仅作简要介绍。

4.3.2.1 电动汽车的续驶里程

不同的电动汽车在不同的行驶工况下单位行驶里程的能量消耗与续驶里程有显著的差

别，难以用统一的计算公式进行计算。可用试验方法求取。采用电动汽车在道路上滑行试验的方法可求取汽车的滚动阻力和空气阻力，试验中采用五轮仪记录汽车在滑行过程的 v–t 曲线，如图 4-16 所示。

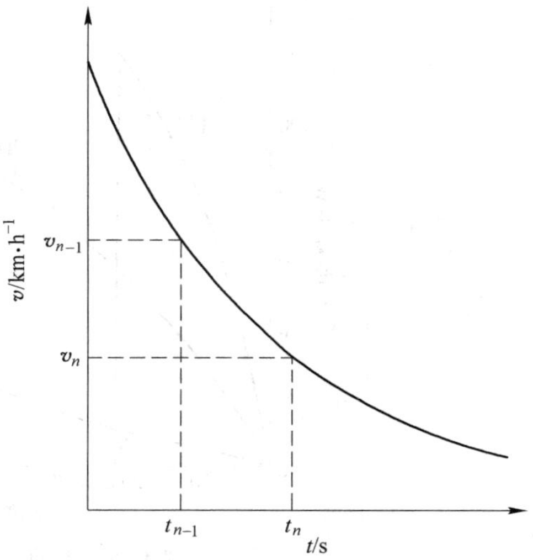

图 4-16　电动汽车滑行实验的 v–t 曲线

汽车滑行时的滚动阻力和空气阻力之和为：

$$F_f + F_w = \frac{G}{g}\frac{dv}{dt} - \frac{M_m}{r} \tag{4-34}$$

M_m是传动系统作用于驱动轮的摩擦阻力矩，可用其他方法求取。或在式（4-34）中忽略 M_m项，对计算结果再进行修正。将上式两端乘以平均速度，克服道路滚动阻力和空气阻力消耗的功率为：

$$P = P_f + P_w = \frac{M}{3.6^2 \times 1000}\frac{v_n + v_{n-1}}{2}\frac{v_{n-1} - v_n}{t_n - t_{n-1}} \tag{4-35}$$

经过单位换算后化简得：

$$P = 3.86 \times 10^{-5} M \frac{v_n^2 - v_{n-1}^2}{t_n - t_{n-1}} \tag{4-36}$$

式中　M——电动汽车质量，kg；
　　　v——电动汽车的速度，km/h；
　　　t——时间，s。

电动汽车克服道路滚动阻力和空气阻力消耗的能量为：

$$E = FS \tag{4-37}$$

电动汽车行驶单位里程消耗的能量为：

$$e = \frac{FS}{S} = \frac{P}{v} \tag{4-38}$$

电动汽车滑行时的平均车速为：

$$\bar{v} = \frac{v_{n-1} - v_n}{t_n - t_{n-1}} \tag{4-39}$$

因此，电动汽车在平均车速下，克服道路滚动阻力和空气阻力的单位里程消耗的能量为：

$$e = \frac{M}{3.6 \times 3600}\left(\frac{v_{n-1} - v_n}{t_n - t_{n-1}}\right) \tag{4-40}$$

经过修正后的电动汽车克服道路阻力所消耗的功率 P 与车速 v 的关系如图 4-17 所示，所需能量与车速之间的关系，如图 4-18 所示。

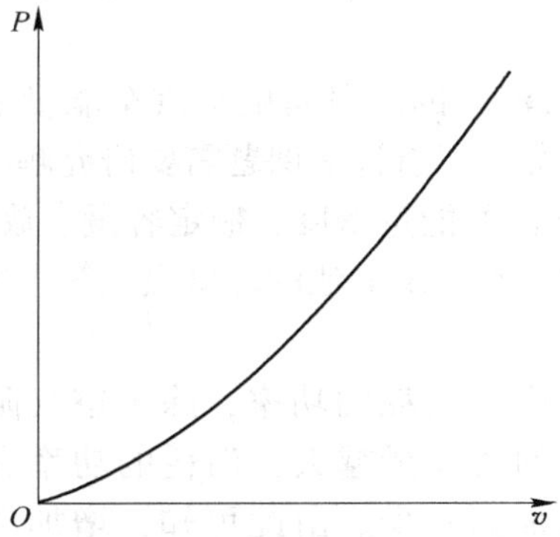

图 4-17 电动汽车行驶所需功率与速度关系

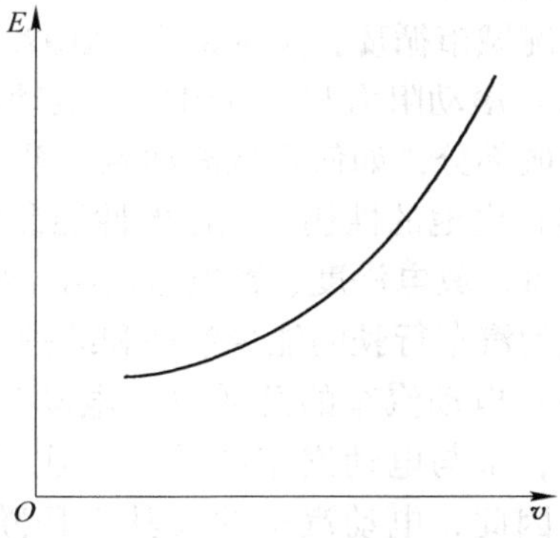

图 4-18 电动汽车行驶所需能量与车速关系

在一些文献中，将电动汽车的能量经济性定义为电动汽车以不同行驶规范达到的续驶里程与蓄电池再充电恢复到原有的充电状态所需要的交流电能量之比，如式（4-41）所示：

$$\text{电动汽车经济性} = \frac{\text{预定行驶规范所走的续驶历程}}{\text{蓄电池再充电恢复到原充电状态所需的交流电能量}} \tag{4-41}$$

设电动汽车行驶时单位里程能耗 e(kW · h/km)，电动汽车总质量为 M，单位以吨（t）表示时将电动汽车行驶的比能耗定义为 e_0，则：

$$e_0 = \frac{e}{M} \tag{4-42}$$

设电动汽车上动力电池组充满电的总能量为 E(kW · h)，由式（4-43）可计算电动汽车的续驶里程 S，即：

$$S = \frac{E}{e} = \frac{E}{e_0 M} \tag{4-43}$$

实际情况并没有计算式那样简单，由于空气阻力消耗的能量与质量无关，同时蓄电池存在放电效率、放电深度、放电电流以及自放电现象，有的蓄电池每天自放电率高达1%以上，都会影响动力电池组的输出总能量。另外，行驶工况的差别等因素都将影响电动汽车的续驶里程，因此，式（4-43）只能近似地估算电动汽车的续驶里程。

4.3.2.2 电动汽车续驶里程的影响因素

电动汽车的续驶里程的影响因素比较复杂，与电动汽车在行驶过程中的能量消耗紧密相关，影响它们的主要因素来自电动汽车行驶的外部条件与电动汽车本身的结构条件。

（1）行驶的环境状况。在相同的车辆条件下，电动汽车行驶的道路与环境气候影响着电动汽车行驶的能量消耗，如气温的高低、风的方向与风力大小、道路的种类与交通拥挤状况等，都会使车辆的能量消耗增加或减小，从而使电动汽车的续驶里程有显著的区别。

（2）电动汽车的行驶工况。电动汽车的续驶里程与行驶工况有很大的关系。在进行电动汽车续驶里程试验时必须按照行驶工况给定的速度时间程序行驶，通常称为多工况道路循环试验法，也可以采用给定的单一恒速工况进行试验对比。采用多工况道路循环试验较为接近车辆实际的行驶工况，具有较好的可比性。国外测试电动汽车续驶里程常采用多工况道路循环试验法，欧洲经济委员会（ECE）采用 ECE-R15，即十五工况法；日本采用十工况城市循环；美国采用 SAEJ227a 试验循环。

（3）滚动阻力和空气阻力。滚动阻力与空气阻力消耗的能量是电动汽车能量消耗的主要组成部分，如何降低滚动阻力系数与空气阻力系数，仍有许多课题需要研究解决。

（4）电池的性能。电池的性能参数主要是指蓄电池的能量密度、额定容量、放电率、放电电流、放电深度、蓄电池内阻，特别是指成组的一致性及电池的环境温度等，这些是影响电动汽车行驶的能量消耗和续驶里程的重要因素。

（5）电动汽车的总质量。电动汽车在行驶过程中所消耗的功率，除了空气阻力功率之外，都与电动汽车的总质量成正比。电动汽车的总质量越大，消耗的功率和能量越高。因此，电动汽车的续驶里程随其总质量的增加而减少。由此可知，增加电动汽车上的电池数量，一方面可以增加电动汽车的总能量储备和续驶里程，另一方面也将大大增加电动汽车的总质量，又会增大电动汽车的能量消耗，降低电动汽车的续驶里程。实际情况比这里的分析要复杂得多。电动汽车的动力驱动系统的最优匹配是一个值得深入探讨的课题。

（6）辅助装置的能量消耗。电动汽车上制动系统的空气压缩机、转向系统的液压泵等均需要辅助电机驱动，其他还有照明、音响、通风、取暖、空调都需要消耗蓄电池的电能。除空调之外，这部分能量消耗约占电动汽车总能耗的 6%～12%。空调制冷量相同的条件下，采用涡旋式压缩机比往复式压缩机的能耗要低一半。

4.4　电动汽车实例

4.4.1　比亚迪 E6 纯电动汽车

比亚迪 E6 纯电动汽车的车身尺寸为 4560mm×1822mm×1630mm，轴距为 2830mm，轮距为 1556mm，最小离地间隙为 150mm；整备质量为 2295kg。比亚迪 E6 的动力电池和启动电池均采用比亚迪自主研发生产的磷酸铁锂电池，额定容量为 57A·h，标称电压为 330V。驱动电机采用永磁同步电机，额定功率为 75kW，峰值转矩为 450N·m，工作电压为 320V。车载充电机的输入电压为 220V，输出功率为 200kW，充电时间为 7h，如果选择快充的话，15min 左右可充满电池电量的 80%。比亚迪 E6 纯电动汽车如图 4-19 所示。

图 4-19　比亚迪 E6 纯电动汽车

比亚迪 E6 的续驶里程达到 316km，0～100km/h 加速时间在 10s 以内，最高车速可达 150km/h，最大爬坡度为 30%，而能量消耗率为 21.5kW·h/100km 左右，相当于燃油车消费价格的 30%左右。

4.4.2 北汽 E150 纯电动汽车

北汽 E150 纯电动汽车的车身尺寸为 3998mm × 1720mm × 1503mm，轴距为 2500mm；整备质量为 1320kg。动力电池采用磷酸铁锂离子电池，电池组容量为 25.6kW · h。驱动电机采用永磁磁阻同步电机，额定功率为 20kW，峰值功率为 45kW，峰值转矩高达 180N · m。北汽 E150 纯电动汽车一次充满电的综合工况续驶里程达 160km，而 60km/h 的等速工况则能达到 200km；最高时速为 125km/h。北汽 E150 纯电动汽车，如图 4-20 所示。

图 4-20 北汽 E150 纯电动汽车

北汽 E150 有 3 种充电方式，220V 家用充电、国标慢充电桩、国标直流快速充电；使用快充，约 30min 就能充到 80%；使用慢充需要 6~8h。

4.4.3 江淮同悦 iEV 纯电动汽车

江淮同悦 iEV 纯电动轿车的车身尺寸为 4155mm×1650mm×1445mm，轴距为 2400mm；整备质量为 1200kg；乘坐 4 人。江淮同悦 iEV 搭载了永磁同步电机和磷酸铁锂动力电池，电机的额定功率为 18kW，峰值转矩为 170N · m；电池容量为 40A · h，电池组电压为 340V，电池组能量为 19kW · h。

江淮同悦 iEV 最高车速为 95km/h，最大爬坡度为 25%，0~100km/h 加速时间为 14.5s；在市区内能实现最大 160km 的续驶里程，在匀速 60km/h 的情况下则能实现最大 200km 的续驶里程；能量消耗率为 13kW · h/100km。江淮同悦 iEV 纯电动汽车，如图 4-21 所示。

图 4-21 江淮同悦 iEV 纯电动汽车

江淮同悦 iEV 提供快速以及慢速两种充电模式，其中使用慢充口充电需 8h，使用快充口充电需 2.5h（1h 将充满 80%），车内备有两种充电线，可以满足国家电网充电桩和家庭 220V 插座两种充电方式。

4.4.4 上汽荣威 E50EV 纯电动汽车

上汽荣威 E50EV 纯电动汽车的车身尺寸为 3569mm × 1551mm × 1540mm。轴距为 2305mm；整备质量为 1080kg；乘坐 4 人。搭载了永磁同步电机和磷酸铁锂动力电池，电机的额定功率为 28kW，峰值功率为 52kW，峰值转矩为 155N · m；电池容量为 60A · h，电池组电压为 300V，电池组能量为 18kW · h。荣威 E50EV 纯电动汽车，如图 4-22 所示。

上汽荣威 E50EV 最高车速为 130km/h，最大爬坡度为 25%，0~100km/h 加速时间为 15s；在市区内能实现最大 140km 的续驶里程，在匀速 60km/h 的情况下则能实现最大

190km 的续驶里程；能量消耗率为 11.6kW · h/100km。

图 4-22　上汽荣威 E50EV 纯电动汽车

4.4.5　特斯拉 Model S 纯电动汽车

特斯拉 Model S 是由美国特斯拉汽车公司制造的全尺寸高性能电动轿车。它把电动汽车最前沿的技术进行了实际应用，集成多功能的大尺寸液晶显示屏，多样化的电池选择，支持太阳能充电，最大 502km 的续驶里程等。特斯拉 Model S 纯电动汽车，如图 4-23 所示。

图 4-23　特斯拉 Model S 纯电动汽车

特斯拉 Model S 车身尺寸为 4978mm×1964mm×1435mm，轴距为 2595mm，最小离地间隙为 152mm；整备质量为 2108kg；乘坐 5 人。

特斯拉 Model S 提供 3 种不同配置供消费者选择。特斯拉 Model S60 配置的电机峰值功率为 222kW，峰值转矩为 440N · m，电池容量为 60kW · h，最高车速为 190km/h，最大续驶里程为 390km，0~100km/h 加速时间为 6.2s；特斯拉 Model S85 配置的电机峰值功率为 270kW，峰值转矩为 440N · m，电池容量为 85kW · h，最高车速为 200km/h，最大续驶里程为 502km，0~100km/h 加速时间为 5.6s；特斯拉 Model SP85 配置的电机峰值功率为 310kW，峰值转矩为 600N · m，电池容量为 85kW · h，最高车速为 200km/h，最大续驶里程为 502km，0~100km/h 加速时间为 4.4s。

充电方式上，该车可以选择传统插座充电和充电站充电两种方式。此外，特斯拉 Model S 还支持太阳能充电，对于容量为 85kW · h 的电池，仅需 1h 就可将电量充满。

4.5　电源变换器

电源变换器可分为直流/直流（DC/DC）变换、直流/交流（DC/AC）变换和交流/直流（AC/DC）变换，在纯电动汽车中采用的主要是 DC/DC 变换器，是实现电气系统电能变换、传输和电力拖动的重要电气设备。

DC/DC 变换器是表示在直流电路中将一个电压值的电能变换为另一个电压值的电能

的装置，它分为降压 DC/DC 变换器、升压 DC/DC 变换器以及双向 DC/DC 变换器。

DC/DC 变换器主要实现以下功能：

（1）驱动直流电机。在小功率直流电机驱动的转向、制动等辅助系统中，一般直接采用 DC/DC 电源变换器供电。

（2）向低压设备供电。向电动汽车中的各种低压设备，如车灯等供电。

（3）给低压蓄电池充电。在电动汽车中，需要高压电源通过降压型 DC/DC 变换器给低压蓄电池充电。

（4）不同电源之间的特性匹配。以燃料电池电动汽车为例，一般采用燃料电池组和动力电池的混合动力系统结构。在能量混合型系统中，采用升压型 DC/DC 变换器；在功率混合型系统中，采用双向型 DC/DC 变换器。

降压 DC/DC 变换器的电路原理如图 4-24 所示，当开关 S 闭合时，加在电感两端的电压为（U_i-U_o），此时电感由电压（U_i-U_o）励磁，电感增加的磁通为（U_i-U_o）T_{on}，其中 T_{on}为开通时间。当开关断开时，由于输出电流的连续，二极管 VD 变为导通，电感消磁，电感减少的磁通为 U_oT_{off}，其中 T_{off}为断开时间。

当开关闭合与开关断开的状态达到平衡时，（U_i-U_o）T_{on}-（U_o）T_{off}，由于占空比小于 1，所以 $U_i>U_o$，实现降压功能。

升压 DC/DC 变换器电路原理如图4-25所示，当开关 S 闭合时，输入电压加在电感上，此时电感由电压 U_i励磁，电感增加的磁通为 U_iT_{on}。当开关断开时，由于输出电流的连续，二极管 VD 变为导通，电感消磁，电感减少的磁通为（U_o-U_i）T_{off}。

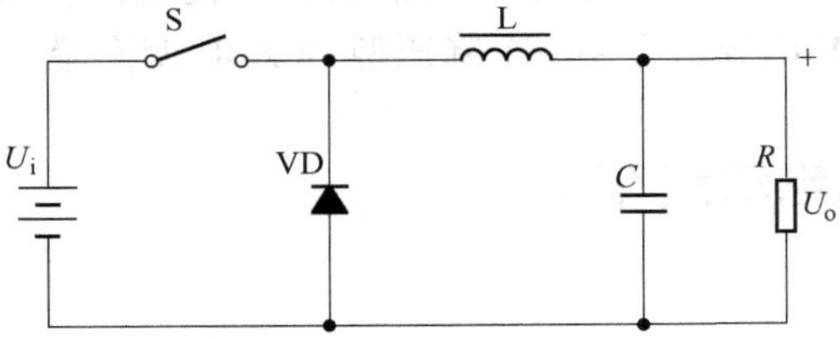

图 4-24 降压 DC/DC 变换器的电路原理

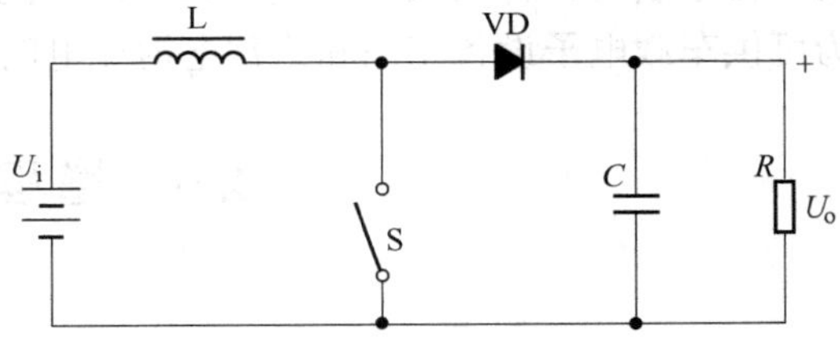

图 4-25 升压 DC/DC 变换器的电路原理

当开关闭合与开关断开的状态达到平衡时，U_iT_{on} –（U_o – U_i）T_{off}，由于占空比小于 1，所以 $U_o>U_i$，实现升压功能。

双向 DC/DC 变换器电路原理，如图 4-26所示。当开关闭合时，此时电感由电压 U_i励磁，电感增加的磁通为 U_iT_{on}；当开关断开时，电感消磁，电感减少的磁通为 U_oT_{off}。

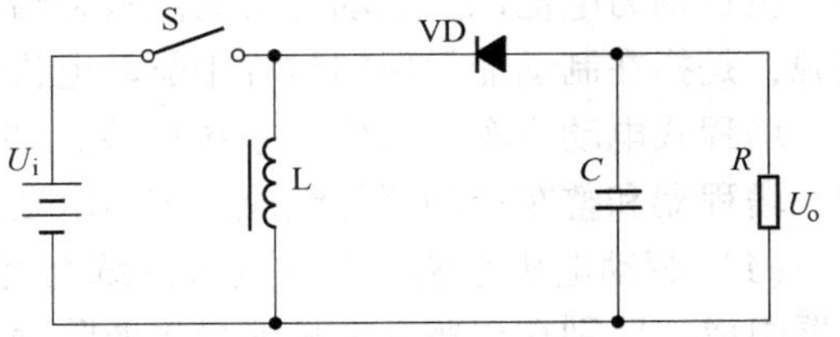

图 4-26 双向 DC/DC 变换器的电路原理

当开关闭合与开关断开的状态达到平衡时，增加的磁通等于减少的磁通，U_iT_{on}-U_oT_{off}，根据 T_{on}和 T_{off}值不同，可能 $U_i>U_o$，也可能 $U_o>U_i$。

DC/AC 变换器是将直流电变换成交流电，也称为逆变器。使用交流电机的电动汽车必须通过 DC/AC 变换器将蓄电池或燃料电池的直流电变换为交流电。

AC/DC 变换器是将交流电压变换成电子设备所需要的稳定直流电压，电动汽车中

AC/DC 的功能主要是将交流发动机发出的交流电变换为直流电提供给用电设备或储能装置储存。

电源变换器在电动汽车上的应用实例如图 4-27 所示。

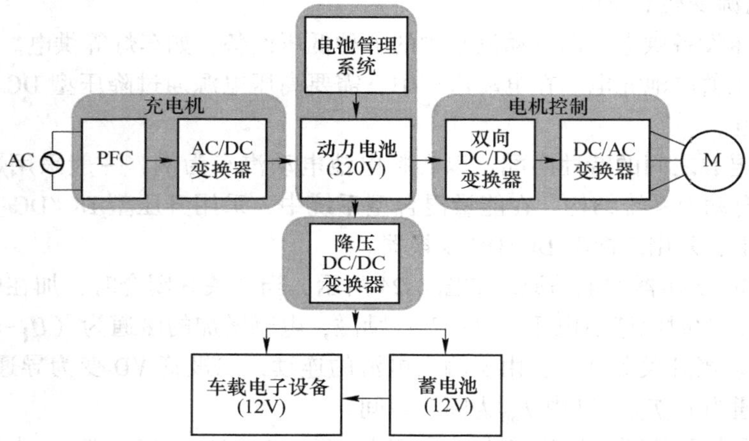

图 4-27　电源变换器在电动汽车上的应用实例

电动汽车动力电池电压为 320V，由电池管理系统进行管理和监测，并通过一个车载充电机（含 AC/DC 变换器）进行充电，交流电压范围是从 110V 的单相系统到 380V 的三相系统；动力电池通过一个双向的 DC/DC 交换器和 DC/AC 变换器来驱动交流电机，同时用于再生制动，将回收的能量存入动力电池；同时，为了将动力电池的 320V 高电压转换为可供车载电子设备使用和给蓄电池充电的 12V 电源，需要一个降压型 DC/DC 变换器。

4.6　增程式电动汽车

4.6.1　增程式电动汽车组成

增程式电动汽车中存在 3 种能量源：一是动力电池，为增程式电动汽车的主要能量源，负责以纯电动方式行驶中的能量供给；二是增程器，为增程式电动汽车的备用能量源，负责动力电池以及驱动电机的能量补给；三是驱动电机，为增程式电动汽车的回收能量源，是指在制动能量回馈过程中驱动电机回馈的能量。

增程式电动汽车动力传动系统组成，如图 4-28 所示。主要由驱动电机系统、电源系统、增程器和整车控制器等组成。与纯电动汽车相比，增加了增程器。

（1）驱动电机系统。驱动电机系统与纯电动汽车的类似，也是由驱动电机及电机控制器组成。区别在于驱动电机能量来源除动力电池外，还有增程器。发动机到驱动电机之间没有机械连接，是通过发电机发电将发动机发出的机械能转化为电能，然后电机控制器根据车辆工况的需求将电能分配给驱动电机，如果有多余的电能，将被储存到动力电池中。

增程式电动汽车驱动电机应该具备较高的功率密度，而且在较宽的转速和转矩范围内具备较好的效率特性，同时驱动电机控制器能实现双向控制，以实现制动能量回收。

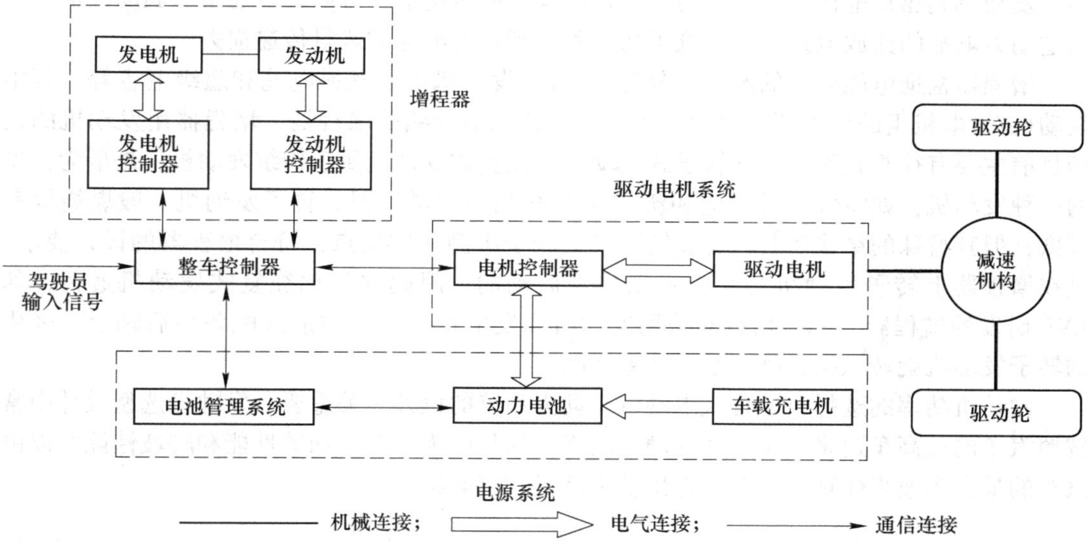

图 4-28 增程式电动汽车动力传动系统组成

增程式电动汽车驱动电机参数匹配方法与纯电动汽车一样，根据整车动力性匹配驱动电机的峰值功率。在满足动力性的前提下，为提高驱动电机工作效率并减轻重量，应尽量选择较小峰值功率以及高转速的电机。

(2) 电源系统。电源系统与纯电动汽车的类似，也是由动力电池、电池管理系统、车载充电机等组成。区别在于动力电池的要求需兼顾纯电动和混合动力两种模式，具体要求是，在深度放电的情况下，依然有较长的循环寿命；在较低的 SOC 值状态下，可输出大功率的电能，使增程式电动汽车在低 SOC 下加速性能仍然良好；在高的 SOC 状态下，可以接收大电流充电，以保证制动能量回收的效率不受 SOC 状态的影响；在保持高 SOC 状态下，可延长其使用的寿命；能量密度及比能量高，以减小电池组的体积和重量；安全性好。

动力电池是整车驱动的主要能量源，是能量储存装置，应具有良好的充放电性能用以保证车辆的动力性和再生制动回收的能力，其容量应能够满足增程式电动汽车性能要求的纯电动续驶里程；其电压等级要与电力系统电压等级和变化范围一致；其充放电功率应能够满足整车驱动和电器负载的功率要求。

增程式电动汽车动力电池参数匹配方法与纯电动汽车一样，只不过设计要求不一样。增程式电动汽车纯电动模式的续驶里程较短，动力电池容量要求比纯电动汽车低。

(3) 增程器。发动机、发电机及其控制器共同组成了增程器（Auxiliary power unit, APU）。增程器是增程式电动汽车动力传动系统的关键组件，发动机/发电机系统与驱动车轮在机械上是分离的，发动机的转速和转矩与速度及牵引转矩的需求无关，因此可控制发动机运行在其转速—转矩平面上的任意点。通常应控制发动机使其运行在最佳工况区，此时发动机的油耗和排放降到最低程度，由于发动机和驱动车轮没有机械连接，因此最佳的发动机运行状态是可以实现的，与驱动电机系统的运行模式和控制策略密切相关。

增程器只提供电能，电能用来驱动电机或者为动力电池充电，增加电动汽车的续驶里程，发动机到驱动电机之间的动力传动路线没有机械连接，可以将电能用于驱动车辆，不经过动力电池的充放电过程，降低了从增程器到动力电池的能量传递损失。

增程器根据电能来源的不同可分为发动机/发电机组、燃料电池和超级电容等，其中发动机/发电机组的增程器是目前应用最多相技术最成熟的增程器。增程器用发动机的选型目前主要有往复式发动机和转子式发动机。往复式发动机属于传统发动机，是最为常见的一种发动机，如雪佛兰沃蓝达和沃尔沃 C30 配备的增程器。转子发动机一般燃烧效率较低，但其特殊的结构使其具有旋转顺畅、利于小型化的优点，符合增程器的设计要求；且在增程器上转子发动机是在一定条件下启动的，因此并不比往复式发动机逊色，如 AVL 研发的增程器。AVL 增程器采用发动机和发电机一体化的形式配备在后轴上，采用的转子发动机旋转顺畅、噪声小且节省空间。

发动机功率的选择对增程式电动汽车动力系统的设计至关重要。发动机选型设计中常按照汽车的最高车速来初步选择发动机功率，这是因为汽车的加速性能和爬坡性能可以由汽车的最高车速来体现。发动机输出功率满足式（4-44）。

$$P_{\mathrm{RE}} = \frac{1}{3600\eta_{\mathrm{t}}}\left(mgfv_{\max} + \frac{C_{\mathrm{D}}Av_{\max}^{3}}{21.15}\right) \tag{4-44}$$

式中　P_{RE}——满足增程式电动汽车最高车速行驶所需要的发动机输出功率，kW。

发动机额定功率的选择应大于式（4-44）计算的理论值，以承载连续的非牵引负载，如灯光、娱乐、空调、动力转向装置和制动增压等。

根据所选发动机的燃料消耗 MAP 图，可以计算满足增程式电动汽车增程续驶里程所需要的油箱容积为：

$$V = \frac{S_2 g_{\mathrm{c}}}{v} \tag{4-45}$$

式中　V——油箱容积，L；

S_2——增程续驶里程，km；

g_{c}——发动机高效工作点处油耗，L/h。

增程器中发动机与发电机连接方式主要有两种，即弹性联轴器结构连接和直接刚性连接件连接。前者轴线尺寸会较大，对定位安装工艺要求高；后者发电机惯量及动态加载会给轴系带来冲击，存在动力过载损坏轴系的危险。

增程器要稳定可靠，可以立刻启动并进入正常工作状态；为了实现高效率和低排放的要求，要求系统处在最优工作点工作，因此控制器非常关键，通过控制策略和优化措施，在保证整车动力性前提下提高经济性和效率。

（4）整车控制器。整车控制器通过 CAN 网络与发动机控制器、发电机控制器、驱动电机控制器以及电池管理系统进行信息交互，实现增程的控制。增程器、驱动电机、动力电池三者之间通过整车控制器进行电能交互，实现能量的最优分配。同时动力电池通过车载充电机充电，保证纯电动模式下的行驶。

4.6.2　增程式电动汽车原理

增程式电动汽车的动力传动系统在组成上与串联插电式混合动力汽车的动力系统相似。特殊之处在于增程式电动汽车的能量传递路线体现出两种动力系统，但是只有一种驱动方式，即电机驱动。不需要非常复杂的电能与化学钝的耦合。在结构上，增程式电动汽车是在纯电动汽车的基础上开发的电动汽车，增程器的布置对原有车辆的动力系统结构影响较小。之所以称为增程式电动汽车是因为车辆追加了增程器，而为车辆追加增程器的目的是进一步提升纯电动汽车的续驶里程，使其能够尽量避免频繁地停车充电。

增程式电动汽车有 5 种工作模式，即纯电动模式、增程器单独驱动模式、混合驱动模式、制动模式和停车充电模式。

（1）纯电动模式。当动力电池能量充足时，使用纯电动模式。纯电动模式的能量传递路线如图 4-29 所示，增程器处于关闭状态，动力电池是唯一的动力源，相当于一辆纯电动汽车。不同之处是，增程式纯电动行驶里程可以设置的相对较小，不必装备大量的动力电池，既降低了成本又降低了整车重量。动力电池的能量应能够满足车辆起步、加速、爬坡、怠速，以及驱动汽车空调等附件的功率需求。

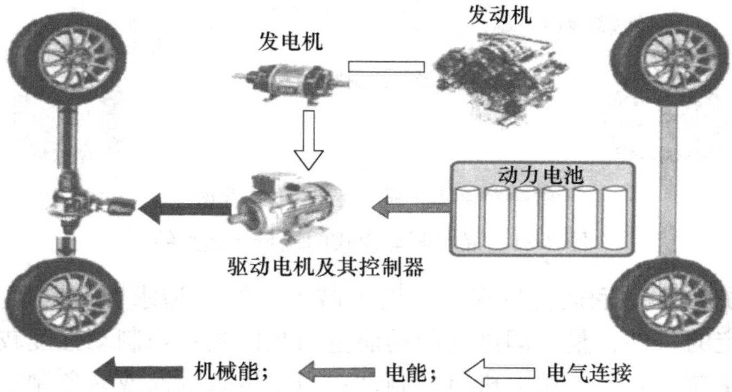

图 4-29 纯电动模式的能量传递路线

（2）增程器单独驱动模式。当动力电池能量不足时，使用增程模式。增程器单独驱动模式的能量传递路线，如图 4-30 所示。在动力电池 SOC 值降至设定的阈值 SOC_{min} 时，增程器启动，发动机根据制定的控制策略运行在最佳的状况，使发电机发电，一部分用于驱动车辆行驶，多余的电能为动力电池充电。

当动力电池电量恢复至充足时，发动机又停止工作，继续由动力电池驱动电机，提供整车功率需求。

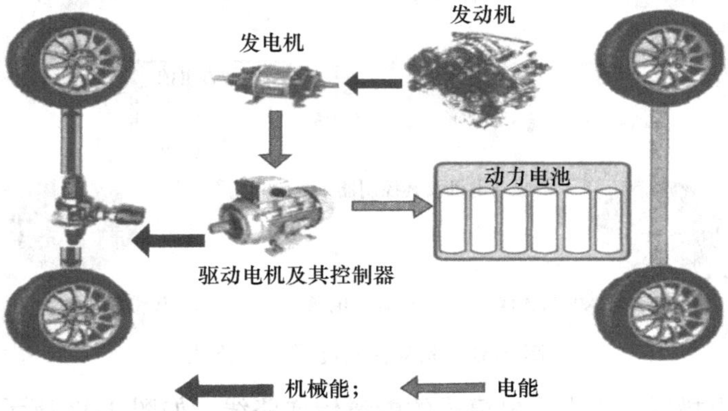

图 4-30 增程器单独驱动模式的能量传递路线

（3）混合驱动模式。当路面需求功率较大，动力电池供能不足时，增程器开启，发动机—发电机组联合动力电池一起工作，提供整车行驶需要的动力，其能量传递路线，如图 4-31 所示。

增程器单独驱动模式和混合驱动模式都属于增程模式。增程模式的发动机可以有多种工作方式，根据控制策略的不同，可以选择发动机恒功率模式、功率跟随模式、恒功率与功率跟随结合模式，此外还有智能控制策略和优化算法控制策略等复杂控制策模式。当车辆停止的时候，可以利用市电为动力电池充电。

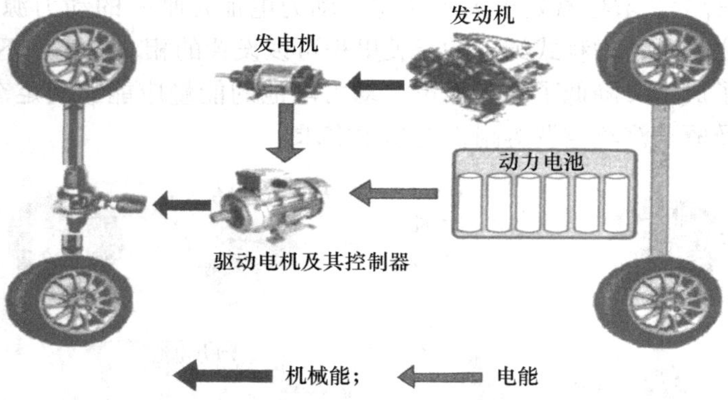

图 4-31 混合驱动模式的能量传递路线

（4）制动模式。在车辆运行过程中，发生减速、制动请求时，驾驶员需要踩下制动踏板，若满足一定的条件，整车即进入制动能量回收模式；当制动强度较低、制动较为缓和、制动请求功率较小时，采用电机单独制动；当发生急减速或紧急制动时，一旦车辆的制动负载功率超出电机再生制动功率的上限，为了保护蓄电池组、限制其输入功率，此时摩擦制动器参与工作，与电机再生制动协同提供车辆的制动功率需求。制动模式的能量传递路线，如图 4-32 所示。再生制动可以将车辆的动能转化为电能储存在动力电池中，以供车辆驱动使用，提高了整车能量利用率。在再生制动情况下，电机以发电状态工作，回收的制动能量储存在动力电池中。

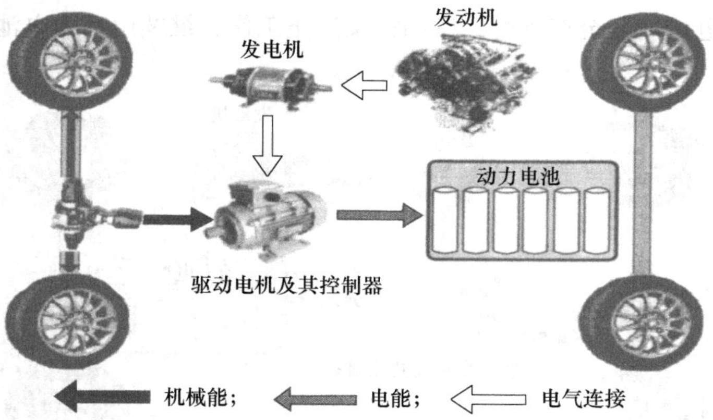

图 4-32 制动模式能量传递路线

（5）停车充电模式。停车充电模式的能量传递路线，如图 4-33 所示。停车时动力系统全部停止，此时通过车载充电机连接外接电网对动力电池进行充电，以备下次行车使用。此模式是保证车辆大部分以纯电动方式行驶的基础，可减少燃料发动机的使用频次，能够显著降低车辆的行驶成本以及减少车辆的污染物排放。

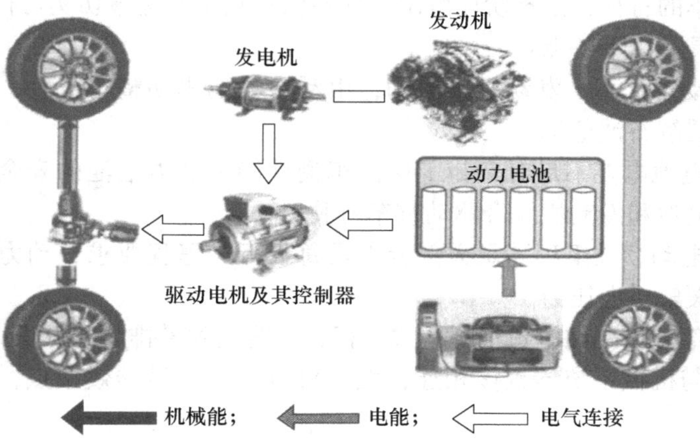

图 4-33 停车充电模式能量传递路线

4.6.3 增程式电动汽车特点

增程式电动汽车与纯电动汽车相比，可以随时在加油站加油，续驶里程得到很大提高。在相同续驶里程条件下，增程式电动汽车动力电池的容量只需要纯电动汽车的 30%~40%，无需配备大容量的动力电池，制造成本大幅降低。当动力电池 SOC 值降低到阈值时，转为增程模式运行，避免了动力电池的过放电，寿命可以得到延长。

增程式电动汽车与常规混合动力电动汽车相比，由于常规混合动力电动汽车采用了复杂的机械动为混合结构，发动机和电机复合驱动，电池能量很小，只起到辅助驱动和制动能量回收的作用。增程式电动汽车采取电池扩容的方式解决了电池驱动的续驶能力问题。增程式电动汽车能外接充电，尽可能利用晚间低谷电充电，进一步提高了能源利用率。

增程式电动汽车与插电式混合动力电动汽车相比，增程式电动汽车在电能充足条件下行驶时发动机不参与工作。因此，增程式电动汽车并不需要像插电式混合动力电动汽车那样对其工作模式进行特定的说明。增程式电动汽车所使用的动力电池、驱动电机以及动力系统的用电功率都必须从满足整车性能的要求而加以设计，车辆所搭载的动力电池及其容量也必须从能够满足纯电动汽车整车性能需要的角度加以考虑。在动力电池电能充足的情况下，增程式电动汽车必须在所有的工作模式下维持纯电动模式。在增程器设计方面，增程式电动汽车允许将发动机的功率显著降低，发动机所提供的动力不需要达到车辆动力性能所需的峰值功率，仅满足车辆行驶所需要的持续动力需求即可。

增程式电动汽车能够有效提高燃料利用率，主要原因如下：

（1）由于发动机不直接与机械系统相连，发动机的工作状态相对独立，可将发动机设定于最佳效率点工作。

（2）在电量保持模式下，主要由发动机驱动整车行驶，当需求功率较小时，发动机关闭，由动力电池驱动整车行驶，当需求功率较大时，动力电池弥补发动机功率不足的部分，这样可避免发动机的工作点波动，保证发动机工作于最佳效率点。

（3）当车辆制动时，动力电池能有效回收制动能量。

综上所述，增程式电动汽车是一种可增加续驶里程的纯电动汽车，兼有混合动力电动汽车和纯电动汽车的特征，是现阶段解决新能源汽车技术问题最切实可行的方案之一。增程式纯电动汽车具有以下特点：

（1）在纯电动模式下，发动机不启动，由动力电池驱动整车行驶，这样可减少整车对石油的依赖，缓解石油危机。

（2）在动力电池电能不足时，为了保证车辆性能和动力电池的安全性，进入电量保持模式，由动力电池和发动机联合驱动整车行驶。

（3）整车纯电动续驶里程满足大部分人员每天行驶里程要求，动力电池可利用晚间低谷电力充电，缓解供电压力。

（4）整车大部分情况在电量消耗模式下行驶，能达到零排放和低噪声的效果。

（5）发动机与机械系统不直接相连，发动机可工作于最佳效率点，大大提高整车燃料效率。

4.6.4　增程式电动汽车控制策略

4.6.4.1　增程式电动汽车控制策略类型

增程式电动汽车的控制策略是服务于车辆控制器的一种算法，车辆控制器接收来自于驾驶员的指令，并采集当前车辆行驶工况信息，以当前车辆状态作为反馈条件，如电池SOC值，并根据预设的算法指令，确定发动机/发电机组和动力电池的能量分配关系，从而通过控制器来决定车辆的运行状态。

基于增程式电动汽车的特殊运行模式，在纯电动模式下仅靠动力电池的能量驱动车辆行驶，增程模式下首先由发动机/发电机组为驱动电机提供驱动电能，多余的电量为电池充电，因此，增程模式下能量管理控制策略的好坏直接影响到整车的动力性和经济性。增程模式下的控制策略主要有恒功率控制策略、功率跟随控制策略、瞬时优化控制策略、自适应控制策略、模糊控制策略等。

A　恒功率控制策略

恒功率控制策略又称为单点控制策略，增程器启动后，发动机在预设的工作点按恒定功率输出，输出功率不随工况的变化而变化，该工作点可以是最佳功率点，也可以是保证动力性前提下的最低油耗点，工作点的选取应兼顾发动机的燃料消耗、功率及转速。该控制策略下发动机的输出功率优先用来驱动车辆行驶，当车辆驱动需求功率较小时，剩余的发动机输出功率将用来为动力电池充电。此外，为了在动力电池SOC值最低的情况下也能提供足够的电能，满足各种行驶工况的需要，就要求发动机能够在较高的转速下工作，发动机恒功率运行的工作过程应持续到使动力电池组充电的SOC值达到最大，之后再关闭增程器或使发动机怠速运行。

恒功率控制策略的优点是发动机可以工作在低油耗或者高效率区，可以提高整车的燃料经济性，缺点在于动力电池放电电流会随着工况的频繁变化而产生较大波动，使动力电池经常处于深度充放电循环状态，因此这种控制模式虽然控制策略简单，但采用这种控制策略，会降低动力电池的使用寿命。

B 功率跟随控制策略

功率跟随控制策略包括三点功率跟随控制策略和曲线功率跟随控制策略。

（1）三点功率跟随控制策略。预先选定三个最优工作区域的发动机功率值，可以根据不同的工况环境及驾驶员驾驶意图来确定相应的工作点，这样发动机的工作点增加，与恒功率控制策略相比，有两个优点：第一，大部分发动机功率可以经过动力传递路线，传给驱动电机，驱动汽车行驶，降低了能量由化学能—电能—化学能—电能的多级转换，降低了驱动电机功率损失，提高了整车的效率；第二，动力电池的充放电波动小，有效地避免了动力电池过放电，提高了动力电池的寿命和使用稳定性。

（2）曲线功率跟随控制策略。即发动机的运行沿着固定曲线变化，可以连续地改变发动机的功率值，一般选择最佳燃料经济性时候的发动机功率曲线为目标跟随曲线。该控制策略是由车辆行驶工况决定的，发动机的特性已知，车辆在某一个时刻工况下的需求功率，决定了在这一功率下的最低燃料消耗率点的数值。因此，当动力电池的 SOC 值达到阈值时，发动机/发电机组开启，并沿着最低燃料消耗率曲线运行，这种控制模式下，发动机能够提供给动力电池充电的功率很少，降低了化学能和电能之间的二级转化，极大地提高了动力性和燃料经济性。但是这种控制方法的发动机的工作区间变大，怠速的时候发动机能量利用瞬时优化控制策略系统复杂，成本高。

C 自适应控制策略

自适应控制策略的目标是将整车的燃料消耗和排放两种不同的量纲进行统一，定义权重系数的大小，来突出降低整车的燃料消耗或者降低排放两种控制目标。控制的因子为加速时间、百公里油耗、HC、CO、NO_x 以及 PM，根据车辆的行驶工况环境来确定各因子的权值。

自适应控制策略的优点是驾驶员灵活性较好，驾驶员可以根据环境或者自己的意愿来调整自己的驾驶目标，由于该策略同时将动力性和经济性作为影响因子，综合考虑了发动机/发电机的最佳工作点，故在这种控制策略下，车辆的综合性能较好。但这种控制策略没有考虑电机驱动的影响，所以在应用这种控制策略前，首先要将电机的电量消耗等效折算成燃料消耗量和排放量。

D 模糊控制策略

模糊控制策略的工程化较强，该控制策略以发动机最高效率区域和最低燃料消耗为目标，由模糊控制器和处理器组成，模糊逻辑控制器驱动发动机工作。控制器又由模糊化接口、反模糊化接口、模糊推理和知识库 4 部分组成。

模糊逻辑控制策略的优点是不需要建立明确的数学模型，而是通过实验数据来进行分析和处理，将采集到的信号数据做模糊化处理，作为模糊计算的输入数据，根据预设的推理方法和知识规则，得出模糊结论。缺点是要有大量的工程实验数据作为模糊计算的参考依据，此外，基于实验得到的数据处理模糊算法规则非常有限，不同配置的汽车发动机，规则的建立比较困难。

4.6.4.2 增程式电动汽车控制策略设计

通过对各种控制策略的分析，恒功率模式具有较高的工作效率，而功率跟随模式具有更好的燃料经济性和动力性，因此在不同的车辆运行模式下，分别选择更加适合当前功率的控制策略，两者之间进行切换，会使两种控制策略的优势得以充分发挥。

增程模式下的控制策略是将恒功率定点控制策略和最佳燃料消耗曲线的功率跟随控制策略结合起来使用，充分利用增程器和动力电池的相对高效工作区域，当车辆行驶需求功率高于一定值的时候，采用功率跟随模式的控制策略，避免动力电池的频繁启停和过放电；当车辆行驶需求功率较小时，则根据 SOC 值划分出不同的工作模式。

设定 SOC 阈值作为纯电动模式和增程模式的切换点。当汽车运行在增程模式下，发电机为动力电池充电，使电池 SOC 值升高，在未达到 SOC 最高值时，不会启用纯电动运行模式，而是将多余的电量储存在动力电池中，直到 SOC 达到最高限值后，发动机将再次关闭，汽车再次进入纯电动运行模式。增程式电动汽车的总体运行模式如图 4-34 所示，图中纵坐标分别为动力电池的 SOC 值和发动机开启或者关闭的状态。

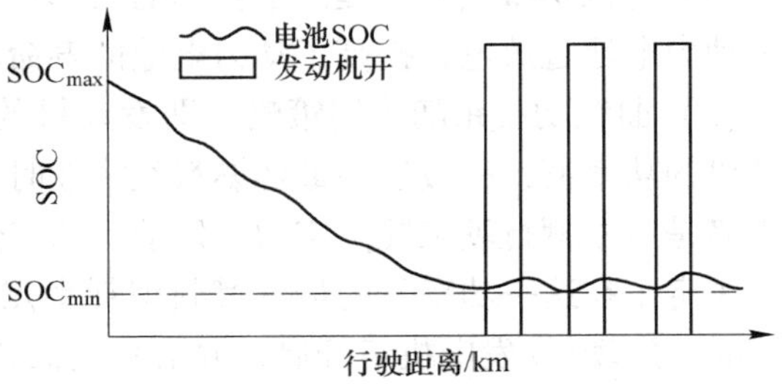

图 4-34　增程式电动汽车的总体运行模式

A　增程式电动汽车控制策略要求

增程式电动汽车主要利用电能为驱动能源，增加一个发动机/发电机组作为增程器，在动力电池的 SOC 值达到阈值时，启动增程器，在最佳的状况下工作，多余的电能用来为动力电池充电，具有低排放甚至零排放的特点，当车辆运行在日常的城市上下班道路上的时候，几乎不需要启动发动机，电能足够满足驾驶者的出行需求。因此，增程式电动汽车的控制策略可以分为两部分：一部分与纯电动汽车一样，为以纯电动方式行驶时候的控制策略；另一部分是增程模式下的控制策略，此时的控制策略要最大限度地降低能量转化带来的能量损耗，在保证动力性的前提下，达到燃料经济性最佳的目标，提高能量利用率，同时兼顾动力电池的充放电和循环使用寿命，提高整车的工作效率。

为了使两种能源得到最佳的组合和协调运行，应在保证动力性前提下，使燃料经济性最好以及排放最低，故应采用合适的能源管理控制策略。在汽车行驶过程中，工况是多变和不可预测的，因此控制策略应可以根据不同的路况以及车辆的运行需求，适时、合理地分配其能量流及做出合理的反应。对增程式电动汽车控制策略具有以下要求：

（1）纯电动模式和增程模式的切换控制要合理，充分利用动力电池驱动，实现零排放。

（2）防止对动力电池的过充电和过放电，避免频繁地充放电，延长动力电池的使用寿命。

（3）在启动增程模式下运行盾，发动机的启停控制要合理。当发动机为动力电池充电电量达到一定值的时候，才可关闭发动机/发电机组，继续用电能驱动，这样能量多级转化的损失非常大。但是如果发动机启动后提供给动力电池的电量比较小，就切换到纯电动运行模式，则需要频繁地启动发动机，发动机的寿命必然受到影响，也不利于降低排放的设计要求。

（4）发动机长期不用的时候，要能够设置在动力电池 SOC 值最低的时候也能运行的特殊控制模式，以使长期不用的发动机/发电机组得到维护和保养。

B 增程式电动汽车控制策略

增程式电动汽车运行按照动力电池的状态分为两个模式：一个是电量消耗状态（Charge-depleting，CD）；另一个是电量保持（Charge-sustain，CS）状态，如图 4-35 所示。最初运行时刻，电池系统的 SOC 处于最高值状态，车辆运行过程中，动力电池是唯一动力源，驱动电机的功率也完全是由动力电池提供的，故该状态又称为纯电动运行模式，因为动力电池的 SOC 值不断降低，而发动机/发电机组又完全关闭，故设定最大 SOC_{max}值，防止过充电对动力电池造成的损害。当动力电池的 SOC 值降低到阈值时，发动机/发电机组开始工作，此时切换到电量保持 CS 阶段，此阶段的 SOC 值并不是一个固定的值，而是在某一个 SOC 范围内。

为了有效防止对动力电池过充电和过放电，应设置动力电池 SOC 的最高值和最低值。

CD 模式代表动力电池电能耗尽后的增程运行模式，该模式下发动机/发电机组产生的能量若有剩余，则会为动力电池提供电量，使动力电池处于充电状态，故在 CD 模式下动力电池的 SOC 是一个变化值，考虑到应防止动力电池频繁充放电，所以该模式下的转换判断图应是单向起作用。如图 4-36 所示，在 CD 模式下，发动机/发电机组为动力电池充电 SOC 值达到最高值时，发动机关闭，转为纯电动行驶，此时仍为 CD 模式，而一旦 SOC 值小于最低值，系统进入 CS 模式后，控制系统则不应回到 CD 模式下。在 CD 模式下，当需求功率小于等于 0 时，设置为制动能量回收模式，将一部分能量再回馈给动力电池，CD 模式下的驱动功率分配如图 4-36 所示，横坐标以上区域是动力电池为车辆提供行驶驱动功率，横坐标以下区域是制动时候的制动能量回收模式。

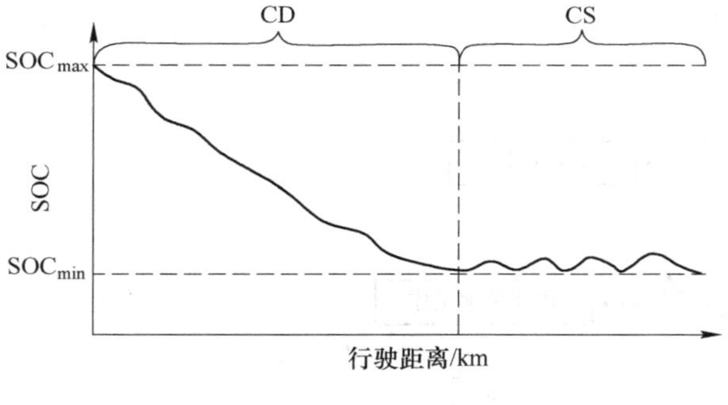

图 4-35 增程式电动汽车两种模式转换图

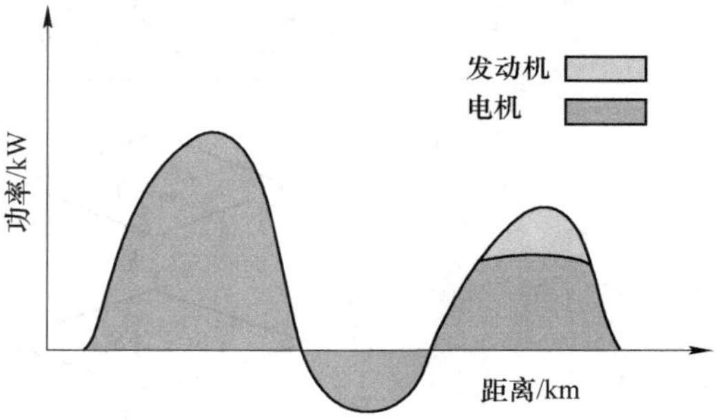

图 4-36 CD 模式下的驱动功率分配

4.6.4.3 增程式模式控制策略

汽车在纯电动模式下运行，动力电池的 SOC 降低到阈值时，增程器开启，进入增程模式运行，在功率跟随模式下，发动机工作在最低燃料消耗率区域。此时包括两条能量传递路线：第一条为发动机—发电机—传动泵统一驱动电机；第二条为发动机—发电机—动力电池—驱动电机。第二条路线由于在动力电池处多了一次能量转化，其能量利用率要低于第一条。但从整车运行工况来看，如果只采用第一条能量传递路线，所对应的发动机运行状态与传统发动机一样，能量利用率非常低。所以应根据不同的工况选取不同的能量传递路线。

假设两种能量传递路线的发动机功率临界值为 P_0，发动机最优工作区域的输出功率

为 $P_1 \sim P_2$；SOC 高效放电区是 $S_1 \sim S_2$，阈值为 S_{min}。通过对发动机工作区域的划分以及动力电池最优充放电 SOC 区域值的划分，将驱动模式下的工作状态分为 6 个区域，见表 4-1。

此外，将需求功率小于 0 的状态，定义为制动能量回收阶段。

表 4-1　增程模式工作状态

工作状态	SOC 条件	需求功率 P_{req}/kW
动力电池单独工作	S_1<SOC<S_2	P_{req}>0
动力电池单独工作	S_{min}<SOC<S_1	P_{req}<P_0
发动机单独工作	S_{min}<SOC<S_1	P_0<P_{req}<P_2
发动机和动力电池联合驱动	S_{min}<SOC<S_1	P_{req}>P_2
发动机驱动发电	SOC<S_{min}	P_{req}<P_2
发动机单独驱动	SOC<S_{min}	P_{req}>P_2

根据表 4-1 的工作状态划分，得出控制流程状态转换逻辑框图，如图 4-37 所示。

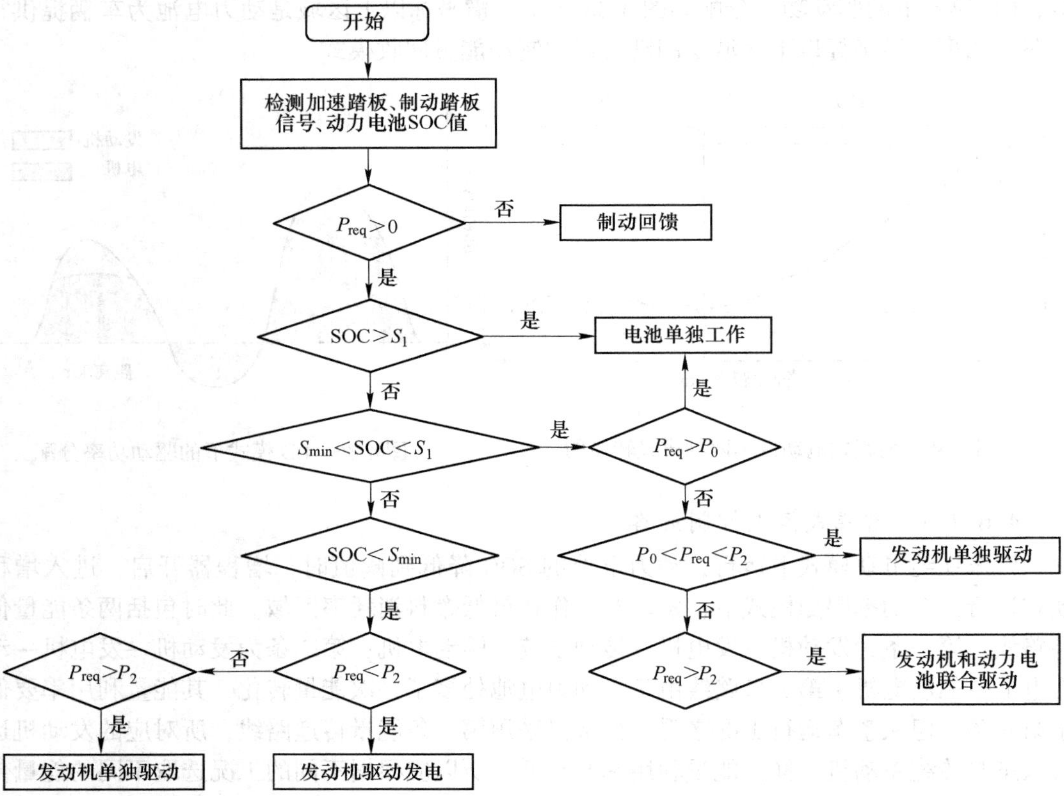

图 4-37　增程式电动汽车状态转换逻辑框图

4.7 电池管理系统

电池管理系统（Battery management system，BMS）是由电池电子部件和电池控制单元组成的电子装置，可以控制电池输入和输出功率，监视电池的状态（温度、电压、荷电状态），为电池提供通信接口的系统。

4.7.1 电池管理系统的功能

电池管理系统主要是为了能够提高电池的利用率，防止电池出现过度充电和过度放电，延长电池的使用寿命，监控电池的状态。电动汽车电池管理系统主要用于对电动汽车的动力电池参数进行实时监控、故障诊断、SOC 值估算、续驶里程估算、短路保护、漏电监测、显示报警、充放电模式选择等，并通过 CAN 总线的方式与整车控制器或充电机进行信息交互，保障电动汽车高效、可靠、安全运行，并保证在车辆使用过程中的安全。

典型的电池管理系统应具备以下功能：

（1）实时采集电池系统运行状态参数。实时采集电动汽车蓄电池组中的每块电池的端电压和温度、充放电电流以及电池组总电压等。由于电池组中的每块电池在使用中的性能和状态不一致，因而对每块电池的电压、电流和温度数据都要进行监测。

（2）确定电池的 SOC 值。准确估计动力电池组的 SOC 值，从而随时预报电动汽车储能电池还剩余多少能量或储能电池的 SOC 值，使电池的 SOC 值控制在 30%~70%的工作范围。

（3）故障诊断与报警。当蓄电池组电量或能量过低需要充电时，及时报警，以防止蓄电池过放电而损害电池的使用寿命；当蓄电池组的温度过高，非正常工作时，及时报警，以保证蓄电池正常工作。

（4）电池组的热平衡管理。电池热管理系统是电池管理系统的有机组成部分，其功能是通过风扇等冷却系统和热电阻加热装置使电池温度处于正常工作温度范围内。

（5）一致性补偿。当电池之间有差异时，有一定措施进行补偿，保证电池组表现能力更强，并有一定的手段来显示性能不良的电池位置，以便修理替换。一般采用充电补偿功能。设计有旁路均流电路，以保证每个单体都可以充满电，这样可以减缓电池老化的进度，延长电池的使用寿命。

（6）通过总线实现各检测模块和中央处理单元的通信。在电动汽车上实现电池管理的难点和关键在于如何根据采集的每块电池的电压、温度和充放电电流的历史数据，建立确定每块电池剩余能量的较精确的数学模型，即准确估计电动汽车蓄电池的 SOC 值。

【例 4-1】 根据某电动汽车动力电池管理系统的组成（见图 4-38），分析该系统的基本功能。

【解】 该系统由电池状态检测、电池状态分析、电池安全保护、能量控制管理、电池信息管理组成，其功能分别如下：

（1）电池状态监测。电池状态监测一般是对电池电压、电流及温度的监测，其中温度包括电池温度、电池箱的温度和环境温度。电池状态监测是电池管理系统最基本的功能，它是其他各项功能的前提与基础。

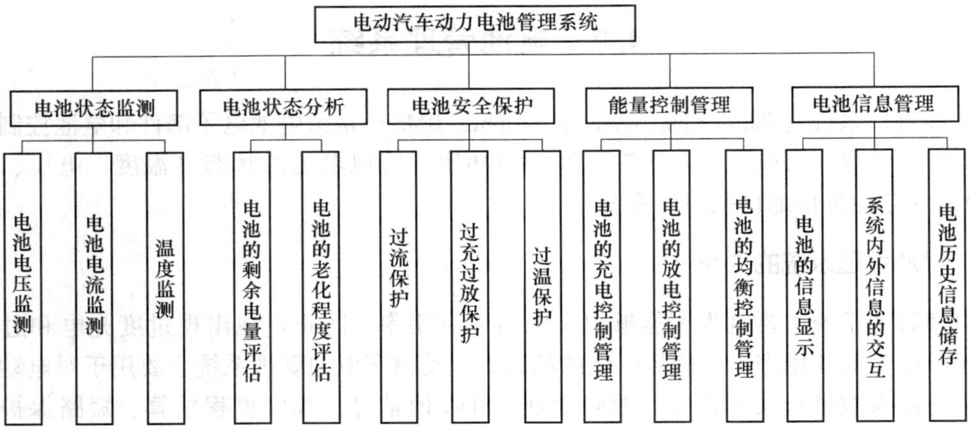

图 4-38 某电动汽车动力电池管理系统组成

(2) 电池状态分析。电池状态分析包括电池的剩余电量评估和电池的老化程度评估。剩余电量评估是动力电池管理系统中最重要的功能之一，系统中的许多其他功能都依赖于剩余电量评估的结果。剩余电量常用荷电状态（SOC）来表示，SOC 是指电池中剩余电荷的可用状态，一般用百分比来表示，即电池中剩余的电荷容量与电池的标称电荷容量之比。电池的老化程度也常用一个百分比来反映，也就是说，如果一个电池在“新”的时候的最大容量为 1，那么经过多次循环以后，电池所能装载的最大容量相对于“新”的时候的百分比。

(3) 电池安全保护。电池安全保护是电动汽车电池管理系统首要的、最重要的功能，过流保护、过充过放保护、过温保护是最为常见的电池安全保护的内容。过流保护指的是在充、放电过程中，如果工作电流超过了安全值，则应该采取相应的安全保护措施。过充保护是指在电池的荷电状态为 100% 的情况下，为了防止继续对电池充电造成的电池损坏，而采取切断电池的充电回路的保护措施。另外，在电池的荷电状态为 0 的情况下，若继续对电池进行放电，也会对电池造成损坏，此时应采取措施，切断电池的放电回路，这就是过放保护。过温保护是当温度超过一定限值的时候对动力电池采取保护性的措施，过温保护需要考虑环境温度、电池组的温度以及每个单体电池本身的温度。

(4) 能量管理控制。能量管理控制包括电池的充电控制管理、电池的放电控制管理和电池的均衡控制管理。电池的充电控制管理是指电池管理系统在电池充电过程中对充电电压、充电电流等参数进行实时的优化控制，优化的目标包括充电时长、充电效率以及充电的饱和程度等。电池的放电控制管理是指在电池的放电过程中根据电池的状态对放电电流大小进行控制。电池的均衡控制管理是指采取一定的措施，尽可能降低电池不一致的负面影响，以达到优化电池组整体放电效能，延长电池组整体寿命的效果。

(5) 电池信息管理。电池信息管理包括电池的信息显示、系统内外信息的交互和电池历史信息储存。电池管理系统通常通过仪表把电池状态信息显示出来，告知驾驶员。需要显示的信息通常包括实时电压、电流、温度信息、电池剩余电量信息和告警信息。先进的电动汽车控制，离不开车载信息通信网络。对于电池管理系统，往往同时具有内网和外网两级网络，其中内网用于传递电池管理系统的内部信息，外网用于电池管理系统与整车控制器、电机控制器等其他部件交互信息。历史信息储存并非电池管理系统所必需的功能，但在先进的动力电池管理系统中往往考虑这项功能。历史信息储存可以提高分析估算的精度，有助于电池状态分析，有助于故障分析和排除。

4.7.2 电池管理系统的组成

电动汽车电池管理系统的功能和形式主要是根据实际情况确定，受电池类型、电动汽车类型、成本等多种因素影响。

电池管理系统包括硬件系统和软件系统。硬件系统设计取决于管理系统实现的功能。基本要实现对动力电池组的合理管理，即保证采集数据的准确性、可靠稳定的系统通信、抗干扰性。在具体实现过程中，根据设计要求确定需要采集动力电池组的数据类型；根据采集量以及精度要求确定前向通道的设计；根据通信数据量以及整车的要求选用合理的总线。

电池管理系统的基本组成如图 4-39 所示，它主要由检测模块、均衡电源模块和控制模块三部分组成。检测模块能够对电池组中各单体电池的电压、电流、温度等关键状态参数进行准确、实时的检测，并通过 SPI 上报给控制模块；均衡电源模块能够平衡单体电池间的电压差异，解决电池组“短板效应”；控制模块能够根据既定策略完成控制功能，实现 SOC 估计，同时将电池状态数据通过 CAN 总线发送给整车其他电子单元。

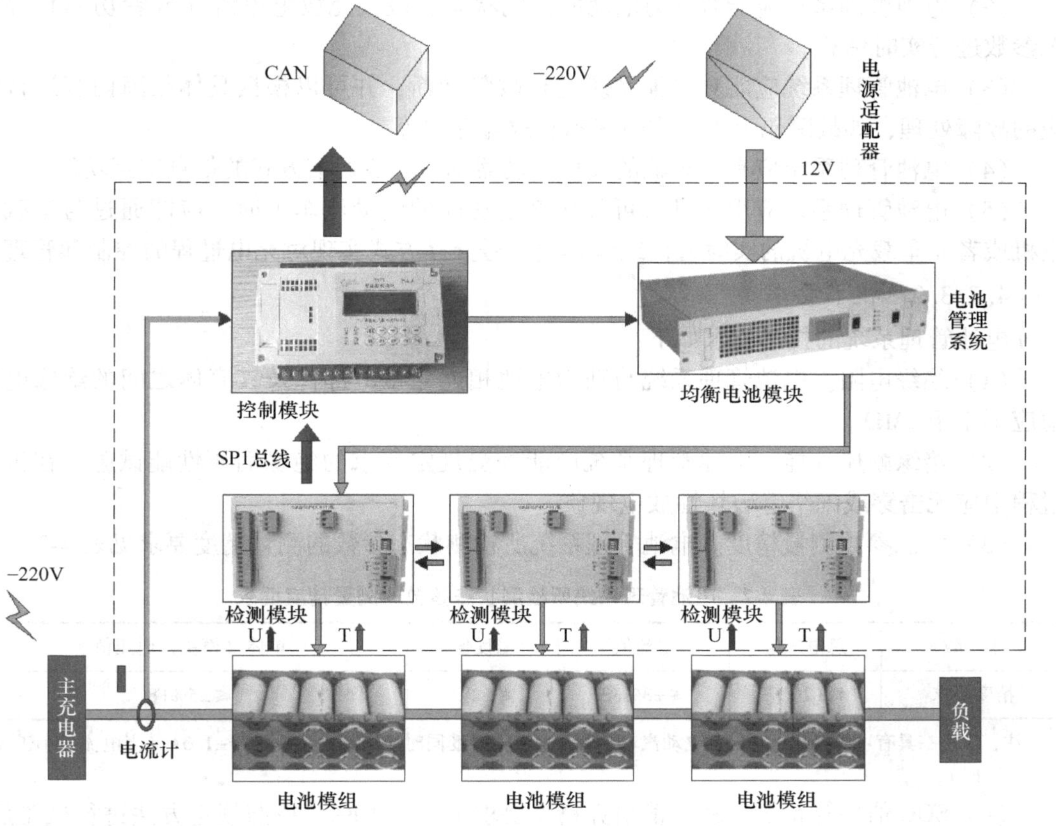

图 4-39 电池管理系统的基本组成

电池的 SOC 值是经过对电流的积分得到的，电流信号检测的精度直接影响系统的 SOC 值的准确度，因此要求电流转换隔离放大单元在较大范围内有较高的精度，较快的响应速度，较强的抗干扰能力，较高的零漂、温漂抑制能力和较高的线性度。

电池的温度是判断电池能否正常使用的关键性参数，如果电池的温度超过一定值，有可能造成电池的不可恢复性破坏。电池组之间的温度差异造成电池组的单体之间的不均衡，从而会造成电池寿命的降低。

电压是判断电池组好坏的重要依据，系统要求能得到电池组在同一时刻的电压值的变化和电池组的值，通过算法来找出问题电池组，因此电压的采样精度要求比较高。

电动汽车中电机等强电磁干扰源的存在对系统的抗干扰性要求较高，所以要求系统从硬件设计、印制电路板的制作和软件程序方面提高系统的抗干扰性。

4.7.3　电池管理系统的要求

电池管理系统的要求分为一般要求和技术要求。

4.7.3.1　一般要求

电池管理系统的一般要求如下：

（1）电池管理系统应能检测电池电和热相关的数据，至少应包括电池单体或者电池模块的电压、电池组回路电流和电池包内部温度等参数。

（2）电池管理系统应能对动力电池的荷电状态、最大充放电电流（或者功率）等状态参数进行实时估算。

（3）电池管理系统应能对电池系统进行故障诊断，并可以根据具体故障内容进行相应的故障处理，如故障码上报、实时警示和故障保护等。

（4）电池管理系统应有与车辆的其他控制器基于总线通信方式的信息交互功能。

（5）电池管理系统应用在具有可外接充电功能的电动汽车上时，应能通过与车载充电机或者非车载充电机的实时通信或者其他信号交互方式实现对充电过程的控制和管理。

4.7.3.2　技术要求

电池管理系统的技术要求如下：

（1）绝缘电阻。电池管理系统与动力电池相连的带电部件及其壳体之间的绝缘电阻值应不小于 2MΩ。

（2）绝缘耐压性能。电池管理系统应能经受规定要求的绝缘耐压性能试验，在试验过程中应无击穿或闪络等破坏性放电现象。

（3）状态参数测量精度。电池管理系统所检测状态参数的测量精度要求见表 4-2。

表 4-2　电池管理系统所检测状态参数的测量精度要求

参　数	总电压值	电流值	温度值	单体（模块）电压值
精度要求	≤±2%FS	≤±3%FS	≤±2℃	≤±5%FS

注：应用在具有可外接充电功能的电动汽车上时，电流值精度同时应满足小于或等于±1.0A（当电流值小于 30A 时）。

（4）SOC 值估算精度。SOC 值估算精度要求不大于 10%。按照规定方法进行试验后，分别比较在不同 SOC 值范围内电池管理系统上报的 SOC 值与 SOC 测试真值的偏差。

(5) 电池故障诊断。电池管理系统对于电池系统进行故障诊断的基本项目和可扩展项目分别见表4-3和表4-4。表4-3中所列的故障诊断项目是基本要求。根据整车功能设计和电池系统的具体需要，电池管理系统的具体诊断内容可以不限于表4-3和表4-4所列项目。

表4-3 电池系统故障诊断基本要求项目

序号	故障状态	电池管理系统的故障诊断项目①
1	电池温度大于温度设定值1	电池温度高
2	电池温度小于温度设定值2	电池温度低
3	单体（模块）电压大于电压设定值1	单体（模块）电压高
4	单体（模块）电压小于电压设定值2	单体（模块）电压低
5	单体（模块）一致性偏差大于设定条件	单体（模块）一致性偏差大②
6	充电电流（功率）大于最大充电电流（功率）值	充电电流（功率）大
7	放电电流（功率）大于最大放电电流（功率）值	放电电流（功率）大

①制造商可以自行规定故障项目的具体名称、故障等级划分以及相关故障条件的设定值。

②电池系统具有均衡功能时，该项目不作为基本要求项目。

表4-4 电池系统可扩展的故障诊断项目

序号	故障状态	电池管理系统的故障诊断项目
1	电池温度大于温度设定值1	绝缘薄弱
2	SOC值大于SOC设定值1	SOC高
3	SOC值小于SOC设定值	SOC低
4	总电压小于总电压设定值1（与放电电流、温度等参数有关）	总电压低
5	总电压大于总电压设定值2（与放电电流、温度等参数有关）	总电压高
6	外部通信接口电路故障	外部通信接口故障
7	内部通信接口电路故障	内部通信接口故障
8	电池系统内部温度差大于温度差设定值	电池系统温差大
9	内部通信总线脱离	内部通信网络故障
10	电池连接电阻大于电阻设定值（或其他等效的判断条件）	电池连接松动

(6) 过电压运行。电池管理系统应能在规定的电源电压下正常工作，且满足规定状态参数测量精度的要求。

(7) 欠电压运行。电池管理系统应能在规定的电源电压下正常工作，且满足规定状态参数测量精度的要求。

(8) 高温运行。电池管理系统应能经受规定的高温运行试验，在试验过程中及试验后应能正常工作，且满足规定状态参数测量精度的要求。

(9) 低温运行。电池管理系统应能经受规定的低温运行试验，在试验过程中及试验后应能正常工作，且满足规定状态参数测量精度的要求。

（10）耐高温性能。电池管理系统应能经受规定的高温试验，在试验后应能正常工作，且满足规定状态参数测量精度的要求。

（11）耐低温性能。电池管理系统应能经受规定的低温试验，在试验后应能正常工作，且满足规定状态参数测量精度的要求。

（12）耐温度变化性能。电池管理系统应能经受规定的温度变化试验，在试验后应能正常工作，满足规定状态参数测量精度的要求。

（13）耐盐雾性能。电池管理系统应能经受规定的盐雾试验，在试验后应能正常工作，且满足规定状态参数测量精度的要求。厂家如果能够证明电池电子部件或电池控制单元实车安装在车辆内部或者具备防尘防水条件的电池包内部，可不要求该零部件进行耐盐雾性能试验。试验条件的差异性内容需在试验报告中说明。

（14）耐湿热性能。电池管理系统应能经受规定的湿热试验，在试验后应能正常工作，且满足规定状态参数测量精度的要求。

（15）耐振动性能。电池管理系统应能经受规定的振动试验，在试验后应能正常工作，且满足规定状态参数测量精度的要求。

（16）耐电源极性反接性能。电池管理系统应能经受规定的电源极性反接试验，在试验后应能正常工作，且满足规定状态参数测量精度的要求。

（17）电磁辐射抗扰性。电池管理系统按规定进行电磁辐射抗扰性试验，在试验过程中及试验后应能正常工作，且满足规定状态参数测量精度的要求。

4.7.4 电池 SOC 估算方法

动力电池的荷电状态 SOC 是反映动力电池当前状态的重要的参数之一，也是整车能量分配策略的重要依据之一。在电池管理系统中，SOC 估算是重要的研究内容。

由于无法通过直接测量的方法来得到电池的 SOC，因此一般采用间接测量电池其他参数，如电池电流、电压等来估算电池的 SOC。常见的估算动力电池 SOC 的方法有放电法、开路电压法、安时积分法、卡尔曼滤波法、神经网络法。

（1）放电法。在某一温度下对电池进行 1/3C 倍率的恒流放电，直到电池端电压达到最低值（此时 SOC=0），此温度和电流下放电容量即为电流与时间的积，SOC 值即为放电容量占电池额定容量的比值。放电法是按照 SOC 的定义去估算的，因此也是最准确的方法，但是此方法只适用于实验室内，而无法在汽车实际运行过程中使用。

（2）开路电压法。电池的开路电压是可直接测量的物理量，其与 SOC 有一定的联系。一般来说，当 SOC 处于较高值时，电池的开路电压也比较大。因此可预先通过试验的手段来获取 SOC 与开路电压两者的对应关系，之后测量电池开路电压即可得到此状态下电池的 SOC。这种方法原理简单，操作方便，但在测量开路电压时电池还要单独进行静置处理，因而也无法在实际情况下进行实时测量。

（3）安时积分法。电池在一段时间内放出的容量是电流对时间的积分，故测量电池工作状态下的电流值，计算已放出容量，然后根据电池总容量与已放出容量之差即可计算出当前状态下电池的 SOC。该方法是电池管理系统中 SOC 估算最常用的方法之一，此方法不需要考虑电池模型，但不可避免会产生误差，尤其是 SOC 估算误差会随着时间而积累，因此需要对 SOC 进行校正。

（4）卡尔曼滤波法。卡尔曼滤波法的核心是根据已建立的电池状态模型，利用卡尔曼滤波原理，根据电池工作时的电流、电压以及温度等进行状态递推，得到 SOC 的实时估算值以及估算误差。需要指出的是由于电池的动态仿真模型并不是线性的，故在利用卡尔曼滤波算法时通常需要将电池的动态仿真模型进行一定处理，从而能够更加精确地对电池 SOC 进行估算，此方法被称为扩展卡尔曼滤波算法。

（5）神经网络法。神经网络法是依据大量的样本数据和神经网络模型，通过大量的数据分析，实时将 SOC 与输入端数据建立一定的联系。人工神经网络模型缺少对动态工况的验证，在使用这种模型时，还必须采集大量的变电流工况数据。否则，当燃料电池汽车行驶在复杂工况下时，模型的 SOC 估计精度势必将受到影响。

随着各种先进算法的提出，SOC 估算精度已经得到了明显提高。

【例 4-2】 典型的电池组及 BMS 系统如图 4-40 所示，请说明该系统的组成和功能。

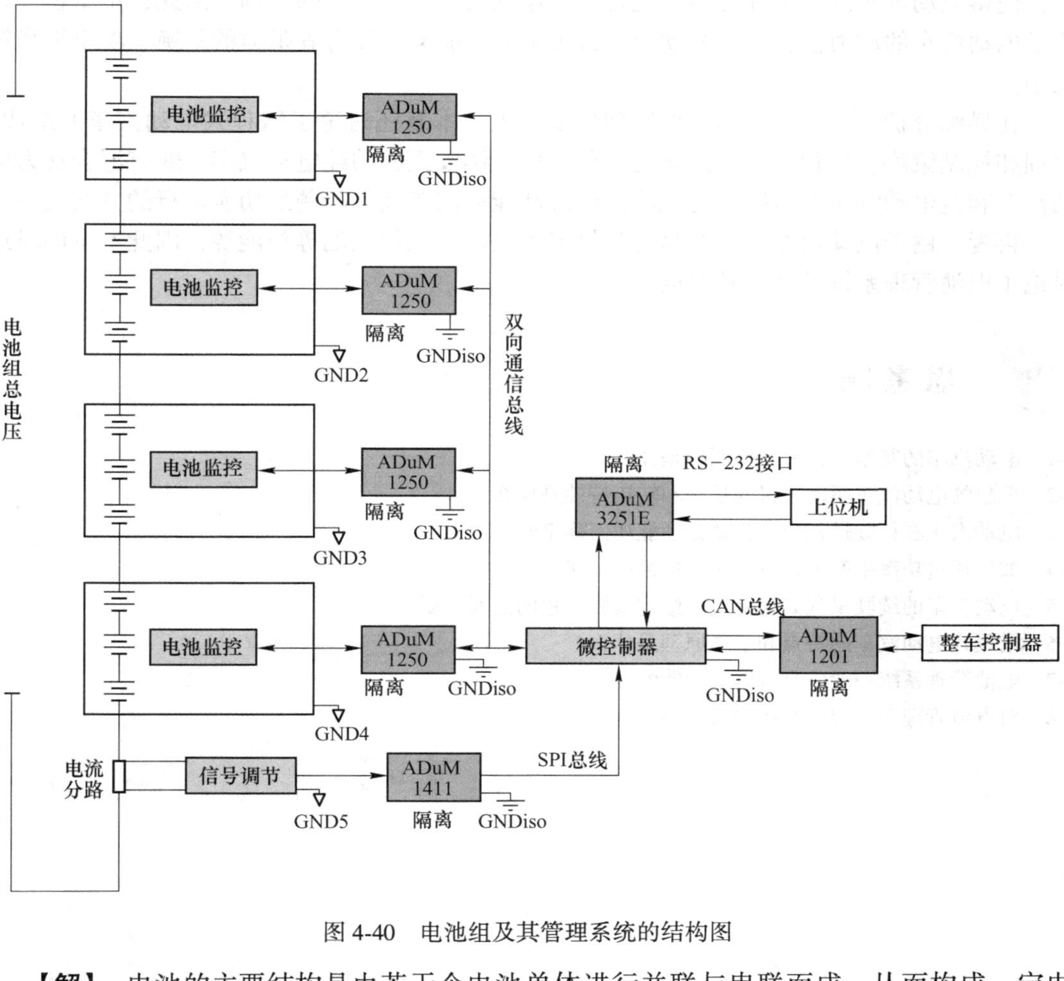

图 4-40 电池组及其管理系统的结构图

【解】 电池的主要结构是由若干个电池单体进行并联与串联而成，从而构成一定电压与工作电流的动力电池系统。

如图 4-40 所示的电池管理系统中，每个串联的电池组内部为 10A · h 的模块并联成 100A · h 的单体模块，100A · h 的单体电池模块串联成高压的动力电池组，例如，对于某个车型的电动汽车，电池组的电压一共有 100 块电池单体，使用 3.2V 的磷酸铁锂电池，共 320V 的电池组电压。为了测量电池单体的电压值，必须对 320V 的电池组进行分组测量。因此，设计了 10 组的电池测量模块，每个模块测量 10 个电池单体。电池测量模块之间用 ADuM1250 进行隔离，并通过 CAN 总线与上位机进行数据通信。

本章小结

本章首先介绍了电动汽车的发展历史和现状，接着对电动汽车的基本结构进行了详尽分析。

燃油汽车与电动汽车的主要区别在于它们的驱动系统不同，传统的燃油汽车用液态的汽油或柴油作燃料，用内燃机驱动，而电动汽车用电机驱动。由于电机驱动独有的一些特点，使得电动汽车的结构和许多性能特性与燃油汽车存在较大的差别。因此，本章重点讨论了电动汽车的动力性，包括驱动力、行驶阻力、驱动力和行驶阻力的平衡、功率平衡等问题。

在详细分析了纯电动汽车工作原理的基础上，本章还讨论了增程式电动汽车的组成、原理和控制策略。增程式电动汽车是一种可增加续驶里程的纯电动汽车，兼有混合动力电动汽车和纯电动汽车的特征，是现阶段解决新能源汽车技术问题最切实可行的方案之一。

再者，由于电动汽车的能源是化学储能蓄电池、燃料电池等新能源，因此本章同时还讨论了电池管理系统的功能及组成。

思考题

4-1　电动汽车的基本结构和工作原理是什么？
4-2　理想的电动汽车驱动电机的功率和转矩特性是什么？
4-3　电动汽车在行驶过程中，其动力性能如何确定？
4-4　如何通过功率平衡图求电动汽车的最高车速？
4-5　电动汽车的续驶里程如何确定，影响续驶里程的因素有哪些？
4-6　增程式电动汽车的特点和工作原理是什么？
4-7　电池管理系统一般应具备哪些功能？
4-8　对电池管理系统应具有哪些技术要求？

5 混合动力汽车

【本章重点和难点】

（1）本章重点：

1）了解混合动力汽车的优缺点、主要组成、关键技术。

2）掌握3种混合动力汽车（串联式、并联式和混联式混合动力电驱动系）的结构特点。

3）掌握混合动力汽车能量管理工作原理，包括能量的传递路线和能量的控制策略。

4）掌握串联式、并联式、混联式混合动力汽车的设计方法。

5）掌握液驱混合动力汽车构型方案与特点。

（2）本章难点：

1）串联式混合动力汽车的运行模式、控制策略、电驱动参数设计。

2）并联式混合动力汽车的运行模式、控制策略、电驱动参数设计。

3）混联式混合动力汽车的运行模式、控制策略、电驱动参数设计。

4）串联式、并联式、混联式液驱混合动力汽车的工作原理。

5.1 概　　述

随着全球汽车工业的迅猛发展、石油资源供应的日趋紧张，世界各国积极寻求代用燃料或者减少燃油的消耗量，大力开发新型节能环保汽车。在太阳能、电能等替代能源真正进入实用阶段之前，混合动力汽车因其低油耗、低排放、高性价比的优势越来越受到人们的关注。

5.1.1 混合动力汽车的主要组成

所谓的混合动力汽车是指携带不同动力源、可根据汽车的行驶需要同时或分别使用不同的动力源而行驶的汽车。与传统汽车的最大区别是动力传动系统，一般至少拥有两个动力源和两个能量储存系统。

混合动力汽车是介于内燃机汽车和电动汽车之间的一种车型，它是一种内燃机汽车向电动汽车过渡型的车辆，同时，也是一种“独立”型车辆。

混合动力汽车可分为两大类，即液压蓄能式混合动力汽车 HHV（Hydraulic Hybird Vehicle）和混合动力电动汽车 HEV（Hybird Electric Vehicle）。

液压蓄能式混合动力汽车由液压驱动系统和热力发动机驱动系统组成。

混合动力电动汽车以内燃机和电动机为动力源。现时生产的通常由电动机及内燃机发动，由一个或多个电动机推动车辆，内燃机则负责为电池充电，或者需要大量推力（如上斜坡或加速时）直接提供动力。

混合动力电动汽车 HEV 主要由以下 3 部分组成：

（1）发动机。发动机是混合动力电动机的主要动力源，可以广泛地采用四冲程内燃机（包括汽油机和柴油机）、二冲程内燃机（包括汽油机和柴油机）、转子发动机、燃气轮机和斯特林（Stirling）发动机等。一般转子发动机和燃气轮机的燃烧效率比较高，排放也比较洁净，采用不同的发动机就可以组成不同的 HEV。

（2）驱动电动机。驱动电动机是 HEV 的辅助动力源。HEV 的驱动电机可以是交流感应电动机、永磁电动机、开关磁阻电动机、直流电动机和特种电动机等。随着 HEV 的发展，直流电动机已经很少采用，多数采用感应电动机、永磁电动机和开关磁阻电动机。发动机的动力和驱动电动机的“混合”是 HEV 的动力“混合”的另一种形式。采用不同的电动机可以组成不同的混合动力电动汽车。

（3）辅助电源。HEV 可以装备各种不同的蓄电池和超级电容等作为“辅助电源”。只有在混合动力汽车电动机启动发动机或电动机辅助驱动的时候才使用。

5.1.2　混合动力汽车的优缺点

较之纯电动车，混合动力汽车 HEV 具有以下优点：

（1）与纯电动车比，多了内燃机提供动力，因此电池较少，降低了整车质量，为提高动力性做贡献。

（2）由于采用辅助动力驱动，打破了纯电动汽车续驶里程的限制，其长途行驶能力可与传统汽车相媲美。

（3）在混合动力电动汽车上采用高度实时和动态的优化控制策略，优化控制的结果尽量使动力系统各部件工作在最佳状态和最高效率区域，大大限制了内燃机在恶劣工况下的高燃油消耗率和大量的尾气排放，大大提高了混合动力汽车的燃油经济性。在排放限制严格的地区，还可关闭辅助动力，以纯电动方式工作，成为零排放汽车。

（4）空调系统等附件由内燃机直接驱动，有充分的能源供应，保证了汽车的乘坐舒适性。

（5）在控制策略的作用下，辅助动力可以向储能装置（一般为电池组）提供能量，从而保证混合动力电动汽车无需停车充电，因此可利用现有加油站，不需要进行专门充电设施建设。

（6）由于混合动力汽车的电池组在使用过程中是浅充浅放，所以可以延长电池的使用寿命。

未来可能的优点：当电池科技及成本更进步时，不需要启动内燃机就可以提供上下班距离所需的所有能量，届时可以让车辆在上下班时处于纯电动模式（夜间回车库充电），假日游玩等长途使用才会开启内燃机，车辆甚至可以在电力尖峰时间提供电力给办公室（或住家）；若能普及，深夜充电需求会让电力系统负荷更平均，不但电力业者获利，也会增加电厂效率及降低污染，而电力也可以使用再生能源提供。

5.1.3 混合动力汽车的关键技术

混合动力汽车是集汽车、电力拖动、自动控制、新能源及新材料等高新技术于一体的系统集成产物。它的研究涉及多个领域，其关键技术主要有电池及电池管理、电机、发动机和整车能量管理等。

（1）电池及电池管理系统。混合动力汽车上的电池与纯电动车上的工作状况不同，常处于非周期性的充放电循环，这要求电池必须具有快速充放电和高效充放电的能力，即混合动力汽车所用电池在具有高能量密度的同时，更重要的是要具有高的功率密度，以便在加速和爬坡时能提供较大的峰值功率。

电池的性能和寿命与电池的充放电历史、电池工作温度等因素密切相关，过充电和过放电会严重影响电池性能甚至造成电池损坏。所以通过电池管理系统对电池工作过程和工作环境进行监控，提供准确的电池剩余电量预测，对充分利用电池能效、延长电池使用寿命具有非常重要的意义。

（2）电机。电机是混合动力汽车的驱动单元之一，其选用原则为性能稳定、质量轻、尺寸小、转速范围宽、效率高、电磁辐射量小、成本低等；另外，电机的峰值功率要具有启动发动机能力、电驱动能力、整车加速能力、最大再生制动能力等。目前混合动力汽车上使用的电机主要有直流永磁电机、永磁无刷同步电机、交流异步电机、开关磁阻电机等。在交流电动机中，最具代表性的是交流感应电动机，而这种电动机的结构决定其功率和效率之间的矛盾很难解决，应尽量采用具有高效率、高功率密度、结构紧凑的永磁电动机、开关磁阻电动机等先进电动机。

（3）发动机。由于混合动力车用发动机工作时会频繁起停，为满足严格的排放标准，热力发动机的设计目标从传统发动机的高功率变为追求高效率，并将功率的调峰任务交由电动机承担。要实现该目标，可将当前内燃机中普遍采用的奥托（Otto）循环，用大膨胀比的高效率阿特金森（Atkinson）循环取代，或采用其他高效热机，如燃气轮机、Stirling发动机等，再利用它们各自的优势来设计混合动力系统。如丰田 Prius 的 1.5L 汽油机采用具有高效率、高膨胀比的 Atkinson 工作循环、紧凑型倾斜式挤气燃烧室及铝合金缸体，其主要目的是追求高效率而不是高功率。

（4）动力耦合装置。在并联和混联系统中，机械的动力耦合装置是耦合发动机和电机功率的关键部件，它不仅具有很大的机械复杂性，而且直接影响整车控制策略，因而成为混合动力系统开发的重点和难点。目前采用的动力耦合方式有转矩结合式（单轴式和双轴式）、转速结合式和驱动力结合式。

（5）驱动系统控制。串联混合动力汽车上，电力驱动是唯一的驱动模式，因而控制系统比较简单，并联、混联混合动力汽车驱动系统中有发动机和电机两个动力源，两个动力源存在多种配合工作模式，如纯电动、发动机驱动、发动机驱动+电机辅助、发动机驱动+发电机充电等。根据汽车行驶的需要，动力系统在这些工作模式间相互切换。

驱动系统的控制策略要能通过实时分析汽车的行驶状况、发动机和电机的转矩特性及电池 SOC 大小等信息，决定混合动力汽车的工作模式，确定发动机与电动机的合理工况点。即需要对混合动力汽车的驱动系统的起步、模式切换、换挡等动态过程进行控制。

研制与开发混合动力汽车的关键技术大致可分为整车系统集成和关键零部件技术。

整车系统集成关键技术包括动力系统参数匹配、整车能量控制系统、再生制动系统、车用数据总线和先进车辆控制技术。

关键零部件技术主要包括混合动力汽车用发动机、驱动电机及其控制技术、动力电池及其管理系统技术和混合动力汽车用自动变速器技术。

当前混合动力所面临的主要技术问题有：

(1) 要提高能量存储装置（电池）的比功率和寿命。

(2) 建立更先进更有效的电子控制和检测系统。

(3) 电力电子器件必须减小尺寸和减轻质量。

5.2　混合动力汽车的分类

混合动力电动汽车按2010年颁布的QC/T 837—2010《混合动力电动汽车类型》标准有多种分类方式：按动力系统的结构划分主要有串联、并联和混联三种形式；按混合度划分有微混合、轻度混合、中度混合、重度混合四种类型；按外界充电能力划分，又有可外接充电和不可外接充电两类；按行驶模式的选择方式又可划分为有手动选择功能和无手动选择功能两种，其中行驶模式是指热机模式、纯电动模式和混合动力模式三种选择功能；按车辆用途即被划分为乘用车、客车、货车三类。

5.2.1　按照动力系统结构形式划分

按照动力系统结构形式划分为以下3类：

(1) 串联式混合动力电动汽车（Series Hybrid Electric Vehicle，SHEV）。车辆行驶系统的驱动力只来源于电动机的混合动力电动汽车。

结构特点是发动机带动发电机发电，电能通过电机控制器输送给电动机，由电动机驱动汽车行驶。另外，动力电池也可以单独向电动机提供电能驱动汽车行驶。

串联式是混合动力电动汽车中最简单的一种，发动机输出的机械能首先通过发电机转化为电能，转化后的电能一部分用来给蓄电池充电，另一部分经由电动机和传动装置驱动车轮。和燃油车比较，它是一种发动机辅助型的电动车，主要是为了增加车辆的行驶里程。由于在发动机和发电机之间的机械连接装置中没有离合器，因而它有一定的灵活性。尽管其传动结构简单，但它需要3个驱动装置，即发动机、发电机和电动机。如果串联混合型电动车设计时考虑爬长坡，为提供最大功率3个驱动装置的尺寸就会较大，如果用作短途运行如当通勤车用或只是用于购物，相应的内燃机—发电机装置应采用低功率的。

(2) 并联式混合动力电动汽车（Parallel Hybrid Electric Vehicle，PHEV）。车辆行驶系统的驱动力由电动机及发动机同时或单独供给的混合动力电动汽车。

结构特点是并联式驱动系统可以单独使用发动机或电动机作为动力源，也可以同时使用电动机和发动机作为动力源驱动汽车行驶。

(3) 混联式混合动力电动汽车（Combined Hybrid Electric Vehicle）。具备串联式和并联式两种混合动力系统结构的混合动力电动汽车。

结构特点是可以在串联混合模式下工作，也可以在并联混合模式下工作，同时兼顾了串联式和并联式的特点。

5.2.2 按照混合度划分

按照混合度划分为以下 4 类：

（1）微混合型混合动力电动汽车（Micro Hybrid Electric Vehicle）。微混合，也称为“启—停混合”。在微混合动力系统中，电机仅作为内燃机的启动机/发电机（Belt-alternator Starter Generator，BSG 系统）。该电机为发电启动（Stop-Start）一体式电动机，用来控制发动机的启动和停止，从而取消发动机的怠速，降低了油耗和排放。

一般情况下，电动机的峰值功率和发动机的额定功率比不大于 5%。

（2）轻度混合（弱混合）型混合动力电动汽车（Mild Hybrid Electric Vehicle）。混合动力系统采用集成启动电机（Integrated Starter Generator，ISG 系统），车辆以发动机为主要动力来源，助动电机被安装在发动机和变速器之间。当行驶中需要更大驱动力时，它被用作电动机。当需要重新启动熄火的发动机时，它被用作为一个启动机。其能够实现：在减速和制动工况下，对部分能量进行吸收；在行驶过程中，发动机等速运转，发动机产生的能量可以在车轮的驱动需求和发电机的充电需求之间进行调节。

一般情况下，电动机的峰值功率和发动机的额定功率比为 5%~15%。

（3）中度混合型混合动力电动汽车（Moderate Hybrid Electric Vehicle）。以发动机或电动机为动力源的混合动力电动汽车。

一般情况下，电动机的峰值功率和发动机的额定功率比为 15%~40%。

（4）重度混合（强混合）型混合动力电动汽车（Full Hybrid Electric Vehicle）。以发动机和/或电动机为动力源，且电动机可以独立驱动车辆行驶的混合动力电动汽车。它们普遍采用大容量电池以供给电动机做纯电动模式运行，同时还具有动力切换装置用以发动机、电动机各自动力的耦合和分离。

一般情况下，电动机的峰值功率和发动机的额定功率比大于 40%。

5.2.3 其他划分形式

其他划分形式有：

（1）按照外接充电能力划分。可外接充电型混合动力电动汽车、不可外接充电型混合动力电动汽车。

（2）按照行驶模式的选择方式划分。具备行驶模式手动选择功能的混合动力电动汽车。车辆可选择的行驶模式包括热机模式、纯电动模式和混合动力模式 3 种。无手动选择功能的混合动力电动汽车，车辆的行驶模式根据不同工况自动切换。

（3）按照车辆用途划分。混合动力电动乘用车、混合动力电动客车、混合动力电动货车。

（4）按照与发动机混合的可再充电能量储存系统不同划分。蓄电池式混合动力电动汽车、超级电容器式混合动力电动汽车、机电飞轮式混合动力电动汽车、动力蓄电池与超级电容器组合式混合动力电动汽车。

5.3 混合动力汽车的基本结构

由于混合动力电动汽车的组成部件、布置方式以及控制策略不同有多种分类，下面介绍串联、并联以及混联 3 种混合动力电动汽车的基本结构，如图 5-1 所示。

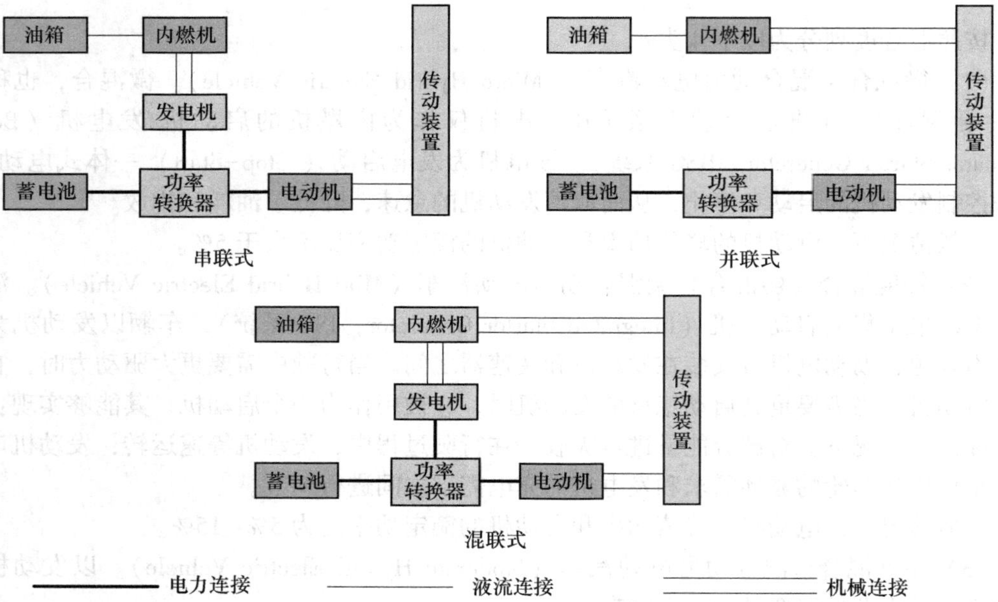

图 5-1　三种混合动力电动汽车的基本结构

5.3.1　串联式混合动力电驱动系

串联式混合动力电驱动系是一个由两个能源向单个动力机械（电动机）供电，以推进车辆的驱动系。最一般的串联式混合动力电驱动系的组成，如图 5-2 所示。

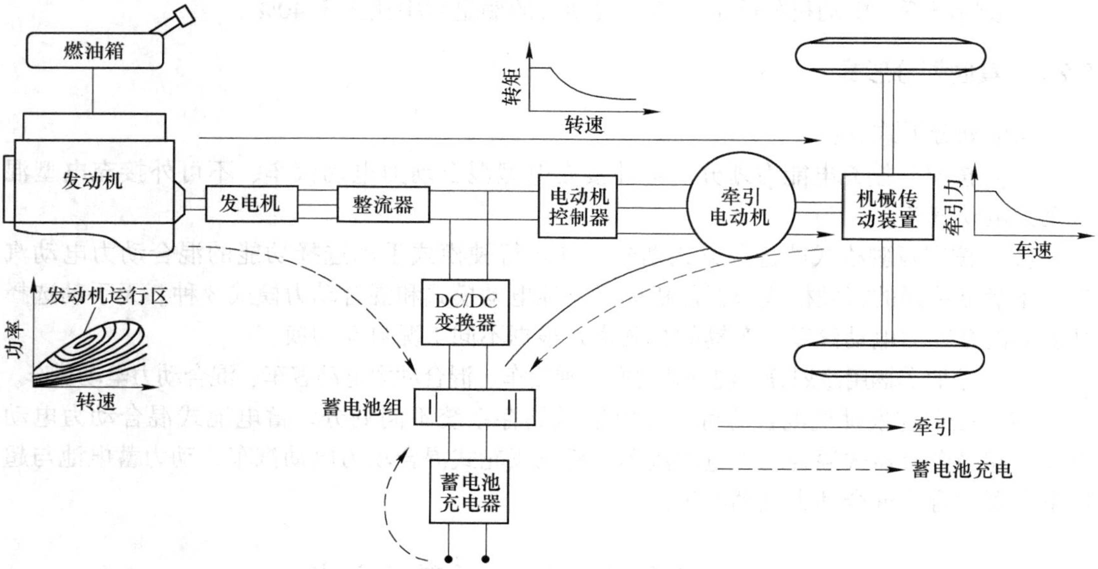

图 5-2　串联式混合动力电驱动系的组成结构

其中，单向能源为燃油箱，而单向的能量变换器为发动机和发电机的组合。发动机的输出通过电子变流器（整流器）连接到电力总线。电力总线也连接到牵引电动机的控制器，牵引电动机将被控制为或是电动机，或是发电机，并以正向或反向运转。该电驱动系需要一个蓄电池的充电器，以通过墙插座由电网向蓄电池充电。

串联式混合动力电驱动系蕴含以下的运行模式：

（1）纯粹的电模式。发动机关闭，车辆仅由蓄电池组供电、驱动。

（2）纯粹的发动机模式。车辆牵引功率仅源于发动机—发电机组，而蓄电池组既不供电也不从驱动系中吸收任何功率。电设备组用作从发动机到驱动轮的电传动系。

（3）混合模式。牵引功率由发动机—发电机组和蓄电池组两者提供。

（4）发动机牵引和蓄电池组充电模式。发动机—发电机组提供给向蓄电池组充电和驱动车辆所需功率。

（5）再生制动模式。发动机—发电机组关闭，而牵引电动机运行如同一台发电机，所产生的电功率用于向蓄电池组充电。

（6）蓄电池组充电模式。牵引电动机不接受功率，发动机—发电机组向蓄电池组充电。

（7）混合式蓄电池充电模式。发动机—发电机组合运行在发电机状态下的牵引电动机，两者都向蓄电池组充电。

串联式混合动力电驱动系呈现以下几方面的优点：

（1）当发动机与驱动轮脱开联系时，发动机是全机械构件，因此，它能运行在其转速—转矩特性图上的任何运行工作点，且可能完全运行在其最大效率区。在该狭小区域内的优化可使发动机性能获得很显著的改进。此外，发动机从驱动轮上的机械解耦，使高转速发动机能够得到应用，但这将使其难以直接通过机械连接去带动车轮。例如，燃气轮机发动机或具有缓动态特性的动力机械（如斯特林发动机）。

（2）因电动机具有近乎理想的转矩—转速特性，它不需要多挡的传动设置。因此，其结构大为简化且成本下降。此外，取代一个电动机和一个差速器的应用，可采用两个电动机分别带动一个车轮的结构。这就如同差速器，既形成两个车轮之间的转速解耦，而且起到用于牵引控制的限制滑移的差速器作用。最终的改进将是采用 4 个电动机，从而可制成便宜、简单的差速器组，实现全轮式驱动的车辆，且驱动轴运转借助于车辆的大梁。

（3）由于由电传动系所提供的机械上的解耦，可应用简单的控制策略。

然而，串联式混合动力电驱动系也有以下某些缺点：

（1）由于发动机的能量被两次转换（在发电机中，由机械能转变为电能；在牵引电动机中，由电能转变为机械能），发动机和牵引电动机两者的低效率相加，且损耗是显著的。

（2）发动机附加了额外的重量和成本。

（3）因为牵引电动机是唯一的驱动车辆的动力机械，故其必须按满足最大的运行性能需求定制。

5.3.2 并联式混合动力电驱动系

如同传统内燃机车辆一样，并联式混合动力电驱动系是一个由发动机向车轮供给机械动力的驱动系，它由机械上与传动装置相配合的电动机予以辅助，并通过机械联轴器共同配合提供动力，如图 5-3 所示。

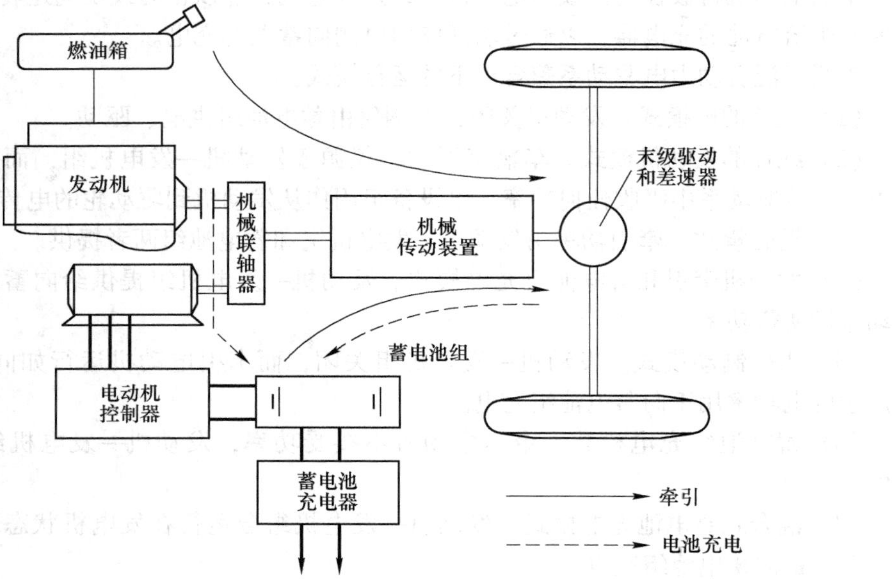

图 5-3　并联式混合动力电驱动系的组成结构

对于各种不同结构，由发动机和电动机功率的机械组合的应用将在下文详述。

5.3.2.1　转矩耦合的并联式混合动力电驱动系

图 5-3 中的机械耦合可以使转矩或转速耦合。转矩耦合是将发动机和电动机的转矩一起相加，或将发动机转矩分解为两部分：分别用于驱动和蓄电池组充电。图 5-4 概念性地表明了具有两个输入转矩的机械组件耦合方案：其输入之一来自发动机；另一输入来自电动机。机械转矩耦合输出连接到机械传动装置。

图 5-4　转矩耦合配置

输出转矩和转速可以表示为：

$$T_{out} = k_1 T_{in1} + k_2 T_{in2} \tag{5-1}$$

$$\omega_{out} = \frac{\omega_{in1}}{k_1} = \frac{\omega_{in2}}{k_2} \tag{5-2}$$

在转矩耦合的并联式混合动力电驱动系中，存在各种各样的结构。它们可分类为两轴和单轴式设计。在每一种类内，传动装置可配置在不同的位置，并设计为不同的排挡数，从而导致相异的牵引特性。优化设计下注意取决于牵引需求、发动机尺寸及其特性、电动机尺寸及其特性等。

图 5-5 为一两轴式的设计，其中，应用了两个传动装置：其一位于发动机和转矩耦合装置之间；另一位于电动机和转矩耦合装置之间。显然，两个多挡传动装置形成了众多的牵引力—转速特性曲线。因为两个多挡传动装置为发动机和电牵引系统（电设备能和蓄电池组），两者运行于其最佳区域，提供了更多的可能性，故此电驱动系的性能和整体效率可超过其他类型的设计。这一设计也在发动机特性的设计中提供了很大灵活性。但是，

两个多挡传动装置将使电驱动明显地复杂化。

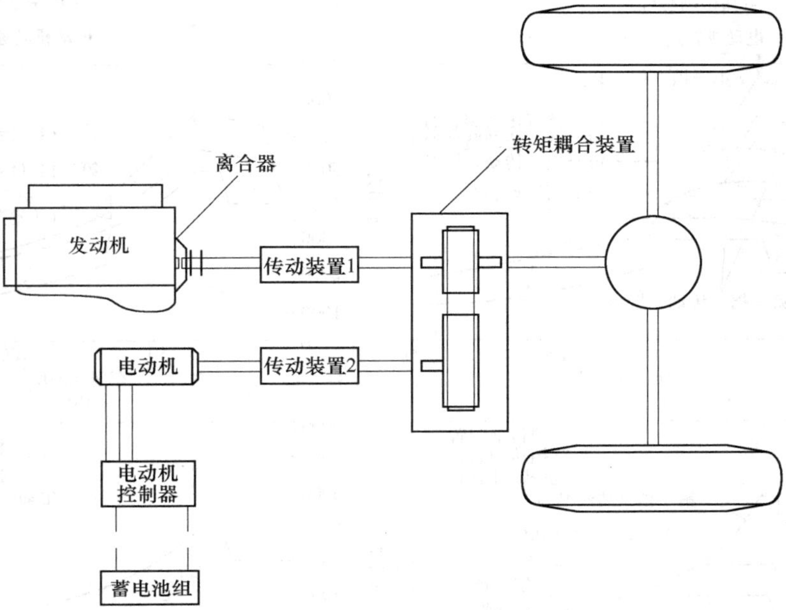

图 5-5 混合动力电驱动系的概念图式

在图 5-6 中，可应用一挡传动装置 1 和三挡传动装置 2，其牵引力—转速特性曲线如图 5-6（b）所示。在实际混合动力电驱动系设计中，与传动装置配置相联系的最大牵引力可满足车辆爬坡性能的要求，由于轮胎与地面接触的附着力的限制，并不需要更大的牵引力。一挡传动装置应用时，利用了低速时电动机高转矩特性的内在优点。采用三挡传动装置 2 可用以克服内燃机转速—转矩特性的缺陷（随转速变化无明显变动的转矩输出）。三挡传动装置 2 也有助于改进发动机的效率，并减小车速范围（此时，电动机必须单独驱动车辆），从而也就减少了蓄电池放电的能量。

与上述设计相对照，图 5-6（c）所示为电驱动系的牵引力—转速特性曲线，其中，对发动机应用了一挡传动装置 1，对电动机应用了三挡传动装置 2。因在该结构中没有发挥动力装置的优点，故为一个不合宜的设计。

图 5-6（d）所表明的电驱动系的牵引力—转速特性曲线对应于一挡传动装置，这一配置导致简单的结构和控制。该电驱动系的限制在于其最大的牵引力。当发动机、电动机和蓄电池组的功率，以及传动装置的参数均准确地设计时，该电驱动系将以令人满意的性能和效率适用于车辆。

理想两轴式的并联式混合动力电驱动系的结构如图 5-7 所示，其中，传动装置位于转矩耦合装置和驱动轴之间。传动装置的功能是以相同比例提高发动机和电动机两者的转矩。在转矩耦合装置中，两常数 k_1 和 k_2 的设计将使电动机能有一个不同于发动机的转速范围，因而，可采用高转速电动机。这一设计只用于相对地采用小型发动机和电动机的情况，同时，需应用一个多挡传动装置以增大低速时的牵引力。

对于转矩耦合的并联式混合动力电驱动系，其简单且紧凑的构造是单轴结构，其中，

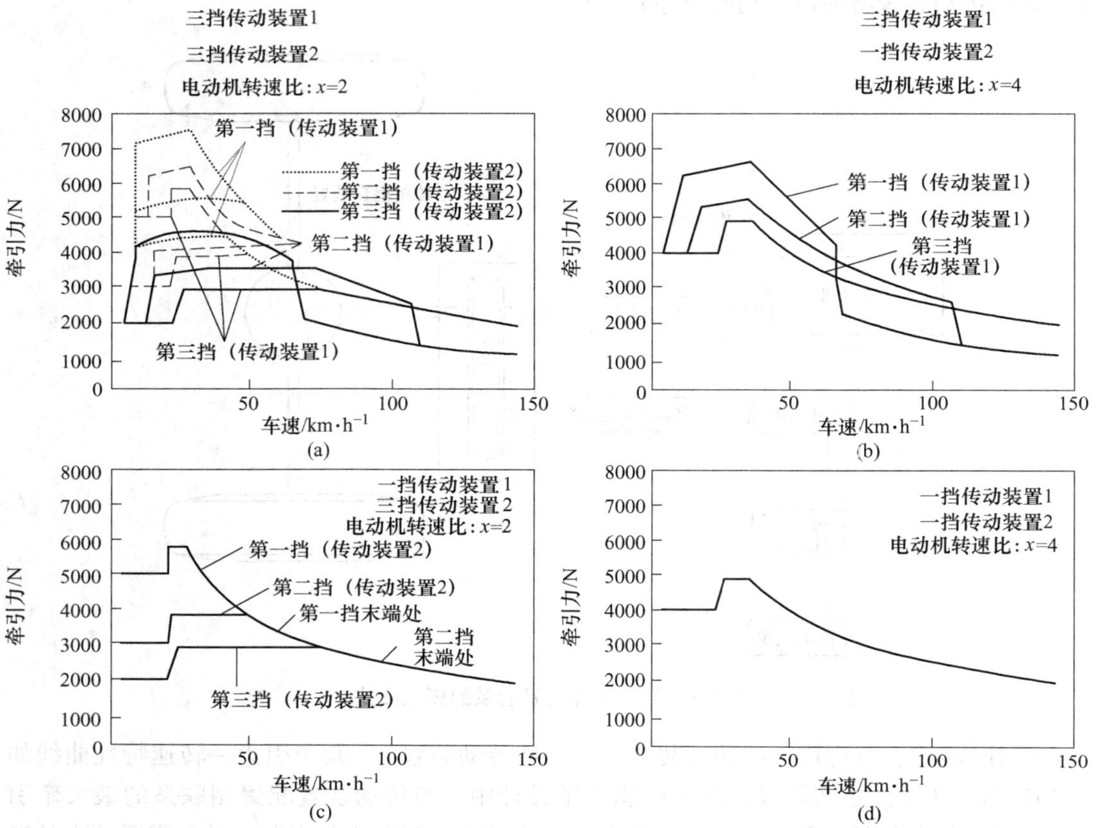

图 5-6 混合动力电驱动系的概念图示

电动机转子起着转矩耦合装置的作用，如图 5-8 和图 5-9 所示。

传动装置可安置在电动机的后端，该电动机通过离合器与发动机相连，或也可安置在发动机和电动机之间。前者的结构称为“前传动装置”（电动机在传动装置之前，如图 5-8 所示），而后者的结构称为“后传动装置”（电动机在传动装置之后，如图 5-9 所示）。

在前传动装置结构中，发动机转矩和电动机转矩两者均由传动装置调节，此时，发动机和电动机必须有相同的转速范围。这一结构常用于小型电动机的情况，称为轻度混合动力电驱动系，其中，电动机起着发动机的启动机、发电机、发动机的动力辅助机和再生制动的作用。

然而，在图 5-9 所示的后传动装置结构中，当电动机转矩直接传递给驱动轮时，传动装置仅能改进发动机转矩。这一结构可用于有大范围恒功率区的大型电动机的电驱动系。传动装置仅用于改变发动机的运行工作点，以改进车辆性能和发电机的运行效率。应该注意，当车辆停止，并且电动机固定连接到驱动轮时，蓄电池组不可能由发动机通过带动电动机作为发动机而充电。

另一种转矩耦合的并联式混合动力电驱动系是分离轴的构造，其中，一个轴由发动机给予动力，而另一轴则由电动机给予动力，如图 5-10 所示。

应用于发动机和电动机的两个传动装置可采用单挡传动装置，或也可采用多挡传动装

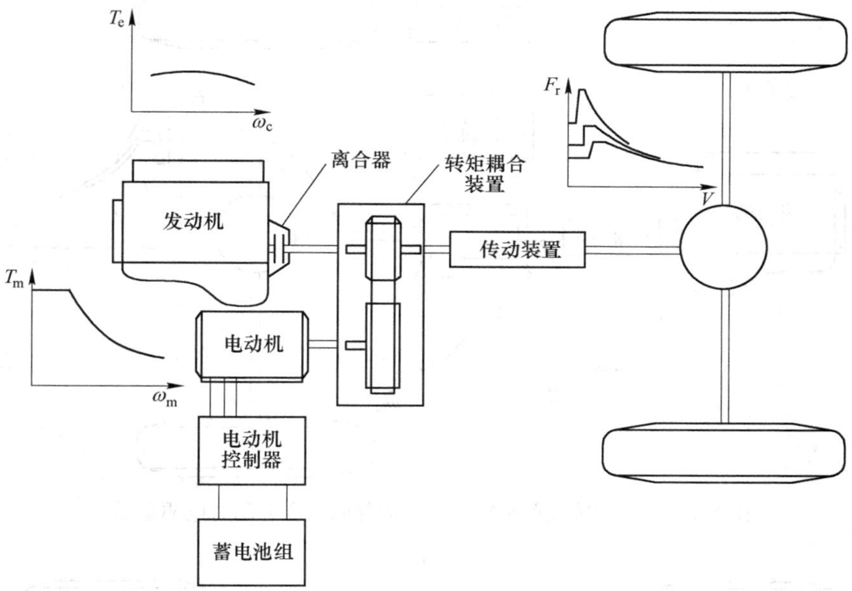

图 5-7　两轴式的结构

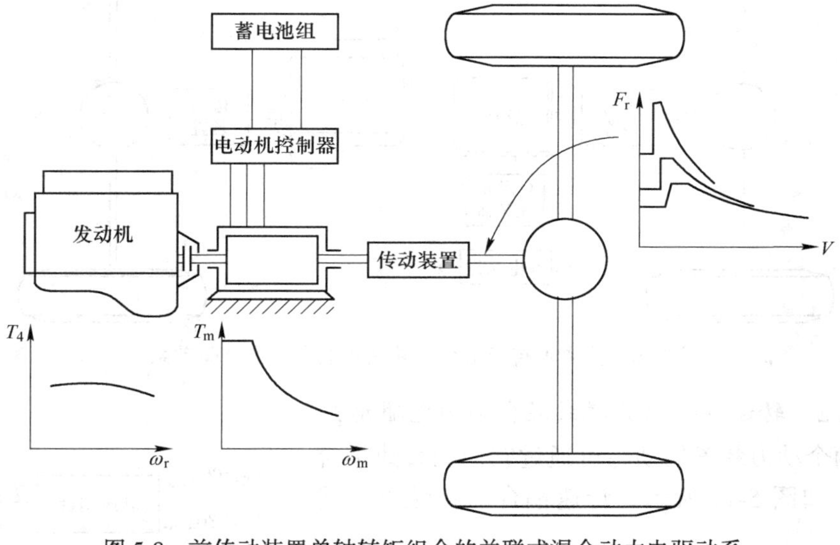

图 5-8　前传动装置单轴转矩组合的并联式混合动力电驱动系

置。这一结构具有如图 5-8 所示相似的牵引力特性。分离轴的构造提供了某些传统车辆的优点。它保持了原始发动机和传动装置不变，并在另一轴上附加了一个电牵引系统。它也有四轮驱动形式，由此可优化在光滑路面上的牵引力，且减小了作用于单个轮胎上的牵引力。然而，电设备和末端差速齿轮系占有可观的空间，致使有效的乘客和行李装载空间减小。但若电动机传动装置是单挡的，并以这种在两驱动车轮内的两个小尺寸的电动机代替该电动机，则可以解决这一问题。应该注意，当车辆处于停止状态时，蓄电池组不可能由发动机予以充电。

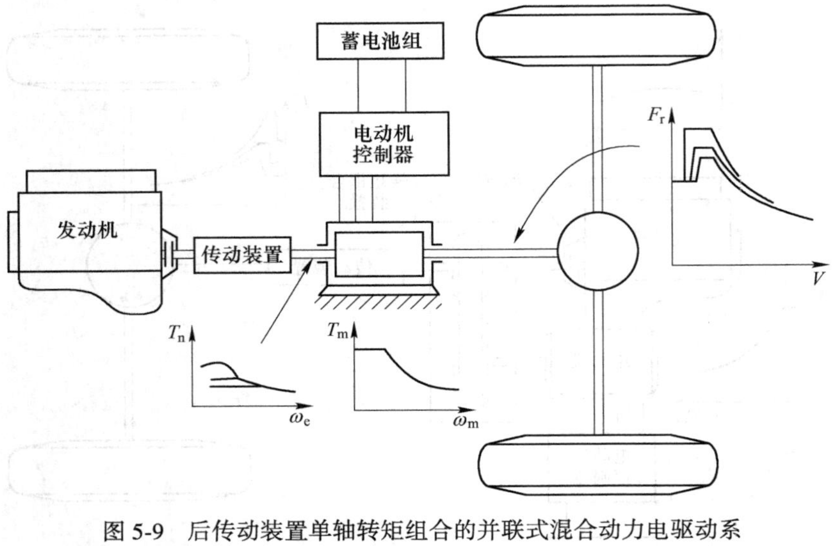

图 5-9　后传动装置单轴转矩组合的并联式混合动力电驱动系

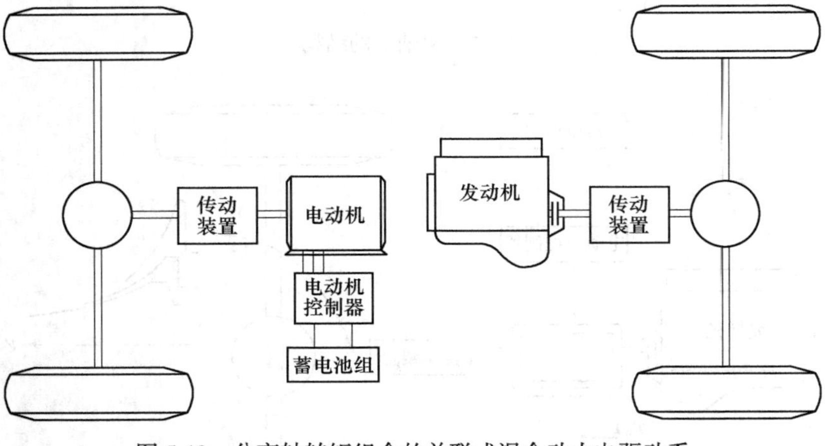

图 5-10　分离轴转矩组合的并联式混合动力电驱动系

5.3.2.2　转速耦合的并联式混合动力电驱动系

源于两个动力装置的动力可通过它们的转速耦合相互关联，如图 5-11 所示。转速耦合的特性可描述为：

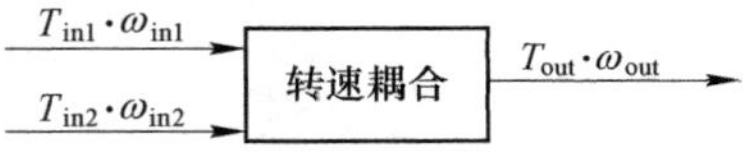

图 5-11　转速耦合

$$\omega_{out} = k_1\omega_{in1} + k_2\omega_{in2} \tag{5-3}$$

$$T_{out} = \frac{T_{in1}}{k_1} = \frac{T_{in2}}{k_2} \tag{5-4}$$

式中，k_1和 k_2是与实际设计相关联的常数。

图 5-12 显示了两种典型的转速耦合器件。其一是行星齿轮机构。另一是具有浮动定子的电动机。行星齿轮机构的一个三端口组件，由分别标记为 1、2 和 3 的中心齿轮、齿圈和行星齿轮支架构成。其三端口之间的转速和转矩关系表明该组件是一个转速耦合的器件。其中，转速、中心齿轮和齿圈相关联并通过行星齿轮支架输出。常数 k_1 和 k_2仅取决

于每一个齿轮的半径，或每一个齿轮的齿数。

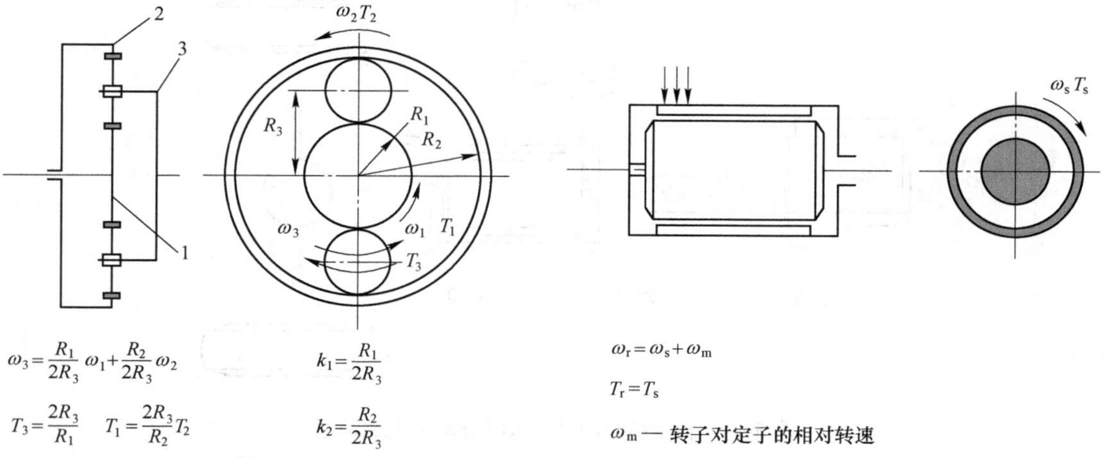

图 5-12 典型的转速耦合器件

(a) 行星齿轮机构；(b) 具有浮动定子的电动机 (传动电机)

另一有意义的转速耦合器件是电动机，其定子通常固定在不动的车梁上，被用作一个大的输入端口，其余两个端口为转子和气隙，通过气隙电能被转换为机械能。按通用术语而言，电动机转速即是其转子对于定子的相对转速。由于作用与反作用的效应，在定子和转子上的转矩作用是相同的，导致常数 $k_1=1$ 和 $k_2=1$。正如转矩耦合器件一样，可应用转速耦合器件构成各种混合动力电驱动系。

图 5-13 和图 5-14 分别给出了以行星齿轮机构和传动电机两转速耦合器件构造的混合动力电驱动系的实例。

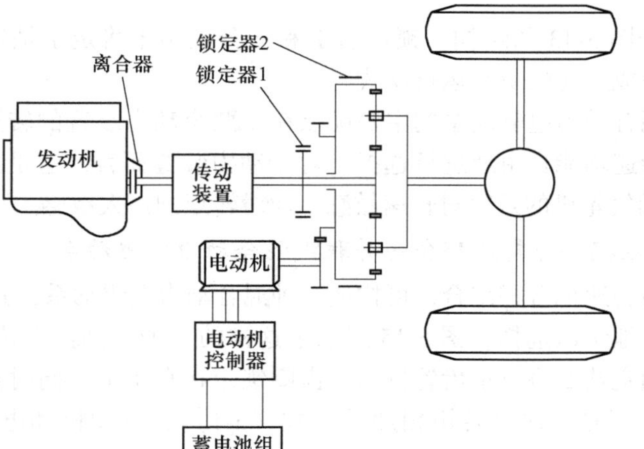

图 5-13 由行星齿轮机构转速耦合器件组成的混合动力电驱动系

在图 5-13 中，发动机通过离合器和传动装置向中心齿轮供给动力，传动装置用以调整发动机的转速—转矩特性，以便匹配牵引的要求，电动机通过一对齿轮向齿圈供给动力。锁定器 1 和 2 用来将中心齿轮和齿圈锁定在静止的车梁上，以便满足不同运行模式的需求，该转速耦合的并联式混合动力电驱动系可满足的运行模式如下：

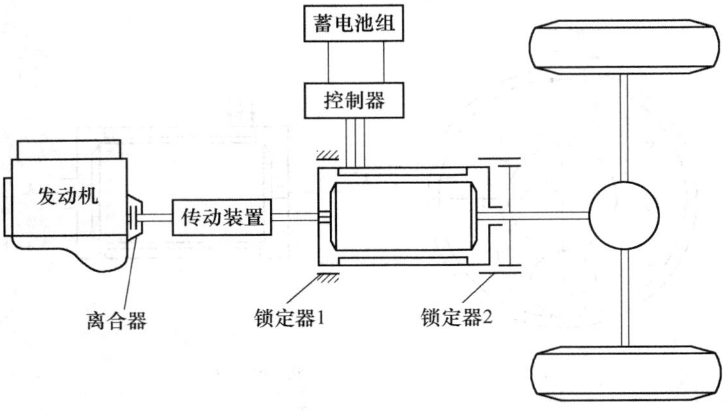

图 5-14　转矩组合的并联式混合动力电驱动系

（1）混合牵引。当锁定器 1 和 2 被释放时，中心齿轮和齿圈可以旋转，发动机和电动机两者都向驱动轮供给正向转速和转矩（正向动力）。

（2）发动机单独牵引。当锁定器 2 将齿圈锁定在车梁上，而锁定器 1 被释放时，仅发动机向驱动轮供给动力。

（3）电动机单独牵引。当锁定器 1 将中心齿轮锁定在车梁上（发动机关闭或离合器脱开），而锁定器 2 被释放时，仅电动机向驱动轮供给动力。

（4）再生制动。锁定器 1 置于锁定状态，发动机关闭或离合器脱开，且操纵电动机处于再生运行状态（负转矩），车辆的动能或位能可由电系统吸收。

（5）蓄电池由发动机充电。当控制器对电动机设定负向转速时，电动机由发动机吸收能量。

它具有类似于图 5-13 的结构。锁定器 1 和 2 分别用于将定子锁定在车梁和转子上。这一电驱动系可完成上述的所有运行模式。

转速耦合的混合动力电驱动系的主要优点在于两个动力装置的转速是解耦的，因而，该两动力装置的转速均能自由地进行选择。对于动力装置而言，这是显著的优点，例如，Stirling 发动机和燃气轮机的效率对转速敏感，而对转矩则不太敏感。

5.3.2.3　转矩耦合与转速耦合的并联式混合动力电驱动系

将转矩耦合与转速耦合相结合，可构造一种混合动力电驱动系，其中，转矩耦合和转速耦合状态能交替地予以选择。图 5-15 展示了这样的一个实例：当转矩耦合运行模式选为当前模式时，锁定器 2 将行星齿轮机构的齿圈锁定在车梁上，同时离合器 1 和 3 啮合，而离合器 2 脱开。于是，通过转矩相加［见式（5-1）］，发动机和电动机的动力一起相加，并传递到驱动轮。在这样的情况下，发动机转矩和电动机是解耦的，但它们的转速之间存在一个固定不变的关系［见式（5-2）］。当耦合运行模式选为当前模式时，离合器 1 啮合，而离合器 2 和 3 脱开，同时，锁定器 1 和 2 释放中心齿轮和齿圈。此时，连接到驱动车轮的行星齿轮支架的转速是发动机转速和电动机转速的组合。但是，发动机转矩、电动机转矩，以及作用于驱动轮上的转矩保持为一固定不变的关系［见式（5-4）］。

随着转矩耦合与转速耦合之间选择的取舍，动力装置将有更多的可能确定其运行方式

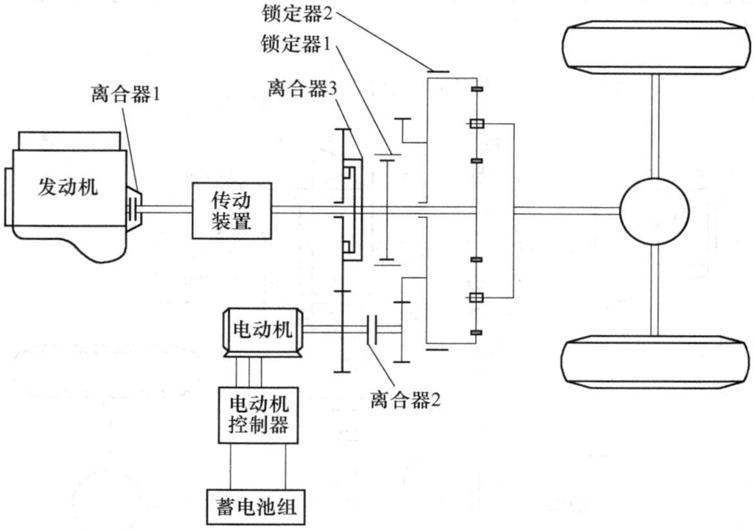

图 5-15 配置行星齿轮机构的交替转矩与转速耦合的混合动力电驱动系

和运行区域，以便优化其性能。例如，在低车速时，转矩组合运行模式将适合于高加速性能和爬坡能力的需求；而另一方面，在高车速时，则应采用转速组合运行模式，以保持发动机转速处于其最佳运行区。

在图 5-15 中，配置行星齿轮机构的牵引电动机可由传动电机所构成的类似的电驱动系（见图 5-16）予以替代。

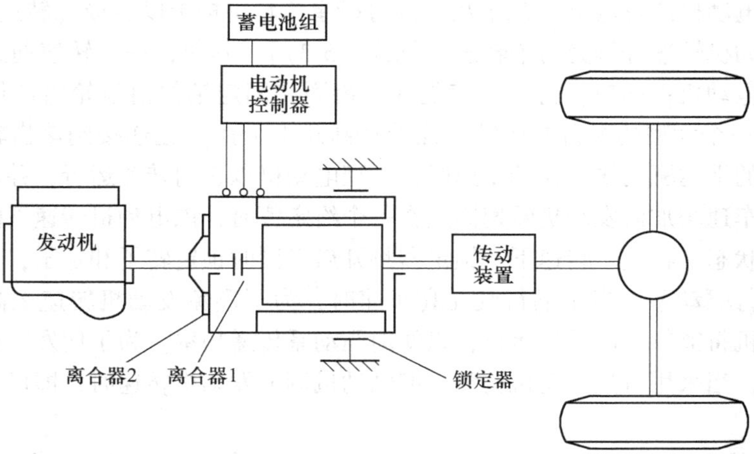

图 5-16 配置传动电机的交替转矩与转速耦合的混合动力电驱动系

当离合器 1 啮合，将发动机轴与传动电机的转子轴相耦合时，离合器 2 脱开，并且开启锁定器将传动电机的定子定位于车梁上，于是，该电驱动系工作在转矩耦合模式。另一方面，当离合器 1 脱开，而离合器 2 啮合时，同时开启锁定器，则该电驱动系工作在转速耦合模式。

在电驱动系中，另一既应用转矩耦合又应用转速耦合的令人满意的实例，是由丰田汽车公司在其 Prius 混合动力电动轿车中开发并实现的，该电驱动系示意图，如图 5-17 所示。

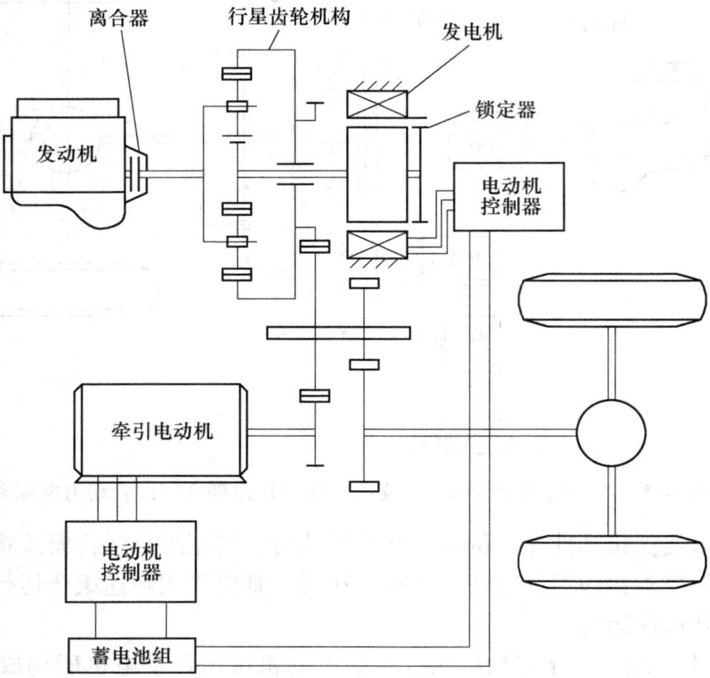

图 5-17 转矩组合的并联式混合动力电驱动系

一个小型电动机或发电机（几千瓦）通过行星齿轮机构予以连接（转速耦合）。行星齿轮机构将发动机转速分解为两个转速［见式（5-3）］，其中，一个转速通过中心齿轮传递输出到小型电动机；同时，另一转速是通过齿圈和固定轴但由齿轮组件传递到驱动轮（转矩耦合）。一个大型的牵引电动机（几千瓦到几十千瓦）也连接到该齿轮组件以构成一个转矩耦合的平均驱动线。在低车速时，小型电动机以正向转速运行，并吸收部分发动机的功率。当车速增加而发动机转速固定在一个给定值时，该电动机转速下降为零，此时称为同步转速状态。在这一转速下，锁定器将开启以同时锁定转子和定子，于是，电驱动系即呈现为平行驱动系。当车辆行驶在高车速时，为了避免发动机转速太高，导致高油耗，小型电动机将能以负向转速运行，以便向驱动系传递功率。为了使发动机能运行在其最佳转速范围，当采用行星齿轮机构和小型电动机调节发动机转速时，即可望获得燃油的高经济性。

图 5-17 中的小型电动机和行星齿轮机构可由单一的传动电机予以替代，如图 5-18 所示。这一驱动系具有类似于图 5-17 中驱动系的特性。

5.3.3 混联式混合动力电驱动系

混联式或更准确地表述为转矩和转速耦合的混合动力电驱动系，它具有优于串联式（电耦合）和并联式（单一转矩或转速耦合）混合动力电驱动系的一些优点。在这一电驱动系中，就转矩和转速的约束条件而论，转矩和转速耦合从驱动轮处解脱了发动机，从而

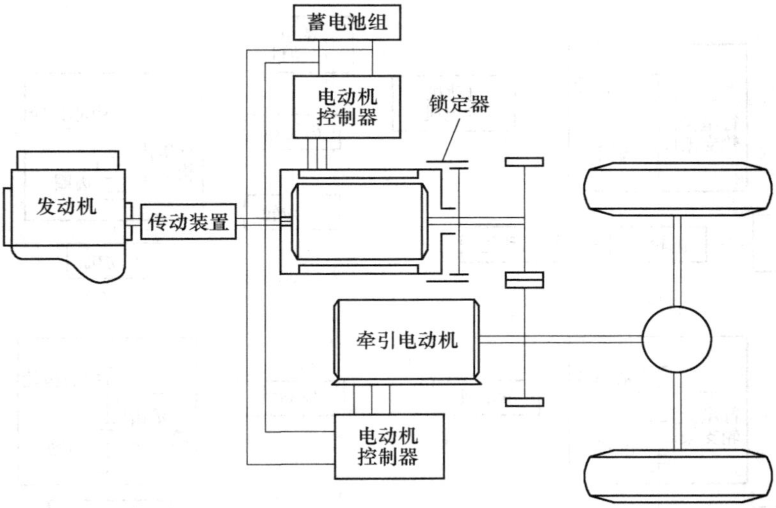

图 5-18 转矩组合的并联式混合动力电驱动系

瞬时的发动机转矩和转速不受车辆的负载转矩和车速制约。因此，发动机能以类似于串联式（电耦合）混合动力电驱动系的方式，运行在其高效率区域。另一方面，部分发动机功率直接传递到驱动轮，而没有经历多形式的转换，此优点更相似于并联式（转矩或转速耦合）混合动力电驱动系。

为了实现混联式以及复合式的混合驾驶模式，内燃机与发电机/电动机之间以及电动机与变速器之间必须进行机械连接，其中机械连接装置可以选择行星齿轮机构。图 5-19 显示了混联式混合型动力所采用的一套行星齿轮机构，其中太阳轮与发电机相连，齿圈与传动装置相连，行星架与发动机相连，发动机的动力一部分通过行星齿轮传给齿圈，然后通过传动轴传给驱动车轮，另外一部分动力传给太阳轮经发电机转化为电能。

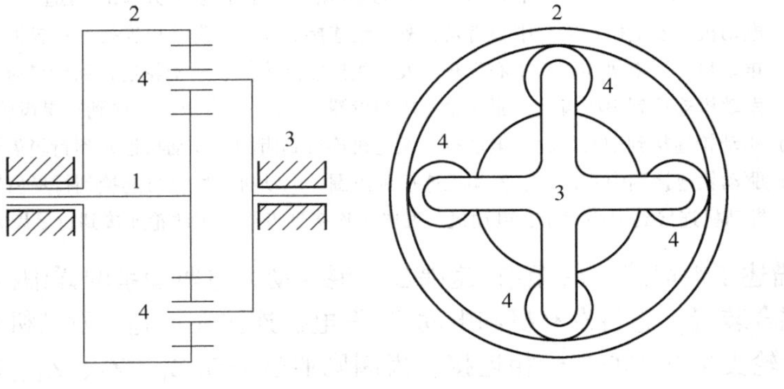

图 5-19 行星齿轮装置

1—太阳轮；2—齿圈；3—行星架；4—行星齿轮

以行星齿轮机构为转速耦合装置的混联式混合动力电驱动系的组成，有如图 5-20 所示的多种选择方案。为降低转矩容量的要求，因此降低电动机/发电机的实体尺寸和重量，将电动机/发电机与行星齿轮机构的中心齿轮相连接可以是适宜的选择。发动机可以或连接到行星齿轮支架，或连接到齿圈，如图 5-20（a）、（b）所示。

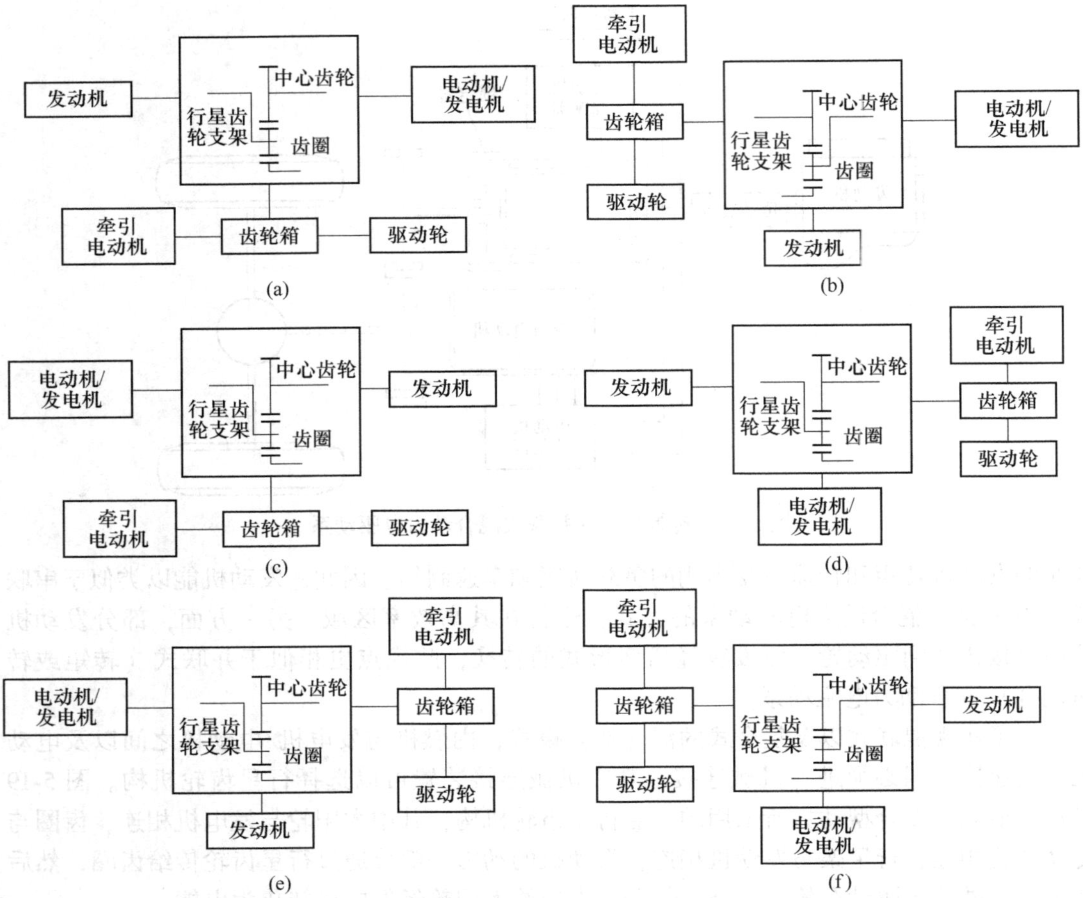

图 5-20　对应于各种连接方式的混合动力电驱动系的构造

(a) 电动机、发电机连接到中心齿轮、驱动轮连接到齿圈、发动机连接到行星齿轮支架；
(b) 电动机、发电机连接到中心齿轮、发动机连接到齿圈、驱动轮连接到行星齿轮支架；
(c) 发动机连接到中心齿轮、驱动轮连接到齿圈、电动机/发电机连接到行星齿轮支架；
(d) 驱动轮连接到中心齿轮、电动机、发电机连接到齿圈、发动机连接到行星齿轮支架；
(e) 驱动轮连接到中心齿轮、发动机连接到齿圈、电动机、发电机连接到行星齿轮支架；
(f) 发动机连接到中心齿轮、电动机、发电机连接到齿圈、驱动轮连接到行星齿轮支架

图 5-21 描述了混联式（转矩/转速耦合）混合动力电驱动系的详细构造。行星齿轮机构组成转速耦合装置，它将发动机和电动机/发电机连接在一起。发动机和电动机/发电机分别与行星齿轮支架和中心齿轮相连接；齿圈则通过齿轮 Z_1、Z_2、Z_4、Z_5 和差速器与驱动轮相连接。牵引电动机通过齿轮 Z_3、Z_2、Z_4、Z_5 和差速器与驱动轮相连接，于是差速器把齿圈的输出转矩和牵引电动机耦合在一起。在这一构造中，应用了一个离合器和两个锁定器。离合器用以将发动机和行星齿轮机构的行星齿轮支架相连接或分离，锁定器 1 用以锁定或释放中心齿轮和电动机/发电机轴与静态车梁之间的联系，锁定器 2 用以锁定或释放行星齿轮支架与静态车梁之间的联系。

通过控制离合器、锁定器、发动机、电动机/发电机和牵引电动机，该转速耦合的混

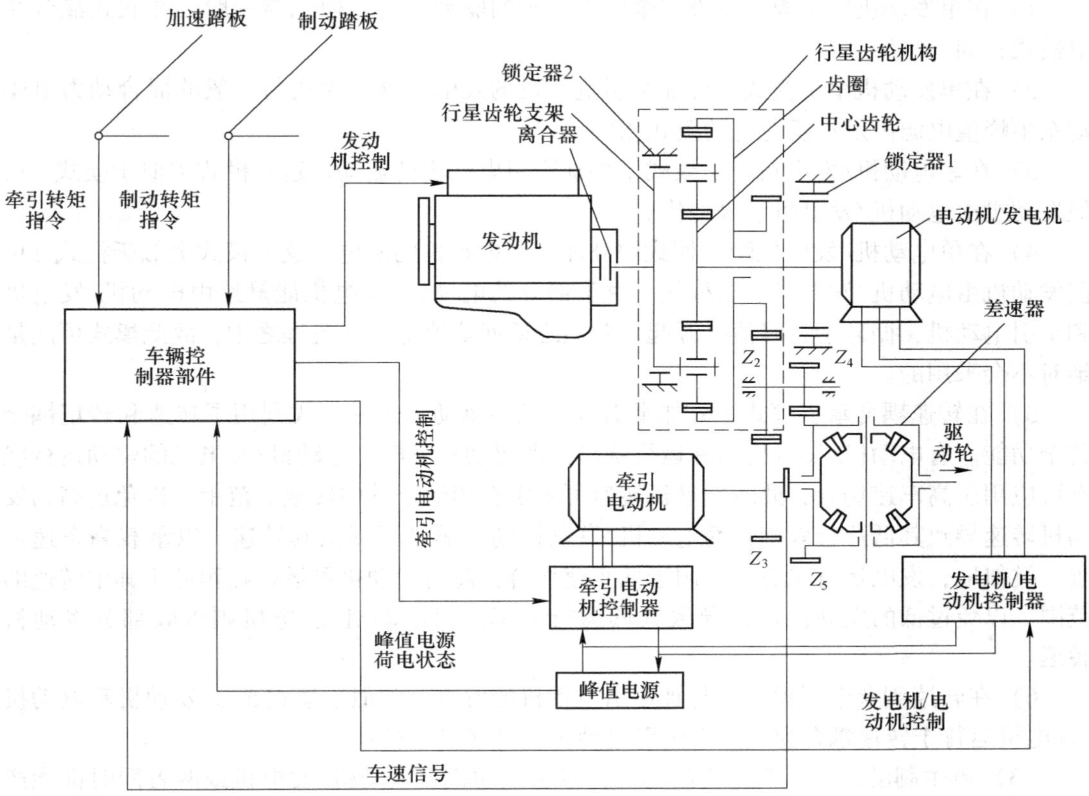

图 5-21 驱动系构造

联式混合动力电驱动系可满足的运行模式如下：

（1）转速耦合模式。在这一模式中，牵引电动机是断开的，可有 3 种子模式。

1）单发动机牵引。离合器啮合，发动机连接到行星齿轮支架。锁定器 1 将中心齿轮锁定在静态车梁上，而电动机/发电机被释放。锁定器 2 释放行星齿轮支架与静态车梁间的固定连接。此时，发动机单独向驱动轮传递其转矩。

2）单电动机/发电机牵引。在这一模式中，发动机关闭，离合器啮合或分离。锁定器 1 释放中心齿轮和电动机/发电机轴与静态车梁之间的固定连接，锁定器 2 将行星齿轮支架锁定在静态车梁上。此时，车辆由电动机/发电机单一牵引。

3）配置转速耦合的发动机和电动机/发电机牵引。在这一模式中，离合器啮合。锁定器 1、2 在静态车梁上释放。

在给定的车速下，发动机转速可由电动机/发电机转速予以调节。发动机转矩、电动机/发电机转矩和作用于驱动轮的负载转矩，三者始终保持一个固定的关系。其中一个转矩的变化将引起其他两个转矩的变化，致使发动机和电动机/发电机的运行点变动。

（2）转矩耦合模式。当牵引电动机通电激励时，其转矩即添加到齿圈的输出转矩上，组成转矩耦合模式。

相应于转速耦合中的 3 种模式，当控制牵引电动机运行在电动机驱动和发电机发电状态时，可组成 6 种基本的运行模式。

1）在单发动机牵引模式中外加牵引电动机的驱动。这一模式与一般的并联式混合牵引模式相同。

2）在单发动机牵引模式中外加牵引电动机的发电。这一模式与一般的混合动力电驱动系中峰值电源由发动机充电的模式相同。

3）在单电动机/发电机牵引模式中外加牵引电动机的驱动。这一模式类似于模式 1），但发动机由电动机/发电机予以替代。

4）在单电动机/发电机牵引模式中外加牵引电动机的发电。这一模式类似于模式 2），但发动机由电动机/发电机予以替代。由于部分的电动机/发电机能量经由电动机/发电机和牵引电动机，循环于自峰值电源起始并最终返回峰值电源的流程之中，故此模式可能是绝对不会采用的。

5）在转速耦合牵引模式中外加牵引电动机的驱动。这一模式利用了转速和转矩耦合的全功能。有电动机/发电机两种运行状态，即驱动和发电。电动机/发电机的驱动运行状态可应用于高车速场合，此时发动机转速可限定在稍低于其中转速的范围，以免过高的发动机转速导致其低运行效率；而电动机/发电机则向驱动系提供其转速，以承载高车速需求。类似地，发电运行状态可应用于低车速场合，此时发动机可运行在稍低于其中转速的范围，以免过低的发动机转速导致其低运行效率，而电动机/发电机则吸收部分发动机转速。

6）在转速耦合牵引模式中外加牵引电动机的发电。类似于模式 5），发动机和电动机/发电机运行于转速耦合模式，但牵引电动机运行在发电模式。

（3）再生制动。当车辆经历制动时，牵引电动机、电动机/发电机或两者同时都能产生制动转矩，并回收部分制动能量向峰值电源充电。此时，随着离合器的分离，发动机关闭。

5.4 混合动力汽车能量管理

能量管理作为混合动力汽车的核心，其主要的功用是在满足汽车基本技术性能（如动力性、驾驶平稳性等）和成本等要求的前提下，根据各部件的特性及汽车的运行工况，实现能量在能源转换装置（如发动机、电动机、储能装置、功率变换模块、动力传递装置、发电机和燃料电池等）之间按最佳路线流动，使整车的能源利用效率达到最高，提高电动汽车的经济性。因此，能量管理是设计混合动力汽车的重要环节之一。

5.4.1 能量的传递路线

混合动力电动汽车的能量转换装置通常由发电装置（发动机/发电机）、能量储存装置（蓄电池、超级电容器等）、功率变换模块、动力传递装置、充放电装置等组成。其能量的传递路线可划分为 4 条：一是由发电装置到车轮的动力传递路线；二是由能量储存装置到车轮；三是由发电装置到能量储存装置；四是由车轮到能量储存装置（能量回收）的能量流动路线。为了使电动汽车具有良好的力学性能、电驱动性能及合理的能量分配等，电动汽车的能量管理必须对能量传递路线的工作进行有效监测和控制。

根据能量供给方式，混合动力系统基本工作模式可分为纯电动驱动模式、纯发动机驱动模式、混合驱动模式、行车充电模式、减速/制动能量回馈模式、怠速/停车模式等驾驶循环不同阶段对应的工作模式。

5.4.2 能量的控制策略

能量的控制策略不仅作为混合动力汽车控制策略的核心而且还决定能量的传递路线，目前世界各国研究开发酌混合动力汽车有不同的结构形式。根据其驱动系统的配置和组合方式不同，大体上分为串联式、并联式和混联式3种组合方式。不同的组合方式其能量管理控制策略也不一样。

（1）串联式混合动力汽车能量管理控制策略。由于串联混合动力汽车的发动机与汽车行驶工况没有直接联系，因此能量管理控制策略主要目标是发动机在最佳效率区和排放区工作。主要采用静态逻辑门限控制策略，目前较为典型的两个控制策略是峰值电源最大荷电状态的控制策略［Max. SOC-of-PPS（peaking power source）］、恒温控制策略（发动机开关控制策略）。

（2）并联式混合动力汽车能量管理控制策略。并联式混合动力汽车能量管理的控制，本质上是一个在一定约束条件下的燃料与排放的最优控制问题。一方面，由于行驶路况和驾驶员的操作具有随机性，因而并联式混合动力汽车的最优控制是一个随机性动态系统的最优控制问题；另一方面，并联式混合动力系统包括众多不同类型的部件，各部件之间存在着复杂的协调工作关系，系统工作时各部件的运行状态均处于不断变化之中，因此系统的动态方程非常复杂。

同时并联式混合动力汽车的控制策略与串联式混合动力汽车不同，通常需要根据电池的SOC、驾驶员的加速踏板位置、车辆和驱动轮的平均功率等参数进行控制，是发动机和电动机输出相应的转矩，以满足驱动轮驱动力矩的要求。因此导致了并联式混合动力汽车在能源控制策略上常采用动态优化控制策略和基于模糊逻辑或神经网络的智能控制策略。

（3）混联式混合动力汽车能量管理控制策略。混联式混合动力汽车能量管理控制策略是：在汽车低速行驶时，驱动系统主要以串联混合动力汽车能量管理控制策略对能量进行管理；当汽车高速稳定行驶时，则以并联混合动力汽车能量管理控制策略对能量进行管理。这样的能量管理控制策略能较好地实现汽车的各项性能指标，使发动机工作不受到汽车行驶状况的影响，总是在最高效率状态下工作或自动关闭，使汽车任何时候都可以实现低排放及超低排放。但实现该控制策略的技术复杂，能量管理控制器结构设计与制造要求高。

5.5 串联式混合动力电驱动系的设计

串联式混合动力电驱动系的概念源于电动汽车驱动系的发展，然而，采用现代技术的电动汽车也存在一些缺点：由于车载蓄电池组能量存储不足，其行驶里程有限；因蓄电池组的重量和庞大的体积，使其有效载荷和装载容积受到限制；以及较长的蓄电池组充电时间。研发串联式混合动力电动汽车（SHEV）的原始目的在于通过添加一个发动机/交流发电机系统为车载蓄电池组充电。

典型的串联式混合动力电驱动系的构造，如图5-22所示。车辆由牵引电动机驱动，该牵引电动机配置有一个蓄电池单元组，或配置有一个发动机/发电机组，或同时配置两者。当负载功率需求增加时，发动机/发电机组将向蓄电池组充电。电动机控制器是控制牵引电动机以产生为车辆运行所需的动力。

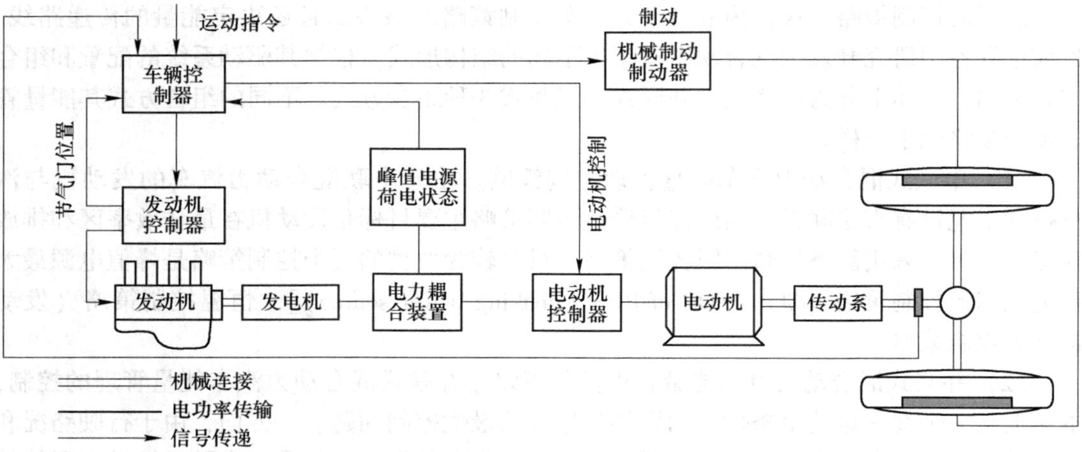

图 5-22 典型串联式混合动力电驱动系的构造

在串联混合动力电驱动系中，发动机/发电机系统与驱动轮在机械上是分离的。发动机的转速和转矩与车速和牵引力矩的要求无关，于是，可控制发动机运行在其转速—转矩平面上的任意运行点。通常，应控制发动机使其始终运行在最佳运行区，此时，发动机的油耗和排放将减至最低程度，如图 5-23 所示。由于发动机与驱动轮在机械上是分离的，因此最佳的发动机运行状态是可以实现的。然而，它与电驱动系的运行模式和控制策略密切相关。

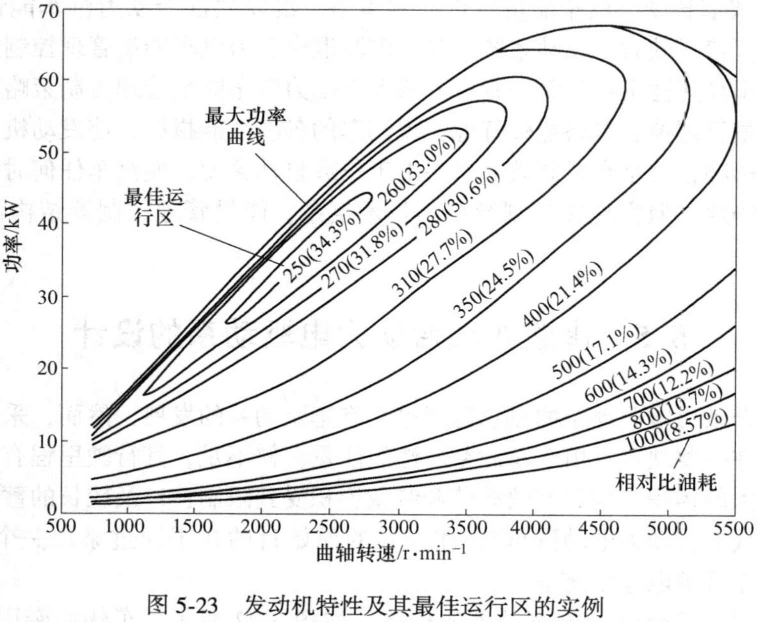

图 5-23 发动机特性及其最佳运行区的实例

5.5.1 运行模式

串联式混合动力电动汽车可以用如下 4 种工作模式来描述，如图 5-24 所示。

(1) 车辆启动、正常行驶或加速。发动机通过发电机和蓄电池一起输出电能并传递给功率转换器，然后驱动电动机，通过机械传动装置驱动车轮。

(2) 车辆轻载。发动机发出的功率大于车辆所需功率，多余的能量通过发电机给蓄电池充电直到 SOC 达到预定的限值。

(3) 车辆减速或制动。电动机把驱动轮的动能转化为电能，并通过功率转换器给蓄电池充电。

(4) 车辆停车充电。发动机也可以通过发电机和功率转换器给蓄电池充电。

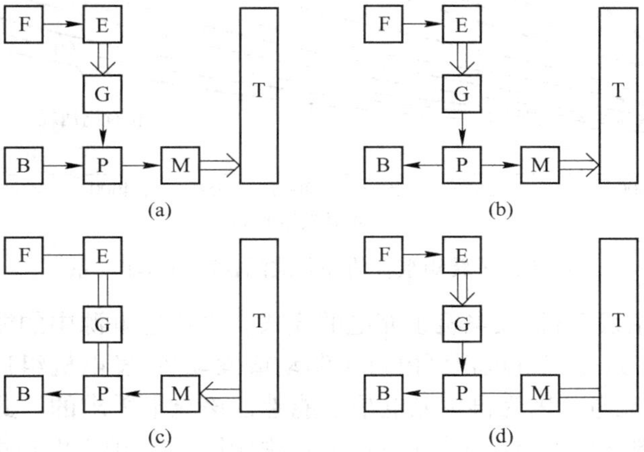

图 5-24 串联式混合动力电动汽车的工作模式

(a) 启动/正常行驶/加速；(b) 轻载；(c) 减速/制动；(d) 蓄电池充电

B—蓄电池；E—内燃机；F—油箱；G—发电机；M—电动机；P—功率转换器

按照串联式混合动力电动汽车的工作模式，电驱动系有多个运行模式，这些运行模式如下：

(1) 混合牵引模式。当需要大量功率时，也就是说，驾驶员猛踩加速踏板，发动机/发电机组和峰值电源（PPS）两者都向电动机提供功率。此时，由于效率和排放的原因，应控制发动机运行在其最佳运行区，如图 5-25 所示。峰值电源将供应附加的功率，应满足牵引功率的需要。该运行模式可表达为：

$$P_{\text{demand}} = P_{\text{e/g}} + P_{\text{pps}} \tag{5-5}$$

式中 P_{demand}——驾驶员所需的功率；

$P_{\text{e/g}}$——发动机/发电机组供给的功率；

P_{pps}——峰值电源供给的功率。

(2) 峰值电源单一牵引模式。在该运行模式中，峰值电源单独供给其功率，以满足牵引功率的需要，即：

$$P_{\text{demand}} = P_{\text{pps}} \tag{5-6}$$

(3) 发动机/发电机组单一牵引模式。在该运行模式中，发动机/发电机组单独供给其功率，以满足牵引功率的需要，即：

$$P_{\mathrm{demand}} = P_{\mathrm{e/g}} \tag{5-7}$$

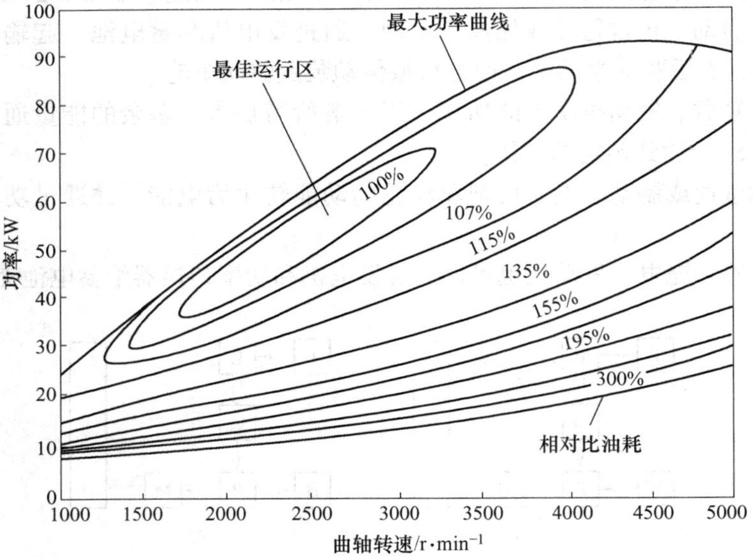

图 5-25　转矩组合的并联式混合动力电驱动系

（4）峰值电源由发动机/发电机组充电的模式。当峰值电源中的能量减少到最低容量时，必须予以充电，这一充电过程可由再生制动或发动机/发电机组进行。通常，采用发动机/发电机组予以充电，因为再生充电是不能胜任该充电需求的。此时，发动机功率被分解为两部分：一部分用于驱动车辆；另一部分则用于向峰值电源充电，即：

$$P_{\mathrm{demand}} = P_{\mathrm{e/g}} - P_{\mathrm{pps}} \tag{5-8}$$

应该注意，仅当发动机/发电机组的功率大于负载功率需求时，该运行模式才有效。

（5）再生制动模式。当车辆制动时，牵引电动机用作为发电机，将车辆质量的部分动能转变为电能，向峰值电源充电。

如图 5-25 所示，按照来自驾驶员的牵引功率（转矩）的指令，来自各组件、驱动系和预置控制策略的反馈，车辆控制器给出对各组件的运行指令。控制的目的是：

（1）满足驾驶员的功率需求。

（2）以最佳功率运行各组件。

（3）尽可能地回收制动能量。

（4）在参数预置窗内，保持峰值电源的荷电状态。

5.5.2　控制策略

控制策略是一种控制规则，它预置在车辆的控制器内，并给出各组件的运行指令。车辆控制器接收来自驾驶员的运行指令，以及来自驱动系和所有组件的反馈，然后，即应用特定的运行模式做出决策。显然，驱动系的性能主要取决于控制的质量，其中，控制策略起着决定性的作用。

串联式混合动力电驱动系有若干控制策略，它们可应用于面向不同任务要求的车辆驱动系。本节介绍两个典型的控制策略：峰值电源最大荷电状态的控制策略；发动机开动和关闭或恒温控制策略。

5.5.2.1 峰值电源最大荷电状态控制策略

这一控制策略的目标在于满足由驾驶员给出的所需功率的指令，并同时保持峰值电源的荷电状态为高电平。发动机/发电机组为基本动力源，而峰值电源为辅助动力源。控制策略被看作应用于车辆的独特设计。就车辆而言，包括以频繁停车—启动形式运行的车辆，以及以执行战斗任务为目的的运用车辆，其性能密切依赖于峰值电源。高电平的荷电状态将保证车辆在任何时刻的高性能。

峰值电源的最大荷电状态的控制策略如图 5-26 所示，图中点 *A*、*B*、*C* 和 *D* 表示由驾驶员给出的所需功率的指令，它们不是处于牵引模式，就是处于制动模式。

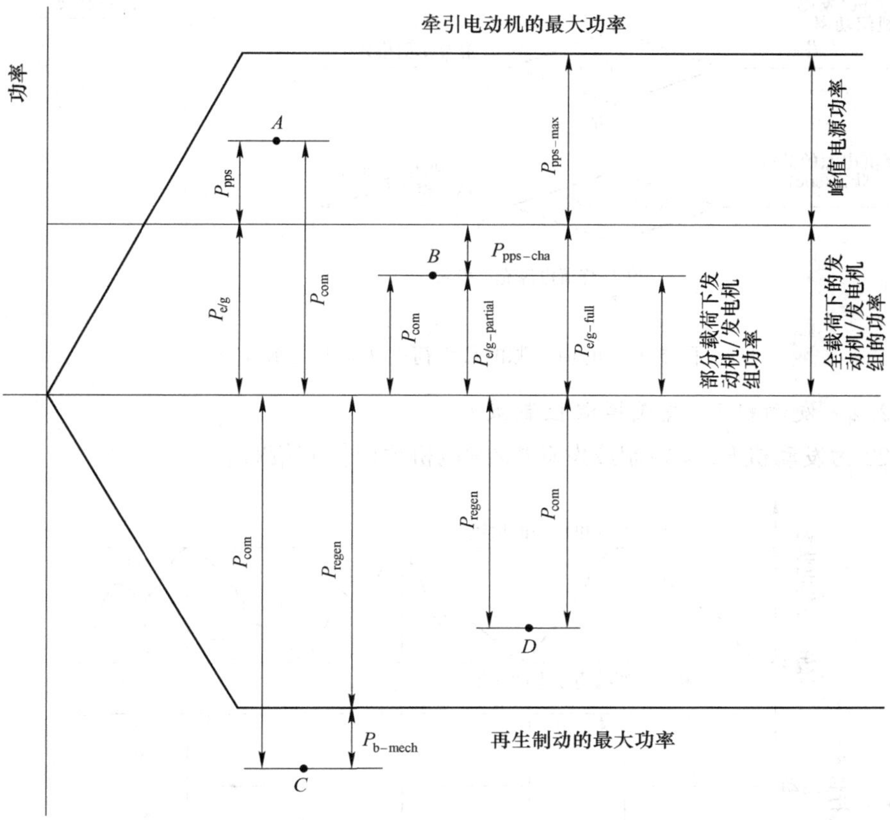

图 5-26 峰值电源的最大荷电状态的控制策略

点 *A* 表示给出指令的牵引功率大于发动机/发电机组所能提供的功率。在这样的情况下，峰值电源必须提供其功率，以补偿发动机/发电机组功率的不足。点 *B* 表示给出的指令功率小于发动机/发电机组运行于最佳运行区时所能提供的功率。此时，取决于峰值电源的充电模式，也就是说，发动机/发电机组运行于最佳运行区，其部分功率供给牵引电动机以驱动车辆；而另一部分功率则供给峰值电源。另一方面，若峰值电源的荷电状态已达到其顶线，则应用发动机/发电机组的单一牵引模式，也就是说，调节发动机/发电机组使其发出的功率等于指令功率，而峰值带能源置于空载。点 C 表示指令的制动功率大于电机所能产生的制动功率（最大的再生制动功率）。此时，采用混合制动模式，其中，电机产生其最大的制动功率，而机械制动系统产生剩余的制动功率。点 D 表示指令的制动功率小于电机所能产生的最大制动功率，此时，仅采用再生制动模式。图 5-27 为峰值电源的最大荷电状态的控制流程图。

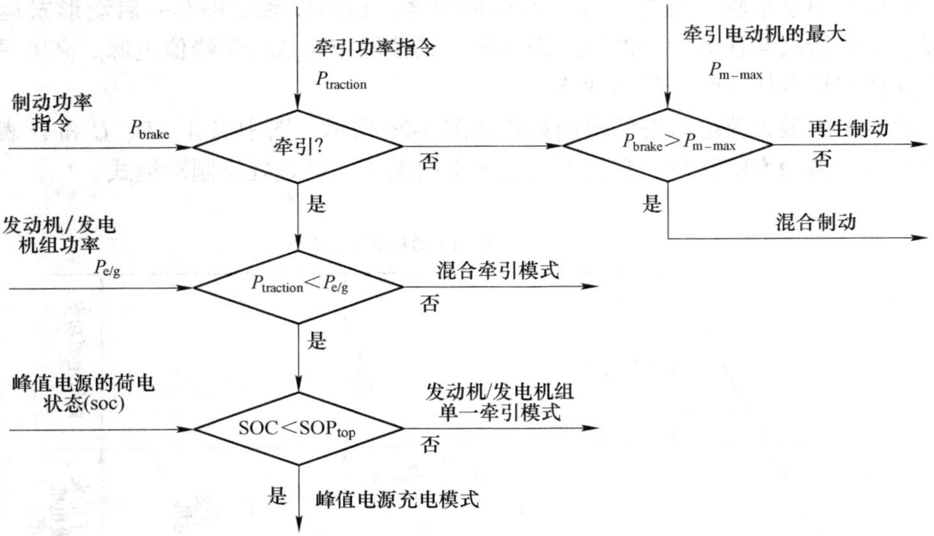

图 5-27　峰值电源的最大荷电状态的控制流程

5.5.2.2　发动机开/关或恒温控制策略

图 5-28 为发动机开/关控制或发动机/发电机恒温控制策略。

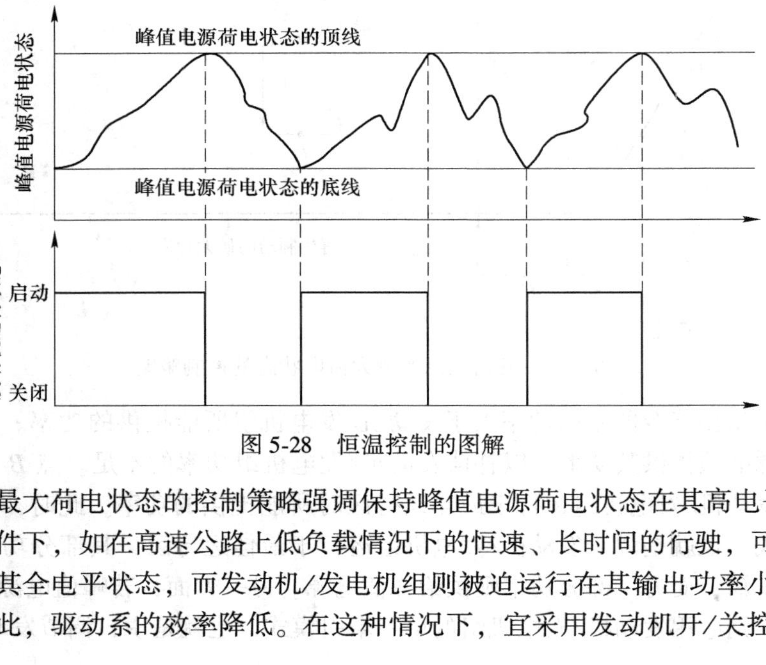

图 5-28　恒温控制的图解

峰值电源最大荷电状态的控制策略强调保持峰值电源荷电状态在其高电平上。但是，在某些行驶条件下，如在高速公路上低负载情况下的恒速、长时间的行驶，可轻易地使峰值电源充电至其全电平状态，而发动机/发电机组则被迫运行在其输出功率小于最佳值的工况之下，因此，驱动系的效率降低。在这种情况下，宜采用发动机开/关控制或发动机组的恒温控制策略。发动机/发电机组的运行完全由峰值电源的荷电状态予以控制，当峰值电源的荷电状态达到其预设的顶线时，发动机/发电机组启动，峰值电源由发动机/发电机组向其充电。这样，发动机将能始终在其最佳效率区内运行。

5.5.3 电驱动系参数的设计

串联式混合动力电驱动系中的主要部件包括牵引电动机、发动机/发电机组合峰值电源。在整个系统设计中，这些部件额定功率值的设计是最初和最重要的设计阶段。对于这些参数的设计，必须考虑某些设计的约束条件为：

（1）加速性能。

（2）高速公路行驶和市区行驶需求。

（3）峰值电源中的能源平衡。

5.5.3.1 牵引电动机额定功率值的设计

在串联式混合动力电动汽车中，电动机驱动的额定功率值完全取决于车辆加速性能要求、电机性能和传动装置特性。在设计的初始阶段，应用式（5-9），按加速性能（车辆从零车速加速到给定车速所需的时间）估计电动机的额定功率值：

$$P_t = \frac{\delta M}{2t_a}(V_f^2 + V_b^2) + \frac{2}{3}Mgf_rV_f + \frac{1}{5}\rho_a C_D A_f V_f^3 \tag{5-9}$$

式中 δ——车辆的质量系数；

M——车辆的总质量，kg；

t_a——期望的加速时间，s；

V_b——相应于电动机基速，m/s，如图 5-29 所示；

V_f——车辆加速后的终速，m/s；

g——重力加速度，9.80m/s^2；

f_r——轮胎的滚动阻力系数；

ρ_a——空气密度，1.202kg/m^3；

A_f——车辆迎风正面的面积，m^3；

C_D——空气阻力系数。

式（5-9）中的第一项表示用以加速车辆质量的功率；第二项和第三项分别表达了克服轮胎滚动阻力和空气阻力所需的平均功率。

图 5-29 表明配置有两挡传动装置的牵引力和牵引力功率与车速的关系。在加速期间，由低速挡起始，牵引力按迹线 $g-h-d-e$ 变化，且 $V_b = V_{b1}$。然而，当应用单挡传动装置时，换句话说，仅高速挡可供应用，则牵引力按迹线 $c-d-e$ 变化，且 $V_b = V_{b2}$。

图 5-30 给出了一个电动机额定功率值对车速比率关系的实例，其中，车速比率定义为最高车速与基速之比，如图 5-29 所示。

应该注意，由式（5-9）确定的电动机额定功率仅是满足加速性能的估计值，为精确地确定电动机的额定功率必须予以校验。

车辆性能的计算，如加速时间、加速距离和爬坡能力，完全同于纯电动汽车的分析。

5.5.3.2 发动机/发电机组额定功率值的设计

在串联式混合动力电驱动系中，发动机/发电机组用以供给稳定功率，以防止峰值电

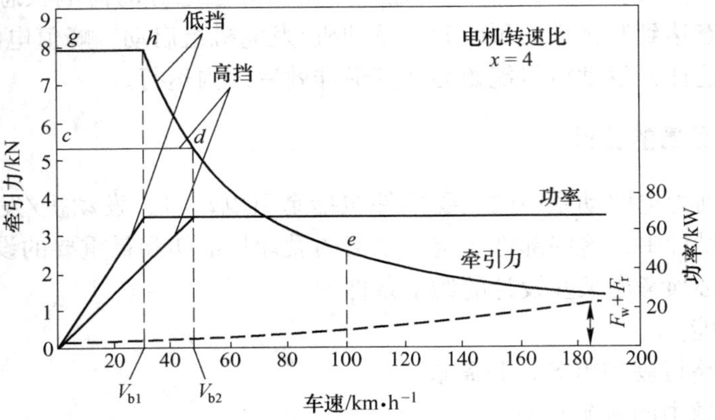

图 5-29 电动机转速—转矩特性

源完全放电。对于发动机/发电机组的设计，应考虑两种驾驶情况：长时间采用恒定车速的行驶情况，如城市间车辆在高速公路上的运行；采用频繁的停车—启动形式的行驶（最高车速/基速）情况，如市区内的车辆行驶。就前一驱动形式而言（长时间采用恒定车速的行驶），发动机/发电机组和电驱动系不应依靠峰值电源承载高速，如车速达130km/h 时的运行需要，此时，发动机/发电机组应有足够的功率支持这一车速的运行。对于频繁的停车—启动形式的行驶，发动机/发电机组应产生足够的功率以保持一定电平的峰值电源能量的存储，使之有充裕的功率供应车辆加速的需求。如上所述，峰值电源的能量消耗与控制策略紧密关联。

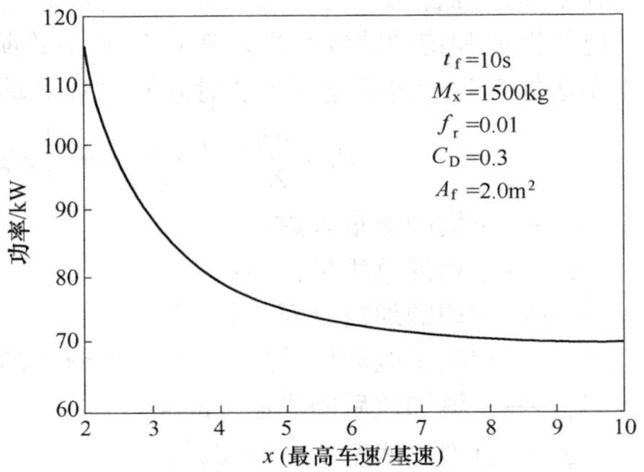

图 5-30 牵引功率对车速比率的关系

在平坦路面上恒速行驶时，来自能源（或发动机/发电机组，或峰值电源，或两者兼备）的输出功率可表达为：

$$P_{e/g} = V\frac{V}{1000\eta_t\eta_m}(Mgf_rV_f + \frac{1}{2}\rho_a C_D A_f V^2) \quad (kW) \tag{5-10}$$

式中，η_t和 η_m分别是传动装置和牵引电动机的效率。

图 5-31 给出了一个 1.5t 客车的负载功率（不包括 η_t和 η_m的对应于车速的变化曲线）的实例。它表明在恒定车速时的功率需求远小于加速时所需的功率。在该例中，以130km/h 恒速行驶时所需功率约为 35kW。

当车辆在市区内以停车—启动形式行驶时，发动机/发电机组所产生的功率应等于或略大于平均的负载功率，以保持峰值电源稳定的能量存储。平均的负载功率可表示为：

$$P_{ave} = \frac{1}{TP} = \frac{1}{T}\int_0^T(Mgf_r + \frac{1}{2}\rho_a C_D A_f V^2)V\mathrm{d}t + \frac{1}{T}\int_0^T \delta M\frac{\mathrm{d}V}{\mathrm{d}t}\mathrm{d}t \tag{5-11}$$

式中 δ——车辆的质量系数；

dV/dt——车辆的加速度。

式（5-11）中的第一项为克服滚动阻力和空气阻力所消耗的平均功率；第二项为消耗于加速和减速的平均功率。当车辆具有回收其全部动能的能力时，则消耗于加速和减速的平均功率为零，如图5-32所示。

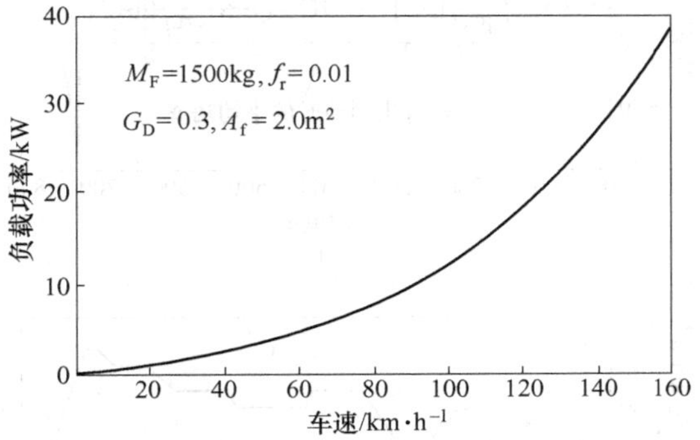

图5-31 以恒速行驶的1.5t客车的负载功率

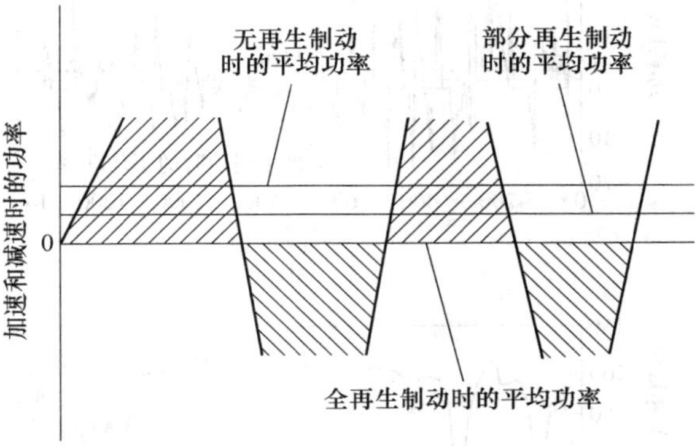

图5-32 平均功率

在发动机/发电机系统设计中，其功率容量应大于或至少不小于维持车辆恒速（运行于高速公路）行驶所需的功率，以及运行于市区时所需的平均功率。在实际设计中，某些典型的市区行驶循环可用来预测车辆的平均功率，如图5-33所示。

5.5.3.3 峰值电源设计

峰值电源必须在任何时刻均能向牵引发动机提供足够的功率，同时，峰值电源必须存储充裕的能量以防止由于过度放电导致功率供应中断的状态。

（1）峰值电源的功率容量。为了充分利用电动机的功率容量，发动机/发电机组合峰值电源的总功率应大于或至少等于电动机的最大额定功率，因而，峰值电源的功率容量可表达为：

$$P_{pps} \geqslant P_{m-max}/\eta_m - P_{e/g} \tag{5-12}$$

式中 P_{m-max}——电动机的最大稳定功率；

η_m——电动机效率；

$P_{e/g}$——发动机/发电机组的效率。

（2）峰值电源的能量容量。在某些行驶情况下，频繁地加、减速驱动正确将导致峰值电源的低荷电状态，从而降低了它的传输功率。为了正确地测定峰值电源的能量容量，必须得知在某些典型行驶循环中的峰值电源能量的变化。峰值电源中的能量变化可表达为：

$$\Delta E = \int_0^T P_{pps} dt \tag{5-13}$$

式中，P_{pps}为峰值电源的功率。正值的P_{pps}表示充电功率，而负值的P_{pps}表示放电功率。

图5-34给出了在峰值电源功率随行驶时间变化过程中，峰值电源能量变化的一个实例。若在行驶范围内，峰值电源的荷电状态（SOC）允许其在荷电状态的顶线与底线之间

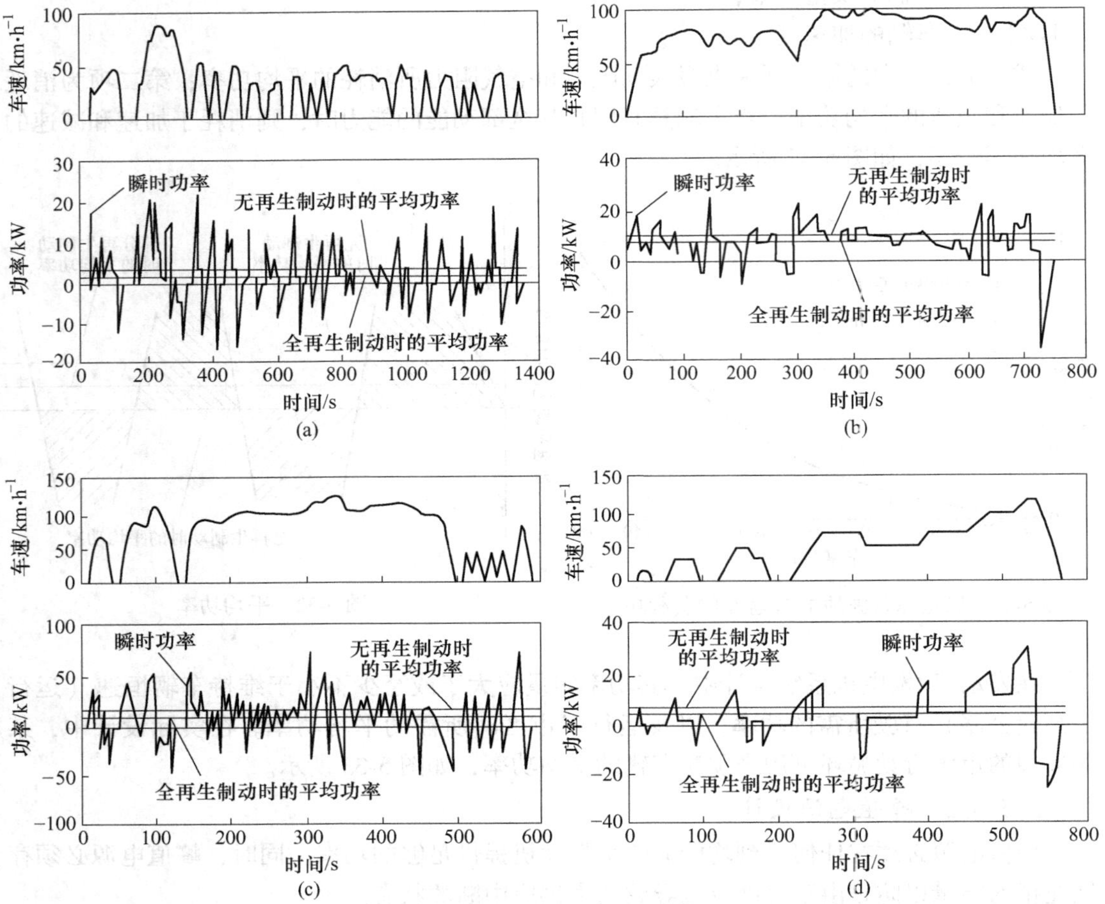

图 5-33 瞬时功率和平均功率

变化，则该图也表明了整个行驶循环中最大的能量变化值。峰值电源荷电状态的行驶范围取决于峰值电源的运行特性，例如，由于效率的原因，化学蓄电池对应于能量变化的中值（0.4~0.7）具有最佳工作范围；而由于受限的电压变化的原因，超级电容器组仅具有非常有限的能量变化范围（0.8~1.0）。

$$E = \Delta E_{max}/(SOC_{top} - SOC_{bott}) \tag{5-14}$$

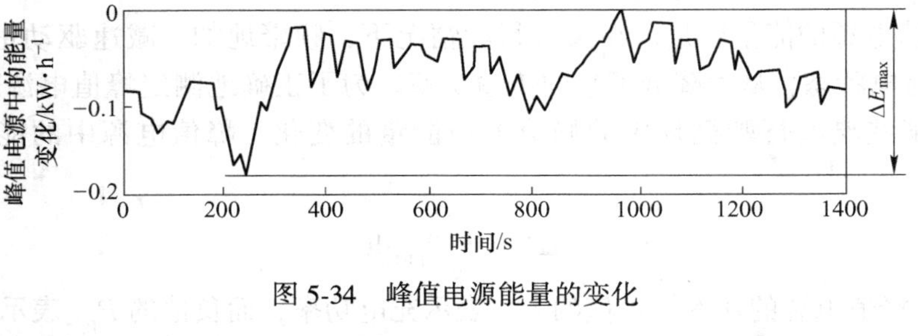

图 5-34 峰值电源能量的变化

【例 5-1】 按表 5-1 所示的车辆参数及性能要求，试做串联式 HEV 电驱动系的参数设计。

表 5-1 车辆参数及性能要求

车辆的总质量/kg	1500
轮胎滚动阻力系数	0.01
空气阻力系数	0.3
车辆迎风正面的面积/m^2	2.0
传动装置效率（单挡）	0.9
加速时间（从零车速到 100km/h）/s	10±1
最大爬坡能力	>30%（低速），>5%（100km/h）
最高车速/$km \cdot h^{-1}$	160

【解】 电驱动系的参数设计包括牵引电动机量值的设计、齿轮传动比的设计、加速性能的检测、爬坡能力的检测、发动机/发电机组量值的设计、峰值电源功率容量的设计、峰值电源能量容量的设计、峰值电源功率容量的设计等。

5.5.3.4 牵引电动机量值的设计

应用式（5-9），并设电动机的转速比 $x=4$，即可在给定的由零车速到 100km/h 的加速时间为 10s 的条件下，得出电动机的额定功率为 82.5kW。图 5-35 为牵引电机的特性与其转速之间的关系图。

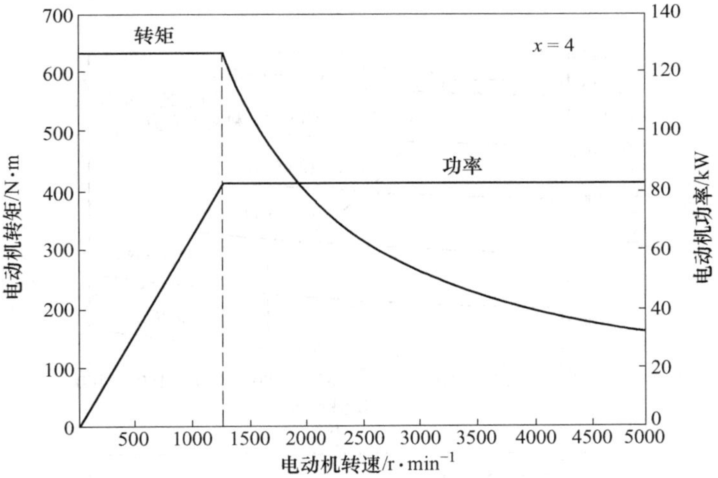

图 5-35 牵引电机的特性与其转速之间的关系

5.5.3.5 齿轮传动比的设计

齿轮传动比的设计应使电动机在最高转速时车辆到达其最高车速，即：

$$i_g = \frac{\pi n_{m,\ max} r}{30 V_{max}} \tag{5-15}$$

式中 $n_{m,max}$——电动机最高转速，r/min；

V_{max}——最高车速，m/s。

假设 $n_{m,max} = 5000\text{r/min}$；$V_{max} = 44.4\text{m/s}$（160km/h 或 100mile/h）；$r = 0.2794\text{m}$

(11in)，则可得 $i_g=3.29$。

5.5.3.6　加速性能的检测

基于牵引电动机的转矩—转速特性、齿轮传动比以及车辆的参数，可算出车辆的加速性能（加速时间和距离与车速之间的关系），如图 5-36 所示。若所算得的加速度不能满足设计要求，则应重新设计电动机的额定功率。

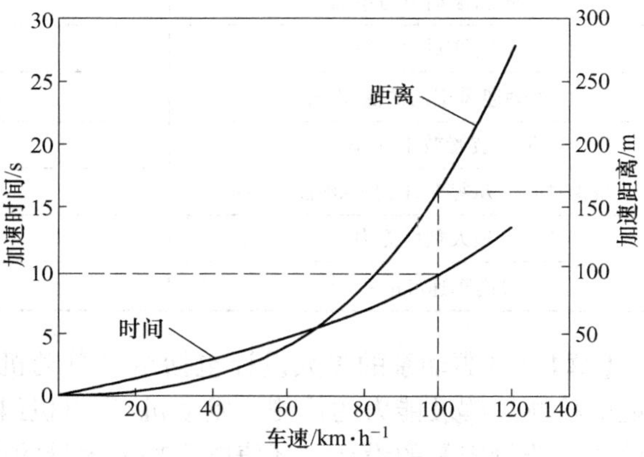

图 5-36　加速时间和距离与车速之间的关系

5.5.3.7　爬坡能力的检测

应用牵引电动机的转矩—转速特性、齿轮传动比以及车辆的参数，并由汽车动力学的关系式，可计算得出牵引力和阻力与车速之间的关系，如图 5-37（a）所示。进而可算出车辆的爬坡能力，如图 5-37（b）所示。图 5-37 表明由计算机得出的爬坡能力远大于设计要求中规定的性能指标。这一结果意味着对于客车而言，加速性能所需求的功率通常大于爬坡所需的功率，因此，是前者决定了牵引电动机的额定功率。

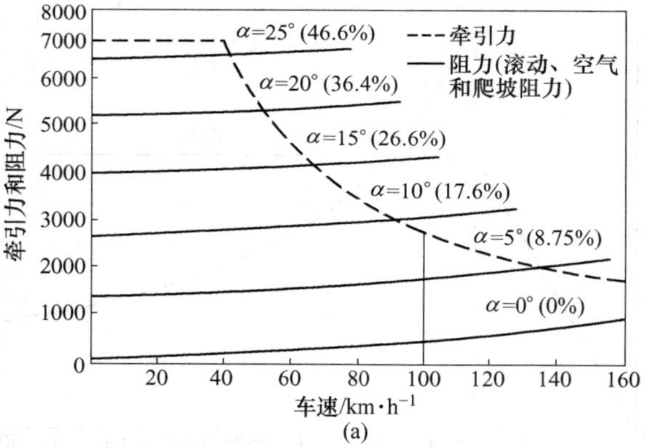

(a)

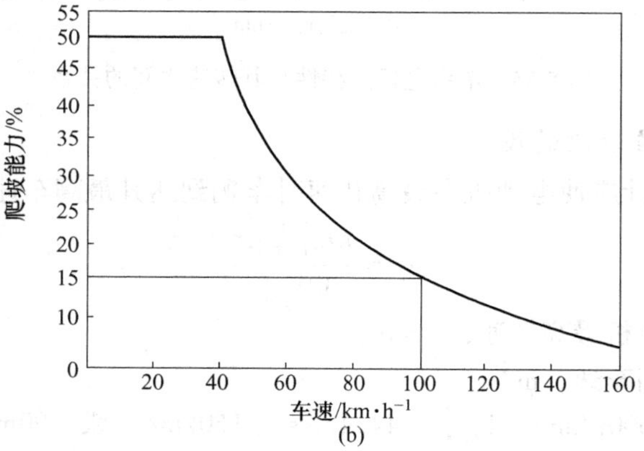

(b)

图 5-37　牵引力和阻力、爬坡能力与车速之间的关系

5.5.3.8 发动机/发电机组量值的设计

发动机/发电机组额定功率的设计要求能承载车辆在平坦路面上，以高速公路标准车速（130km/h）行驶的需要。图 5-38 表明车速在 130km/h 情况下，所需发动机功率为 32.5kW，其中，在传动装置（效率为 90%）、电动机（效率为 85%）和发电机（效率为 90%）中的能量损失已包含在内。图 5-38 也表明发动机功率为 32.5kW 时，有能力承载车辆在 5%坡度的路面上以 78km/h 的车速行驶。

发动机/发电机组额定功率设计中另一个考虑的方面在于：当车辆以某种典型的停车—启动形式行驶时所对应的平均功率。

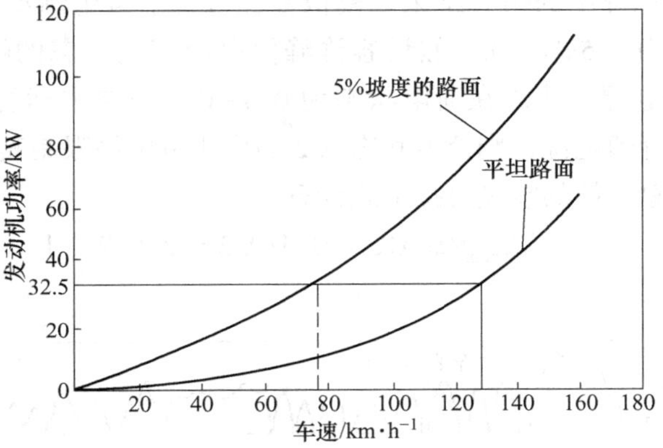

图 5-38 在平坦路面上和 5%坡度的路面上发动机功率与恒定车速之间的关系

与图 5-37 中所示的功率相比，这些行驶循环中的平均功率是较小的，因此，发动机功率为 32.5kW 可以满足这些行驶循环的需要。图 5-39 给出了发动机的特性。

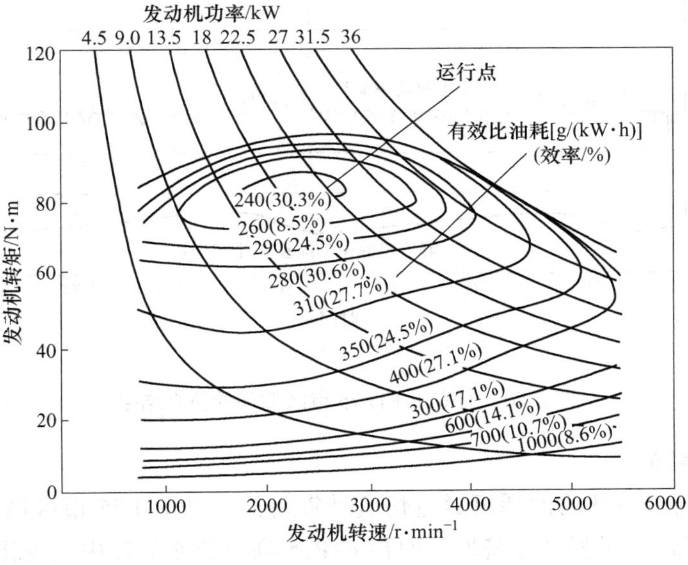

图 5-39 发动机特性及其运行点

5.5.3.9 峰值电源功率容量的设计

发动机/发电机组合峰值电源输出功率之和应大于或至少等于牵引电动机的输入功率，即：

$$P_{pps} = P_{motor}/\eta_{motor} - P_{e/g} = 82.5/0.85 - 32.5 \times 0.9 = 67.8\text{kW}$$

5.5.3.10 峰值电源能量容量的设计

峰值电源的能量容量紧密取决于行驶循环以及总体的控制策略。在这一设计中，由于发动机/发电机组的功率容量远大于平均的负载功率和平均的牵引功率，因此，采用恒温控制策略（发动机开/关控制）是恰当的。图 5-40 表明了实施发动机开/关控制策略的上述车辆在 FTP75 市区循环中的仿真结果。模拟中，包含了再生制动。控制中允许峰值电源内最大的能量变动为 0.5kW · h。假设容许峰值电源荷电状态的峰值功率范围为 0.2，则以蓄电池组为峰值电源，使之在荷电状态为 0.4~0.6 范围内运行，将有最佳的效率。若以超级电容器组为峰值电源，则荷电状态 0.2 的变化范围将限制其端电压为 10%的变化量。在峰值电源中，总存储的能量可按下式计算：

$$E_{pps} = \Delta E_{max}/\Delta\text{SOC} = 0.5/0.2 = 2.5\text{kW} \cdot \text{h}$$

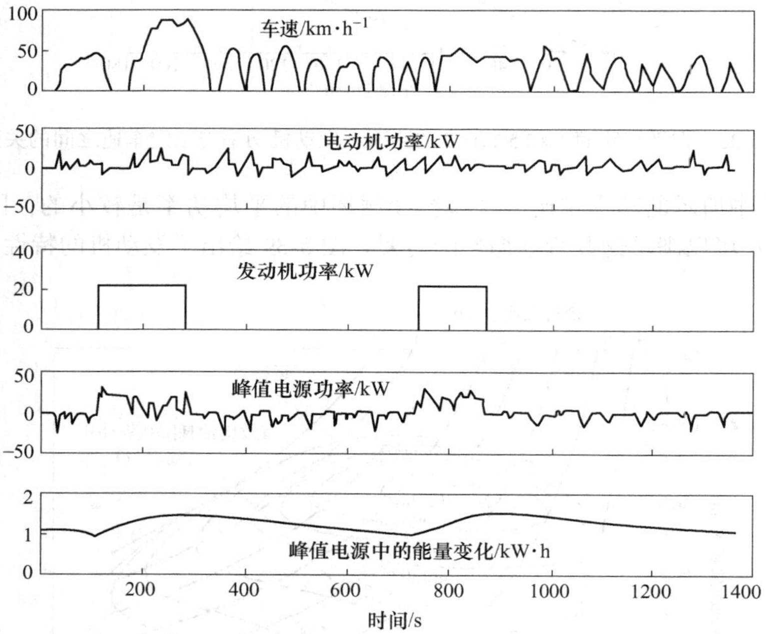

图 5-40 对应于 FTP75 市区循环的仿真结果

5.5.3.11 耗油量

对应于各种行驶循环的油耗可通过仿真计算得出。在 FTP75 市区循环中，所设计的驱动系具有 17.9km/L 的燃油经济性，而在 FTP75 高速公路循环中（见图 5-41），所设计的驱动系具有 18.4km/L 的燃油经济性。

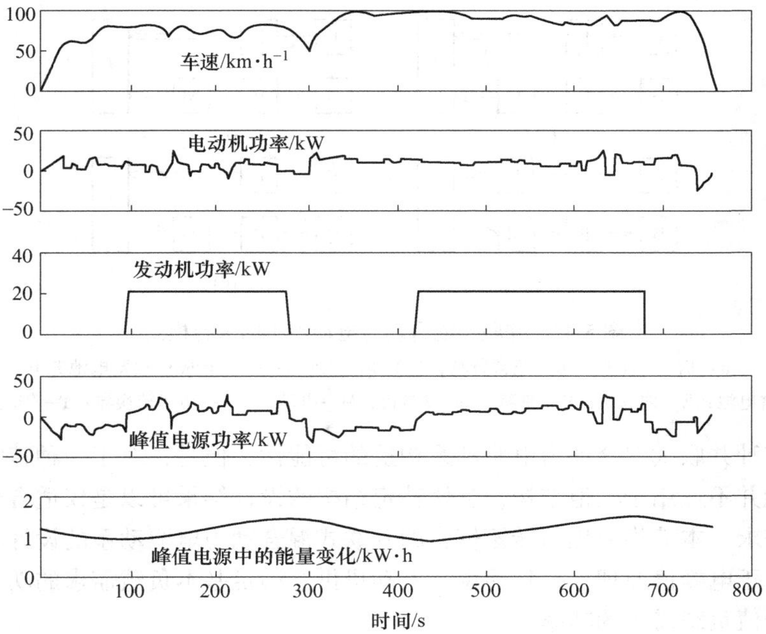

图 5-41 对应于 FTP75 高速公路循环的仿真结果

5.6 并联式混合动力驱动系的设计

不同于串联式混合动力的电驱动系，并联式混合动力电驱动系具有发动机和牵引电机两者能并联地直接向驱动轮供给机械功率的特点。并联式结构优于串联式结构的主要特点是：

（1）不需要发电机。

（2）牵引电动机容量较小。

（3）不需要发动机至驱动轮之间功率的多向转换。

因此，整车效率较高。但是，由于发动机和驱动轮之间机械上的耦合，并联式混合动力电驱动系的控制比串联式混合动力的电驱动系的控制显得更为复杂。

5.6.1 运行模式

图 5-42 给出了并联式混合动力电动汽车的四种运行模式。

（1）车辆启动或节气门全开加速。发动机和电动机同时工作，共同分担驱动车辆所需的动力，例如，发动机和电动机分别承担总功率的 80%和 20%。

（2）车辆正常行驶。电动机关闭，仅由发动机工作提供车辆行驶所需动力。

（3）车辆制动或减速。电动机工作于发电机模式，通过功率转换器给蓄电池充电。

（4）行驶中给蓄电池充电。由于发动机和电动机驱动同一根驱动轴，因此当车辆轻载时，发动机发出的功率也可以通过电动机转化为电能给蓄电池充电。目前，本田 Insight 混合动力电动汽车采用的就是类似的功率流控制方式。

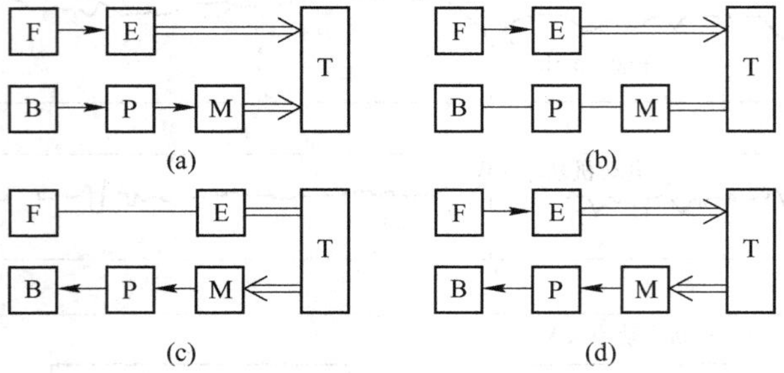

图 5-42　并联式混合动力电动汽车的远行模式

（a）启动/加速；（b）正常行驶；（c）减速/制动；（d）行驶中给蓄电池充电

B—蓄电池；E—内卷机；F—油箱：G—发电机；M—电动机；P—功率转换器；T—传动装置

虽然有多种并联式混合动力电驱动系构造的可能性，但是，对于一种特定的结构，其设计方法可能并不适用于其他结构，且该特定结构的设计结果可以是仅适合于给定运行环境和任务的需求。本节将聚焦与转矩耦合的并联式混合动力电驱动系的设计方法，该电驱动系的运行基于电峰值原理。换句话说，发动机供给满足基本负载需求的功率，而电牵引则供给满足峰值负载需求的功率。

在标准的市区和高速功率行驶循环中，基本负载比峰值负载低得多，由此启示发动机的额定功率可低于牵引电动机的额定功率。由于牵引电动机与发动机相比，有更好的转矩—转速特性，因此，对牵引电动机配置单挡传动装置是其特有的方案。

图 5-43 所示的电驱动系的设计，这一设计的任务为：

（1）满足给定的性能要求（爬坡能力、加速性能和最高巡航能力）。

（2）达到整体的高效率。

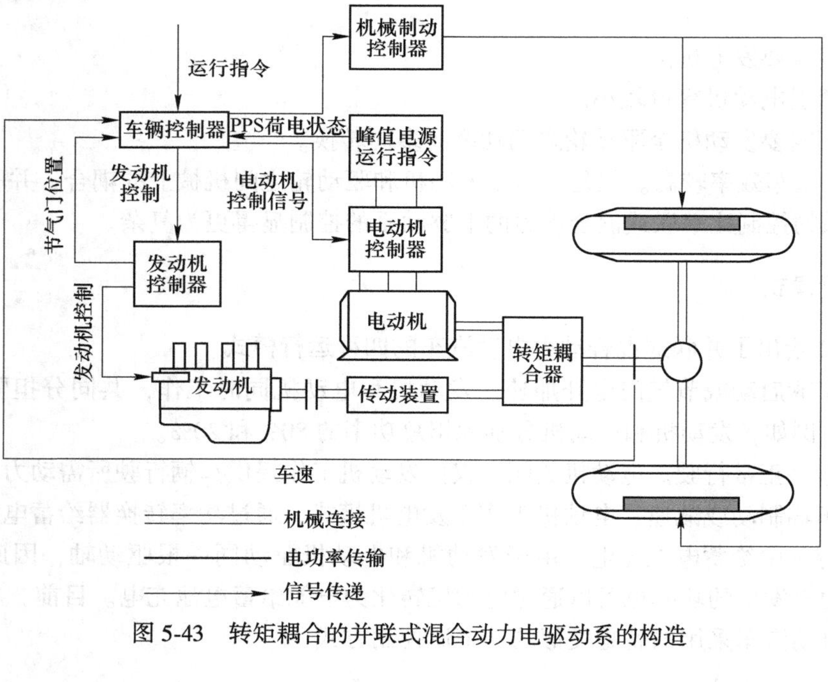

图 5-43　转矩耦合的并联式混合动力电驱动系的构造

（3）在整个行驶循环进程中，保持蓄电池组的荷电状态处于适当的电平，而不必从车辆的尾部给予充电。

（4）回收制动能量。

5.6.2 控制策略

在并联式混合动力电驱动系中，可应用的运行模式主要包括：

（1）单发动机牵引。

（2）单电动机牵引。

（3）混合牵引（由发动机与电动机合成）。

（4）再生制动。

（5）由发动机向峰值电源（PPS）充电。

车辆运行期间，应采用特定的运行模式，以满足驱动转矩的要求、达到整体的高效率、保持峰值电源的荷电状态处于适当的电平，并尽可能多地回收制动能量。

整体控制方案有两个层次组成：一是车辆控制系统层次的控制器（高位控制器）起着控制指令长的作用，并基于驾驶员指令、组件特性和由组件反馈的信息，向低位控制器（局部控制器或组件控制器）给出转矩命令；二是低位控制器（局部控制器或组件控制器），如发动机控制器、电动机控制器和在多挡传动装置中的传动装置控制器，控制相应组件执行其特定的运作。

并联式混合动力电驱动系的整体控制方案，如图 5-44 所示。它由车辆控制器、发动机控制器、电动机控制器和机械制动控制器组成。车辆控制器处于最高位置，它汇集了来自驾驶员和所有组件的数据，例如所期望的转矩、车速、峰值电源的荷电状态、发动机转速和节气门位置、电动机转速等。基于这些数据、组件特性和预置的控制策略，车辆控制器向各组件控制器或局部控制器给出控制信号。后者控制相应组件运作，以满足电驱动系的需求。

车辆控制器在电驱动系的运行中起着中枢的作用。按照行驶情况，以及由组件与驾驶员指令汇集的数据，车辆控制器应实现各种运行模式，并应向每个组件控制器给出正确的控制命令。因此，预置控制策略是电驱动系运行达到最佳成果的关键。

5.6.2.1 峰值电源最大荷电状态的控制策略

当车辆运行于停车—启动形式时，峰值电源必须向电驱动系频繁地提供功率。从而，峰值电源趋向于很快放电，在这种情况下，为了确保车辆性能，必须维持峰值电源的高荷电状态，因此，峰值电源最大荷电状态的控制策略可能是独特的选择。

峰值电源最大荷电状态的控制策略可由图 5-45 阐明。在该图中，描绘了混合牵引（由发动机和电动机合成）、单发动机牵引、单电动机牵引和再生制动各运动模式对应于车速的最大功率曲线，也绘出了在不同情况下通过 A、B、C 和 D 表示的功率指令。

电驱动系的运行模式阐述如下：

（1）单电动机牵引模式。车速小于预设值，该预设值被设定为车速的底线，即车速若低于该值，则发动机将不能稳定地运转。假若如此，则发动机单独向驱动轮提供功率，而发动机处于熄火或怠速状态。发动机功率、电牵引功率和峰值电源放电功率可表达为：

$$P_e = 0 \tag{5-16}$$

$$P_m = \frac{P_L}{\eta_{t,m}} \tag{5-17}$$

$$P_{pps-d} = \frac{P_m}{\eta_m} \tag{5-18}$$

式中 P_e——发动机输出功率；

P_L——驱动轮上的负载功率需求；

$\eta_{t,m}$——由电动机至驱动轮的传动装置的效率；

P_m——电动机的输出功率；

P_{pps-d}——峰值电源的放电功功率；

η_m——电动机效率。

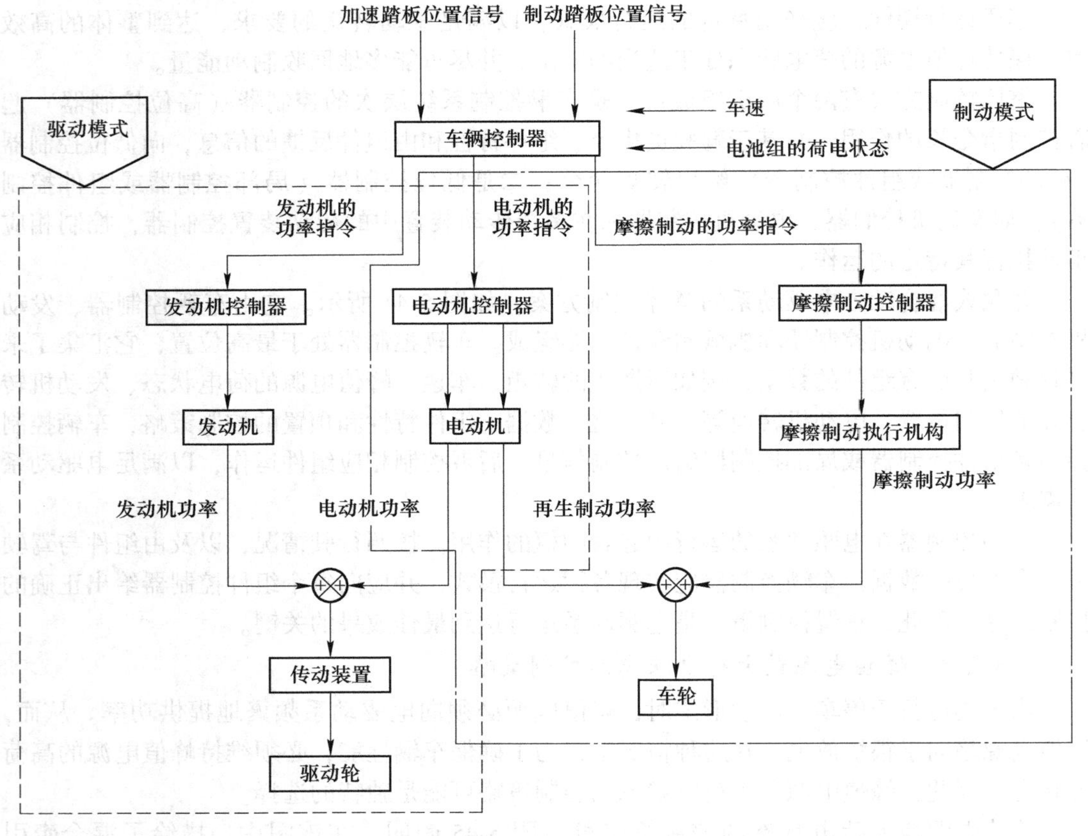

图 5-44 并联式混合动力电驱动系的整体控制方案

（2）混合牵引模式。如图 5-45 中，由点 A 表征的负载功率大于发动机所提供的功率时，发动机和电动机两者必须同时向驱动轮传递功率，这称为混合牵引模式。假若如此，则通过控制发动机的节气门，设定发动机运转在其最佳运行线上，并产生功率 P_e，剩余部分的功率需求则由电动机提供。电动机的输出功率和峰值电源的放电功率为：

$$P_m = \frac{P_L - P_e\eta_{t,e}}{\eta_{t,m}} \tag{5-19}$$

$$P_{pps-d}=\frac{P_m}{\eta_m} \tag{5-20}$$

式中，$\eta_{t,e}$为由发动机至驱动轮的传动装置的效率。

(3) 峰值电源充电模式。如图 5-45 中，由点 B 表征的负载功率小于发动机运转在其最佳运行线上所产生的功率，并且峰值电源的荷电状态处于其顶线之下时，在最佳运行上运转的发动机产生功率 P_e，此时，由发动机剩余部分功率驱动的电动机，按电动机控制器指令调节为发动机的工作状态。

(4) 单发动机牵引模式。当负载功率小于发动机在其最佳运行线上所产生的功率，并且峰值电源的荷电状态已到达其顶线时，采用单发动机牵引模式。此时，电系统关闭，发动机提供功率，以满足负载功率需求。承载部分负载的发动机输出功率曲线以虚线示于图 5-45 中。

(5) 单再生制动模式。当车辆制动，且要求的制动功率小于电系统所能提供的最大再生制动功率，此时，发动机熄火或怠速。

(6) 混合制动模式。当所需制动功率大于电系统所能提供的最大再生制动功率时，必须应用机械制动，此时，电动机应产生其最大的再生制动功率，而机械制动系统则应控制剩余部分的制动功率。

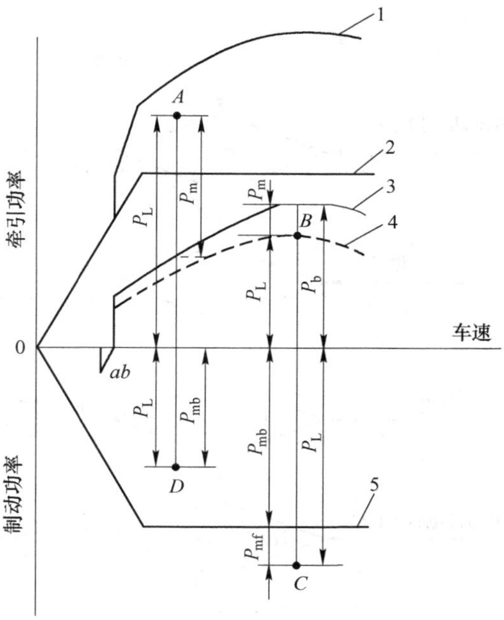

图 5-45 基于功率指令的各种运行模式的论证

1—采用混合牵引模式的最大功率；
2—采用单电动机牵引模式的最大功率；
3—运转在最佳运行线上的发动机功率；
4—承载部分负载的发动机功率；
5—电动机的最大再生功率；
P_L—负载功率，牵引或制动功率；P_b—发动机功率；
P_m—电动机牵引功率；P_{mb}—电动机的制动功率；
P_{mf}—机械制动功率

应该注意，为求更佳的制动性能，作用于前后车轮上的正向牵引力应正比于施加在这些车轮上的铅垂负载。因而，将不能如上所述精确地实施制动功率控制。峰值电源最大荷电状态的控制流程如图 5-46 所示。

5.6.2.2 发动机开/关控制策略

类似于在串联式混合动力电驱动系中的应用，发动机开/关的控制策略可使用于某些处于低速和低加速的行驶情况。在发动机开/关控制策略中，发动机的运行由峰值电源荷电状态予以控制，如图 5-47 所示。在发动机运转期间，实施的控制为峰值电源最大荷电状态控制策略。当峰值电源荷电状态到达其顶线时，发动机关闭，车辆仅由电动机驱动；当峰值电源荷电状态到达其底线时，发动机启动，控制再次进入峰值电源最大荷电状态。

5.6.3 并联式电驱动系参数的设计

电驱动系参数如发动机功率、电动机功率、传动装置的齿轮传动比、峰值电源的功率

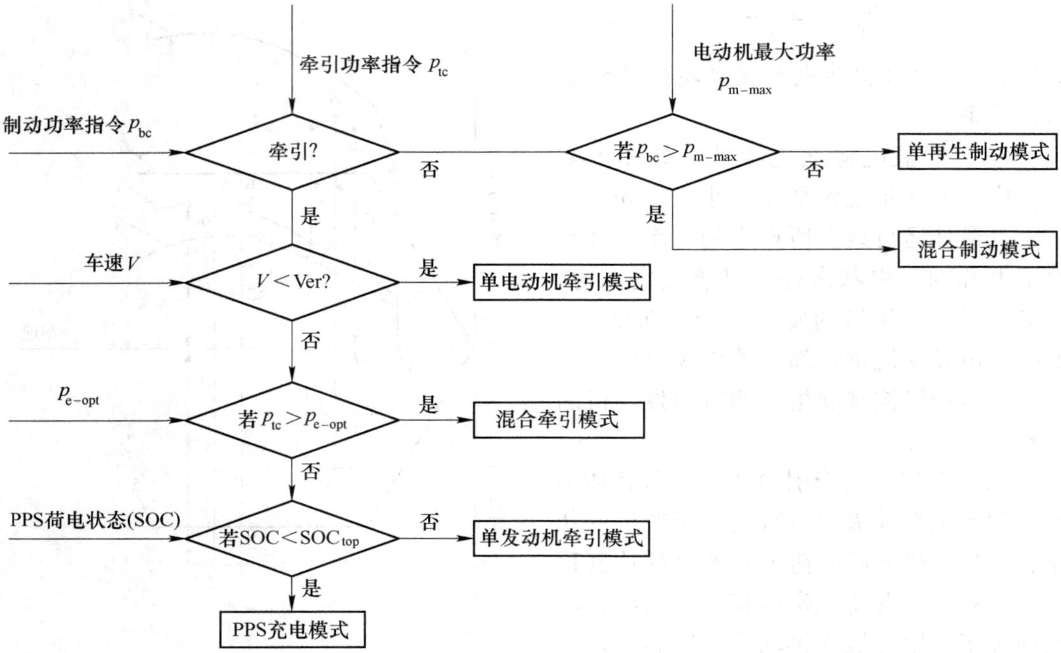

图 5-46　峰值电源最大荷电状态控制策略的流程

P_{e-pot}——运转在最佳运行线时的发动机功率

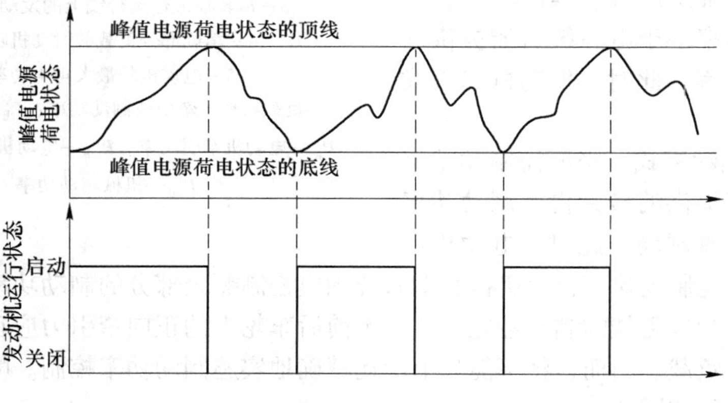

图 5-47　发动机开/关控制策略的图示

及其能量容量均是关键参数，并对车辆性能和运行效率产生显著影响。然而，作为设计的初始状态，这些参数应基于性能要求予以估算。上述参数也应通过更精确的仿真予以完善。

本节进行设计计算的客车参数为：车质量 $M_V = 1500$kg；滚动阻力系数 $f_r = 0.01$；空气密度 $\rho_a = 1.205$ kg⁷ m³；迎风正面积 $A_f = 2.0\mathrm{m}^2$；由发动机至驱动轮的传动装置的效率 $\eta_{t,e} = 0.9$；由电动机至驱动轮的传动装置的效率 $\eta_{t,m} = 0.95$。

5.6.3.1　发动机功率容量设计

发动机应能供给足够的功率，以保证车辆在没有峰值电源的帮助下，可按规定恒速运行于平坦的或低坡度的路面上。同时，当车辆以停车启动模式行驶时，发动机应能产生大于平均负载功率的平均功率。

作为在平坦的或低坡度路面上规定的高速公路恒速行驶的要求，所需功率可表达为：

$$P_e = \frac{V}{1000\eta_{t,e}}\left(M_V g f_r + \frac{1}{2}\rho_a C_D A_f V^2 + M_V g i\right) \quad (\mathrm{kW}) \tag{5-21}$$

图 5-48 描绘了在平坦路面和 5%坡度路面上，1500kg 客车实例的负载功率与车速的关系。可以看出，在平坦路面上，对应于 160km/h 的车速，需要 42kW 的功率。经过综合分析，配置多挡传动装置的 42kW 发动机的功率曲线也描绘于图中。同样由图 5-48 可见，在 5%坡度路面上，配置 4 挡和 3 挡传动装置的该车辆分别可达到约 92km/h 和 110km/h 的最高车速。

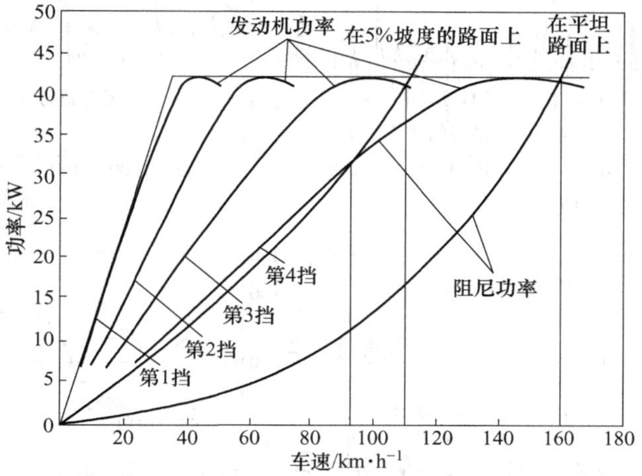

图 5-48 在平坦路面和 5%坡度路面上，恒速行驶所需的发动机功率

上述设计的发动机功率应予以判断，以满足按停车-启动模式行驶时平均功率的要求。在一个行驶循环中，车辆的负载功率可计算如下：

$$P_{ave} = \frac{1}{T}\int_0^T \left(M_V g f_r V + \frac{1}{2}\rho_a C_D A_f^3 V + \delta M_V V \frac{dV}{dt}\right) dt \tag{5-22}$$

平均功率随再生制动程度而变化。两种极端情况是全再生制动和零再生制动的情况，全再生制动回收了在制动过程中全部消耗的能量，其平均功率可由式（5-22）算出。然而，当车辆无再生制动时，其平均功率将大于具有全再生制动时的平均功率，后者由式（5-22）以这样的方法算得：当瞬时功率小于零时，其被给定为零值。

图 5-49 描绘了 1500kg 客车在一些典型行驶循环中，对应于全再生制动和零再生制动两种情况下的车速、瞬时负载功率和平均功率的变化关系。

混合动力电驱系统，发动机通过机械方式与驱动轮相耦合，因此，发动机转速随车速而变化。另一方面，节气门全开的发动机功率随发动机的转速而变化，因而，在一个行驶循环中，满足平均功率要求的发动机功率的确定并不像串联式混合电驱动系那么简单，对于串联式混合电驱动系而言，发动机运行情况是确定不变的。就节气门全开的发动机而言，所能产生的平均功率可计算如下：

$$P_{\max-\text{ave}} = \frac{1}{T}\int_0^T P_e(v)\,\mathrm{d}t \tag{5-23}$$

式中　T——行驶循环的总时间；

$P_e(v)$——节气门全开是发动机的功率，当传动装置的传动比给定时，它是车速的函数，如图 5-48 所示。

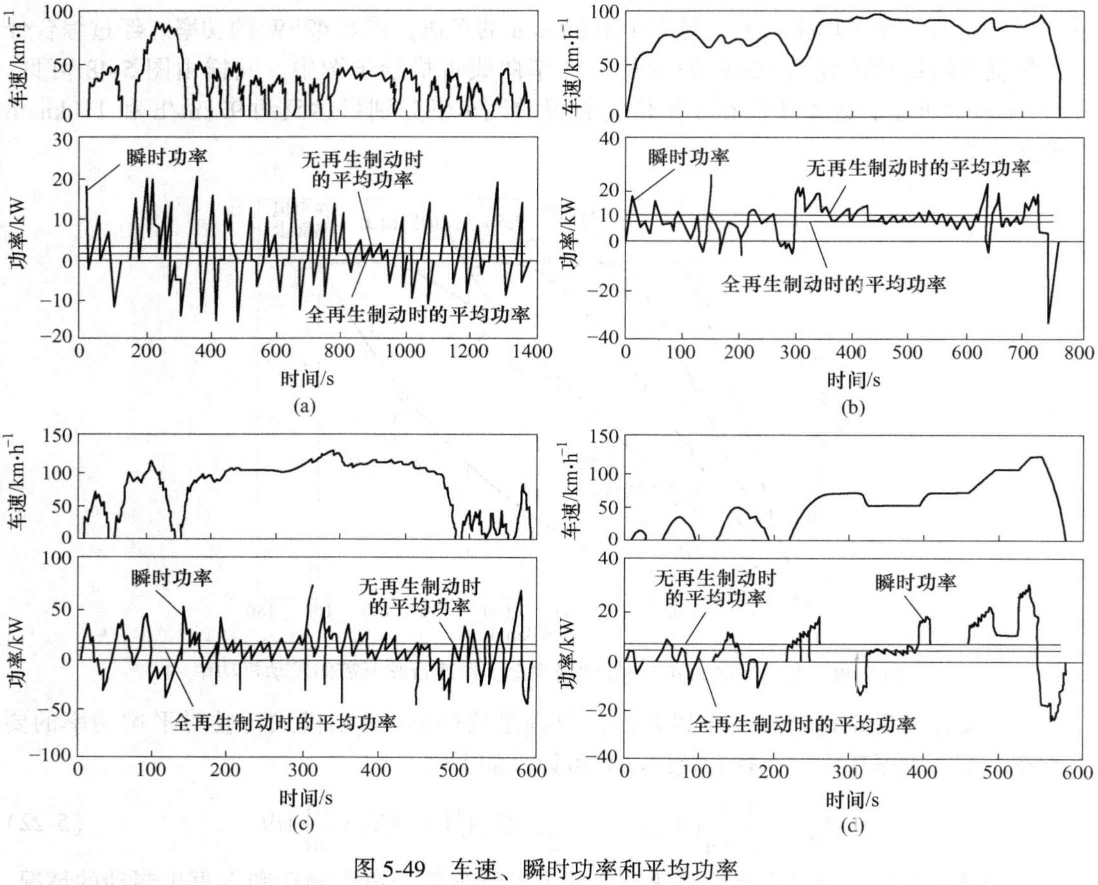

图 5-49　车速、瞬时功率和平均功率

在一些典型行驶循环中，节气门全开状态下发动机可能的运行点，及其最大可能的平均功率如图 5-50 所示。

其中，发动机最大功率为 42kW，配置单挡（仅为图 5-48 中的第 4 挡）传动装置。将这些最大可能的平均功率与图 5-48 所示的平均负载功率相比较，可以断定，对于这些典型行驶循环，发动机功率足以供给车辆运行的需要。

5.6.3.2　电动机功率容量设计

在混合动力电动汽车中，电动机的主要功能是向驱动系提供所需的峰值功率。对于电动机的功率设计，车辆的加速性能，以及在典型行驶循环系统中负载的峰值功率是其主要关注点。

由给定的加速性能直接计算电动机功率是困难的，应当根据给定的加速要求，必须先进行有效的估算，然后，通过精确模拟，再得出最终的设计结果。作为初始的估算，可假

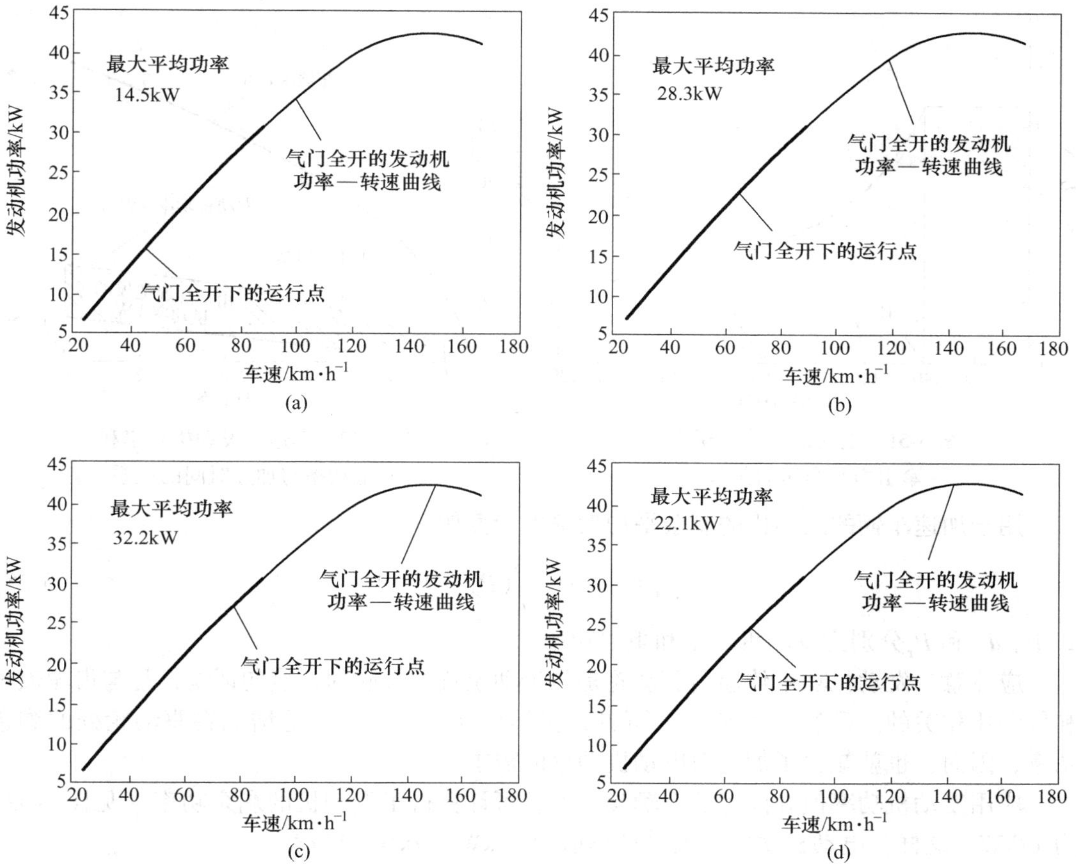

图 5-50 发动机运行点及其最大可能的平均功率

设稳态负载（滚动阻力和空气阻力）由发动机承载，而动态负载（加速中的惯性负载）由电动机承载。基于这一假设，车辆的加速直接与电动机的输出转矩相关联，其关系式为：

$$\frac{T_m i_{t,m} \eta_{t,m}}{r} = \delta_m M_v \frac{dV}{dt} \tag{5-24}$$

式中 T_m——电动机转矩；

δ_m——与电动机相关联的质量系数。

根据电动机输出特性，以及由零车速到最终高车速 V_f 的给定加速时间 $t_a = 10s$（加速的最终车速为 100km/h）；$\delta_m = 1.04$ 的 1500kg 的客车，电动机的额定功率为 74kW，如图 5-51 所示。

应该注意，以上所得的电动车功率估算值略微过高，实际上，发动机有一些剩余功率协助电动机加速车辆，如图 5-48 所示。这一事实也表明于图 5-52 中，其中，车速、节气门全开的发动机功率、阻尼功率（滚动阻力、空气阻力和传动装置中的功率损耗）和单挡转换随着加速时间而变化均分别描绘于图中。

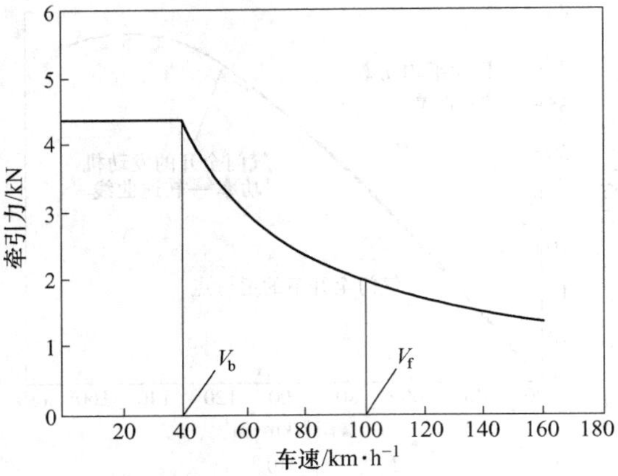

图 5-51　电动机驱动车辆的牵引力与车速的关系

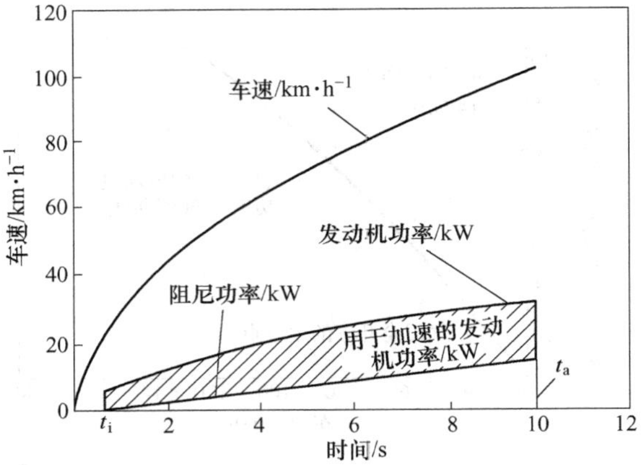

图 5-52　车速、发动机功率和阻尼功率与加速时间的关系

用于加速车辆的发动机的剩余平均功率可计算如下：

$$P_{e,\ a} = \frac{1}{t_a - t_i}\int_{t_i}^{t_a}(P_e - P_r)\mathrm{d}t \tag{5-25}$$

式中，P_e和 P_r分别为发动机功率和阻尼功率。

应注意，发动机功率传递给驱动轮是与传动装置相关联的，换句话说，是与齿轮数量和传动比相关的。显然，由图 5-48 可见，多挡传动装置将有效地增加在驱动轮处的剩余功率，因而，也就减少了加速对电动机功率的需求。

应用发动机功率值和前述的车辆参考值，可计算得出发动机的剩余功率（见图 5-52）为 17kW，这样，电动机功率的最终计算值为 74kW-17kW=57kW。

当最初设计发动机和电动机的额定功率时，需要完成对车辆性能估算的较精确的计算，其主要包含最高车速、爬坡能力和加速性能的计算，最高车速和爬坡能力可由牵引力和阻力与车速的关系曲线求得。

图 5-53 所示的图形给出了客车实例的设计结果。它表明当车速为 100km/h 时，对应于单发动机牵引力模式，具有 4.6%（2.65°）的爬坡能力；对应于单电动机牵引模式，具有 10.36%（5.91°）的爬坡能力；对应于混合牵引模式（由发动机与电动机合成），具有 18.14%（10.28°）的爬坡能力。

图 5-54 描绘了客车实例的加速性能，它表明当车辆由零车速加速到 100km/h 时，需要 10.7s，行程为 167m。

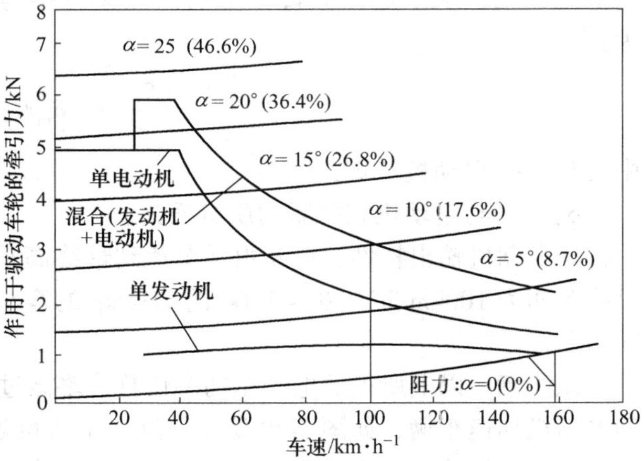

图 5-53　在斜坡路面上，牵引力和阻力与车速的关系

5.6.3.3　传动装置设计

由于电动机提供峰值功率，并在低速时具有高转矩性能，因此，在电动机和驱动轮之间配置单挡传动装置已能产生足够的转矩，以供爬坡和加速的需求，如图 5-53 所示。然而，发动机和驱动轮之间配置多挡传动装置确实能增进车辆的性能。

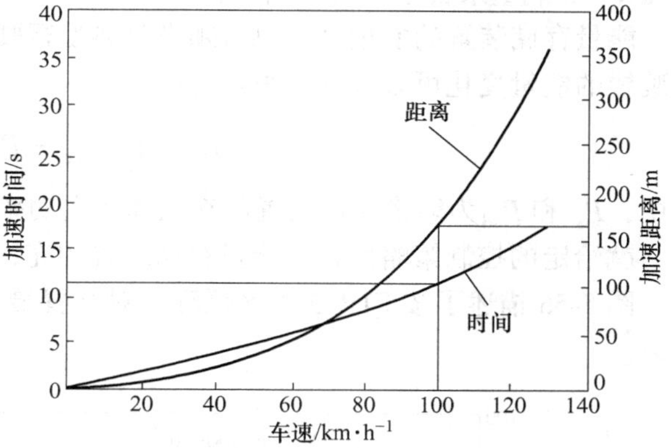

图 5-54　加速时间和距离与车速的关系

多挡传动装置的应用，如图 5-48 所示，能有效地增加发动机的剩余功率，从而，可增进车辆性能（加速和爬坡能力）。另一方面，可利用发动机较大的功率向能量存储装置充电，同时，多挡传动装置特定挡的应用，将使发动机得以运行于接近最佳的转速区，也就可以改善车辆燃油的经济性。此外，发动机较大的剩余功率将能快速充电，使能量存储装置由低荷电状态转化为高荷电状态。

但是，多挡传动装置比单挡传动装置复杂得多，装置较重和较大，而且它还需要复杂的齿轮换挡控制，因此，在并联式混合动力电动汽车设计中，必须采用某些折中方案。

5.6.3.4　能量存储设计

能量存储设计主要包含其功率和能量容量的设计，功率容量设计较为简捷。能量存储装置的端口功率必须大于电动机的输入电功率，即：

$$P_s \geqslant \frac{P_m}{\eta_m} \tag{5-26}$$

式中，P_m 和 η_m 为电动机额定功率和效率。

能量存储装置的能量容量设计与各种行驶循环中的能量消耗密切相关，其中，主要是典型行驶循环中全负载加速时的能量消耗。

在加速期间，从能量存储装置和发动机所提取的能量可与加速时间和距离一起计算如下：

$$E_s = \int_0^{t_a} \frac{P_m}{\eta_m} dt \tag{5-27}$$

$$E_{eng} = \int_0^{t_a} P_e dt \tag{5-28}$$

式中　E_s，E_{eng}——分别为从能量存储装置和发动机所提取的能量；

P_m，P_e——分别为从电动机和发动机所提取的功率。

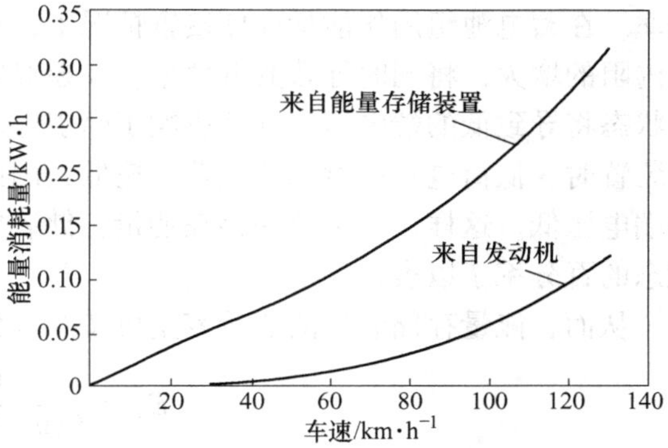

图 5-55　加速期间从能量存储装置和发动机所提取的能量

对于客车实例，图 5-55 描述了经历车速加速期能量存储装置和发动机所提取的能量，在终速为 120km/h 时，约有

0.3kW · h 能量来自于能量存储装置。

能量存储装置的能量容量也必须满足典型行驶循环中停车—启动形式的要求。能量存储装置的能量变化可如式（5-29）算出：

$$E_e = \int_0^t (P_{sc} - P_{sd})\mathrm{d}t \tag{5-29}$$

式中，P_{sc}和P_{sd}为能量存储装置的充电和放电功率。

就给定的控制策略而言，能量存储装置的充、放电功率可通过驱动系的仿真得出。

图 5-56 描述了按 FTP75 市区循环，对配置最大电荷状态控制策略的客车实例的仿真结果。

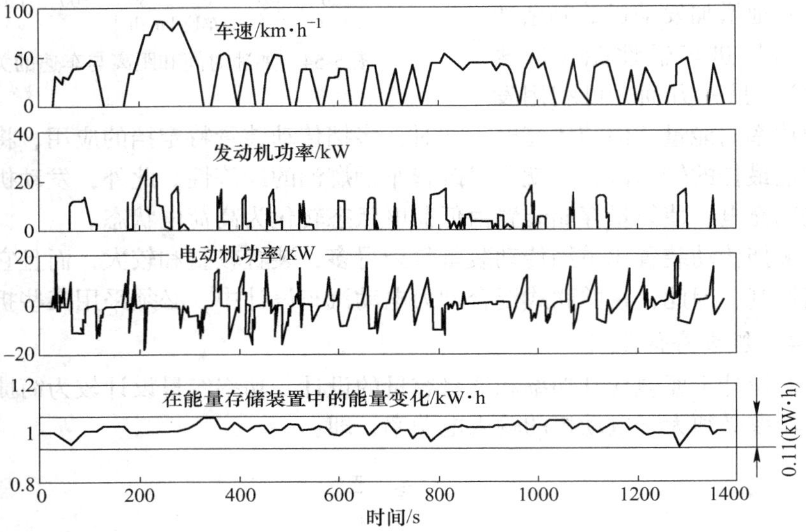

图 5-56　仿真结果

可以看出，在能量存储装置中，最大的能量变化约为 0.11kW · h，其值小于全负载加速时的能量变化值（0.3kW · h）。因此，在全负载加速时的能量消耗决定了能量存储装置的能量容量。

事实上，并非所有存储在能量存储装置中的能量都能完全地用于向驱动系传递充分的功率。在蓄电池组用作能量存储装置情况下，低荷电状态将限制其功率输出，且由于蓄电池内阻的增大，将同时导致其低效率。在超级电容器组用作能量存储装置的情况下，低荷电状态将导致低的端电压，这就影响了牵引电动机的性能。类似地，当采用飞轮为能量存储装置时，低荷电状态意味着飞轮转速低，因此，电动机（其功能如同能量交换的通道）的端电压低。这样，仅部分储存在能量存储装置中的能量得到有效的应用，它可通过荷电状态的百分率予以表达。

从而，能量存储装置的能量容量可按式（5-30）计算：

$$E_{cs} = \frac{E_d}{SOC_t - SOC_b} \tag{5-30}$$

式中　E_d——源于能量存储装置的放电能量；

SOC_t，SOC_b——分别为能量存储装置荷电状态的顶线和底线。

在本例中，$E_d=0.3kW$，并设能量存储装置总能量的30%得到利用，则能量存储装置的最小能量容量为1kW·h。

5.6.4 并联式HEV仿真实例

当所有主要组件均已设计完毕时，就应通过应用仿真程序对驱动系进行仿真研究。在典型行驶循环中的仿真，能给出有关驱动系的大量有用信息，如发动机功率、电动机功率、峰值电源中的能量变化、发动机运行点、电动机运行点和油耗等。

图5-56描述了在FTP75市区行驶循环中，对客车实例得出的随行驶时间变化的车速、发动机功率、电动机功率和峰值电源中的能量变化。

图5-57和图5-58分别描述了发动机和电动机的运行点。

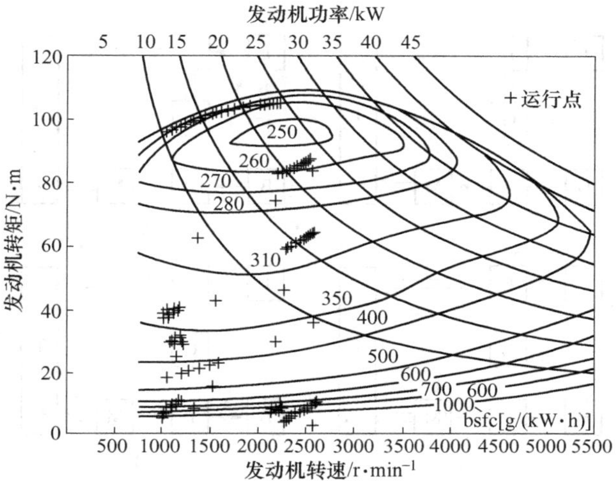

图5-57 发动机运行点仿真结果

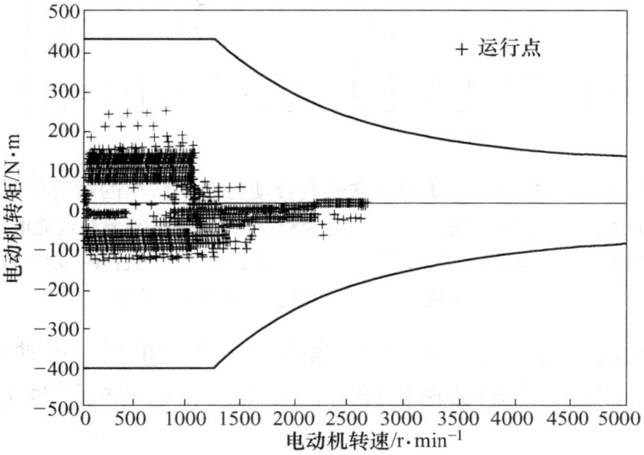

图5-58 电动机运行点的仿真结果

当发动机在车辆停止和制动期间熄火时，本例在燃油经济性方面的仿真结果为每100km油耗4.66L；当发动机在车辆停止和制动期间怠速时，本例在燃油经济性方面的仿真结果为每100km油耗5.321L。

5.7　混联式混合动力驱动系的设计

混联式混合动力电动汽车兼有串联式和并联式混合动力电动汽车的特点，因而有很多种可能的控制方式，基本上可分成两种：一种称为发动机主动型；另一种称为电力主动型。车辆运行时，前一种主要是发动机起作用，而后一种主要是电动机起作用。

5.7.1　运行模式

5.7.1.1　发动机主动型混联式混合动力电动汽车

图 5-59 给出了发动机主动型混联式混合动力电动汽车的 6 种运行模式。

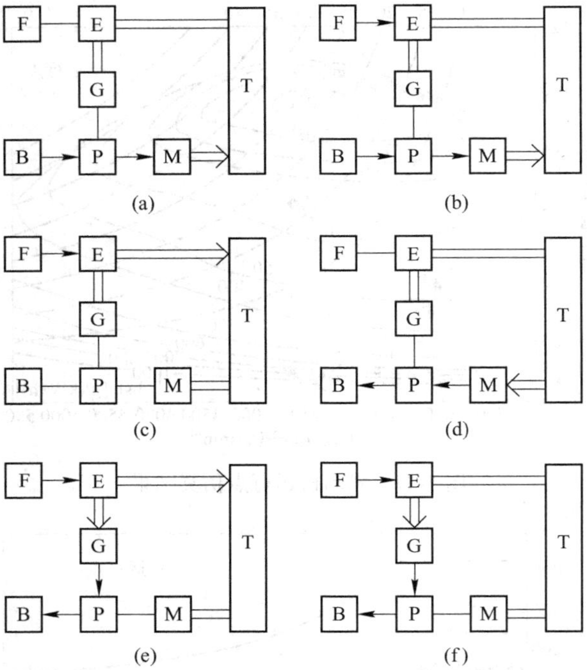

图 5-59　发动机主动型混联式混合动力电动汽车的运行模式

(a) 启动；(b) 加速；(c) 正常行驶；(d) 减速/制动；(e) 行驶中给蓄电池充电；(f) 蓄电池充电

B—蓄电池；E—内燃机；F—油箱；G—发电机；M—电动机；P—功率转换器；

T—传动装置（包括制动器、离合器和齿轮箱）

(1) 启动。车辆启动时，发动机关闭，蓄电池工作提供车辆行驶所需的动力。

(2) 加速。节气门全开车辆加速行驶时，发动机和电动机同时工作，共同分担车辆行驶所需的动力。

(3) 正常行驶。车辆正常行驶时，电动机关闭，发动机工作，提供车辆所需的动力。

(4) 减速/制动。车辆制动或减速行驶时，电动机工作于发电机模式，通过功率转换器给蓄电池充电。

(5) 行驶中给蓄电池充电。车辆行驶给蓄电池充电时，发动机一部分动力用于驱动车辆，另一部分动力由发动机经功率转换器给蓄电池充电。

（6）蓄电池充电。当停车时，发动机也可以通过发电机给蓄电池充电。

目前，尼桑 Tino 混合动力电动汽车就采用了类似的功率流控制方法。

5.7.1.2 电力主动型混联式混合动力电动汽车

图 5-60 显示了电力主动型混联式混合动力点动汽车的 6 种工作模式。

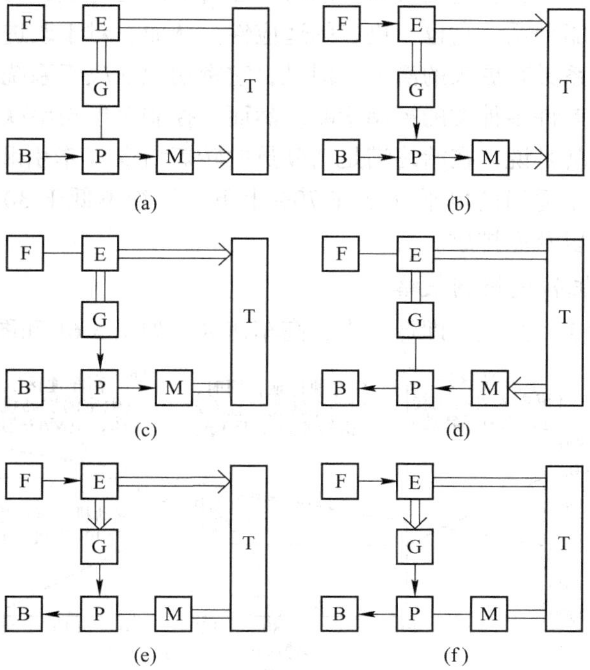

图 5-60 电动机主动型混联式混合动力电动汽车的运行模式

（a）启动/轻载；（b）加速；（c）正常行驶；（d）减速/制动；

（e）行驶中给蓄电池充电；（f）蓄电池充电

B—蓄电池；E—内燃机；F—油箱；G—发电机；M—电动机；P—功率转换器；

T—传动装置（包括制动器、离合器和齿轮箱）

（1）启动。车辆启动或轻载运行时，发动机关闭，由蓄电池给发动机提供电能驱动车辆。

（2）加速、正常行驶。车辆正常行驶或节气门全开、车辆加速行驶时，发动机和电动机一起工作，共同提供车辆所需功率。两种工况的区别在于，车辆正常行驶的动力仅由发动机驱动发电机提供，而节气门全开加速行驶时，其动力由蓄电池和发电机共同提供，通常用行星齿轮机构分流发动机的输出功率，一部分用于驱动车辆，一部分用来驱动发电机。

（3）减速/制动。车辆制动或减速行驶时，电动机工作于发电机模式，并通过功率转换器给蓄电池充电。

（4）行驶中给蓄电池充电。车辆行驶给蓄电池充电时，发动机一部分动力用于驱动发电机给蓄电池充电。

（5）蓄电池充电。停车时，发动机也可以通过发电机给蓄电池充电。

丰田 Prius 混合动力电动汽车就采用了这种功率流控制方式。

5.7.2　控制策略

混联式混合动力电驱动系独特的属性在于其发动机转速和转矩可完全解耦，或部分通过转速耦合和转矩耦合从驱动轮处解耦。同时，在有效的运行模式选择上，相比于串联式或并联式混合动力电驱动系，它也有更多的适应性。从而，对于改进电驱动系的效率和排放而言，这一电驱动系具有更大的潜力。但是，它密切地取决于系统的控制。由于有多种的有效运行模式，故有许多种类的控制策略。然而，控制对象与串联式或并联式混合动力电驱动系的相同。也就是说，在始终满足驾驶员的转矩指令（牵引和制动）、始终保持峰值电源的荷电状态处于适当的电平（如在 70%上下，且绝不低于 30%）的条件下，应有高的综合燃油利用率以及低排放。

5.7.2.1　发动机转速控制策略

车速范围区分为 3 个区域，即低、中、高车速区，如图 5-61 和图 5-62 所示，当车速

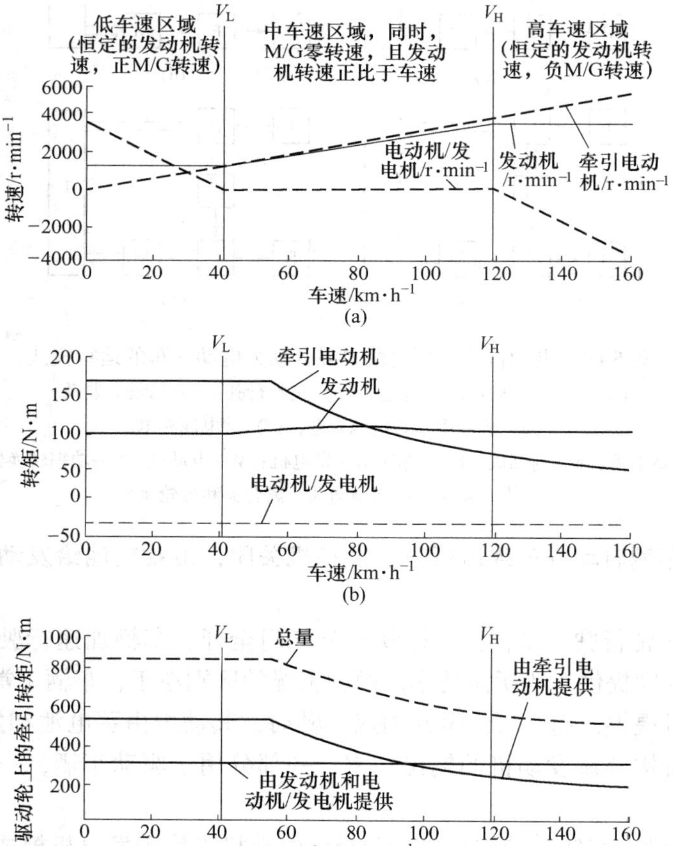

图 5-61　转矩与转速依循车速变化

（a）动力装置的转速；（b）动力装置的转矩；（c）驱动轮上的转矩

低于给定速度 V_L 时，转速耦合被用于避免过低的发动机转速。车速 V_L 取决于所允许的发动机的最低转速，此时电动机/发电机为零转速（锁定器 1 将中心齿轮锁定在静态车梁上）。在低车速区域中，电动机/发电机必须以正向转速运转，所产生并施加在行星齿轮机构的中心齿轮上的转矩，其指向与电动机/发电机的转速方向相反。因而，此时电动机/发电机吸收部分发动机功率，向峰值电源充电。

当车速高于 V_H，但低于给定车速 V_H 时，电动机/发电机断电，而中心齿轮（电动机/发电机轴）被锁定在静态车梁上。电驱动系以转矩耦合模式运行，发动机转速正比于车速。车速 V_H 取决于所允许的发动机的最高转速 n_{e-max}，超过这一转速，发动机的运行效率降低。当车速高于 V_H 时，发动机转速保持为恒定值 n_{e-max}，且电动机/发电机再次以负向转速启动，以平衡发动机转速。

在中车速区域中，所有的发动机功率都传递到驱动轮。

当车速高于 V_H 时，为限制发劫机转速低于所允许的发动机的最高转速 n_{e-max}，电动机/发电机必须以发动机转速相反的方向运转。此时，电动机/发电机为电动机运行状态。

5.7.2.2 牵引转矩控制策略

类似于并联式混合动力电驱动系中的转矩（功率）控制，图 5-62 概念性地描述了由

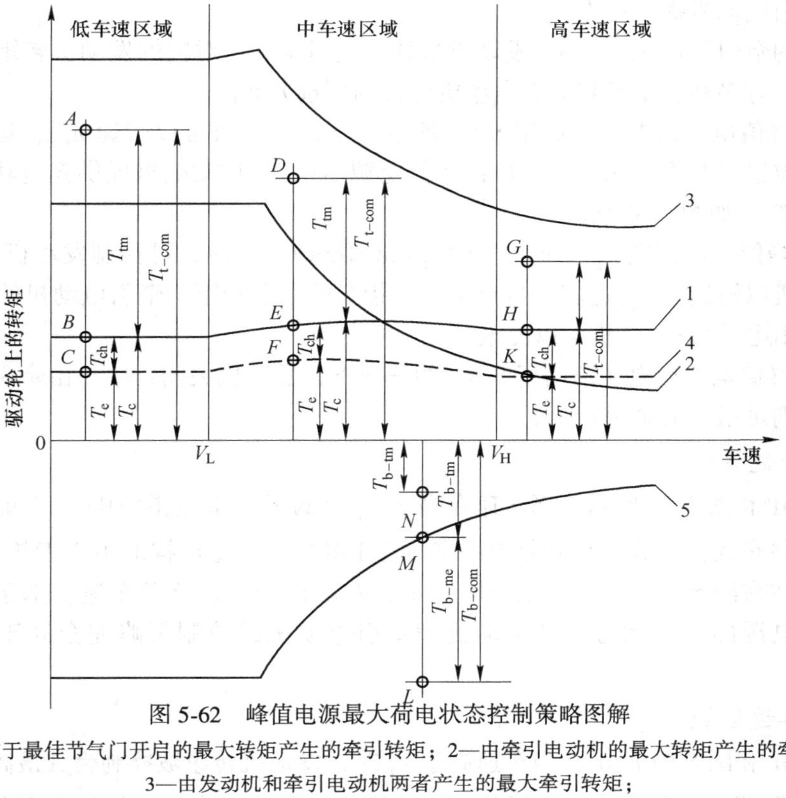

图 5-62 峰值电源最大荷电状态控制策略图解

1—由对应于最佳节气门开启的最大转矩产生的牵引转矩；2—由牵引电动机的最大转矩产生的牵引转矩；
3—由发动机和牵引电动机两者产生的最大牵引转矩；
4—由对应于局部的节气门开启的发动机所产生的牵引转矩；5—由牵引电动机所产生的最大制动转矩；
T_{t-com}—来自驾驶员的牵引转矩指令；T_e—由发动机转矩产生的牵引转矩；T_{tm}—由牵引电动机产生的牵引转矩；
T_{ch}—用于峰值电源充电的等值牵引转矩；T_{b-com}—指令的制动转矩；T_{b-tm}—由牵引电动机产生的制动转矩；
T_{b-me}—由机械振动产生的制动转矩

驾驶员指令发动机（电动机/发电机）和牵引电动机而构成的总牵引转矩的配置，或由驾驶员指令牵引电动机和机械制动系统而构成的总制动转矩的配置。

A 低车速区域

如上所述，当车速低于 V_L时，发动机以给定的转速 n_{e-max}运转。在此转速下，对应于发动机具有最高燃油利用率的节气门位置，所产生的发动机转矩在图 5-62 中由 1 标记。该发动机节气门位置应尽可能接近其节气门全开点。

点 A 描述了驾驶员指令的牵引转矩，它大于发动机最佳节气门位置所对应的发动机转矩，如图 5-62 所示。此时，发动机不能单独应对这一指令的牵引转矩，而需要牵引电动机的帮助。于是，应调节发动机处于点 B 所在的其最佳节气门位置，如图 5-62 所示。但是，牵引电动机的转矩取决于峰值电源的能量电平。当峰值电源的荷电状态低于规定值 SOC_L（如 30%）时，峰值电源不应继续放电。此时，牵引电动机的最大功率即是由电动机/发电机所产生的功率。这样，由于没有能量进入或流出峰值电源，行星齿轮机构、电动机/发电机和牵引电动机一起组合运行如同一个电气的可变传动装置。

当峰值电源的荷电状态高于底线（SOC_L），即峰值电源有足够的能量供给牵引电动机时，应控制牵引电动机产生转矩 T_{tm}，以满足指令的牵引转矩，如图 5-62 所示。此时，峰值电源向牵引电动机提供功率。

当指令的牵引转矩 T_{t-com}小于发动机最佳节气门位置所对应的发动机转矩（见图 5-62 中点 B）时，有多种发动机和牵引电动机运行的可选方案。

（1）在峰值电源荷电状态低于 SOC_L的情况下，发动机可以转速 n_{e-min}运转，且具有最佳节气门位置（见图 5-62 中点 B）；峰值电源由电动机/发电机提供充电功率，牵引电动机的转矩 T_h，如图 5-62 所示。

（2）当峰值电源荷电状态处于（$SOC_L<SOC<SOC_H$）时，可控制发动机和电动机/发电机使发动机以转速 n_{e-min}运转，且产生满足指令的牵引转矩；牵引电动机停机（断电）；峰值电源仅由电动机/发电机予以充电。

（3）在峰值电源荷电状态高于 SOC_H的情况下，发动机关闭；单一由牵引电动机产生其转矩，以满足指令的牵引转矩。

B 中车速区域

如图 5-61 和图 5-62 所示，当车速在高于 V_L但低于 V_H的范围中时，仅能采用转矩耦合（传统的并联式）模式。也就是说，锁定器 1 将行星齿轮机构的中心齿轮（电动机/发电机轴）锁住在静态车梁上。在这一模式中，发动机转速正比于车速。基于指令的牵引转矩和峰值电源的荷电状态，其发动机和牵引电动机的控制策略完全同于并联式电驱动系。

C 高车速区域

如图 5-61 和图 5-62 所示，当车速高于 V_H时，发动机转速被控制为其最高转速 n_{e-min}。此时，电动机/发电机运行在电动机状态，从峰值电源获得能量，并传递至电驱动系。基于指令的牵引转矩和峰值电源的能量电平，控制发动机和牵引电动机的转矩。

当指令的牵引转矩 T_{t-com}（见图 5-62 中点 G）大于发动机在其转速 T_{e-max}下最佳节气门位置所对应的发动机转矩，且峰值电源荷电状态低于 SOC_L时，也就是说，峰值电源不能再供电支持电动机/发电机的电驱动运行，以及牵引电动机所需的功率，而发动机必须以高于规定的转速 n_{e-min} 过载提供大功率。此时，有两种可选方案：一是应用仅有的转矩耦合单发动机模式，它与在中车速范围的运行模式相同；二是控制发动机在转矩耦合模式中相比于车速所对应的转速，以稍高的转速运转。电动机/发电机可运行在其上述的发电状态下，而由电动机/发电机所发出的功率供给牵引电动机，以产生附加的牵引转矩。这一运行模式即是前述的电气的可变传动装置的模式。

若峰值电源荷电状态处于平均电平和高电平，也就是说 $SOC>SOC_L$，则控制发动机以最佳节气门位置在给定转速 n_{e-min} 下运转（见图 5-62 中点 H），且牵引电动机所产生的转矩和发动机转矩相组合，以满足指令牵引转矩的需求。

指令的牵引转矩比处于最佳节气门位置的发动机转矩为小（见图 5-62 中点 K），且峰值电源荷电状态低于 SOC_L 的情况下，发动机运行于点 K 状态，而牵引电动机工作在发电机状态向峰值电源充电。若峰值电源荷电状态处在平均电平区域（$SOC_L<SOC<SOC_H$），则牵引电动机可以断电，由单一的发动机牵引车辆（见图 5-62 中点 K）。若峰值电源荷电状态处于高电平（$SOC>SOC_H$），则发动机可关闭，而由单一的牵引电动机驱动车辆。

5.7.2.3 再生制动控制

类似于并联式电驱动系的控制，当指令的制动转矩大于运行在发电机状态下的电动机所能产生的最大转矩时，需同时应用牵引电动机的再生制动和机械制动。在其他情况下，仅应用再生制动。

应该注意，以上讨论的控制策略仅是实际控制策略设计的导引。更细致和透彻的研究必须在特定的设计约束、设计对象、组件特性和运行环境等方面的基础上进行。可以采用更复杂和有辨别力的方法，如模糊逻辑、动态规划等方法。此外，在设计一个优良的控制策略中，计算机仿真是非常有效的。

5.7.3 混联式电驱动系参数设计

电驱动系参数的设计原理，如发动机功率、电动机功率、峰值电源的功率和能量容量的设计与串联式、并联式的电驱动系参数的设计非常相似。因此，在此不作进一步的讨论。然而，必须进一步讨论电动机/发电机的转矩和功率容量的设计。

在发动机低于最低转速 n_{e-min} 和高于最高转速 n_{e-max} 的转速区域中，电动机/发电机的转矩被要求与发动机转矩相平衡，使发动机在接近于节气门全开状态下运行。这样，电动机/发电机的转矩容量应取决于发动机在低转速和高转速区域中的最大转矩。但是，为了安全的目的，电动机/发电机的转矩容量理应设计为在发动机的整个转速范围内均能与发动机的最大转矩相平衡。电动机应在整个转速范围内，而不是在一个指定的运行点上，均能提供其最大转矩。因而，理想的电动机转矩—转速特性应在整个转速范围内为一恒定的转矩。在零车速时，电动机/发电机发出的功率最大。也就是说，所有发动机产生的功率送达电动机/发电机。

【例 5-2】 一辆 1500kg 混联式 HEV，车辆参数见表 5-2，客车在 FTP75 市区和高速公路行驶循环，试对发动机功率、电动机功率、峰值电源的功率和能量容量等参数进行仿真分析。

表 5-2　车辆参数

车辆的总质量/kg	1500
发动机功率/kW	28
牵引发动机功率/kW	40
发电机功率/kW	15
轮胎滚动阻力系数	0.01
空气阻力系数	0.3
车辆迎风正面的面积/m²	2.2

【解】　混联式电驱动系参数设计与串联式、并联式的电驱动系的参数设计类似。

图 5-63 描绘了在 FTP75 市区行驶循环中，车速、发动机功率、电动机/发电机功率、牵引电动机功率和峰值电源荷电状态的仿真分析结果。

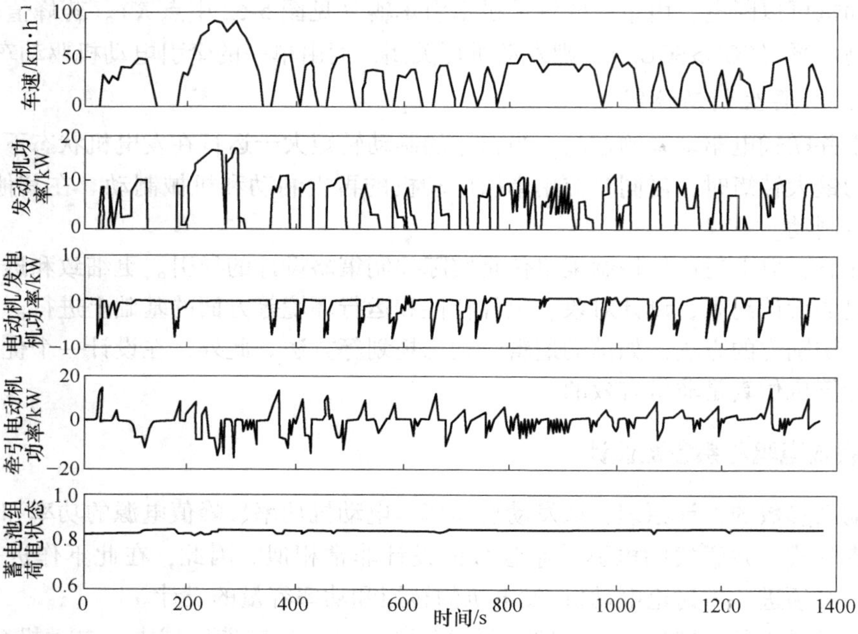

图 5-63　仿真分析结果

可以看出，由于低车速，电动机/发电机始终运行在发电机状态（负功率）。通过电动机/发电机的再生制动，以及由发动机借助于电动机/发电机的充电，峰值电源的荷电状态能容易地保持其高电平，从而峰值电源始终可为加速向电驱动系提供足够的功率。

图 5-64 在发动机油耗图上描绘了发动机的运行点。该图表明，发动机在大部分时间中均运行于高效率区。在轻载和峰值电源高荷电状态下，单一的发动机牵引运行模式导致某些发动机的运行点远离其高效率区。由仿真可得，在 FTP75 市区行驶循环中该车油耗为 5.88L/100km。

图 5-65 和图 5-66 给出了 FTP75 高速公路行驶循环中的仿真分析结果。可以看出，除在起始循环的短暂时间中电动机/发电机的功率为零，这意味着电驱动系在大部分时间运

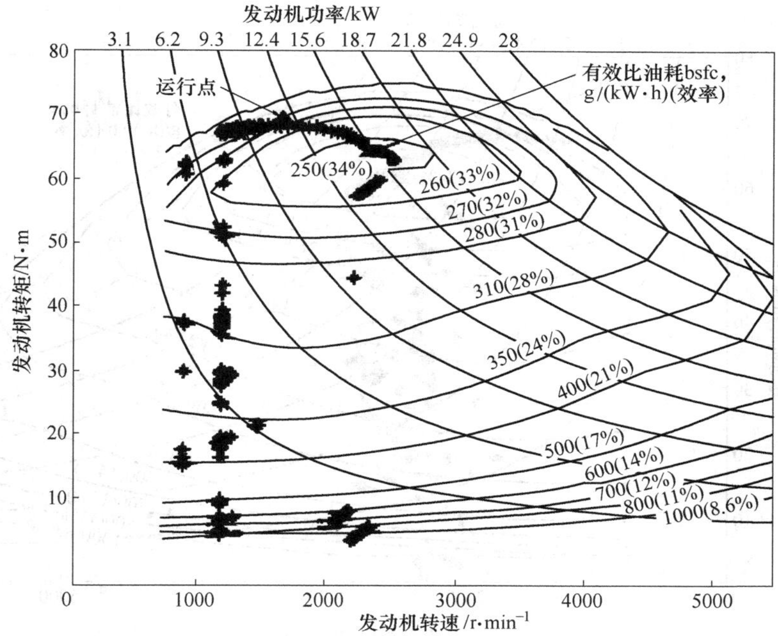

图 5-64 发动机运行点

行于纯转矩耦合模式（中心齿轮和电动机/发电机被锁定在车梁上）。仿真表明，在FTP75 高速公路行驶循环中该车油耗为 4.96L/100km。

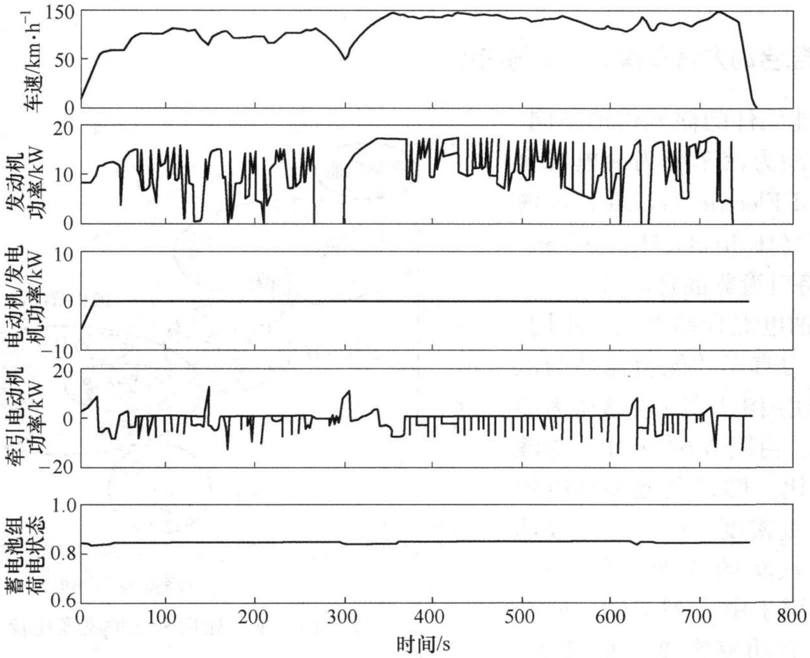

图 5-65 在高速公路行驶仿真分析结果

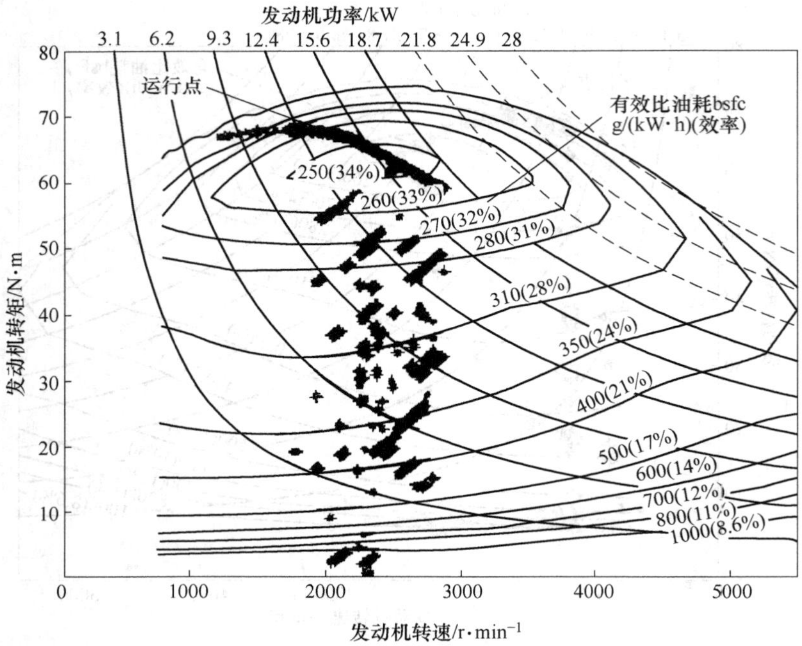

图 5-66　在 FTP75 高速公路行驶循环中发动机油耗图上的发动机运行点

5.8　液驱混合动力汽车

5.8.1　液驱混合动力汽车构型方案与特点

依据蓄能元件的储能机理不同，可以将混合动力汽车分为油电混合 HEV（Hybird Electric Vehicle）和液驱混合 HHV（Hydraulic Hybird Vehicle）。本节将对液驱混合动力汽车展开介绍。与油电混合动力汽车不同，液驱混合动力汽车的能量元件为液压蓄能器，使用液压泵/马达作为能量转换元件。由图 5-67 可知，与液压蓄能器相比，燃料电池和蓄电池有较高的能量密度，所以，一般油电混合动力汽车的续驶里程较长，比较适合应用于中小型车辆；而液压蓄能器具有功率密度大的特点，

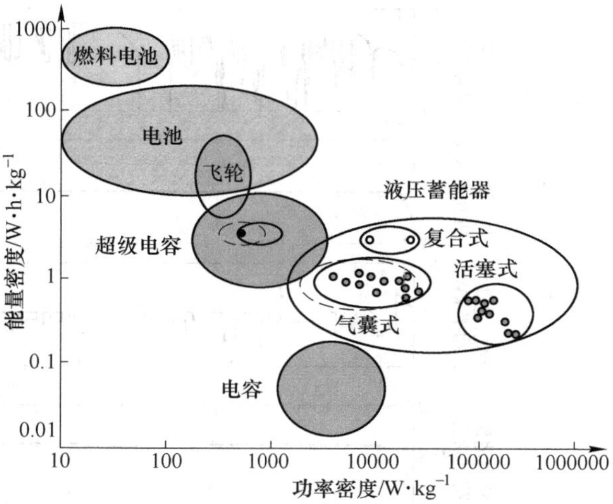

图 5-67　能量密度和功率密度比较

能够快速、高效地存储和释放大量能量，所以在回收制动能量时，可以回收和利用绝大部分被传统汽车以热能耗散掉的制动动能，适用于城市公交车、运输车及军用卡车等大型且

频繁启停的车辆。另外，液压再生系统结构简单、工作可靠、使用寿命长。但是液压蓄能器的能量密度较低，所以液压系统单独驱动时的续驶里程较短。

图 5-68 为各种储能装置的质量比较结果，由图可知，在相同条件下，液压储能系统质量明显小于钠氯化镍电池系统、镍氢电池系统和超级电容系统，有利于减轻汽车整备质量，降低汽车行驶阻力，更大限度地提高液驱混合动力汽车的有效载荷和燃油经济性。此外，液压蓄能器生产制造技术较为成熟，维护及回收过程也简单，并且不会污染环境。但对蓄电池和电气装置进行操作时，可能会有受伤、侵蚀和火灾的危险。同时，蓄电池中含有大量的电解液和铅等有害物质，回收过程中可能会出现泄漏而严重污染环境。液压泵/马达具有比功率高、结构紧凑、质量小、所需安装空间小、输出转矩大、控制精度高、响应速度快等优点。凭借其突出优势，液压驱动系统在某些车辆上得到应用，如 Eaton 的 HLA 系统、Volvo 的 L3QG、Caterpillar 的 906H2 等。

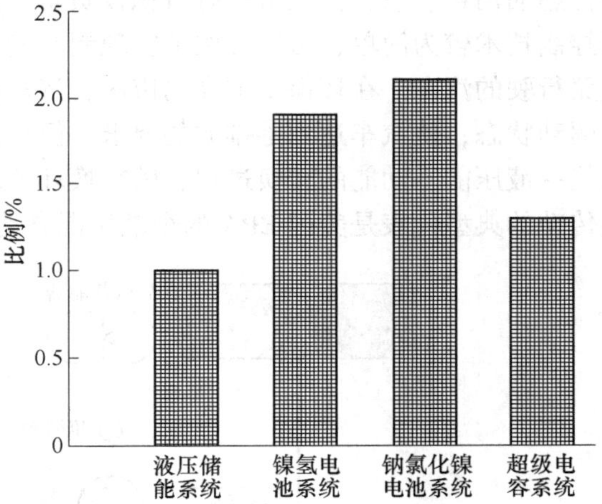

图 5-68 储能装置的质量比较

对于液驱混合动力汽车，液压驱动系统在车辆启动和加速的过程中释放能量以满足系统间歇性、大功率的要求；通过改变斜盘的摆动方向可实现液压泵/马达在转矩—转角域内的四象限内工作，既可作为马达驱动负载，又可作为泵对负载进行制动，并具有容易实现正反转、操纵性强及可靠性高等优点。然而，液压元件的运行区域对其工作效率有很大影响，需要制定合适的控制规则，使液压元件保持较高的效率。

按照能量再生系统与发动机的不同配置形式，液驱混合动力汽车可分为 4 种，即串联式、并联式、混联式和轮边式。这四种不同形式的液驱混合动力系统各具特点，下面分别具体介绍。

5.8.2 串联式液驱混合动力汽车

图 5-69 所示为串联式液驱混合动力汽车原理。传动系统由发动机、变量液压泵、液压蓄能器、双向变量马达（液压泵/马达）和驱动桥组成。其动力传输路线为发动机通过带动变量液压泵，将机械能转化为液压能输送至液压泵/马达，再由液压泵/马达产生驱动转矩驱动汽车行驶。可以看出串联式液驱混合动力汽车是基于纯液压传动的混合动力传动形式，属于重度混合动力的范畴。这一构型是由发动机和液压蓄能器基于能量的混合，液压泵/马达作为驱动执行元件，通过离合器与驱动桥连接来驱动汽车行驶。当汽车制动或者下坡时，液压泵/马达作为泵工作来吸收汽车的制动动能，并将回收的制动能量存储在液压蓄能器中；当汽车加速时，汽车可同时从发动机和液压蓄能器获得驱动功率，此时汽车的动力性达到最佳；汽车达到正常行驶速度后，仅由发动机驱动汽车。与串联式油电混合动力汽车相似，由于发动机和驱动轮之间没有直接的机械连接，串联式液驱混合动力汽

车使发动机与路面负荷解耦，可以根据汽车结构和需求驱动功率，来实现无级变速的精细速度调节。依据适当的整车能量管理策略，可以使发动机始终工作在最优工作区域，这对降低燃油消耗、减少排放量等有着积极贡献。由于汽车驱动桥只与液压泵/马达连接，所以控制技术较为简单，可以方便地实现制动能量回收，该布置形式适合于路况复杂的城市公路行驶的汽车。在环保要求高的市区，汽车在低速行驶时，也可以关闭发动机进入纯液压驱动状态，使汽车达到零排放的要求。但是，系统中发动机发出的所有能量都必须经过动能—液压能—动能的转换过程，因转换环节多而导致能量损失较多。串联式液驱混合动力传动的典型代表是美国 EPA 的全液压混合动力系统。

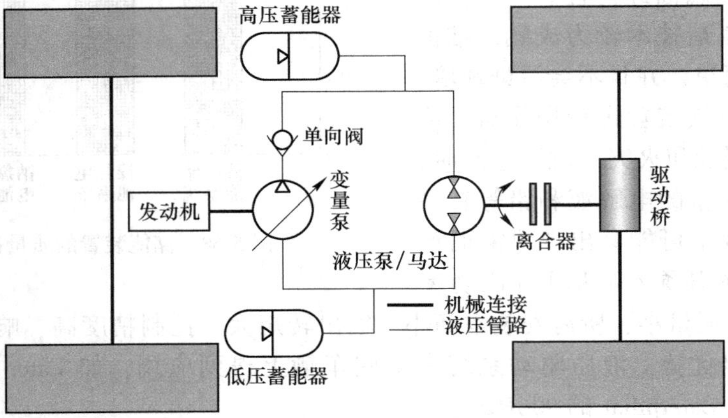

图 5-69 串联式液驱混合动力系统结构

多年以来，美国环保署（EPA）一直与其合作伙伴致力于液压驱动技术的应用和推广，取得了多项专利和研究成果。2004 年美国福特公司将 EPA 为其提供的节能技术应用在 F-550 拖车上，结果表明城市工况下该技术提高燃油经济性 25%~45%，有害气体的排放量降低了 20%~45%，并预计可将有害气体排放量的数值减少到 70%。同年，EPA 在全球汽车工程师会议（SAE）上，展示了与其合作机构共同研发的一款基于液压节能技术的串联式多功能商务用车 SUV，新技术及能量控制策略的采用使其制动能量回收的效率优化至 82%~90%。并称投入较少的单车成本，在使车辆动力性增强的同时，可令燃油经济性提高 55%。

2005 年 EPA 与 Eaton 公司联合开发了一种液压混合传动系统，并将其应用在 UPS（United Parcel Service）的邮递车上，可使燃油经济性提高 60%~70%。从 1995 年起，瑞典的 Volvo 公司就开始致力于节能汽车的研究，并于 1997 年成功研制了液压储能式公共汽车。Volvo 公司成功研制的 Cumulo 动力驱动系统有并联式和串联式两种构型。

串联式液驱混合动力系统的一大优点就是便于对发动机进行控制，但其结构特点也决定了能量转化效率一般比较低，若液压元件的工作区域恶化，系统效率会变得更低。与串联式相比，下文要介绍的并联式液驱混合动力系统能够提高系统效率。

5.8.3 并联式液驱混合动力汽车

同油电混合相似，并联式液驱混合动力系统也存在多种构型，各种构型的主要区别体现在液压泵/马达在离合器输入输出、变速器输入输出等耦合位置的不同。以变速器输出端耦合为例，其结构形式如图 5-70 所示。并联式液驱混合动力汽车以发动机作为主要动力源，液压蓄能器作为辅助动力源驱动车辆，它可以根据元件参数匹配及整车改造成本，灵活调节液压蓄能器与发动机的功率比。与串联式结构不同的是，并联式液驱混合动力汽车的发动机可以通过机械传动系统直接驱动车辆行驶，在这一机械路径中，由于没有液压能的中间转换，因而其能量的利用率得到提高。并联式液驱混合动力汽车对传统汽车动力传动系统的改动较小，改装成本较低，控制环节相对简单，因此并联式结构比较适合应用于对成熟车型进行改造，在公交车和重型卡车上的应用较多。

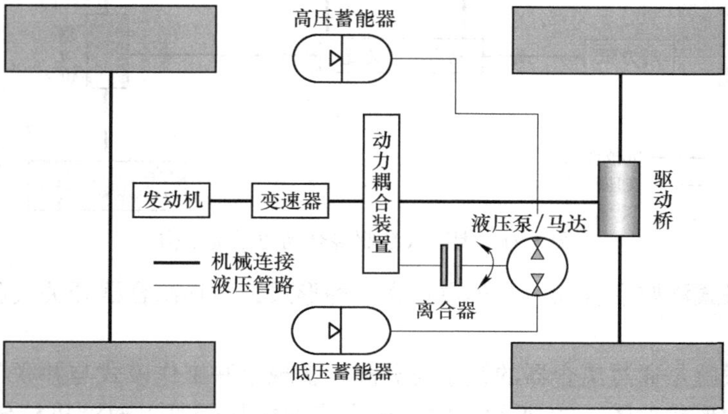

图 5-70 并联式液驱混合动力系统结构

在并联式液驱混合动力汽车中，保留了传统汽车的动力传动链，只是在原传动链上，增加了由双向变量液压泵/马达和液压蓄能器组成的液驱系统，从而形成了双动力系统。当汽车制动时，双向变量液压泵/马达工作于液压泵状态，此时液驱系统转换为制动能量回收系统，利用传动轴上的动能，将低压液压蓄能器中的工作油压入高压液压蓄能器中，由双向变量液压泵/马达完成高、低压蓄能器之间的能量交换。当高压液压蓄能器储满高压油或紧急制动时，控制器自动切换到传统摩擦制动模式，以保证制动的安全性。发动机启动时，将所有液压元件的变量倾角调到零位，以减小启动时的阻力。

并联式液驱混合动力汽车中，很大一部分能量以机械传动的方式高效地传递给驱动轴，只有小部分能量转化为液压能，因此液压元件功率较低，体积和质量较小，整体效率高，噪声小。但是，并联布置方式不能实现液压传动无级变速，发动机与驱动轮直接连接，要求对发动机进行瞬态操作，燃油经济性较差。并联式液压混合动力传动系统的代表有 Permo-Drive 公司的 RDs 和 Eaton 公司的 HLA 等。

5.8.4 混联式液驱混合动力汽车

混联式液驱混合动力汽车原理，如图 5-71 所示。这一构型是串联式结构与并联式结构的综合，它同时具有串联和并联的特点。混联式结构能够使发动机、液压泵、双向变量马达等部件进行更多的组合，从而在结构上可实现更多的工作模式，使车辆在复杂的工况下系统工作在最优状态成为可能，更容易实现低排放和低油耗目标，这一点类似于混联式油电混合动力汽车。虽然混联式结构在理论上最容易实现性能最优，但是由于系统过于复杂，系统对部件性能要求高，存在车辆可靠性难以保证、设计加工困难、造价高等缺点。

因此，混联式混合动力系统在研究、开发和应用中都受到很大的限制。

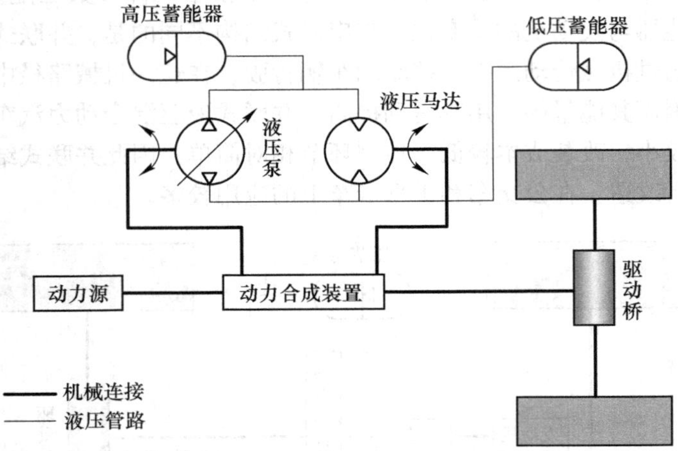

图 5-71　混联式液驱混合动力系统结构

同样，混联式液驱混合动力汽车也存在多种形式，包括离合器开关式和行星齿轮功率分流式等。

开关式混联就是通过离合器的锁止与分离来实现串联工作模式与并联工作模式间的相互切换，其结构形式如图 5-72 所示。发动机发出的能量既可以通过机械传动输送给变速器、主减速器，以并联结构的方式驱动车辆行驶，也可以将发出的能量通过液压变量泵转换为液压能输送给液压泵/马达，以串联结构的方式驱动车辆行驶。具体而言，当离合器 1、离合器 2 都分离时，系统以串联模式运行；当离合器 1、离合器 2 都结合时，系统以并联模式运行。这种混联式构型通过离合器的开关状态实现，相对比较容易，但不能发挥混联式液驱混合动力汽车的最佳性能。

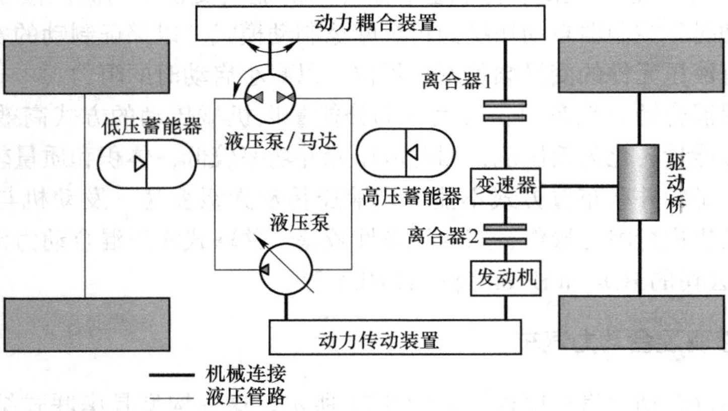

图 5-72　开关式混联液驱混合动力传动系统

图 5-73 所示为轮边式液驱混合动力汽车原理。该系统主要由发动机、液压泵、液压泵/马达和高、低压蓄能器等组成。可以将该系统视为由 4 个二次元件并联而成的串联系统，每个二次元件均具有相等的输入压力。轮边式液驱混合动力汽车的结构比较简单，与纯电动汽车的轮毂电机分散式布置形式比较类似。

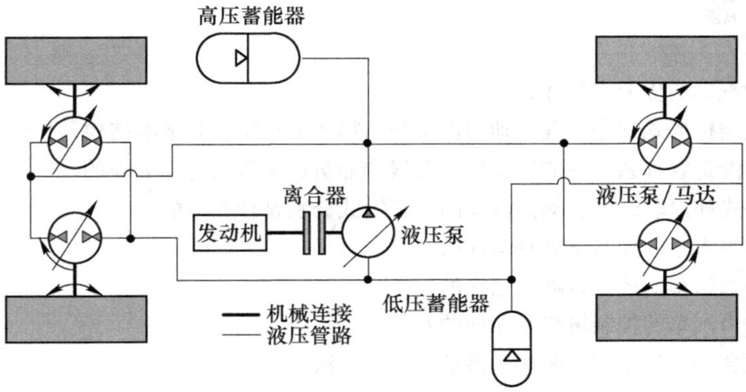

图 5-73 轮边式液驱混合动力汽车原理

轮边式液驱混合动力汽车的工作原理如下：控制器接收驱动请求并且发出指令控制发动机工作，发动机直接驱动液压泵，给液压系统或液压蓄能器提供液压油。每个液压泵/马达均直接驱动车轮，在驱动车辆行驶时由液压泵或高压蓄能器提供压力油，驱动液压泵/马达使车轮转动；制动时将车辆的惯性能通过液压泵/马达转换为液压能存储到高压蓄能器中。该系统具有一个特别的优点，即可实现无级调速，它可单独控制每个车轮，这样就大大改善了车辆的动力性，同时也大大简化了车辆的底盘系统，可实现多样化的工作模式，具有较好的节油效果和驾驶性能。

相对传统车辆的传动系统，轮边式驱动布置方案便于引进电子控制，能够从原理上避免车桥差速器在地面附着力不足情况下打滑甚至失控，而不增加额外的能量损失，适用于行驶路面条件不固定或行驶条件较为恶劣的汽车。对驱动轮采用独立的驱动形式，也能降低集中驱动对传动系统强度的要求，因而适用于大功率工程或运输车辆。轮边式液驱混合动力汽车结构简单，但对控制的要求很高，使驱动元件成本增加，并降低了可靠性。由于存在能量的多次转化，系统总体效率偏低。此外，轮边式布置构型造成的非簧载质量增加，对车体悬挂方式的设计也提出了更高的要求。但从车辆性能和适用范围来看，轮边驱动车辆较传统轴驱车辆具有明显的优势。

本 章 小 结

本章介绍了混合动力汽车的基本概念、组成和关键技术，进一步给出了它们的分类。按照动力系统结构形式划分，混合动力电动汽车分为 3 种车型，即串联式、并联式和混联式。根据这 3 种类型 HEV，本章详细讨论了串联式、并联式、混联式混合动力电驱动系的设计和应用（如运行模式、控制策略、电驱动参数的设计等）。为了更好地实现能量在能源转换装置（如发动机、电动机、储能装置、功率变化模块、动力传递装置、发电机和燃料电池等）之间按最佳路线流动，使整车的能源利用率达到最大，本章讨论了能量的传递路线和能量的控制策略。与油电混合动力汽车不同，液驱混合动力汽车（HHV）的能量元件为液压蓄能器，使用液压泵/马达作为能量转换元件。针对 HHV 的 4 种工作方式，即串联式、并联式、混联式和轮边式，本章还介绍了它们的工作原理。

思考题

5-1　混合动力电动汽车的优缺点是什么？
5-2　按照动力系统结构形式划分，混合动力汽车分为哪 3 类车型，其基本结构是什么？
5-3　混合动力汽车能量管理系统中的能量传递路线和能量控制策略是什么样的？
5-4　串联式、并联式和混联式混合动力汽车的运行模式分别是什么样的？
5-5　串联式混合动力汽车的控制策略是怎样的？
5-6　并联式混合动力汽车的控制策略是怎样的？
5-7　混联式混合动力汽车的控制策略是怎样的？
5-8　简述串联式混合动力汽车的电驱动系参数的设计方法。
5-9　简述并联式混合动力汽车的电驱动系参数的设计方法。
5-10　简述混联式混合动力汽车的电驱动系参数的设计方法。
5-11　与油电混合动力汽车相比，液驱混合动力汽车有什么突出特点？
5-12　串联式、并联式、混联式 HHV 的工作原理分别是怎样的？

6 燃料电池汽车

【本章重点和难点】

（1）本章重点：

1）了解燃料电池特点。

2）掌握燃料电池的工作原理。

3）掌握燃料电池系统特性。

4）掌握各种燃料电池的技术原理，包括质子交换膜燃料电池、碱性燃料电池、磷酸燃料电池、熔融燃料电池、固态氧化物燃料电池、直接甲醇燃料电池。

5）掌握燃料电池混合动力驱动系统设计。

（2）本章难点：

1）燃料电池的工作原理。

2）各种燃料电池的技术原理。

3）燃料电池混合动力驱动系统设计。

6.1 燃料电池的特点

燃料电池（Fuel Cell，FC）是一种将存在于燃料与氧化剂中的化学能直接转化为电能的发电装置。

燃料和空气分别送进燃料电池，电就被奇妙地生产出来。它从外表上看有正、负极和电解质等，像一个蓄电池，但实质上它不像蓄电池一样能“储电”，而是一个“发电机”。燃料电池的高效率、无污染、建设周期短以及易维护的潜能将引爆 21 世纪新能源与环保的绿色革命。

燃料电池在 20 世纪 60 年代第一次作为动力电源被美国用于“双子座”和“阿波罗”宇宙飞船，此外，它还能为载人航天飞船产生足够洁净的饮用水。

近年来国际上开发出了清洁、高效、低噪声的民用燃料电池，用做电站峰值备用电源、通信台（站）电源、户用电源、动力车辆电源。

随着人们对自身环境的关注、绿色环保的力度不断加大以及世界石油资源日趋枯竭，人类迫切需要一种既环保又高效的汽车用清洁再生能源。

近十年来，在车辆中，燃料电池的应用已是人们注意力集中的焦点所在。与化学蓄电池形成对比，燃料电池产生电能而不储存电能，并且只要维持燃料供给，它将持续运行，源源不断输出电流。

相比于配置蓄电池的电动汽车，配置燃料电池的车辆具有行程较长，而无需过长的蓄电池充电时间的优点。

相比于内燃机车辆，它具有高能量效率和低得多的排放的优点，因为其燃料中的自由能直接转换为电能，而不经历燃烧过程。燃料电池与普通电池的区别如下：

（1）燃料电池是一种能量转换装置，普通蓄电池是一种能量储存装置，这是燃料电池与普通电池本质的区别。

（2）燃料电池的技术性能确定后，其放电特性是连续进行的，普通蓄电池的技术性能确定后，其放电特性是间断进行的。

（3）燃料电池需要一套燃料储存装置和附属设备，在工作过程中，质量逐渐减轻，普通蓄电池没有其他辅助设备，蓄电池的质量和体积基本不变。

（4）燃料电池在产生电能时，氢不断地消耗，不再重复使用，普通蓄电池的活性物质反复进行可逆性化学变化，活性物质并不消耗。

6.2　燃料电池的工作原理

氢燃料电池的基本工作原理非常简单，第一个燃料电池的演示装置由英国的律师、科学家 Willian Grove 在 1839 年发明，实验装置如图 6-1 所示。

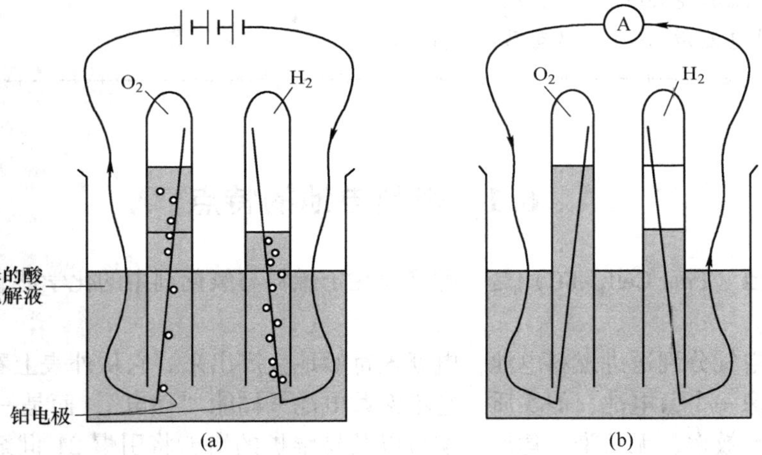

图 6-1　Willian Grove 的实验装置

（a）电解水示意图（水被电流电解成氢气和氧气）；（b）微小的电流产生示意图（氧气和氢气重新结合）（箭头方向表示电子从“-”流向“+”）

在图 6-1（a）中，水被电解成氢气和氧气。在图 6-1（b）中，电源被电流表所取代，产生了微小的电流，电解过程发生逆转，氢气和氧气重新接合，从而产生电流。

图 6-1 合理阐明了燃料电池的基本原理，但产生的电流很小，其主要的原因是：

（1）因为电解质中电极仅仅是个小环，所以电极上气体的接触面积很小。

（2）电极间的距离较大，电解质阻碍了电流的流动。

为克服上述问题，电极通常做成平板，再附上一层薄电解质，如图 6-2 所示。电极结构通常是多孔的，而正是这种多孔结构保证了两侧的电解质和气体可以顺利通过，这样的结构使得电极、电解质和气体之间有了最大程度的接触。

目前应用最广泛和最早投入商业化生产的燃料电池是磷酸燃料电池（Phosphoric acid fuel cell，PAFC），一些 PAFC 系统可以在无需停车维护和人工干涉条件下连续运行一年或更长时间，可以解决民用用电的需要，一个实例如图 6-3 所示。

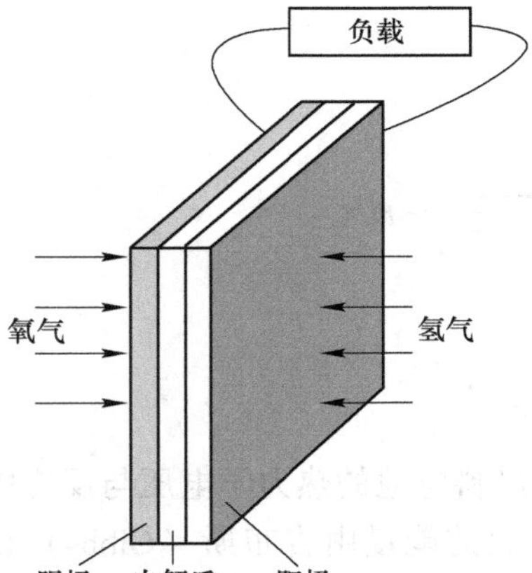

图 6-2 燃料电池阴极—电解质—阳极的基本结构图

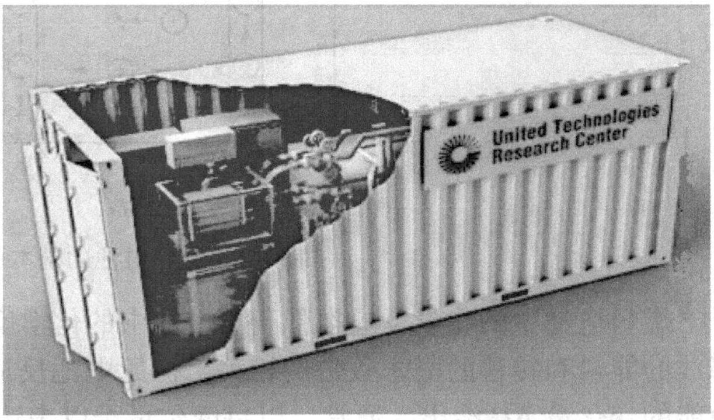

图 6-3 200kW 的磷酸盐燃料电池

燃料电池在汽车中也获得广泛的尝试，图 6-4 显示了奔驰轿车用的燃料电池。

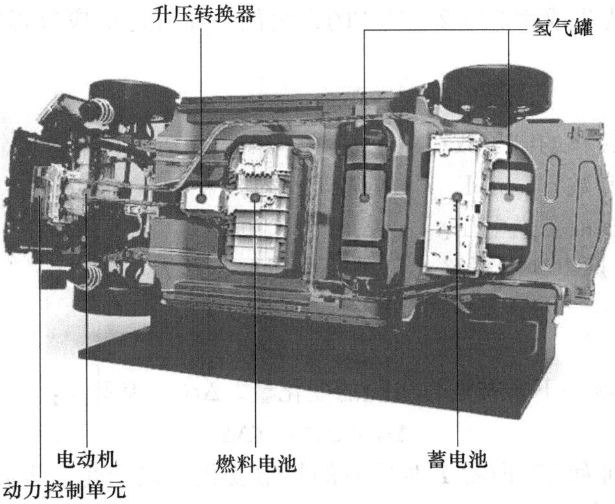

图 6-4 奔驰轿车燃料电池系统

由上可知，燃料电池是一种原电池，借助于电化学过程，其内部燃料的化学能直接转换为电能。燃料和氧化剂持续且独立地供给电池的两个电极，并在电极处进行反应。电解液必须用以为离子从一个电极传导至另一电极，如图 6-5 所示。

燃料供给阳极或正极，在该电极处，依靠催化剂，电子从燃料中释放。在两电极间电位差作用下，电子经外电路流向阴极或负极，在阴极处，正离子和氧结合，产生反应物或废气。

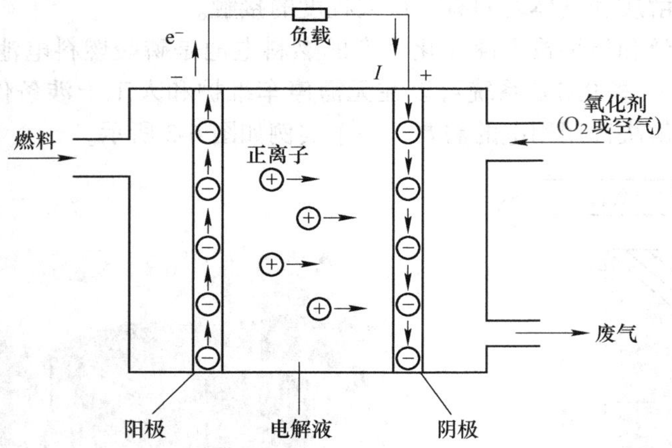

图 6-5　燃料电池的基本运作过程

燃料电池中的化学反应类似于蓄电池中的化学反应。燃料电池的热力学电压与反应中释放的能量和转移的电子数密切相关。被原电池反应所释放的能量由吉布斯（Gibbs）自由能的变化量 ΔG 给出，通常，以每摩尔量予以表达。在化学反应中，该吉布斯自由能的变化可表示为：

$$\Delta G = \sum_{\text{Products}} G_{\text{i}} - \sum_{\text{Reactants}} G_{\text{j}} \tag{6-1}$$

式中，G_{i} 和 G_{j} 分别为生成物 i 和反应物 j 的自由能。在可逆反应过程中，ΔG 完全转换为电能，即：

$$\Delta G = -nFV_{\text{r}} \tag{6-2}$$

式中　n——反应中转移的电子数；

F——法拉第常数，C/mol，$F=96495$C/mol；

V_{r}——燃料电池的可逆电压。

在标准状态下，原电池的开路（可逆）电压可表达为：

$$V_{\text{r}}^{0} = -\frac{\Delta G^{0}}{nF} \tag{6-3}$$

式中，ΔG^0 为在标准状态下吉布斯自由能的变化量。ΔG 可表示为：

$$\Delta G = \Delta H - T\Delta S \tag{6-4}$$

式中，ΔH 和 ΔS 分别为绝对温度 T 时反应的热焓变化和熵变化。表 6-1 给出了一些典型物质的标准焓、熵和吉布斯自由能位。

表 6-1　典型燃料标准的生产焓和吉布斯自由能值

物质	分子式	ΔH_{298}^{0}/kJ · mol^{-1}	ΔS_{298}^{0}/kJ ·（mol · K）$^{-1}$	ΔG_{298}^{0}/kJ · mol^{-1}
氧	O_2(g)	0	0	0
氢	H_2(g)	0	0	0
碳	C(g)	0	0	0
水	H_2O	-286. 2	-0. 1641	-237. 3

续表 6-1

物质	分子式	ΔH_{298}^0/kJ · mol^{-1}	ΔS_{298}^0/kJ · (mol · K)$^{-1}$	ΔG_{298}^0/kJ · mol^{-1}
氧	O_2	-242	-0.045	-228.7
甲烷	CH_4	-74.9	-0.081	-50.8
甲醇	CH_3OH	-238.7	-0.243	-166.3
乙醇	C_2H_5OH	-277.7	-0.345	-174.8
一氧化碳	CO	-111.6	0.087	-137.4
二氧化碳	CO_2	-393.8	0.0044	-394.6
氨	NH_3	-46.05	-0.099	-16.7

可逆原电池的“理想”效率与原电池反应所对应的焓关联如下：

$$\eta_{id} = \frac{\Delta G}{\Delta H} = 1 - \frac{\Delta S}{\Delta H}T \tag{6-5}$$

若电化学反应不涉及气体摩尔量值的变化，即当 ΔS 为零时，则 η_{id}将为 100%。例如，$C+O_2 = CO_2$的反应即是这一情况。然而，若熵变化 ΔS 反应为正向，则原电池内在等温且可逆情况下进行的反应，按其配置不仅有化学能 ΔH，而且有为转换成电能从周围环境所吸收的热量 $T\Delta S$（类似于热泵）。表 6-2 是不同反应的热力学数据。

表 6-2 不同反应的热力学数据

分子式	ΔH_{298}^0/kJ · mol^{-1}	ΔS_{298}^0/kJ · (mol · K)$^{-1}$	ΔG_{298}^0/kJ · mol^{-1}	n	E^0/V	η_{id}/%
$H_2+\frac{1}{2}O_2 \rightarrow H_2O(l)$	-286.2	-0.1641	-237.3	2	1.23	83
$H_2+\frac{1}{2}O_2 \rightarrow H_2O(g)$	-242	-0.045	-228.7	2	1.19	94
$C+\frac{1}{2}O_2 \rightarrow CO(g)$	-393.8	0.087	-137.4	2	0.71	124
$C+O_2 \rightarrow CO_2(g)$	-393.8	0.0044	-394.6	4	1.02	100
$CO+\frac{1}{2}O_2 \rightarrow CO_2$ (g)	-279.2	-0.087	-253.3	2	1.33	91

在化学反应中，自由能的变化，以及由此产生的燃料电池电压，均为溶质活性的函数。图 6-6 展示了燃料电池电压、理想的可逆效率与温度的关系。

燃料电池电压与反应物活性的关系可表达为：

$$V_r = V_r^0 - \frac{RT}{nF}\ln\left(\frac{\Pi\ 生物活性度}{\Pi\ 反应活性度}\right) \tag{6-6}$$

式中 R——普适气体常数，8.31J/(mol · K)；

T——绝对温度，K。

对于气态反应物和生成物，式（6-6）可表示为：

$$V_r = V_r^0 - \frac{RT}{nF}\sum_i V_i \ln\left(\frac{p_i}{p_i^0}\right) \tag{6-7}$$

式中　V_r——燃料电池电压，对应于非标准大气压 P_i 条件下，该电池内气态参与物进行的反应；

V_r^0——在标准大气压 p_i^0 条件下，所有气体参与反应所相应的燃料电池电压；

V_i——物质 i 的摩尔量值（对于生成物，其值为正；对于反应物，其值为负）。

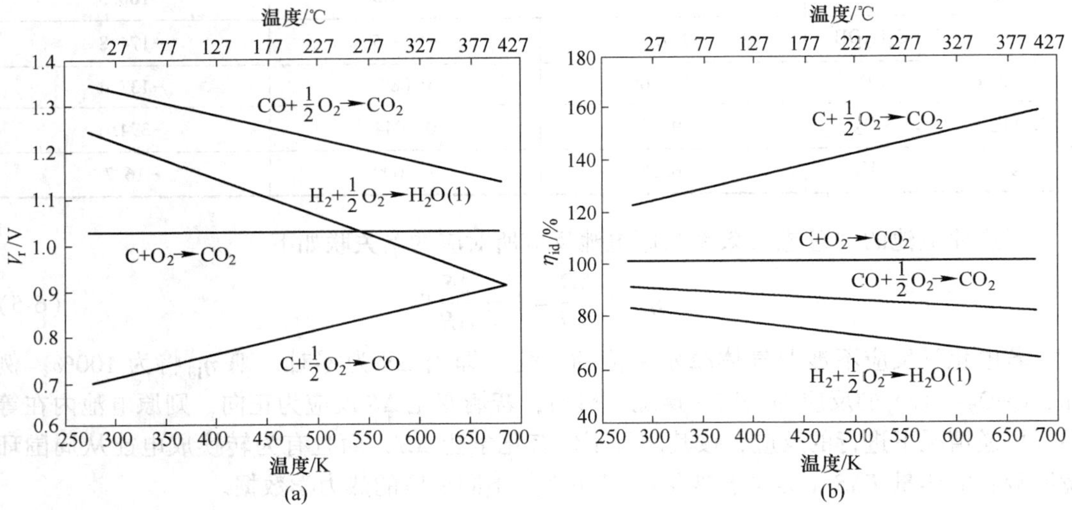

图 6-6　燃料电池电压、可逆效率与温度的关系

（a）电压与温度的关系；（b）可逆效率与温度的关系

实验已经证明，燃料电池的静电压 V 一般低于其由 ΔG 值计算得出的可逆电压 V_r^0。同样，电压降称为静电压降 ΔV_0。其理由可能是电极过程存在显著的动态延迟，不然就没有发生在 V_r^0 的热力学计算中所假设的那样过程。通常，这一静电压降取决于电极材料和所使用的电解液种类。

当由燃料电池提取电流时，因电极和电解液中存在欧姆电阻而产生电压降，它正比于电流密度，即：

$$\nabla V_{\Omega} = R_e i \tag{6-8}$$

式中　R_e——按面积所得的等值欧姆电阻；

i——电流密度。

在燃料电池中，由于需要附加能量去克服活性势垒，故部分产生的能量损失于促成物质反应的过程之中。这些损耗称为活性损耗，并由活性电压降 ΔV_a 来表达。该电压降与电极材料和催化剂密切相关。Tafel 关系式是应用于这一特性的最一般的数学描述，由此可得活性电压降为：

$$\Delta V_a = \frac{RT}{\beta nF}\ln\left(\frac{i}{i_0}\right) \tag{6-9}$$

或更合适地可写为：

$$\Delta V_a = a + b\ln i \tag{6-10}$$

式中，$a = -(RT/\beta nF)\ln(i_0)$；$b = RT/\beta nF$。且 i_0 为平衡态条件下的交变电流，b 为取决于

过程的常数。

当电流流通时，离子在邻近负极处放电，因此，在该区域中，离子浓度趋于减小。若为维持电流，则必须向电极输运离子。这一过程的发生自然归结于整体电解液中离子的分解，并起因于离子浓度梯度所形成的场直接输运的作用。由对流或扰动引起的整体电解液的运动，也有助于离子的增加。

因离子缺少所导致的电压降称为浓度电压降，因为它与紧邻电极处的电解液浓度的降低相关联。对应于较低的电流密度，浓度电压降通常较小。然而，当电流密度增加时，浓度电压降将达到其极限值，该值接近于离子趋于电极的最大可能输运率，并且在电极表面处离子浓度降至零。

在电极处离子被迁移（燃料电池中的阴极）条件下，由离子浓度所引起的电压降可表达为：

$$\Delta V_{c1} = \frac{RT}{nF}\ln\left(\frac{i_L}{i_L - i}\right) \tag{6-11}$$

而在电极处离子被生成（燃料电池中的阳极）条件下，则为：

$$\Delta V_{c1} = \frac{RT}{nF}\ln\left(\frac{i_L + i}{i_L}\right) \tag{6-12}$$

式中，i_L为极限的电流密度。

因离子浓度所导致的电压降不仅限于电解液，当反应物或生成物是气态物时，在反应区中，局部压力的变化也表征了浓度的变化。例如，在氢氧燃料电池中，氢可以从空气中引入，当反应发生时，氧被迁移接近电极微孔中的电极表面，而在那里与在整体空气情况中相比，氧的局部压力必然下降。由局部压力变化所必然导致的电压降可确定如下：

$$\Delta V_{cg} = \frac{RT}{nF}\ln\left(\frac{p_s}{p_0}\right) \tag{6-13}$$

式中 p_s——表面处的局部压力；

p_0——所用多孔材料中的局部压力。

图 6-7 展示了氢氧燃料电池在温度为 $T=80℃$ 条件下的伏安特性曲线。由图可见，由化学反应（包含活性和浓度变化）引起的压降是电压降的原因。同时也表明改进电极材料及其生产，采用新技术，例如，纳米技术和改进的催化剂，都将显著地减小电压降，并将因此完善燃料电池的效率。

燃料电池中的能量损耗可通过电压降予以表达，因此，燃料电池的效率可表示为：

$$\eta_{fc} = \frac{V}{V_r^0} \tag{6-14}$$

式中，V_r^0 为单元电池的可逆电压。燃料电池的效率曲线与其电压曲线严格相似。氢氧燃料电池（见图 6-7）的效率—电流曲线，如图 6-8 所示。

图 6-8 表明，随着电流增加，效率下降而功率增加。因此，在低电流下运用燃料电池，即在低功率下可获得高运行效率。然而，计及其辅助设备（如空气循环泵、冷却水循环泵等）所消耗的能量，由于辅助设备的功率消耗占有较大的百分比，故很低功率（10%的最大功率）的运行，将导致较低的运行效率。

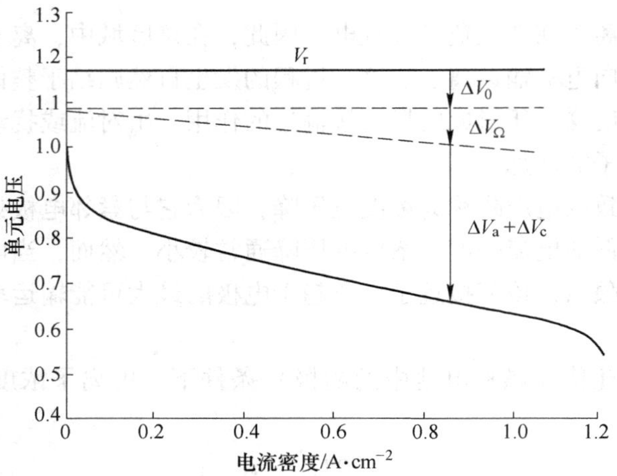

图 6-7　氢氧燃料电池的电流—电压曲线

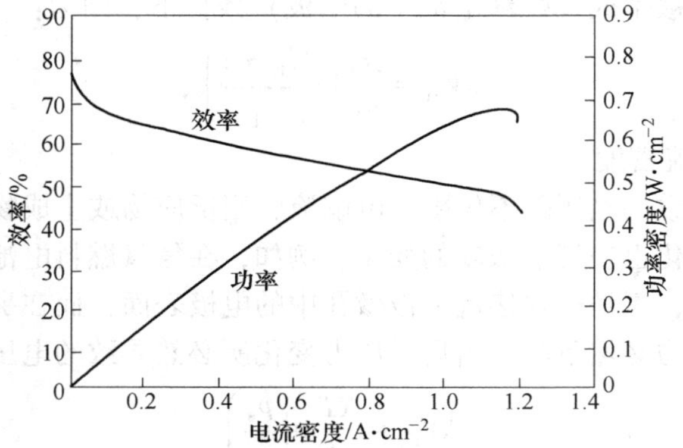

图 6-8　氢氧燃料电池中的运行效率和功率密度随着电流密度的变化

6.3　燃料和氧化剂的消耗

燃料电池中燃料和氧化剂的消耗正比于其所生成的电流。燃料电池内的化学反应通常可描述为：

$$A + x_B B \rightarrow x_C C + x_D D \tag{6-15}$$

式中　A——燃料；

B——氧化剂；

C，D——生成物，且迁移的电子数为 n。

与燃料电池所生成电流相伴随的燃料质量流可表示为：

$$\dot{m}_A = \frac{W_A I}{100nF} \quad (\text{kg/s}) \tag{6-16}$$

式中　W_A——分子量；

I——燃料电池的电流；

F——法拉第常数，$F = 96495\text{c/mol}$。

氧化剂质量流与燃料质量流化学计量之比可表达为：

$$\frac{\dot{m}_B}{\dot{m}_A} = \frac{x_B W_B}{W_A} \tag{6-17}$$

对于氢氧燃料电池，氢与氧化学计量之比为：

$$\frac{\dot{m}_H}{\dot{m}_O} = \frac{0.5W_O}{W_H} = \frac{0.5 \times 32}{2.016} = 7.937 \tag{6-18}$$

氧化剂与燃料之等价比定义为实际的氧化剂—燃料比与其化学计量比之比值，即：

$$\lambda = \frac{(\dot{m}_B/\dot{m}_A)_{actual}}{(\dot{m}_B/\dot{m}_A)_{stoi}} \tag{6-19}$$

当 $\lambda<1$ 时，为浓燃料对应的反应；当 $\lambda=1$ 时，为化学计量对应的反应；而当 $\lambda>1$ 时，为稀燃料对应的反应。实际上，燃料电池始终运行于 $\lambda>1$ 的工况下，即为了降低因浓度引起的电压降，运行中供给了超过化学计量值的过量空气。对于燃料电池采用氧为氧化剂，通常利用了空气而不是纯氧。此时，燃料与空气化学计量之比为：

$$\frac{\dot{m}_{air}}{\dot{m}_H} = \frac{(x_O W_O)/0.232}{W_A} \tag{6-20}$$

式中，假设氧质量为空气质量 23.2%，对于氢—空气燃料电池，式（6-20）变为：

$$\frac{\dot{m}_{air}}{\dot{m}_H} = \frac{(0.5W_O)/0.232}{W_H} = 34.21 \tag{6-21}$$

6.4 燃料电池系统特性

实际上，燃料电池需要辅助设备支持其运行。辅助设备主要包括空气循环泵、冷却水循环泵、排气扇、燃料供应泵和电控设备，如图 6-9 所示。辅助设备之中，空气循环泵的能量消耗最大，其消耗功率（含其驱动电动机）约可占燃料电池堆总输出功率的 1%，其他辅助设备消耗的能量比空气循环泵消耗的能量要小得多。

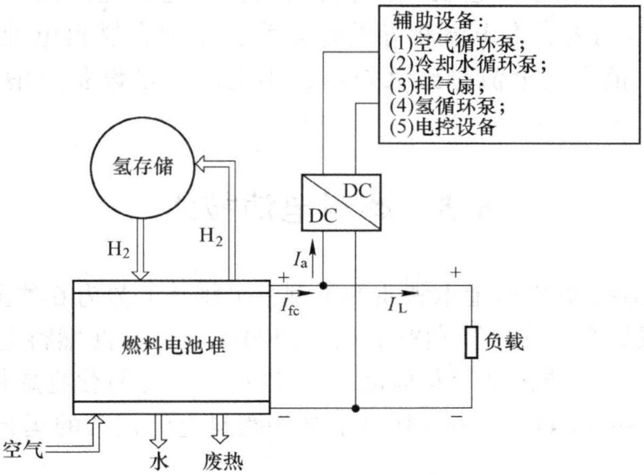

图 6-9 氢—空气燃料电池系统

在燃料电池中，为减小电压降［见式（6-22）］，电极表面的空气压力 p 一般高于大气压力 p_0，根据热力学，质量流为 $\dot{m}_A$ 的空气从低压压缩至高压所需功率的计算式为：

$$P_{air-comp} = \frac{\gamma}{\gamma - 1}\dot{m}_{air}RT\left[\left(\frac{p}{p_0}\right)^{(\gamma-1)/\gamma} - 1\right] \quad (W) \tag{6-22}$$

式中 γ——空气比热系数，$\gamma=1.4$；

R——空气的气体常数，$R=287.1$J/(kg·K)；

T——压缩机进口处温度，K。

当计算空气循环泵消耗的功率时，必须计及空气泵和驱动电动机中的能量损耗，因而总消耗功率为：

$$P = \frac{P_{air-comp}}{\eta_{ap}} \tag{6-23}$$

式中，η_{ap}为空气泵外加驱动电动机的效率。

图 6-10 表明了氢—空气燃料电池系统运行特性的一个实例，其中，$\lambda=2$、$p/p_0=3$ 和 $\eta_{ap}=0.8$，以及净电流和净功率为流向负载的电流和功率。

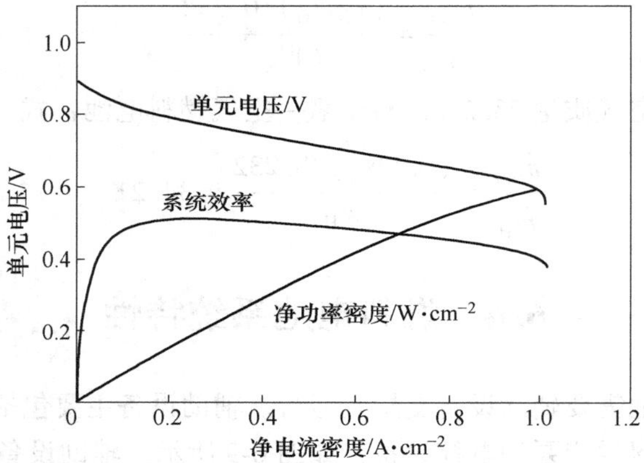

图 6-10 氢—空气燃料电池的单元电压、系统效率

图 6-10 显示该燃料电池系统的最佳运行区域在其电流范围的中间区域，估计在最大电流的 7%~50%范围内。大电流将导致低效率，是因在燃料电池堆中产生了较大的电压降；另一方面，很小的电流导致低效率，则是因辅助设备所消耗能量的百分比增大之故。

6.5 燃料电池技术

燃料电池技术取决于燃料电池电解质的类型，可将其分类为 6 种主要的燃料电池：质子交换膜（PEM）或聚合物交换膜燃料电池（PEMFCs）、碱性燃料电池（AF-Cs）、磷酸燃料电池（PAFCs）、熔融碳酸盐燃料电池（MCFCs）、固态氧化物燃料电池（SOFCs）和直接甲醇燃料电池（DMFCs）。表 6-3 列出了这些燃料电池正常的运行温度及其电解质的状态。

表 6-3 各种燃料电池系统的运行数据

电池系统	工作温度/℃	电解质状态
质子交换膜燃料电池	60~100	固态
碱性燃料电池	100	液态
磷酸燃料电池	60~200	液态
熔融碳酸盐燃料电池	500~800	液态
固态氧化物燃料电池	1000~1200	固态
直接甲醇燃料电池	100	固态

燃料电池的优势如下：

(1) 洁净、安全的发电装置，有害气体 SO_x、NO_x 及噪声排放都很低；规模及安装地点灵活，燃料电池电站占地面积小，建设周期短。

(2) 能量转化效率高，直接将燃料的化学能转化为电能，中间不经过燃烧过程。目前燃料电池系统的燃料—电能转换效率为45%~60%，而火力发电和核电的效率为30%~40%。

(3) 多燃料系统，可根据各种燃料电池的用途和条件选择使用最合适的燃料。

(4) 负荷响应快，运行质量高，燃料电池在数秒钟内就可以从最低功率变换到额定功率。

单独的燃料电池堆是不能发电并用于汽车的，它必须和燃料供给与循环系统、氧化剂供给系统、水/热管理系统及一个能使上述各系统协调工作的控制系统组成燃料电池发电系统，简称燃料电池系统。燃料电池系统主要由燃料电池组和辅助装置和关键设备组成，辅助装置和关键设备包括：

(1) 燃料和燃料储存器（包括碳氢化合物转化的重整器）。

(2) 氧化剂和氧化剂存储器。

(3) 供给管道系统和调节系统（包括气体输送泵、热交换器、气体分离和净化装置）。

(4) 水和热管理系统。

以下介绍不同的燃料电池工作原理及其他附属系统。

6.5.1 质子交换膜燃料电池

质子交换膜燃料电池的关键材料与部件为电催化剂、电极（阴极与阳极）、质子交换膜、双极板。

其工作原理如下：

(1) 氢气通过管道或导气板到达阳极。

(2) 在阳极催化剂的作用下，1 个氢分子解离为 2 个氢质子，并释放出 2 个电子，阳极反应为：

$$2H_2 \longrightarrow 4H^+ + 4e^-$$

(3) 在电池的另一端，氧气（或空气）通过管道或导气板到达阴极，在阴极催化剂的作用下，氧分子和氢离子与通过外电路到达阴极的电子发生反应生成水，阴极反应为：

$$O_2 + 4H^+ + 4e^- \longrightarrow 2H_2O$$

总的化学反应为：

$$2H_2 + O_2 \longrightarrow 2H_2O$$

电子在外电路形成直流电。因此，只要源源不断地向燃料电池阳极和阴极供给氢气和氧气，就可以向外电路的负载连续地输出电能。

质子交换膜燃料电池的工作温度约为 80℃。在这样的低温下，电化学反应能正常地缓慢进行，通常用每个电极上的一层薄的白金进行催化。

每个电池能产生约 0.7V 的电，足够供一个照明灯泡使用。驱动一辆汽车则需要约 300V 的电力。为了得到更高的电压，将多个单个的电池串联起来便可形成人们称作的燃料电池存储器。

质子交换膜燃料电池采用固态聚合物膜为电解质。该聚合物膜为全氟磺酸膜，它也称为 Nafion（美国杜邦公司），是酸性的，因此迁移的离子为氢离子 H^+或质子。质子交换膜燃料电池是由纯氢和作为氧化剂的氧或空气一起供给燃料。

聚合物电解质膜被碳基催化剂所覆盖，催化剂直接与扩散层和电解质两者接触以求达到最大的相互作用面。催化剂构成电极，在其之上直接为扩散层。电解质、催化剂层和气体扩散层的组合称为膜片—电极组件。

质子交换膜燃料电池中的催化剂是关键性的焦点所在。在早期实践中，为了燃料电池的特定运行，需要很可观的铂载量。在催化剂技术方面现已取得了巨大进展，使铂载量从 $28mg/cm^2$减少到 $0.2mg/cm^2$。由于燃料电池的低运行温度，以及电解质酸性的本质，故应用的催化剂层需要贵金属。因氧的催化还原作用比氢的催化氧化作用更为困难，所以阴极是最关键的电极。

在质子交换膜燃料电池中，另一关键性问题是水的管理。为了燃料电池的特定运行，聚合物膜必须保持湿润，事实上，聚合物膜中离子的导电性需要湿度。若聚合物膜过于干燥，就没有足够的酸离子去承载质子；若聚合物膜过于湿润，则扩散层的细孔将被阻断，从而反应气体不能扩展触及催化剂。

水在质子交换膜燃料电池中的阴极生成。通过将燃料电池保持在某一温度下，并靠流动足以使水蒸发，即可令其迁移，且以水蒸气态移出燃料电池。然而，由于误差范围很窄，故这一方法是困难的。某些燃料电池堆运行在空气远远过量的状态，这理应正常地干燥燃料电池，而同时采用外部增湿器由阳极供水。

质子交换膜燃料电池中最后的主要关键是其毒化问题。铂催化剂极富活性，因而提供了优异的性能。该催化剂高度活性的制约在于其对一氧化碳和硫的生成物与氧相比有较高的亲和力。毒化效应强烈地约束了催化剂，并阻碍了扩展到其中的氢或氧。从而，电极反应不能在毒化部位发生，而使燃料电池性能递减。假若氢由重整装置提供，则气流中将含有一些一氧化碳；同样，若吸入的空气来自于被污染城市中的大气，则一氧化碳也可从空气的气流中进入燃料电池。由一氧化碳引起的毒化是可逆的，但它增加了成本，且各个燃料电池需要单独处理。

1960 年，第一个质子交换膜燃料电池成功开发，并应用于美国载人空间项目之中。目前，大部分研究燃料电池应用于汽车的技术来自于像巴拉德（Bal-lard）这样的制造厂商。其产品运行于 60～100℃，可提供 0.35～0.6W/cm^2的密度。在其支持电动汽车和混合动力电动汽车的应用中，质子交换膜燃料电池具有一些确定的优点，可低温运行，因此，对电动汽车和混合动力电动汽车而言，可期望有快速启动性能；其次，在所有可用的燃料电池类型之中，其功率密度最高。显然，功率密度越高，为满足功率需求所需安装的燃料电池的体积越小；再次，其固态电解质不变化、迁移或从燃料电池中气化；最后，在燃料电池中，因唯一的液体是水，故任何腐蚀的可能性本质上已被限定。然而，它也有某些缺点，例如需昂贵的贵金属、高价的聚合物膜以及易于毒化催化剂和聚合物膜。

6.5.2 碱性燃料电池

碱性燃料电池采用古水氢氧化钾（KOH）溶剂为电解液，以传导电极之间的离子。氢氧化钾是碱性的。因为电解液为碱性，故离子传导机理不同于质子交换膜燃料电池。被碱性电解液迁移的离子是氢氧离子（OH^-），这对燃料电池若干其他方面产生影响。其反应式如下：

阳极 $$2H_2 + 4OH^- \longrightarrow 4H_2O + 4e^-$$

阴极 $$O_2 + 4e^- + 2H_2O \longrightarrow 4OH^-$$

不同于酸性燃料电池，水是在氢电极处生成的。此外，在阴极处，由于氧的还原需要水。水的管理问题往往按电极防水性和在电解液中保持含水量的需求予以分解。阴极反应从电解液中消耗水，而其中阳极反应则排出其水生成物。过剩量的水（每次反应 2mol）在燃料电池堆外汽化。

碱性燃料电池可以运行在一个宽温度（80～230℃）和压力［2.2～45atm（1atm = 101.325kPa)］范围内。高温的碱性燃料电池也可使用高浓度电解液，该高浓度致使离子迁移机理从水溶剂转换成熔融盐状态。

因由氢氧电解液所提供的快速动力学效应，故碱性燃料电池可获得很高的效率。尤其是氧的反应（$O_2 \rightarrow OH^-$）比酸性燃料电池中氧的还原反应容易得多，因此，活性损耗非常低。碱性燃料电池中的快速动力学效应使银或镍可用以替代铂作为催化剂，这样，碱性燃料电池堆的成本显著下降。

通过电解液完全的循环，碱性燃料电池动力学特性得到了进一步的改善。当电解液循环时，燃料电池称为“动态电解液的燃料电池”。

这样一类结构的优点是：由于电解液被用作冷却介质，因此易于热管理；更为均匀的电解液的集聚，解决了阴极周围电解液浓度分布问题；提供了利用电解液进行水管理的可能性；如果电解液已被二氧化碳过度污染，则有替换电解液的可能性；最终当燃料电池堆关闭，且其具有可显著延长使用寿命的潜能时，提供了从燃料电池内移置电解液的可能性。

但是，循环电解液的利用，提出了某些困难的问题。其中最突出的问题是增加了泄漏的风险：氢氧化钾是高腐蚀性的，并具有自然渗漏，甚至于透过密封的可能性。此外，循环泵和热交换器的结构，以及最后的汽化器均更为复杂。另一问题在于，如果电解液被过于激烈地循环或单元电池没有完善地绝缘，则在两单元电池间将存在内部电解质短路的风险。循环电解液的碱性燃料电池结构图，如图 6-11 所示。

碱性燃料电池最大的问题在于二氧化碳的毒化，二氧化碳与反应气一起进入电池，碱性电解液对二氧化碳具有显著的化合力，它们共同作用形成碳酸离子（CO^{2-}），生成物为 K_2CO_3，因为 K_2CO_3的水溶液电导远低于 KOH 溶液，所以会导致电池欧姆极化增加，性能下降。且 K_2CO_3水溶液的蒸气压高，K_2CO_3的生成会导致隔膜失水、盐结晶析出，严重时隔膜失去阻气性能，氢、氧互窜而导致电池失效，即碳酸的沉积和阻塞电极也将是一种

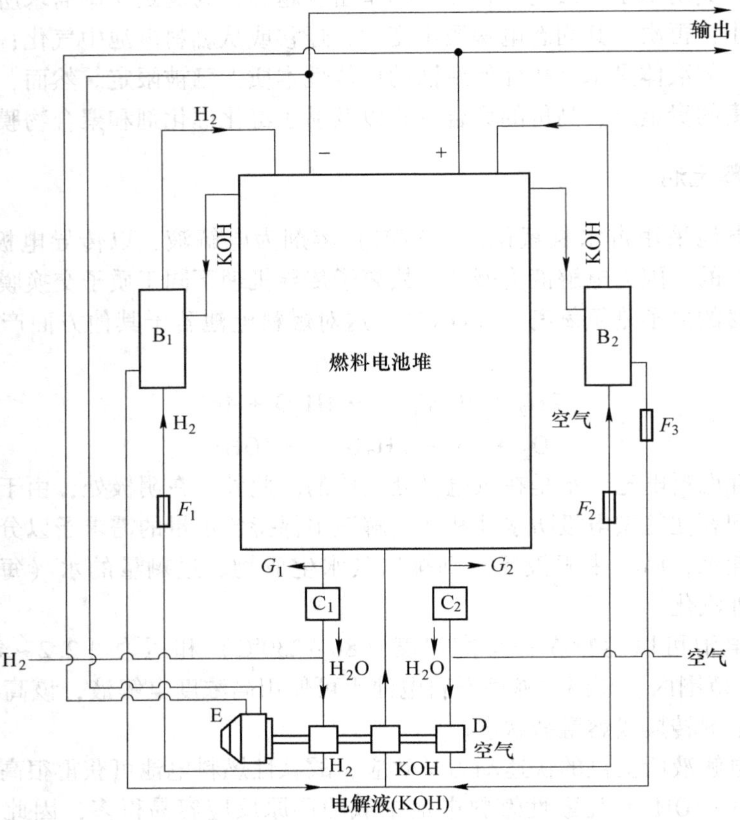

图 6-11　碱性燃料电池结构

B_1，B_2—热交换器；C_1，C_2—冷却器；D—泵；E—电动机

可能的风险，但这一问题可通过电解液的循环予以处理。使用二氧化碳除气器是添加成本和复杂度的解决方法，它将从空气流中排除二氧化碳气体。二氧化碳对碱性电池的影响，如图 6-12 所示。

碱性燃料电池优点在于，其所需的是廉价的催化剂、电解液以及高效率和低温运行。但是，它也有一些缺点，例如起因于腐蚀性的电解液，在其电极上生成水，且由于二氧化碳的毒化，损害了电池的延续工作时间。

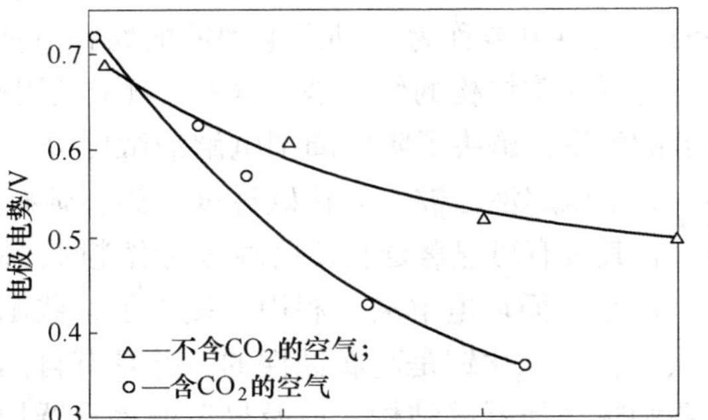

图 6-12　CO_2对电极电位的影响

（条件：铂载体 0.2mg/cm²；6mol/L KOH；100mA/cm²）

6.5.3　磷酸燃料电池

磷酸燃料电池如同碱性燃料电池一样，依靠酸性电解液传导氢离子。其阳极和阴极反应同于碱性燃料电池的反应。磷酸（H_3PO_4）是一种沾滞液体，它在燃料电池中通过多

孔硅碳化物基体内的毛细管作用予以储存。

磷酸燃料电池是最早成为商品的燃料电池技术。许多医院、宾馆和军事基地使用磷酸燃料电池覆盖了部分或总体所需的电力和热供应。多半因其温度问题，这一技术在车辆中的应用很少。

磷酸电解液的温度必须保持在42℃（其冰点）以上。冻结的和再解冻的酸将难以使燃料电池堆激化。保持燃料电池堆在该温度之上，需要额外的设备，这就需增加成本、复杂性、重量和体积。大多数问题就固定式应用而言是次要的，但对车辆应用来说是不相容的。另一起因于高运行温度（150℃以上）的问题是其与燃料电池堆升温相伴随的能量损耗。每当燃料电池启动时，一些能量（即燃料）必须消耗在加热燃料电池直至其运行温度，而每当燃料电池关闭时，相应的热量（即能量）即被耗损。对于市区内驾驶通常情况所相应的短时运行，该损耗是显著的。然而，在公共交通运输情况下，如公共汽车，这一问题看来是次要的。

磷酸燃料电池的优点是其应用了廉价的电解液、低温运行，及其合理的启动时间，其缺点是采用了昂贵的催化剂（铂）、酸性电解液的腐蚀性、二氧化碳的毒化和低效率。

6.5.4 熔融碳酸盐燃料电池

熔融碳酸盐燃料电池为高温燃料电池（500~800℃），它依靠熔融碳酸盐（通常为锂—钾碳酸盐或锂—钠碳酸盐）传导离子。被传导的离子是碳酸离子（CO^{2-}）。离子传导机理类同于磷酸燃料电池或高浓度的碱性燃料电池中熔盐的相应机理。

熔融碳酸盐燃料电池的电极反应不同于其他的燃料电池，即：

阳极 $$H_2 + CO_3^{2-} \longrightarrow H_2O + CO_2 + 2e^-$$

阴极 $$\frac{1}{2}O_2 + CO_2 + 2e^- \longrightarrow CO_3^{2-}$$

其主要差异在于阴极处必须供给二氧化碳。因二氧化碳可从阳极中回收，故不需要外部的二氧化碳供应源。熔融碳酸盐燃料电池从来不用纯氢，而是使用碳氢化合物：事实上，高温燃料电池的主要优点是其几乎直接地处理碳氢化合物燃料的能力，这是由于高运行温度使其在电极处能分解碳氢化合物制氢。从而，这理应是应用于汽车的极大优点，因为当今碳氢化合物燃料获得了有效应用。此外，高运行温度增强了动力学到达可采用廉价催化剂的程度。

但是，熔融碳酸盐燃料电池由于其电解液和所需运行温度的本质，形成了许多问题。碳酸盐是碱性物质，特别在高温下腐蚀性极强。这不仅不安全，而且也是对电极的腐蚀问题。在车辆外壳下，安装有一个温度为500~800℃的大设备，显然是不安全的。但另一方面确实在内燃机中温度到达1000℃以上，而这一温度是被约束在气体自身，且借助子冷却系统，发动机的大部分是保持微冷的（约100℃）。与燃料电池升温相伴随的燃料消耗也是一个问题，它因很高的运行温度，以及为熔融电解液所必需的潜热而变得更为严重。这些问题可能约束熔融碳酸盐燃料电池应用于固定式的或恒定功率需求的场合，如船舶上的应用。

熔融碳酸盐燃料电池的主要优点是加注碳氢化合物燃料、低价格的催化剂、因快速动力学效应所具有的完善的效率、毒化的低敏感性。其主要缺点是启动缓慢、因高温减少了材料的可选性、起因于 CO_2 循环的燃料电池系统的复杂性、电极的腐蚀和缓慢的功率响应。

6.5.5　固态氧化物燃料电池

固态氧化物燃料电池在陶瓷隔膜中高温下（1000~1200℃）传导离子。通常，陶瓷材料为钇稳定化的二氧化锆（YSZ），它将传导氧离子（O^{2-}），而其他陶瓷材料传导氢离子。其导电机理类似于在半导体中观察到的机理，经常称为固态器件，燃料电池名称即由该类似性衍生而来。其反应式如下：

阳极　$$H_2 + O_2 \longrightarrow H_2O + 2e^-$$

阴极　$$\frac{1}{2}O_2 + 2e^- \longrightarrow O^{2-}$$

此处，水也是在燃料电极处生成。固态氧化物燃料电池的最大优点是其静态的电解质，除了在辅助设备中之外，没有迁移作用。非常高的运行温度使其像熔融碳酸盐燃料电池那样，能应用碳氢化合物燃料。同时，应该注意，固态氧化物燃料电池不会被一氧化碳毒化，且其处理一氧化碳大致如同处理氢那样有效，因此阳极反应为：

$$CO + O^{2-} \longrightarrow CO_2 + 2e^-$$

固态氧化物燃料电池因其高运行温度，也从降低活性损耗中获得益处。该损耗中以欧姆损耗部分为主。固态氧化物燃料电池可分为两类，即平面形的或管形的。平面形固态氧化物燃料电池类似于其他燃料电池技术为两极组合。

管形固态氧化物燃料电池，如图 6-13 所示。单电池间的连接体设在还原气体一侧，这样可使用廉价的金属材料作电流收集体。单电池采用串联、并联方式组合到一起，可以避免当某一单电池损坏时，电池组完全失效。用镍毡将单电池的连接体连接起来，可以减小单电池间的应力。管型 SOFC 电池组相对简单，易于密封，减少了对陶瓷材料的限制，容易通过电池单元之间并联和串联组成大功率的电池组，管型 SOFC 一般在很高的温度下操作，主要用于固定电站系统，所以高温 SOFC 一般采用管形结构。缺点为电流通过的路径较长，限制了 SOFC 的性能。

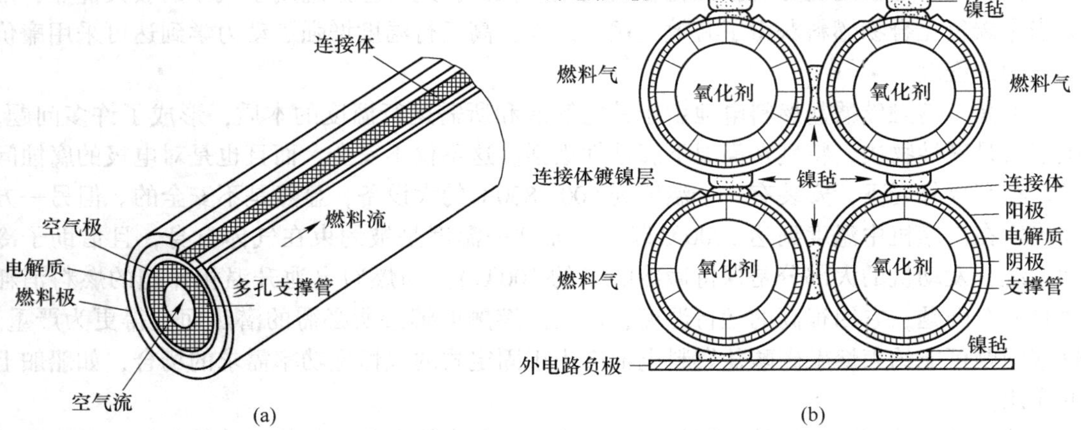

图 6-13　管形结构固态氧化物燃料电池及电池组

（a）单体电池；（b）组合体电池

如同熔融碳酸盐燃料电池，固态氧化物燃料电池的缺点基本上与其高运行温度相关联（安全性、燃料经济性）。由于陶瓷电解质和电极的脆性，故出现了附加的问题。就车辆中的应用而言，振动是其一般的现象，从而这就成为主要的缺点。热循环进一步使陶瓷处于受力状态，且成为平面型固态氧化物燃料电池主要关注的问题。

6.5.6 直接甲醇燃料电池

替代氢的应用，甲醇可直接地用作燃料电池的燃料，这就是通常所说的直接甲醇燃料电池。对于应用于车辆的直接甲醇燃料电池，有一些确定的动机。首先，甲醇是一种液态燃料，在车辆的应用中，它易于存储、分配和销售。因此，目前燃料供应的基本设施无需过多的再投资，即可应用；其次，甲醇是最单一的有机燃料，它能最为经济和有效地从相对丰富的矿物燃料，即煤和天然气中，大规模地生产；此外，甲醇可从农产品中制造，例如甘蔗。

在直接甲醇燃料电池中，其阳极和阴极两者采用铂或铂合金为电催化剂。电解液可是三氟甲烷磺酸或质子交换膜。其化学反应式如下：

阳极 $$CH_3OH + H_2O \longrightarrow CO_2 + 6H^+ + 6e^-$$

阴极 $$\frac{3}{2}O_2 + 6H^+ + 6e^- \longrightarrow 3H_2O$$

综合反应 $$CH_3OH + \frac{3}{2}O_2 \longrightarrow CO_2 + 2H_2O$$

在前述的燃料电池中，直接甲醇燃料电池是相对地未成熟的技术，以目前该燃料电池技术状态而论，其一般运行在50~100℃。相比于直接供氢的燃料电池，直接甲醇燃料电池功率密度低、功率响应慢，且效率低。

6.6 燃 料 供 应

就燃料电池在车辆中的应用而言，将燃料供应给车载燃料电池是其主要的难题。如前所述，氢是应用于燃料电池车的理想燃料。因此，制氢及其储存是车载中重要的关注点。通常，有两种途径向燃料电池供应燃料：一种是在地面供应站生产氢气，而在车上储存纯氢；另一种是在车上，从易于含氢的承载装置中生产氢，并直接供给燃料电池。至今，在车上有3种储存氢的方法：在环境温度下，在储存器内储存压缩氢；在低温下，低温液氢的储存；金属氢化物的储存方法。所有的这些方法都有其优缺点。

6.6.1 压缩氢

纯氢可用车载方式在加压状态下储存在罐内。储存在容积为 V、压力为 p 的容器中的氢气质量可利用理想气体方程计算得：

$$m_H = \frac{pV}{RT}W_H \tag{6-24}$$

式中 p，V——分别为容器中的压力和容积；

R——气体常数，8.31J/(mol·K)；

T——绝对温度；

W_H——氢的分子量，2.016g/mol。

从而，在氢中储存的能量为：

$$E_H = m_H HV \tag{6-25}$$

式中，HV 为氢的热值，取决于所生成水的冷凝能量是否回收，该热值或是高热值（$HHV_H = 144\text{MJ/kg}$），或是低热值（$LHV_H = 120\text{MJ/kg}$）。就内燃机而言，最常采用的是低热值。

图 6-14 展示了室温（25℃）下，对应于不同压力的 1L 氢的质量和能量，以及等值汽油升。等值汽油升被定义为含有与 1L 氢同样能量的汽油之升数。图 6-14 还表明在 350bar（$1\text{bar}=10^5\text{Pa}$）的压力下，每升氢的能量小于 1kW · h，并约等价于 0.1L 的汽油。即使压力增加到 700bar，这被认为是可以达到的最大压力，但每升氢的能量仍小于 2kW · h，约为 0.2L 等值汽油。此外，一定量的能量需要用于从低压至高压压缩氢气。

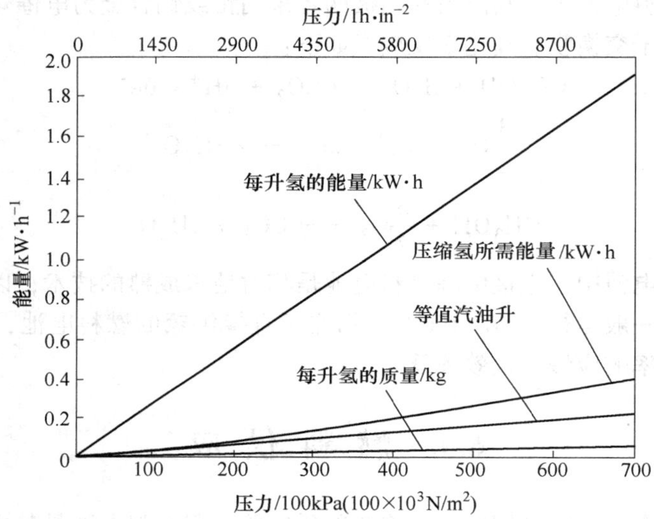

图 6-14 每升氢的能量和等值汽油升

在氢压缩过程中，可以假设为绝热过程，即在该过程中不发生热量的交换，这样，所消耗的能量当可表示为：

$$E_{com} = \frac{\gamma}{\gamma - 1}\frac{m}{H}RT\left[\left(\frac{p}{p_0}\right)^{(1-\gamma)/\lambda} - 1\right] \tag{6-26}$$

式中 m——氢的质量；

H——氢的分子量；

γ——比热系数，$\gamma = 1.4$；

p——氢的压力；

p_0——大气压力。

由图 6-14 可见，约 20%的氢能量必须消耗在将氢压缩至高压的过程之中。计及压缩机和电机的低效率后，估算约有 25%的氢能量被消耗。

在几百标准大气压力下储存气体要求有很高强度的储气罐。为了使得罐的重量尽可能轻，而其容积合理，目前，应用于汽车的储氢罐的制造采用了复合材料，如碳纤维材料。因而，压缩储氢罐的成本可能会较高。必须考虑车载压缩氢的易燃性。除了因为在罐壁、密封处等开裂导致氢泄漏的危险外，还存在氢穿过罐壁材料的渗透问题。这是由于含两个氢原子的分子是如此小，致使其能扩散通过某些材料。

此外，万一失事，压缩氢储气罐是一个潜在的炸弹。就氢而言，其危险性甚至更大。在空气中，氢具有从4%~77%很宽的爆炸范围，且可以非常迅速地与空气混合。与汽油相比，汽油爆炸范围仅为1%~60%，且为液体。应该注意，氢有很高的自燃温度(571℃)，尽管汽油的自燃约在220℃，但其却首先必须被气化。至今，车载压缩氢的储存技术仍然是应用于汽车的非常复杂的问题。

6.6.2 低温液氢

另一可供选择的车载储氢方法是在低温（-259.2℃）条件下使之液化。如此储存的氢被称为“LH_2”。LH_2储存受到对压缩氢起作用的同一密度问题的影响。事实上，液态氢的密度很低，1L 氢仅重 71×10^{-3} kg。这一低密度导致每升液氢约为 8.52×10^{6} J 的能量值。

在-259.2℃这样的低温下储存液体，其技术上是困难的。它要求深度绝热，以力求将从周围空气到低温液体的热传递减至最小，从而，防止其沸腾。通常的方法是构造一个高度绝热的储罐，且使之坚固地足以承受因液氢气化所产生的相当的压力，而过量的压力则通过安全阀释放至大气中。这一储罐的绝热、高强度和安全设置也显著地增加了 LH_2储存的重量和成本。

气化是一种疑难的现象：假如车辆在一个封闭区域（车库、地下停车场）内停车，则存在氢在有限的大气范围内聚集的危险。这样所形成的易爆混合气体在初次产生火花(灯开关、打火机等）条件下将起爆。

液氢储罐的加注需要特殊的防护措施：空气必须排除在环路之外。为此，一般采用的方法是在加注前先用氮注满储罐，以便排空罐中的剩余气体。同样，必须应用专门用来控制爆炸和低温事故的设备。事实上，低温液体对有生命生物是一种危险的化合物，例如它冷冻灼伤皮肤和器官。然而，很可能是环境温度使低温液氢迅速气化，将得以减少或消除这一危险。

6.6.3 金属氢化物

某些金属能与氢结合，形成稳定的化合物，而在特定的压力相温度条件下，该化合物接着可予以还原。这些金属可以是铁、钛、锰、镍、锂，以及它们的某些合金。在正常的温度和压力条件下，金属氢化物是稳定的，而仅当需要时，可以释放氢。

储氢金属及其合金为 Mg、Mg_2Ni、FeTi 和 $LaNi_5$。这些金属及其合金吸收氢，构成 $Mg\text{-}H_2$、$Mg_2Ni\text{-}H_4$、$FeTi\text{-}H_2$ 和 $LaNi\text{-}H_6$。理论上，这些金属及其合金以比纯氢更高的密度储蓄。但实际上，储蓄容量密切地取决于该材料吸收氢分子的表面积。通过由这些金属或其合金的精细研磨粉末所制成的微小多孔组件，可得到相应材料每单位重量较大的表面积。

图 6-15 描述了储存 6kg 氢（与 22kg 等值）所需有关配置的实际质量和体积。由图可

见，Mg-H_2为有前景的技术。

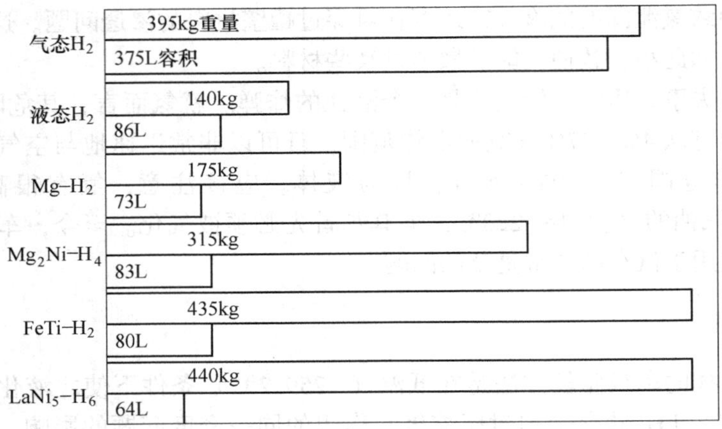

图 6-15 储氢 6kg 所需的当前质量和体积

碱金属氢化物是可供选择的金属氢化吸收材料。这类氢化物剧烈地与水反应，释放氢和氢氧化物。钠氢化物的实例如下：

$$NaH + H_2O \longrightarrow NaOH + H_2$$

其主要缺点是在同一车辆中必须承载高活性的氢化物和腐蚀性的氢氧化物溶液。相比于许多其他储氢技术，其储氢密度是合宜的。但不足以与汽油相比，这类氧化物的制造及其回收也是复杂的问题。

在 1991 年发现的碳纳米管因其潜在的对氢的高吸收容量，以及重量轻，理应是储氢系统有前景的方法。但是，碳纳米管技术尚在萌芽状态，且在评价其实用性之前还有很远的路。

某些燃料电池技术可直接处理除氢之外的燃料。一些有希望的配对如下：直接甲醇质子交换膜燃料电池；氨碱性燃料电池；直接碳氢化合物熔融碳酸盐或固态氧化物燃料电池。

像它们所对应的氢一样，直接甲醇质子交换膜燃料电池（DMFCs）在积极研究之中，且已呈现了许多优点，例如，不需要重整器、液态燃料的处理，以及系统中不存在高温。其主要缺点是需要在液态水中稀释甲醇，以供给燃料极，并为甲醇的强交换体，此归因于在聚合物膜中的吸收，但主要还在于其缓慢的动力学效应。

氨碱性燃料电池是替换氨热裂化的可供选择的方案。氨气直接供给燃料电池，并在阳极催化裂解。氨碱性燃料电池反应给出了稍低些的热力学电压，且与氢碱性燃料电池相比，其活性损耗较高。这一活性损耗可通过改进催化剂层予以减小。有趣的是，可以利用氨直接与其他燃料电池技术相结合，只要燃料电池电解液的酸性本质不会因碱性氨而破坏。熔融碳酸盐燃料电池（MCFCs）和固态氧化物燃料电池（SOFCs）因其高工作温度，故有直接裂化碳氢化合物在其内部提取氢。

6.7 燃料电池混合动力电驱动系设计

6.7.1 燃料电池电动汽车的特点

燃料电池被认为是应用于交通运输的一种先进能源，但是仅装备燃料电池的车辆存在一些缺点，例如，因燃料电池系统的低功率密度，导致体积庞大且沉重的电源设备，较长的启动时间和缓慢的功率相应。此外，在牵引应用中，急剧加速状态下极大的功率输出，以及低速驾驶情况下极低的功率输出均导致其低效率，如图 6-16 所示。

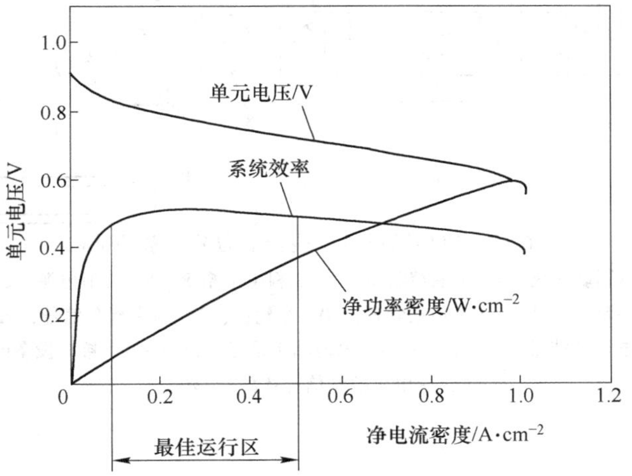

图 6-16 燃料电池系统的典型运行特征

燃料电池电动汽车与内燃机汽车和纯电动汽车相比，具有以下优点：

（1）效率高。燃料电池的工作过程是化学能转化为电能的过程，不受卡诺循环的限制，能量转换效率较高，可以达到 30%以上，而汽油机和柴油机汽车整车效率分别为 16%~18%和 22%~24%。

（2）续驶里程长。采用燃料电池系统作为能量源，克服了纯电动汽车续驶里程短的缺点，其长途行驶能力及动力性已经接近于传统汽车。

（3）绿色环保。燃料电池没有燃烧过程，以纯氢作燃料，生成物只有水，属于零排放。采用其他富氢有机化合物用车载重整器制氢作为燃料电池的燃料，生产物除水之外还可能有少量的 CO_2，接近零排放。

（4）过载能力强。燃料电池除了在较宽的工作范围内具有较高的工作效率外，其短时过载能力可达额定功率的 200%或更大。

（5）低噪声。燃料电池属于静态能量转换装置，除了空气压缩机和冷却系统以外无其他运动部件，因此与内燃机汽车相比，运行过程中噪声和振动都较小。

燃料电池系统与峰值电源的混合组成是克服单一装备燃料电池车辆缺点的有效技术，其技术特征区别于传统的油电混合，需要全新的设计方法。

6.7.2　燃料电池混合动力驱动系的结构

配置燃料电池的混合动力驱动系的构造，如图 6-17 所示。其主要由作为基本电源的燃料电池系统、峰值电源（PPS）、电机驱动装置、车辆控制器和燃料电池系统与峰值电源之间的电子接口设备组成。

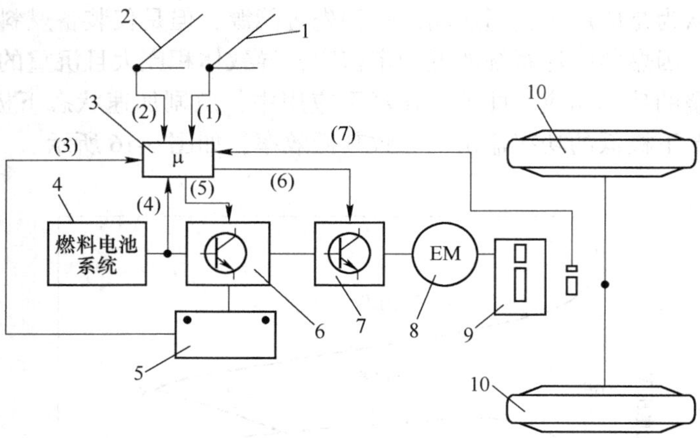

图 6-17　典型燃料电池混合动力驱动系的结构

1—加速踏板；2—制动踏板；3—车辆控制器；4—燃料电池系统；5—峰值电源；6—电子接口设备；7—电机控制器；8—牵引电动机；9—传动装置；10—车轮；(1)—牵引指令信号；(2)—制动指令信号；(3)—峰值电源的能量信号；(4)—燃料电池功率信号；(5)—电子接口设备的控制信号；(6)—电机控制信号；(7)—转速

6.7.3　控制策略

在车辆控制器中预置的控制策略，控制燃料电池系统、峰值电源和驱动系统之间的功率流，它应确保以下功能：

（1）电动机的输出功率始终满足功率要求。

（2）峰值电源的能级始终维持在其最佳范围。

（3）燃料电池系统运行在其最佳运行区。

由驾驶员通过加速踏板或制动踏板给出的牵引指令或制动指令，对整车的控制策略流程图如图 6-17 所示。

其工作分为停顿模式、制动模式和牵引模式，下面分别阐述：

（1）停顿模式。燃料电池系统和峰值电源都不向驱动系供给功率，燃料电池系统可运行在空载状态。

（2）制动模式。燃料电池系统可运行在空载状态，而峰值电源依据制动系统运行特性，吸收再生制动能量。

（3）牵引模式。如电动机输入功率大于燃料电池系统的额定功率，应用混合牵引模式，燃料电池系统运行在其额定功率状态；如电动机输入功率小于燃料电池系统的额定功率，由燃料电池系统供电，同时根据情况可给峰值电源充电；如电动机输入功率小于燃料电池系统的额定功率且燃料电池不需要充电，根据情况可以有燃料电池单独供电或峰值电源单独供电。

6.8 燃料电池电动汽车实例

6.8.1 荣威950燃料电池电动汽车

上海汽车集团股份有限公司推出的荣威950插电式燃料电池电动汽车搭载有动力蓄电池和氢燃料电池双动力源系统。新车行驶以氢燃料电池为主，动力蓄电池为辅，基于车载的On-board蓄电池充电器，新车可通过市网电力系统为动力蓄电池充电。氢燃料电池方面，新车搭载有两个70MPa氢气瓶，其氢气储量可达4.34kg，最大续驶里程为400km。此外，通过优化车辆启动系统，即便是在-20℃的环境中，新车依旧可以正常启动与行驶。荣威950燃料电池电动汽车，如图6-18所示。

图6-18 荣威950燃料电池电动汽车

6.8.2 丰田燃料电池电动汽车

丰田公司一直致力于燃料电池电动汽车的研发，丰田公司推出的第一款燃料电池电动汽车外形尺寸为4870mm×1810mm×1525mm，轴距为2780mm；在车身底板上布置了两个70MPa氢燃料高压储气罐，升功率达到3kW/L，氢燃料电池的输出功率至少达到100kW。加注燃料仅需3min，但续驶里程可达500km。丰田燃料电池电动汽车，如图6-19所示。

图6-19 丰田燃料电池电动汽车

6.8.3 奔驰 B 级 F-Cell 燃料电池电动汽车

奔驰 B 级 F-Cell 燃料电池电动汽车的核心技术是新一代燃料电池驱动系统，这种燃料电池尺寸紧凑、动力强劲、使用安全，且完全适用于日常使用。燃料电池能够在行车过程中产生电力，而产生的唯一排放物质是水，实现了绝对的零排放零污染。

奔驰 B 级 F-Cell 燃料电池电动汽车使用氢燃料作为动力来源，车身底部安装有 3 个巨大的储氢罐，每个储氢罐装可储存约 4kg 的气态燃料。一次充满燃料的时间仅需 3min，但却能实现 400km 的续驶里程。

在后备厢底板下部，还装有一个输出功率为 35kW、容量 1.4kW · h 的锂离子电池组，它和氢燃料组成双重动力一起推动车辆。如外界温度足以仅靠电池能量启动车辆，智能驾驶系统则会根据动力需求决定是否需要燃料电池介入工作以提供更充沛的电力。车辆行驶时，能量管理系统可使燃料电池系统始终处于最优化运转状态。锂离子电池能够协助解决不同驾驶情况下的电量需求。在车辆以较低的速度行驶时，车辆将靠锂离子电池来驱动车辆，如果电池电量不足时，系统将自动切换至燃料电池，以拓展车辆的续驶里程。大部分正常速度行驶时，都是以氢动力为动力源泉。而此时如果需要更多的动力，深踩油门，锂离子电池和氢燃料将一起作用，来保证更好的加速能力。奔驰 B 级 F-Cell 燃料电池电动汽车如图 6-20 所示。

图 6-20 奔驰 B 级 F-Cell 燃料电池电动汽车

本章小结

燃料电池是一种化学电池，它直接把物质发生化学反应时释放出的能量变化为电能，工作时需要连续地向其供给活物质（起反应的物质）——燃料和氧化剂。本章首先讨论了燃料电池的工作原理，继而根据 6 种不同类型电解质（质子交换膜燃料电池、碱性燃料电池、磷酸燃料电池、熔融碳酸盐燃料电池、固态氧化物燃料电池和直接甲醇燃料电池），详细分析了燃料电池的技术原理。鉴于燃料电池电动汽车与内燃机汽车和纯电动汽车相比，具有许多突出的优点，本章重点讨论了燃料电池混合动力电驱动系设计。

思考题

6-1 简述燃料电池的工作原理。

6-2 简述燃料电池的系统特性。

6-3 简述质子交换膜燃料电池的技术原理。

6-4 简述碱性燃料电池的技术原理。

6-5 简述熔融碳酸盐燃料电池的技术原理。

6-6 简述固态氧化物燃料电池的技术原理。

6-7 简述直接甲醇燃料电池的技术原理。

6-8 根据图 6-17，说明燃料电池混合动力电驱动系技术原理。

7　再生制动技术

【本章重点和难点】

（1）本章重点：

1）了解制动中的能量损耗、前后轮上的制动功率和能量消耗。

2）掌握制动能量回收系统的组成。

3）掌握制动能量回收系统的原理，包括制动能量回收系统及控制策略、防抱死制动系统。

（2）本章难点：

1）制动中的能量损耗。

2）制动能量回收技术原理。

7.1　制动中的能耗

7.1.1　再生制动基本概念

制动是汽车的三大基本功能（行驶、转向和制动）之一，其性能的优劣直接关系到汽车行驶的安全性。传统汽车的制动功能是通过摩擦制动器的摩擦来实现的，在制动过程中，整车的动能和势能通过摩擦转化成热能并散失到环境中了，这些能量就这样被大量浪费掉。

在汽车的发展史上，为了提高汽车的能量利用效率，汽车工程师们经常采用的办法是减小滚动阻力、空气阻力和传动损失以及提高发动机热效率等。回收车辆的制动能量被认为是提高汽车能量效率的另一个行之有效的方法。

再生制动（Regenerative braking）又称反馈制动，它可将车辆制动时的动能转化并储存起来，加以回收利用。再生制动技术最早出现于电力列车上，在列车减速或制动时可以回收一部分制动能量，直到20世纪60年代再生制动技术才开始应用于汽车上。然而在应用初期由于电池技术比较落后，再生制动技术在电动汽车上的发展一直比较缓慢。随着近年来混合动力汽车技术的发展，再生制动又受到了人们的重视。

日本丰田公司开发的带有再生制动系统的混合动力车Prius，其系统根据制动中的控制策略，通过电液比例阀控制液压制动力，实现再生制动和摩擦制动的联合控制，降低了整车燃油消耗，同时保证车辆的制动安全性，据统计显示，Pruis采用再生制动系统可以使整车能量效率提升20%以上。本田汽车公司在其开发的Insight混合动力汽车上，提出了一种双制动力分配系数控制再生制动系统，通过该系统实现了混合动力汽车制动能量的高效回收。本田公司还在其开发的 EV Plus 纯电动汽车上，针对基于能量的最大化回收、驾驶员制动感觉以及能量的较大回收和兼顾驾驶员制动感觉的 3 种再生制动目标，分别建立了再生制动系统制动力分配控制策略并进行了试验，结果表明，各控制策略都达到了预期的效果，为混合动力汽车或纯电动汽车再生制动系统的发展奠定了基础。

由于国外在纯电动汽车领域对再生制动的研究已具有了一定的基础，全球掀起混合动力汽车研究热潮以后，国外在混合动力汽车再生制动系统的研究上取得了更快的进展。各大汽车公司已经在量产的混合动力汽车上普遍采用了再生制动系统，大大提高了整车的能量利用率，降低了油耗，有效延长了续驶里程。

我国对混合动力汽车的研究还处于初级阶段，对再生制动的研究也比较薄弱。国内只有少数几个高校和科研院所在努力开展再生制动技术的试验研究。

再生制动是混合动力汽车最突出的特点之一，即在汽车减速或制动过程中，在保证其制动安全性能的前提下，将车辆动能或势能通过电动机/发电机转化为电能储存在电池中，实现能量回收，同时可以产生车辆所需的部分制动力。这样既实现了车辆的减速和制动需求，又有效地降低了整车的燃油消耗和污染物排放，还减少了摩擦制动器的磨损。当汽车在城市道路中行驶时，人口密集、车流量大以及交通信号灯比较多，使得汽车不可能像在高速公路上那样高速行驶，车辆频繁起停，制动能量回收潜力巨大。图 7-1（a）所示为 ECE+EUDC 循环工况车速图，图 7-1（b）所示为 ECE+EUDC 循环工况下某款汽车总的驱动能量与消耗的制动能量之间的关系图。经计算，制动过程中消耗的能量占总驱动能量的 47.3%。如果能将这部分制动能量全部回收利用，整车燃油经济性将会得到很大的提高。

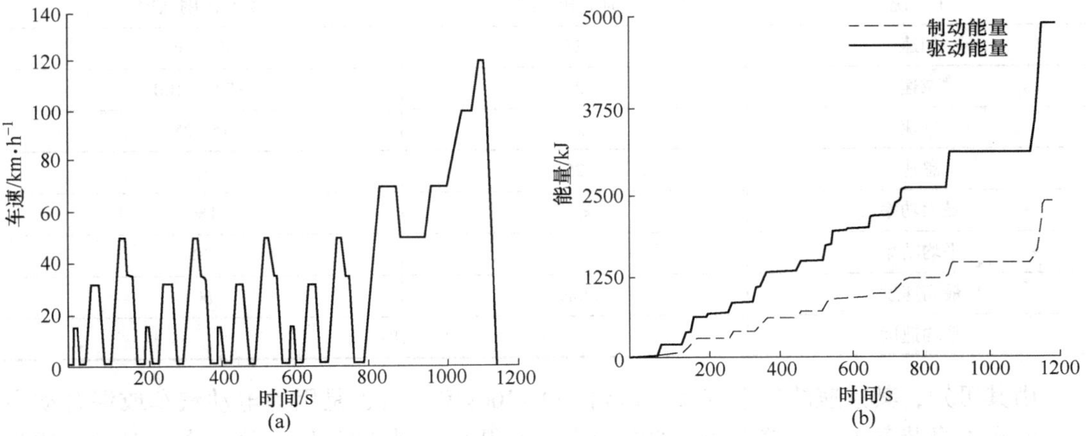

图 7-1　ECE+EUDC 循环工况下的能量对比

统计数据表明，在典型城市驱动循环工况下，制动消耗的能量占有效驱动总能量的很大部分，表 7-1 是某车型在不同城市驱动循环工况下制动消耗能量所占的比例分析表，从表中可以看出其消耗的制动能量约占汽车有效驱动总能量的 30%~70%左右。如果可以将这部分制动能量全部回收利用，将可以明显延长汽车的续驶里程，汽车的燃油经济性将得到很大提高。但是传统汽车的摩擦制动器使得这部分能量都转化成热能散失掉了，而混合动力汽车在采用再生制动后可以回收这些能量中的一部分，从而达到降低燃油消耗和排放的目的，而且可以有效提高摩擦制动系统的可靠性和使用寿命，保障制动时的车辆安全。因此，在混合动力汽车中实现再生制动功能具有非常重要的实际意义。

表 7-1　不同驱动循环工况下制动消耗能量所占的比例对比

驱动循环工况	有效驱动总能量/kJ	制动消耗的能量/kJ	比例/%
欧洲 ECE	193	116	60.1
日本 1015	1009	530	52.5
美国 UDDS	3209	1389	43.3
美国 LA02	6002	3566	59.4
美国 NYCC	604	367	60.8
澳大利亚公交循环	16317	5099	31.3
伦敦公交循环	2605	1736	66.6

制动能量回收要综合考虑汽车动力学特性、电机发电特性、电池安全保证与充电特性等多方面的问题。研制一种既具有实际效用、又符合司机操作习惯的系统是有一定难度的。电动汽车和混合动力电动汽车最重要特性之一是其显著回收制动能量的能力。在电动汽车和混合动力电动汽车中电动机可被控制作为发电机运行，从而将车辆的动能或位能变换为电能，并储存在能量存储装置（各种蓄电池、超级电容、超高速飞轮或者它们之间的复合）之中，得以再次利用，以延长其续驶里程。而制动能量回收较有意义的汽车还有城市公交车，城市公交车工况参考数据见表 7-2。

表 7-2　城市公交车工况参考数据

工　况	时间比/%	功率范围/kW
加速	25	80~150
减速	24	-50~-100
匀速	26	15~25
怠速	25	0
最大功率	<10	150
平均功率	—	30
最高速度	50km/h	60
平均速度	18km/h	

由其可知，其减速的功率较大，达到-50~100kW（这也是因为电动汽车或混合动力电动汽车本身装备了一个较大功率的电动机，使得回收制动能量可行），占的时间比约为24%，制动消耗的能量占牵引能量较大比重，因此本章讨论再生制动的同时会提及城市公交车的再生制动。由于城市公交车目前一般为内燃机动力，如何低成本有效回收其制动能量有一定的难度，目前相关研究较多。由表 7-1 可知，城市公交制动功率很大，单一蓄电池如果吸收如此大的电流，对于蓄电池的使用寿命不利，因此提出了蓄电池+超级电容等组合，用以吸收制动时的大电流。

汽车制动性能无疑是影响车辆安全性的重要因素之一。对于汽车，成功地设计其制动系统必须始终满足两个截然不同的要求。首先，在紧急制动状态下，必须促使汽车在最短可能的距离中停止；其次，必须保持对于汽车方向的控制。前者要求在所有的车轮上制动系统能供给足够的制动转矩。后者要求在所有的车轮上平均分配制动力。一般而言，当电动汽车或混合动力汽车减速、在公路上放松加速踏板巡航（有相关的算法判断）或踩下制动踏板停车时，再生制动系统启动。正常减速时，再生制动的力矩通常保持在最大负荷状态；电动汽车或混合动力汽车高速巡航时，其电动机一般是在恒功率状态下运行，驱动扭矩与驱动电机的转速或者车速成反比。由上可见，研究电动汽车的制动模式也是非常重要的，电动汽车制动可分为以下 3 种模式，分述如下：

（1）急刹车。急刹车对应于制动加速度大于 $2m/s^2$ 的过程。出于安全性方面的考虑，急刹车应以机械为主，电刹车同时作用。在急刹车时，可根据初始速度的不同，由车上 ABS 控制提供相应的机械制动力。

（2）中轻度刹车。中轻度刹车对应于汽车在正常工况下的制动过程，可分为减速过程与停止过程。电刹车负责减速过程，停止过程由机械刹车完成。两种刹车的切换点由电机发电特性确定。

（3）汽车下长坡时的刹车。汽车下长坡一般发生在盘山公路下缓坡时。在制动力要求不大时，可完全由电刹车提供。其充电特点表现为回馈电流较小但充电时间较长。限制因素主要为电池的最大可充电时间。

由于制动能量回收主要工作在城市工况下有较大意义，而城市工况车辆的最高车速不会太高，且紧急制动的概率较小，所以应将研究重点放在中轻度刹车制动能量回收方向上。

一方面，恒功率下驱动电动机的转速越高，再生制动的能力就越低。另一方面，当踩下制动踏板时，驱动电动机通常运行在低速状态。由于在低速时，电动汽车的动能不足以驱动电动机提供能量来产生最大的制动力矩，因而再生制动能力也会随着车速的降低而减小。

图 7-2 显示了电动机再生制动和机械摩擦制动系统复合的制动系统，电动机的再生制动力矩通常不能像传统燃油车中的制动系统一样提供足够的制动减速度，所以，在电动汽车中，再生制动和机械摩擦制动通常共同存在。不过应该注意，只有当再生制动已经达到了最大制动能力而且还不能满足制动要求时，机械摩擦制动才起作用。

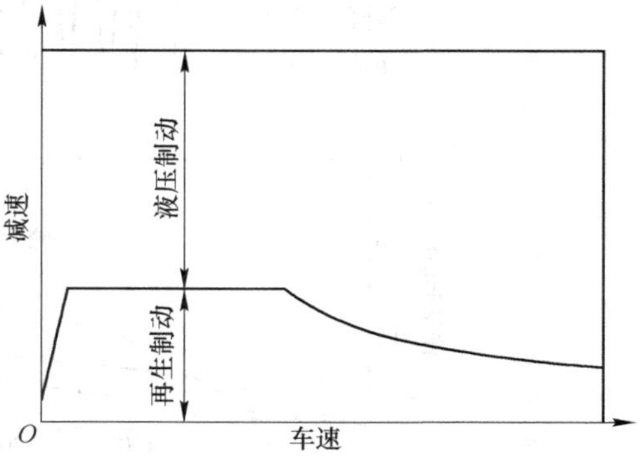

图 7-2 再生制动和机械摩擦制动

通常，所要求的制动转矩比电动机所能产生的转矩大得多。在电动汽车和混合动力电动汽车中，机械摩擦制动系统应该与电再生制动同时存在。因此，机械与电制动系统两者的特定设计和控制是重要的关注点。

7.1.2 制动中的能量损耗

汽车在制动期间，消耗了较多的能量。例如：将 1500kg 车辆从 100km/h 车速制动到零车速，在几十米距离内约消耗了 0.16kW · h 的能量。如果能量消耗在仅克服阻力（滚动阻力和空气阻力）而没有制动的惯性滑行中，则该车辆将行驶约 2km，如图 7-3 所示。

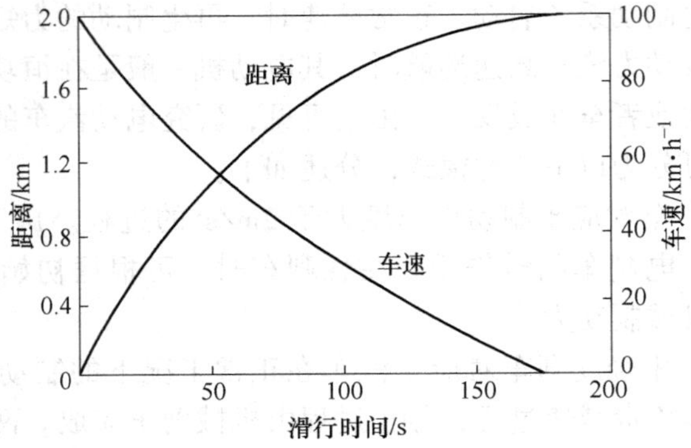

图 7-3　惯性滑行的车速和距离

当车辆在市区内以停车—启动形式行驶时，显著的能量消耗在频繁的制动上，导致很大量的燃油消耗。

图 7-4 展示了一辆 1500kg 的客车驱动轮上总牵引能量、阻力（滚动阻力和空气阻力）和制动所消耗的能量。从图中可以看出，制动能量占了较大的比例。

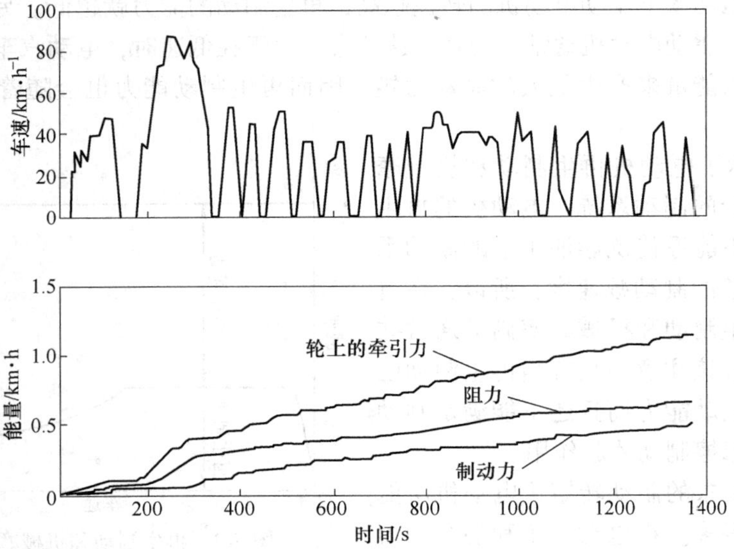

图 7-4　按 FTP75 市区循环运行的总牵引力和因阻力与制动所消耗的能量

图 7-5 展示了不同城市公交车工况的比例，我国的城区公交车快速通道很好地解决了公交车的拥堵问题，匀速比例最高，而制动占比例较少，而从图 7-5 中可以看出，全世界公交车消耗于制动的能量都占了较大比例。表 7-3 列出了 1500kg 客车的最高车速、平均车速、驱动轮上的总牵引能量，以及每 100km 行程因阻力和制动所消耗的总能量。

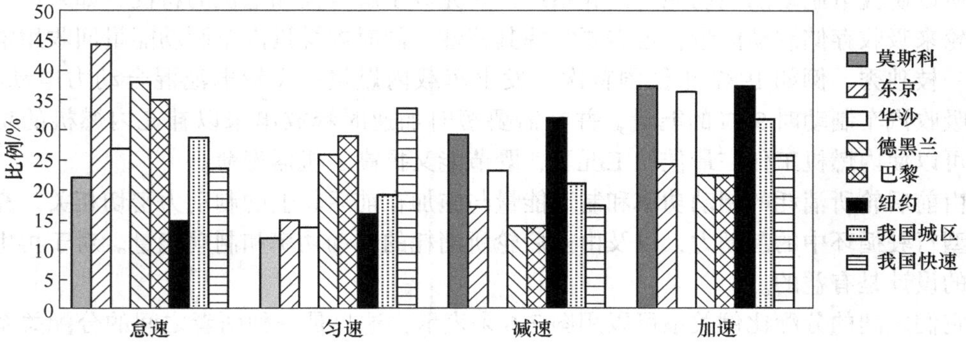

图 7-5 世界各大城市公交车行驶模式比较

表 7-3 在不同行驶循环下消耗的能量

车速与能量	FTP75 市区	FTP75 高速	US06	ECE-1	纽约城市
最高/km · h^{-1}	86.4	97.7	128	120	44.6
平均车速/km · h^{-1}	27.9	79.3	77.5	49.9	12.2
总牵引能力（在驱动轮上）/kW · h	10.47	10.45	17.03	11.79	15.51
阻力所消耗的总能量（在驱动轮上）/kW · h	5.95	9.47	11.73	8.74	4.69
制动所消耗的总能量（在驱动轮上）/kW · h	4.52	0.98	5.30	3.05	10.82
制动能量对于总牵引能量的百分数/%	43.17	9.98	31.12	25.87	69.76

由图 7-5 和表 7-3 可见，在典型的市区中，制动能量最高可达到总牵引能量的 25%以上。在如纽约这样的大城市中，制动能量最高可达 70%。可以断定，有效的再生制动能显著改善电动汽车和混合动力电动汽车的燃油经济性。

7.1.3 前后轮上的制动功率和能量

制动能量回收要受到一些条件的约束，实用的能量回收系统应满足以下要求：

(1) 满足刹车的安全要求，符合驾驶员的刹车习惯。刹车过程中，对安全的要求是第一位的。需要找到电刹车和机械刹车的最佳覆盖区间，在确保安全的前提下，尽可能多地回收能量。具有能量回收系统的电动汽车的刹车过程应尽可能地与传统的刹车过程近似，这将保证在实际应用中，系统有吸引力，可以为大众所接受。

(2) 考虑驱动电机的发电工作特性和输出能力。电动汽车中常用的是永磁直流电机或感应异步电机，应针对不同电机的发电效率特性，采取相应的控制手段。

(3) 确保电池组在充电过程中的安全，防止过充。电动汽车中常用的电池为镍氢电池、锂电池和铅酸电池。充电时，避免因充电电流过大或充电时间过长而损害电池（这也是限制内燃机汽车应用电制动回收制动能量的一个难点）。

由以上分析可得知能量回收的约束条件为：

(1) 根据电池放电深度的不同，电池可接受的最大充电电流。

(2) 电池可接受的最大充电时间。

(3) 能量回收停止时电机的转速及与此相对应的充电电流值。

所以研究电制动的制动能量回收系统，要充分了解电池和电机的特性，如果采用液压或飞轮来吸收存储制动能量，也需要掌握其特性。同时内燃机汽车制动能量回收用电制动并非一枝独秀，例如1987年德国首次开发出车载内燃机—飞轮电池混合动力电动汽车，飞轮吸收汽车制动时90%的能量，并在需要短时加速时释放出来以补充内燃机的功率要求，可以使内燃机工作在最佳的工况下，既节能又提高了机器寿命。

由前后轮所消耗的制动功率和制动能量与施加在前后轮上的制动力密切相关。充分了解典型行驶循环中的制动力，以及由前后轮所消耗的制动功率和制动能量。对于再生制动系统的设计是有益的。

它们之间的分配比例关系可以用图7-6来表示，这只是一种两者之间的分配关系，目的是保持最大的再生制动力矩的同时为驾驶员提供与燃油车相同的制动感。

假定在前后轮上的制动力分布遵循图7-6曲线，并忽略不计阻力，轮上的制动力可表达为：

$$F_{bf}=\frac{jM_V}{L}\left(L_b+\frac{h_g}{g}j\right) \quad (7\text{-}1)$$

$$F_{br}=\frac{jM_V}{L}\left(L_a-\frac{h_g}{g}j\right) \quad (7\text{-}2)$$

式中 j——车辆的负加速度，m/s²；
L——车辆的轮距；
L_a，L_b——分别为车辆重心至前后轮中心之间的水平距离；
h_g——车辆重心至地面的高度。

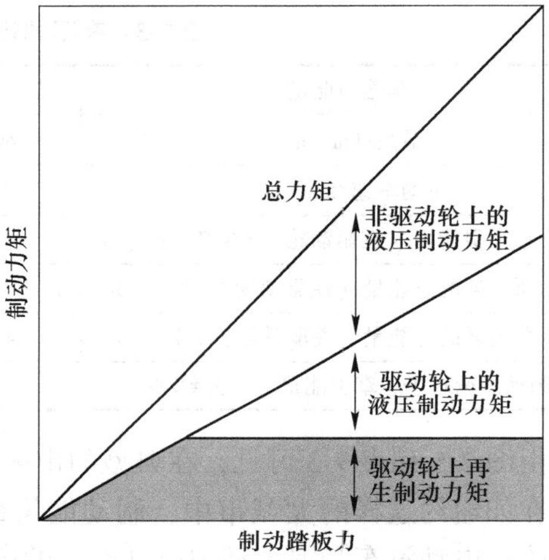

图7-6 再生制动力矩与机械摩擦制动力矩的分配

图7-7展示了按FTP75市区循环运行的车辆的车速及其加速度/减速度。

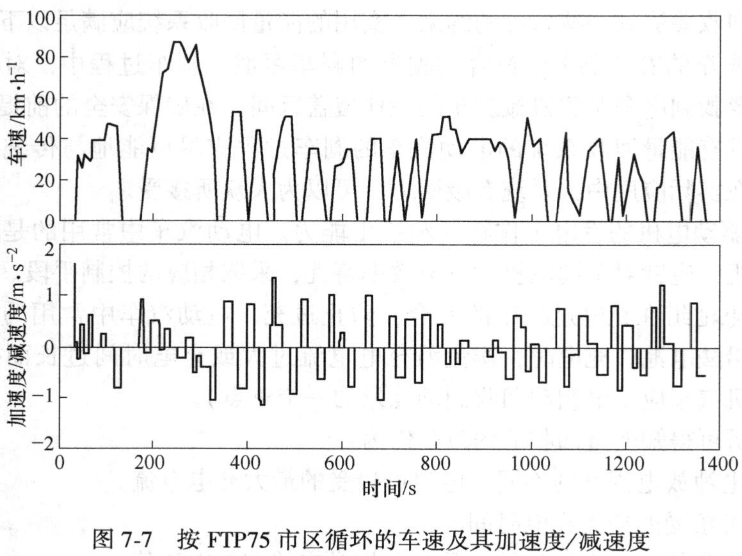

图7-7 按FTP75市区循环的车速及其加速度/减速度

【**例 7-1**】 图 7-8~图 7-10 显示了 1500kg 客车以 FTP 市区循环运行时的制动力、制动功率和制动能量，这一实例的参数为 $L=2.7\text{m}$，$L_a=0.4L$、$L_b=0.6L$ 和 $h_g=0.55\text{m}$，请给出再生制动的方案。

【**解**】 （1）前轮消耗约 65%的总制动功率和能量，因此，若仅在一个轴上实施再生制动，则在前轮上的再生制动比后轮上的再生制动将更为有效。

（2）在车速小于 50km/h 的车速范围内，制动力几乎为一恒值，且当车速大于 40km/h 时，其值减小。这一特性与电动机在低转速区域中的恒转矩特性，以及在高转速区域中的恒功率特性自然地相匹配。此外，图 7-10 还表明大部分制动能量消耗在 50km/h 的车速范围内。

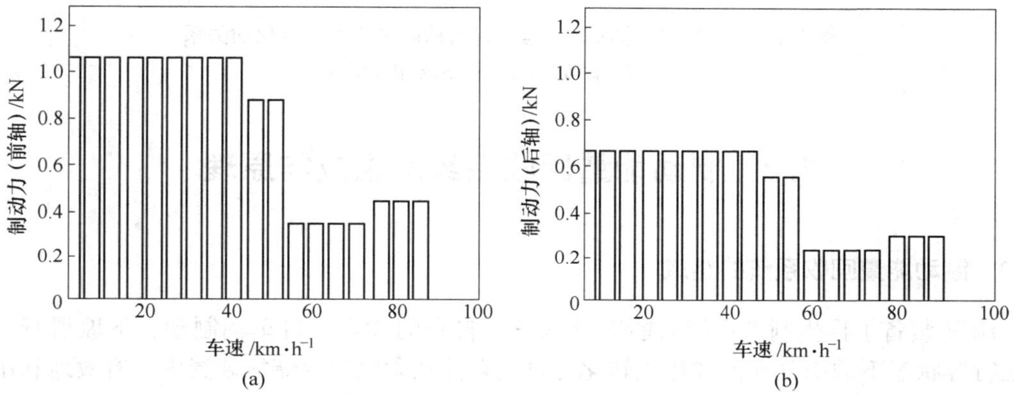

图 7-8 按 FTP75 市区循环运行时制动力随车速变化的关系

（a）前轴制动力；（b）后轴制动力

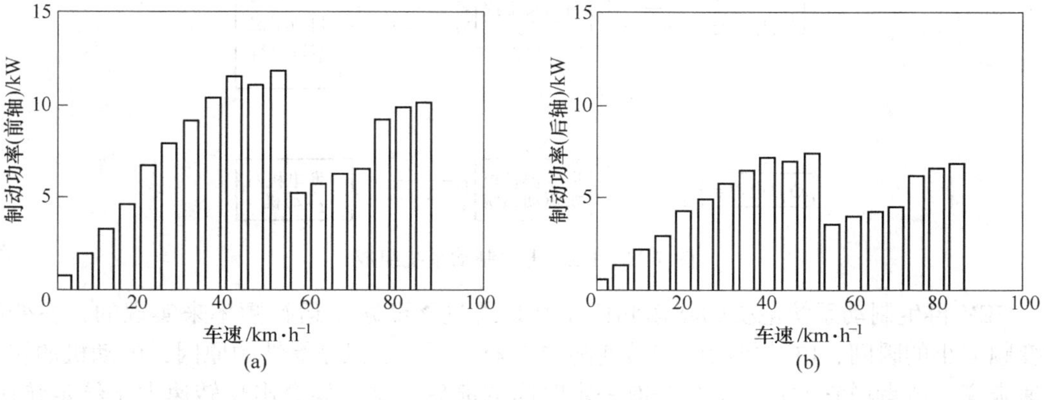

图 7-9 按 FTP75 市区循环运行时制动功率随车速变化的关系

（a）前轴制动功率；（b）后轴制动功率

图 7-8~图 7-10 表明：对于该客车，为了防止后轮在前轮之前抱死，从而导致不稳定的制动，实际施加于前轮的制动力通常大于理想分布曲线所确定的制动力值。因此，在前轮上的制动功率和制动能量实际还要大于图 7-8~图 7-10 所示的数值。

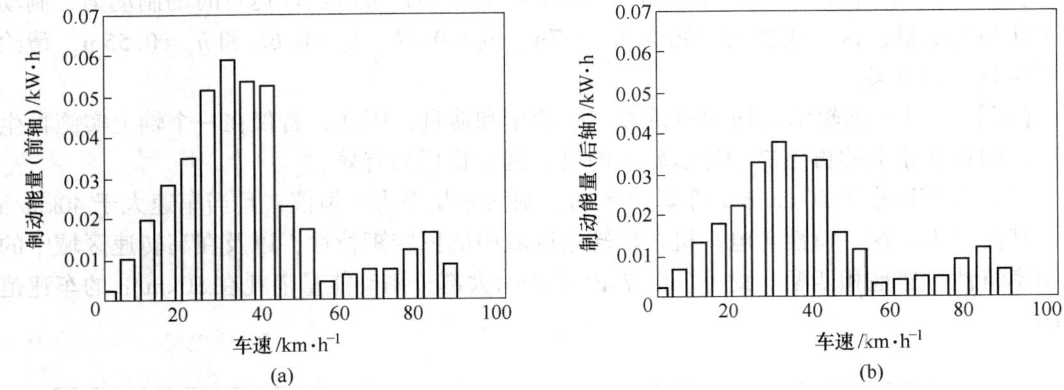

图 7-10　按 FTP75 市区循环运行时制动能量随车速变化的关系

（a）前轴制动能量；（b）后轴制动能量

7.2　制动能量回收系统的组成与原理

7.2.1　制动能量回收系统的组成

HEV 装备了再生制动系统后能充分地发挥自身的优点，将车辆制动、下坡滑行、减速运行等状态下的部分动能和势能转化为电能存储在蓄电池等储能装置中，有效地利用了车辆制动时的动能，可以显著改善车辆的燃油经济性及车辆的制动性能，增加混合动力电动汽车的行驶里程。HEV 再生制动系统如图 7-11 所示。

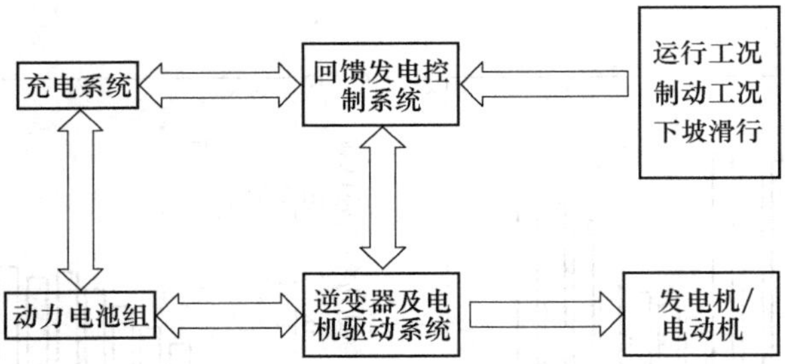

图 7-11　HEV 再生制动系统组成

HEV 再生制动系统电机的减速和停止都是通过逐渐减小运行频率来实现的，在变频器变频减小的瞬间，电动机的同步转速随之下降，而由于机械惯性的原因，电动机的转子转速未变，或者说它的转速变化是有一定时间的滞后，这时候会出现转速大于给定转速，从而产生电动机反电动势高于变频器直流端电压的情况，这时电动机就变成发电机，非但不消耗电能，反而可以通过变频器专用型能量回馈单元向电源送电。这样既有良好的制动效果，又能转化为电能，向电源送电达到回收能量的效果。

7.2.2　制动能量回收系统的原理

再生制动系统的发电电压总是低于蓄电池的电压，为了使再生制动产生的电能存储在储能装置中，必须采用电子制动控制系统使电机工作于发电状态。再生制动能量回收基本原理，如图 7-12 所示，R_1为总回路中的限流电阻，R_2为制动限流电阻；R_3为电机回路的电阻；U为蓄电池的电压；电机的感应电动势为E；电机电枢的电感为L_0。

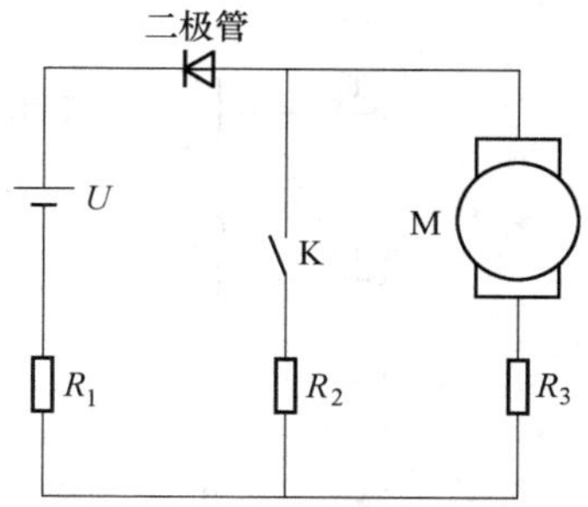

图 7-12 再生能量回收系统基本原理图

工作时将电机电枢驱动电流断开，电枢两端接入开关电路，并由控制单元控制其开断。因为电机为感性器件，感应电动势E与感应电流i随时间t的变化有如下关系：

$$E = -L\frac{di}{dt} \tag{7-3}$$

当开关 K 闭合后，电机感应电动势引起的感应电流经过开关 K 形成回路，感应电流i_1为制动电流，其大小为：

$$i_1 = -\frac{E}{R_2 + R_3} \tag{7-4}$$

当开关 K 断开后，$\frac{di}{dt}$的绝对值迅速增大，由公式$E = -L\frac{di}{dt}$知感应电动势E会相应地快速增大，当感应电动势大于蓄电池的电压，即$E>U$时，能量实现回收，则能量回收时的电流大小i_2为：

$$i_2 = \frac{E - U}{R_1 + R_3} \tag{7-5}$$

因此，电机再生制动过程中产生的电能便充入存储装置中。对于实际的混合动力电动汽车而言，其能量回收系统的电路是十分复杂的，图 7-13 为 HEV 再生制动系统的电路示意图。电路由两个 IGBT 元件 T_1和 T_2、电动机 M、电感L、电阻R等组成。

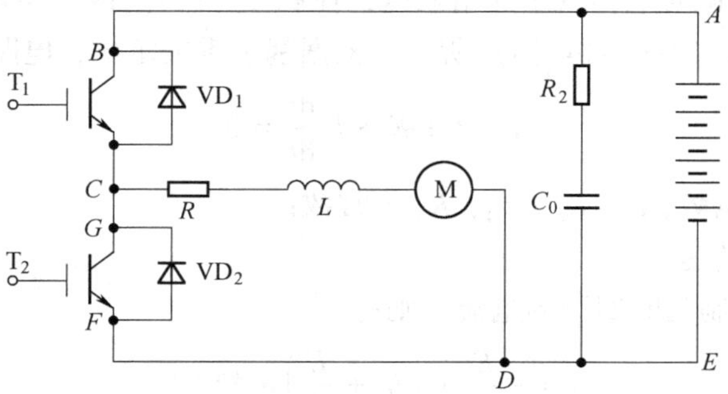

图 7-13 再生制动系统的电路示意图

HEV 正常行驶时，T_1管工作，而T_2管关断，工作回路如图 7-13 中 *ABCDEA* 所示。当驾驶员松开油门踏板需要制动减速时，T_1和T_2均关断，电流通过 VD_2续流，此时电流通过 *DFG* 回路转化为热能消耗，由于汽车的惯性，此时电动机工作于发电状态，回路电流反向。T_1关断、T_2导通时，电流通过T_2构成回路 *DGF*。经过了T_{on}时间后，T_2管关断，形成回路 *EDCBAE*，电能反充回蓄电池。

制动能量回馈的具体过程可分为 3 个阶段，如图 7-14 所示。

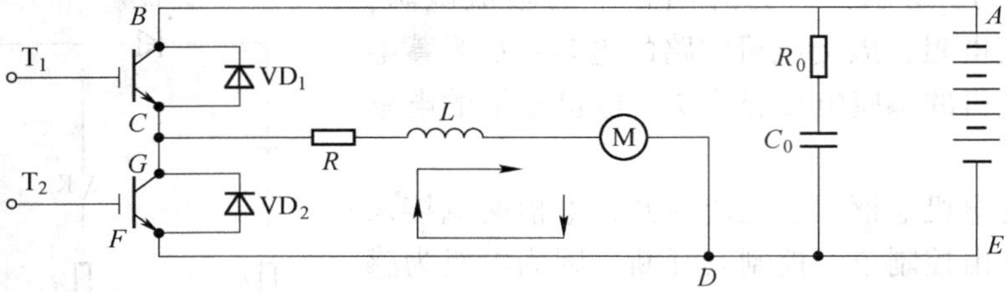

(a)

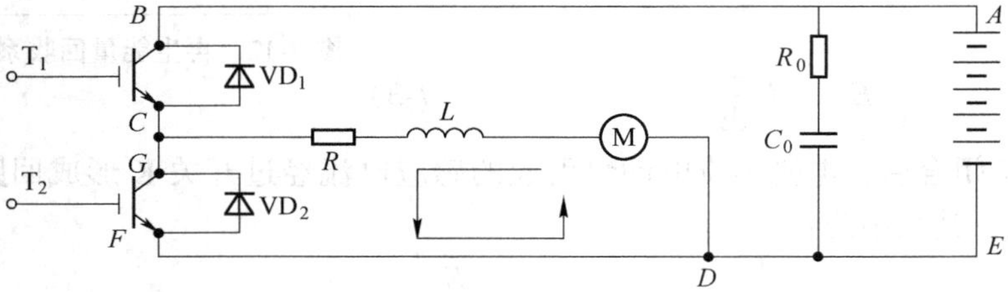

(b)

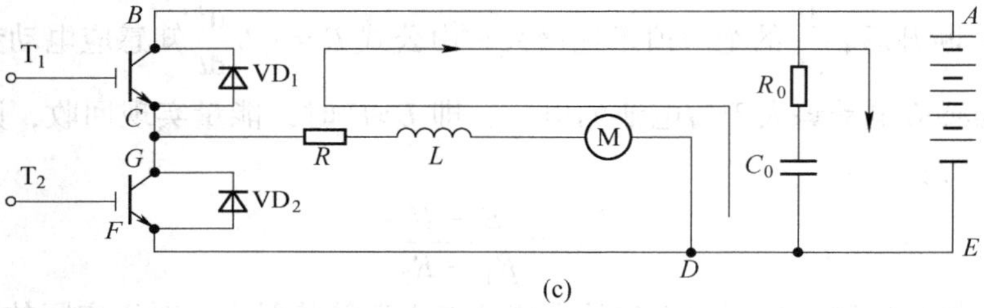

(c)

图 7-14　HEV 制动能量回馈过程

(a) 续流阶段；(b) 电流反向阶段；(c) 回馈馈能阶段

(1) 续流阶段。此时电动汽车开始减速，控制 T_1和 T_2关断，电动机电感中的电能经 L-VD_2-R 消耗一部分，如图 7-14 (a) 所示。根据基尔霍夫定律，电路满足下列方程：

$$i \cdot R + E + L\frac{di}{dt} = 0 \tag{7-6}$$

式中　E——电动机电势，$E = K_e \cdot n_0$，K_e 为常数；

　　n_0——电动机转速。

若 I_0为开始反馈制动时回路的电流，则有：

$$i = -\frac{E}{R} + \left(I_0 + \frac{E}{R}\right)e^{-(R/L)t} \tag{7-7}$$

(2) 电流反向阶段。由于电动汽车的惯性，电动机继续同向运转，电动机处于发电状态，电流反向为 GFD，由于 IGBT 元件 T_2的开关频率较高，可近似认为此时电动机转速不变，有：

$$i \cdot R + E + L\frac{di}{dt} = 0 \tag{7-8}$$

式中　E——电动机电势，$E = K_e \cdot n_1$，K_e 为常数；

n_1——电动机转速。

若 I_1 为第二阶段开始时回路中的电流，则有：

$$i = -\frac{E}{R} + \left(I_1 + \frac{E}{R}\right)e^{-(R/L)t} \tag{7-9}$$

设 T_2 导通时间为 T_{on}，则结束时回路中电流 i_{on} 为：

$$i_{on} = -\frac{E}{R} + \left(I_1 + \frac{E}{R}\right)e^{-(R/L)T_{on}} \tag{7-10}$$

（3）回馈馈能阶段。此时，控制 T_2 关断，由于 L 的续流作用，电流通过 U 向电池充电，回路变为 $EDCBAE$，此时电路的微分方程为：

$$-U_L + i \cdot R + E + L\frac{di}{dt} = 0 \tag{7-11}$$

由方程可得充电电流 i 的计算式：

$$i = \frac{U_L - E}{R} + \left(I_{on} - \frac{U_L - E}{R}\right)e^{-(R/L)t} \tag{7-12}$$

设 T_2 的关断时间为 T_{off}，则此阶段向电池的充电电能为：

$$W = \int_{T_{off}}^{0} Ei\mathrm{d}t \tag{7-13}$$

此后，电动机反复工作于第二、三阶段，直至驾驶员踩下加速踏板或电动汽车停止行走为止。

7.3 制动能量回收控制策略

7.3.1 影响制动能量回收的因素

制动能量回收的过程是把驱动轮的部分动能通过电机回馈到动力电池组中，因此，整车控制系统的各个模块和各模块的使用环境对制动能量回收有较大的影响。影响电动汽车能量回收的因素主要有以下 4 个方面：

（1）电机特性。当进行制动能量回收时，电机工作在再生制动模式，电机的最大制动转矩影响着能够提供的电制动力大小。向电池组充电功率的大小由电机的发电功率决定，同时在制定能量回收策略时也要考虑电机的工作温度等因素。

（2）蓄电池特性。当蓄电池剩余电量较高时，只能进行小电流充电或者不回收制动能量；当蓄电池剩余电量较低时，在不影响安全的前提下可以适当提高制动能量所占比例。同时充电时间过长或充电电流过大影响蓄电池的性能，蓄电池应该具有高的充放电循环次数和快速充放电能力。此外蓄电池的充电内阻影响蓄电池的充电功率，因此要选用内阻小的电池。

（3）车辆行驶工况。车辆在不同工况行驶时，纯电动汽车的制动频率和制动强度不同，当制动越频繁或制动强度越低时，电动汽车可以回收的制动能量就越多，例如在车辆频繁起步与停车的城市工况下。在高速公路行驶工况下制动频率较低，所以回收的制动能量也相对较少。

（4）制动的安全性。当车辆进行制动时，首先需要考虑的是制动系统要满足驾驶员的制动需求和制动时车辆的稳定性，只有在满足这些要求的前提下才能够考虑回收制动能量的多少。在有些情况下虽然电机能够提供足够大的制动力，但是为了防止车轮抱死也必须减少电制动力的大小来保证行车安全。

7.3.2 制动能量回收—液压制动系统

在 HEV 实际应用上，大部分制动能量回收系统是和液压制动系统一起工作的，因此经常把此二者合称为制动能量回收—液压制动系统。

制动能量回收—液压制动系统一般应满足 4 方面的要求：

（1）为了使驾驶员在制动时有一种平顺感，液压制动力矩应该可以根据制动能量回收力矩的变化进行控制，最终使驾驶员获得所希望的总力矩。同时，液压制动的控制不应引起制动踏板的冲击，以免引起驾驶员产生不正常的感觉。

（2）为了使车辆能够稳定地制动，前后车轮上的制动力必须很好地平衡分配。

（3）由于在电动汽车上没有发动机驱动的液压泵，所以需要一个电动泵来提高液压。液压制动力矩是电控的，将产生的液压传到制动轮缸上。制动能量回收—液压制动系统需要防止制动失效的机构，为了提高系统的可靠性，满足安全标准，系统一般采用双管路制动。当其中一条管路失效时，另一条管路必须能提供足够的制动力。

（4）为了防止汽车发生滑移，加在前后轮上的最大制动力应该低于允许的最大值（主要由滚动阻力系数决定）。

制动能量回收—液压制动系统的组成如图 7-15 所示，图中（a）和（b）分别为单轴和双轴驱动的电动汽车的组成图。当驾驶员踩下制动踏板后，制动 ECU 即得到制动信号，电动泵使制动液增压产生所需的制动力，同时，汽车 ECU 也得到回收制动能量信号。制动控制与电动机控制协同工作，确定电动汽车上的制动能量回收力矩和前后轮上的液压制动力。回收制动能量时，制动能量回收控制系统回收制动能量，并且反充到蓄电池中。电动汽车上的 ABS 及其控制阀与传统燃油车上的相同，其作用是产生最大的制动力。通常，双轴驱动的电动汽车一般多于单轴驱动的电动汽车的制动能量回收—液压制动系统回收的能量。

7.3.3 制动能量回收控制策略

混合动力汽车中的再生制动对制动系统的设计添加了一些复杂性，呈现出两个基本问题：一是如何在再生制动和机械摩擦制动之间分配所需的总制动力，以回收尽可能多的车辆动能；二是如何在前后轮轴上分配总制动力，以实现稳定的制动状态。通常再生制动只对驱动轴有效。为回收的能量尽可能多，必须控制牵引电动机产生特定的制动力，同时应控制机械制动系统满足由驾驶员给出的制动力指令。

基本上有下列 4 种不同的制动控制策略：具有最佳制动感觉的串联制动、具有最佳能量回收率的串联制动、并联制动以及 ABS 防抱死制动。

7.3.3.1 最佳制动感觉的串联制动策略

如图 7-16 所示，当给出的减速指令（由制动踏板位置提供）为小于 0.2g 设定值时，将仅有再生制动施加于前轮，它模拟了传统车辆中发动机延迟点火作用。当给出减速指令为大于 0.2g 设定值时，施加于前后轮的制动力遵循理想的制动力分配曲线 I（图中的粗

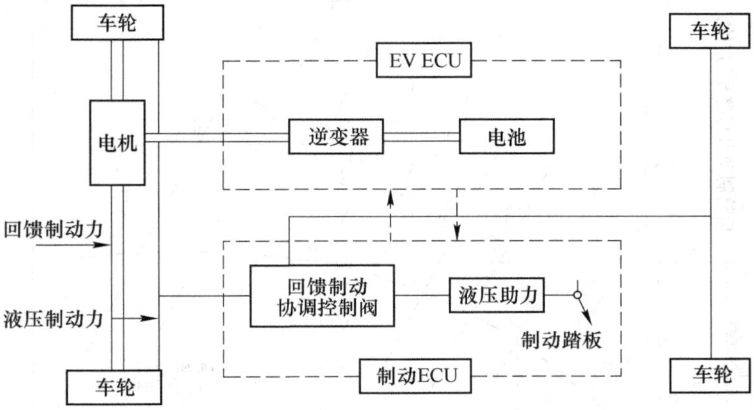

(a)

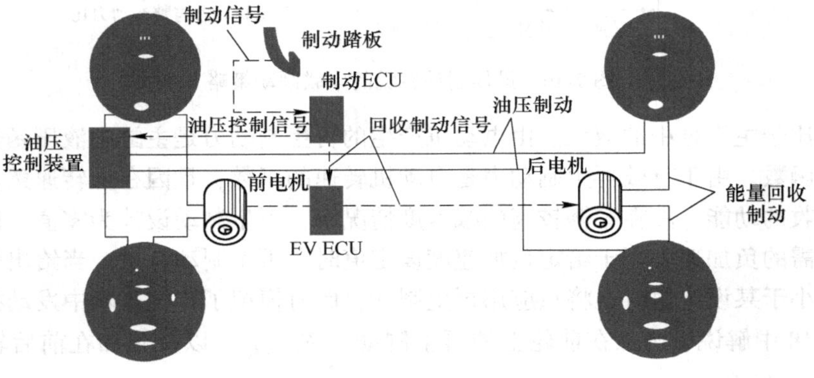

(b)

图 7-15 制动能量回收—液压制动系统组成

实线所示)。

7.3.3.2 最佳能量回收率的串联制动策略的原理

如图 7-17 所示，在对应于给定负加速度指令的总制动力情况下，尽可能多地回收制动能量。当给出的减速度率指令 j/g 比路面附着系数 μ 小得多，且再生制动力满足要求时，只应用再生制动，而无需在前后轮上施加机械制动。当给出的负加速度率指令 j/g 等于路面附着系数 μ 时，前后轮上的制动力工作点必在曲线 I 上。在高附着系数的路面上应用最大再生制动力，同时，剩余的部分由机械制动供给。在较低的附着系数的路面上，单独应用再生制动力，以产生施加于前轮的制动力。当给出的负加速度率指令 j/g 大于路面附着系数 μ 时，归因于路面附着力的极限，该负加速度率指令将绝不可能到达。车辆能获得的最大的负加速度率为 $(a/g)_{max}=\mu$，此时前后轮的制动力工作点在曲线 I 上，与 μ 相应。工作点 k 对应的最大负加速度率为 $j/g=0.4$。

7.3.3.3 并联制动策略

制动系统具有一个对前后轮以固定的制动比率分配的传统机械制动装置。再生制动添加了施加在前轮上的附加制动力，结果形成了总制动力分布曲线。施加在前后轮轴上的机

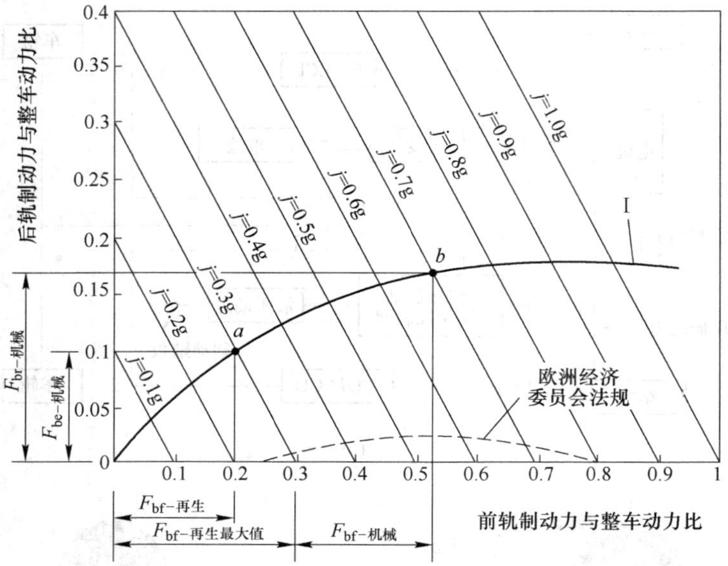

图 7-16　最佳制动感觉的串联制动策略

械制动力正比于主汽缸中的液压。由电动机产生的再生制动力是主缸中液压函数，因此为车辆减速度函数。由于有效再生制动力是电动机转速的函数，且因在低转速条件下，几乎没有可被回收的动能，故在车辆较高的减速度情况下，再生制动设计为零值，以保证制动平衡。当所需的负加速度小于给定负加速度设定值时，再生制动有效。当给出的负加速度率制动指令小于某设定值时，将只应用再生制动，此时模拟了传统车辆中发动机的延迟点火。在图 7-18 中解说了施加在前轮上的再生制动力 $F_{bf-再生}$，以及施加在前后轮上的机械制动力 $F_{be-机械}$和 F_{br}。

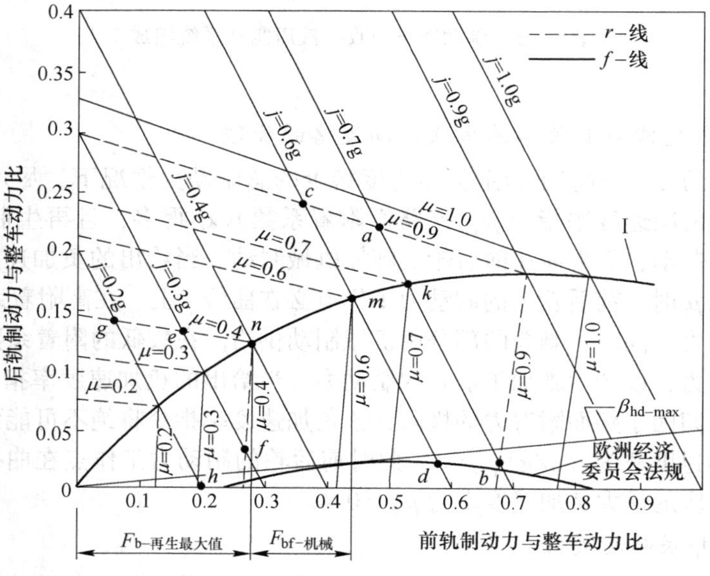

图 7-17　最佳能量回收率的串联制动策略

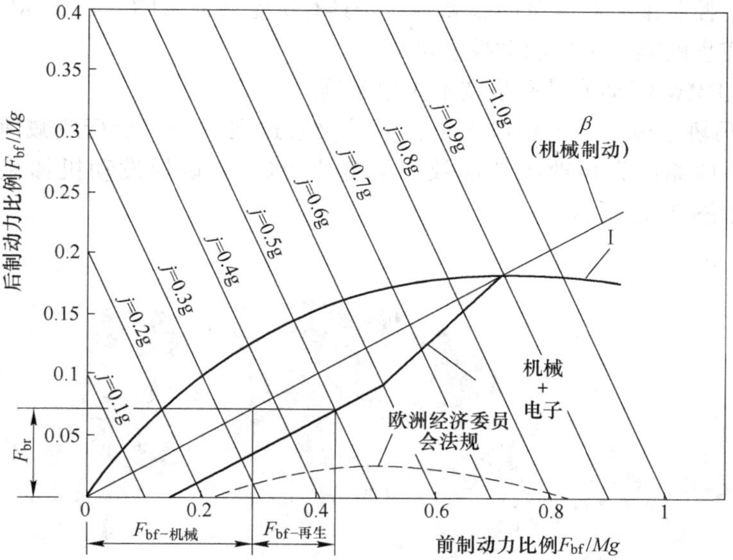

图 7-18 并联制动策略图解

7.3.3.4 防抱死制动策略（ABS）

具有 ABS 防抱死制动策略在混合动力再生制动能量回收中具有较大优势，尤其是在 4 个车轮上都安置有电动机的车辆。图 7-19 概念性地展示了防抱死制动系统功能的再生制动系统图。它效仿了传统的制动系统的控制感受。当接收到制动信号后，总制动器单元将根据牵引电动机的特性和控制法则，给出前后轮的制动转矩、再生制动转矩和机械制动转矩。电动机控制器将指令电动机产生恰当制动转矩，而机械制动控制器则向电动制动装置给出指令，以对每个车轮产生恰当的制动转矩。该电动制动装置同时被防抱死制动系统控制，以防止车轮完全被抱死。

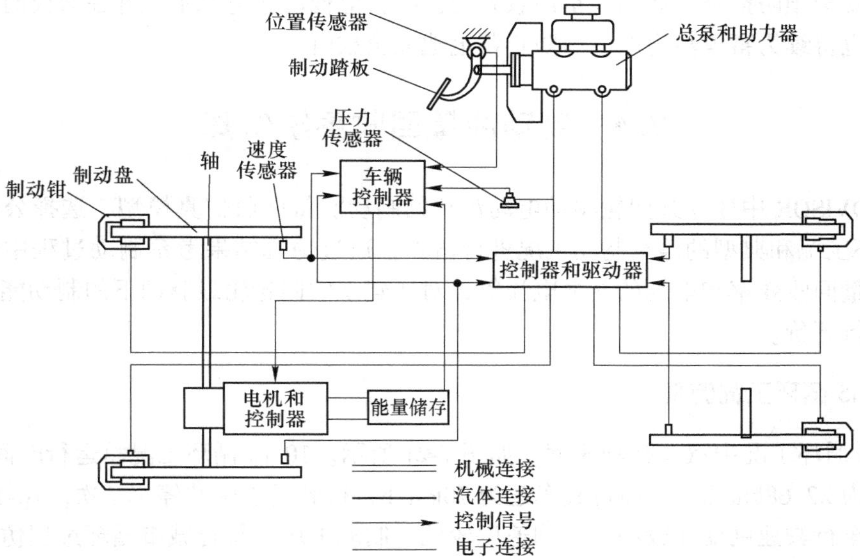

图 7-19 行驶防抱死能量再生制动系统图解

综上所述，控制策略对能量回收和制动是具有决定性意义的，在实际应用中应该把握好，选择经济实惠的能量再生制动控制策略。

【例 7-2】 BMW 制动能量回收技术应用实例。

【解】 宝马轿车虽然是内燃机汽车，但是仅通过在制动、滑行或减速时给蓄电池充电，制动能量回收系统即可改善燃油效率最多达 3%，并确保发动机加速时拥有完全功率。系统模型如图 7-20 所示。

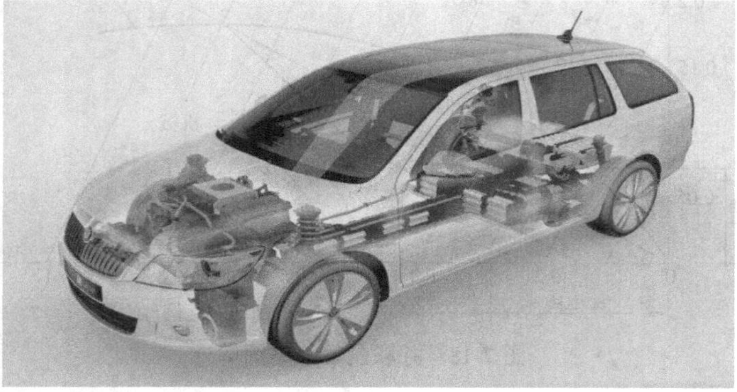

图 7-20 宝马汽车再生制动

由于电动和电子车载舒适和安全系统的范围比旧车型更加广泛，当今的车辆所需要的电能比旧车型多得多。这些电能由发电机将发动机功率输出转化成电生成。在传统的系统中，发电机由连接到发动机的皮带持久驱动。BMW 制动能量回收系统以不同的方式运行：发电机仅在脚离开油门或在制动时启动。以往会被浪费掉的动能现在得以有效利用，由发电机转化为电能并储存到蓄电池中。

以这种高效方式发电还有一个优势：当踩下油门时发电机关闭，因此发动机的全部功率都可以施加到驱动轮上。制动能量回收系统由此增加了燃油效率，同时提高了驾驶动感。作为安全预防措施，制动能量回收系统监视蓄电池的充电水平，并在必要时，即使正在加速，也持续为蓄电池充电，以防止蓄电池完全放电。

7.4 制动能量回收系统仿真

在 ADVISOR 中建立某四轮驱动电动汽车的制动能量回收仿真模型，选择公路行驶的 10-15 循环工况和典型的停车制动工况进行仿真，通过仿真结果考察制动过程中制动力的分配、能量回收效率和电池的充电电流等，对所建立的四轮轮毂驱动下的制动能量回收控制策略进行评价。

7.4.1 10-15 循环工况仿真

10-15 循环工况中汽车行驶速度，如图 7-21 所示。10-15 循环工况总运行时间为 660s，平均车速为 22.68km/h，最高行驶车速为 70km/h，行驶过程中共停车 7 次。10-15 循环工况下，汽车行驶速度变化较小，平均速度较低，制动平缓，符合城市循环过程仿真。

10-15 循环工况前、后车轮再生制动力分配，如图 7-22 所示。制动时，前、后车轮获

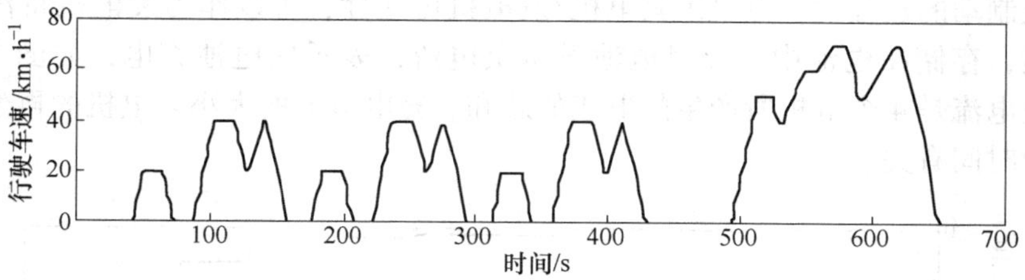

图 7-21 10-15 循环工况中汽车行驶速度

得的再生制动力是相等的。这与所制定的制动能量回收控制策略有关。车轮上再生制动力的大小还与循环中汽车速度变化的快慢有关。当车速变化较大时，整车的制动强度增大，从而轮毂电机的再生制动强度也增大，再生制动力相应增大。

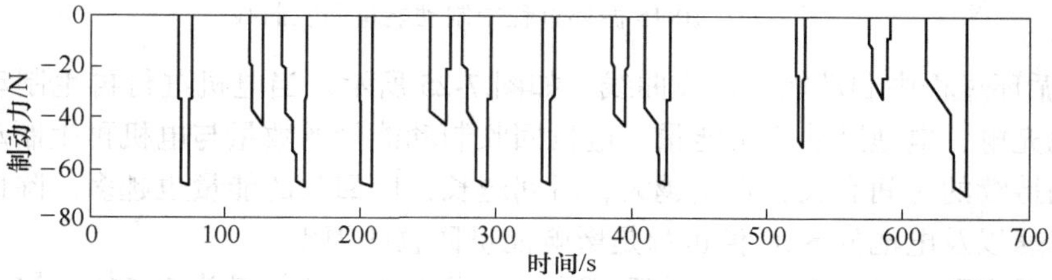

图 7-22 10-15 循环工况前、后车轮再生制动力分配

10-15 循环工况前、后车轮电机再生制动转矩，如图 7-23 所示。前、后车轮电机的再生制动力矩是相同的。10-15 循环工况下，整车的制动强度较小，前、后车轮所负责的再生制动力相等，电机的再生制动转矩也是相等的。

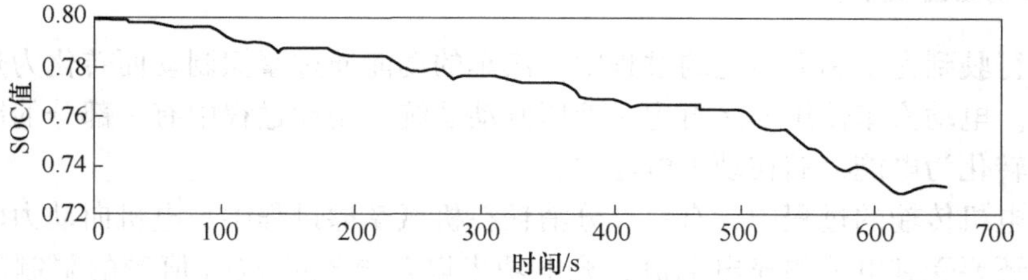

图 7-23 10-15 循环工况前、后车轮电机再生制动转矩

10-15 循环工况电池的 SOC 值的变化曲线，如图 7-24 所示。电动汽车采用全电驱动，在行驶过程中，电池向电机提供能量，SOC 值逐渐减小。在再生制动作用下，电机向电池充电，电池的 SOC 值会有一定程度的升高，电机的再生制动转矩越大，再生制动持续的时间越长，SOC 值升高得越多。

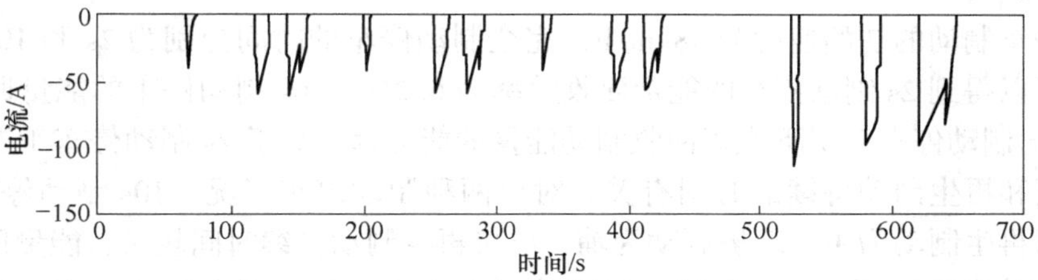

图 7-24 10-15 循环工况电池的充电电流

在再生制动的过程中，电机因其电机/发电机可逆性，可以作为发电机将汽车的动能转化为电能，存储在电池中，此时电池显示负电流，表示向电池充电，如图 7-24 所示，此时的充电电流是 4 个电机所产生的电流的总和。充电电流的大小与电机的再生制动转矩和再生制动时间有关。

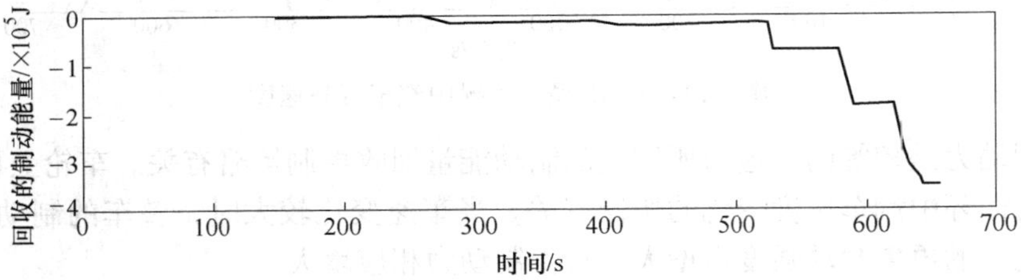

图 7-25　10-15 循环过程中制动能量回收曲线

10-15 循环过程中制动能量回收曲线，如图 7-25 所示。当电机进行再生制动时，电机向动力电池充电，电池默认为负能量。电机回收制动能量的数量与电机再生制动的强度以及再生制动持续的时间有关，强度越大，时间越长，所回收的能量也越多。除此之外，汽车的行驶车速以及电池的 SOC 值也都是影响能量回收的因素。

仿真结果表明，在一个 10-15 循环工况中，回收的制动能量为 3.56×10^5J，总的制动能量为 7.28×10^5J，整车消耗的总能量为 1.58×10^6J，制动能量的回收效率为 48.91%，总能量回收效率为 22.5%。采用四轮轮毂电机驱动时，总能量的回收效率高于 20%，比前轮驱动下的总能量回收效率高。

7.4.2　停车制动工况仿真

汽车从行驶到完全制动停止的过程中，汽车的动能通过摩擦制动而转化为热能逐步耗散在空气中。电动汽车使用的是再生—液压制动系统，制动过程中有一部分的制动动能可以通过电机转化为电能存储在动力电池中。

动能向电机传输的过程中，有一部分消耗在机械摩擦过程中；电机向动力电池反充电的过程中，还要受到电池的充电电流、充电功率以及电池的 SOC 值等的限制。所以，只是一部分制动动能可以传递到动力电池中。

常见的制动停车可以分为紧急制动停车和缓速制动停车两种。紧急制动停车是在紧急状况下，为了使汽车在较短的时间内停止而采取的制动方式，需求的制动力大，制动时间短，制动强度较大。缓速停车制动是指汽车逐步减慢车速，必要时通过制动使汽车速度逐步减小直至车辆完全停止的过程，这一过程一般时间较长，制动平缓，制动强度小，是常见的停车方式。

设置停车制动的初始速度为 48km/h，完全制动停车的时间分别为 2s 和 10s。通过仿真分析，可以得到 2s 制动停车的能量回收效率为 6.2%，10s 制动停车的能量回收效率为 25.1%。10s 制动停车工况下汽车回收制动能量的能力远远高于 2s 制动停车工况，这与再生制动强度和再生制动持续的时间有关。对比两种制动停车工况，10s 制动停车工况下，整车制动以再生制动为主，摩擦制动为辅，电机再生制动持续时间较长，能量回收效果较好；2s 制动停车工况下，整车的制动以摩擦制动为主，电机再生制动为辅，电机再生制动持续时间较短，能量回收效果一般。

本章小结

再生制动可将车辆制动时的动能转化并储存起来，加以回收利用。在存在较频繁的制动与启动的城市工况运行条件下，有效地回收制动能量，可使电动汽车的行驶距离延长10%~30%。因此，再生制动技术对于提高电动汽车的能量利用率具有重要意义。本章首先讲述了再生制动的意义；进一步讨论了制动中的能量损耗及前后轮上的制动功率和能量问题；在此基础上详细分析了电动汽车和混合动力电动汽车的制动系统及控制策略，包括串联制动控制策略、并联制动控制策略、防抱死制动控制策略；最后，对某车型的循环过程中制动能量回收进行了仿真，仿真结果表明再生制动节能效果十分显著。

思考题

7-1 对于电动汽车来说，再生制动技术的现实意义是什么？

7-2 能量回收技术的约束条件是什么？

7-3 制动能量回收系统的组成和工作原理是什么？

7-4 根据表 7-2 说明制动带来的能量损耗问题，如何改善 EV 和 HEV 的燃油经济性？

7-5 简述制动能量回收—液压制动系统的工作原理。

7-6 简述串联式和并联式制动的控制策略。

7-7 影响制动能量回收的因素是什么？

7-8 简述 ABS 防抱死制动策略。

8 电动汽车充电基础设施

【本章重点和难点】

(1) 本章重点：

1) 了解供电系统配置（供电方式、配电容量、一次及二次配置、交直流系统、谐波治理)。

2) 掌握充电系统设计（电能补给方式、交流充电方式、直流充电方式、V2G 技术)。

3) 掌握充电站监控系统设计（网络拓扑结构、配电监控、烟雾监控、视频监控、充电监控)。

(2) 本章难点：

1) 直流快充方式工作原理。

2) 电动汽车与电网互动技术。

3) 充电站建设方案。

8.1 充电设施建设

8.1.1 充电设施分类

电动汽车充电设施建设可分为交流充电桩、充电站（含电池更换站）两大类。根据功能、容量及充电设备的数量，电动汽车充电站的建设规模分为以下 3 类：

(1) 大型充电站。配电容量不小于 500kW，且充电设备的数量不少于 10 台，具备为大型电动公交和环卫等社会车辆、工程和商务等集团单位车辆、出租和个人等微型车辆充电的能力。

(2) 中型充电站。配电容量不小于 100kW，且充电设备的数量不少于 3 台，具备为工程和商务等集团单位车辆、出租和个人等微型车辆充电的能力。

(3) 小型充电站。配电容量小于 100kW，且充电设备的数量不少于 3 台，具备为出租和个人等微型车辆充电的能力。

8.1.2 充电桩建设

充电桩建设包含以下两方面内容：

(1) 充电桩建设方式。交流充电桩建设利用停车场原有的配电设施，采用单相电源供电，充电桩电气接口、电气连接件符合相关技术标准要求，设计规范一致。

（2）充电桩功能配置。充电桩包括人机操作界面及交流充电接口，具备相应的测量、计量、控制和保护功能，满足为具有车载充电机的电动汽车提供交流电能。

8.1.3 充电站建设

充电站建设包含以下几方面内容：

（1）充电站建设方式。大中型充电站建设采用配电变压器、两路电源供电；小型充电站采用单路低压电源供电，不设配电变压器。充电设备电气接口、通信规约、电气连接件符合相关技术标准要求，设计规范一致。

（2）充电站组成结构。一个完整的充电站组成结构包括供电系统、充电系统、监控系统及配套设施四大部分，如图 8-1 所示。

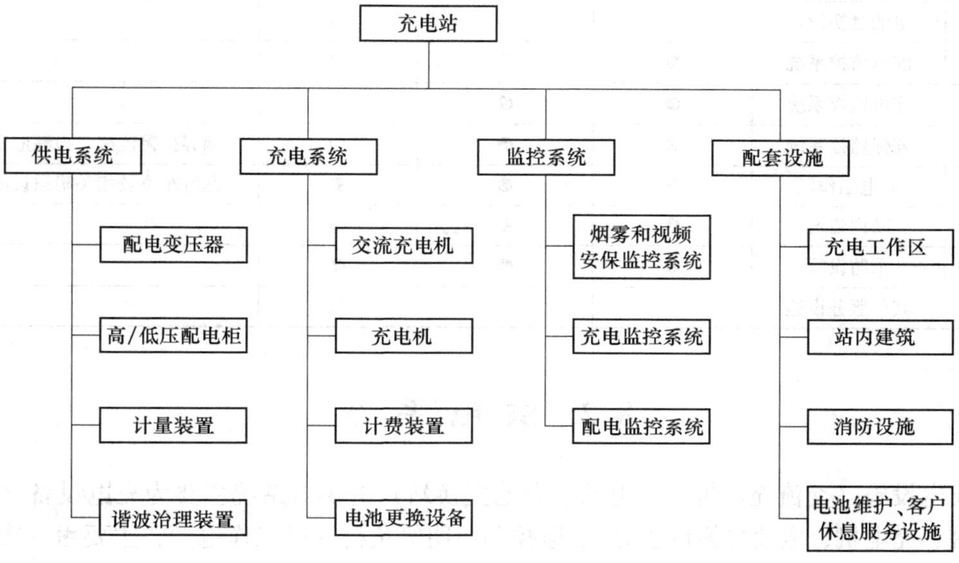

图 8-1 电动汽车充电站系统组成

1）供电系统。供电系统为电动汽车充电站的运行提供电源，它不仅提供充电所需的电能，而且是整个充电站正常运行的基础，主要包括配电变压器、高/低压配电柜、计量装置和谐波治理装置。

2）充电系统。充电系统是整个充电站的核心部分，它满足多种形式的充电需求，提供安全、快捷的能量补给服务，主要包括交流充电机、充电机、计费装置、电池更换设备。

3）监控系统。监控系统是充电站安全高效运行的保证，它实现对整个充电站的监控、调度和管理，主要包括配电监控系统、充电监控系统、烟雾和视频安保监视系统。

4）配套设施。主要包括充电工作区、站内建筑、消防设施及电池维护、客户休息服务设施。

（3）充电站功能配置。大型、中型、小型充电站一般按表 8-1 所示功能选择配置。

表 8-1 充电站功能配置表

序号	功能单元	大型充电站	中型充电站	小型充电站	备注
1	配电变压器	●	○	×	
2	高压配电装置	●	○	×	
3	低压配电装置	●	●	●	
4	计量装置	●	●	●	提供分路计算及关口计量
5	谐波治理装置	○	○	○	依据充电设备谐波情况，综合选择配置
6	充电设备	●	●	●	
7	计费装置	○	○	○	对社会车辆服务的充电站，依据计量情况进行计费
8	电池更换设备	○	○	○	
9	配电监控系统	●	○	○	
10	充电监控系统	●	●	○	
11	安保监控系统	●	●	○	烟雾报警监视、视频监视
12	充电工作区	●	●	●	充电车位及相关附属设施
13	站内建筑	●	●	○	
14	消防设施	●	●	●	
15	其他服务设施	○	○	○	

8.2 供电系统

充电设施（交流充电桩、充电站、电池更换站）的供电系统主要为充电设备（交流充电桩、充电机、电池更换设备等）、监控和照明等负荷提供工作电源，主要由一次设备（包括开关、变压器及线路等）和二次设备（包括监测、保护及控制装置等）组成。

8.2.1 供电方式

交流充电桩采用低压单相220V供电方式。

根据建设规模，充电站供电方式选择如下：

（1）大型充电站。采用双路10kV常供电源的高压供电方式。

（2）中型充电站。采用一路10kV或0.4kV主供电源和一路0.4kV备用电源的供电方式。

（3）小型充电站。采用单路0.4kV低压供电方式。

8.2.2 配电容量

交流充电桩的配电容量按每个3.5kW或7kW计算选择。当停车场的配电设施无法满足全部用电设备的计算负荷时，应进行增容改造。

充电站的配电容量选择满足全站充电机、监控、照明和办公等用电设备的计算负荷，并留有一定的容量裕度，满足充电站扩建、增容的要求。根据建设规模，充电站供电系统配电容量选择如下：

（1）大型充电站。配电容量选择不小于 500kW。

（2）中型充电站。配电容量选择不小于 100kW。

（3）小型充电站。配电容量选择小于 100kW。

8.2.3 一次配置

一次配置包括：

（1）交流充电桩。交流充电桩采用单路单相 220V 电缆（沟体埋设）供电，从就近的配电设施低压侧引入。

（2）大型充电站。大型充电站原则采用两路 10kV 电缆（沟体埋设）供电，设置 2 台专用配电变压器，每台变压器的容量应不小于充电站所需的全部用电负荷。当监控、办公用电负荷较大或共用一台变压器严重影响照明质量或计算机运行时，可设置专用站用变压器，也可以从就近的配电变压器低压侧引入。配电变压器采用具有良好的电气和力学性能、较高的耐热等级、良好的安全性和环保性的干式变压器。

电源采用 10kV 双路常供电源。10kV 侧采用两组单母线接线方式，不设分段开关。高压柜采用真空断路器中置式开关柜或环网柜，设进线柜、计量柜、母线设备、出线柜。0.4kV 侧采用单母线分段接线方式，设分段联络开关，设备采用抽屉柜，每段母线设进线柜、有源滤波无功功率补偿柜、出线柜，两段母线之间设分段联络柜。低压每路出线带交流计量装置。

（3）中型充电站。中型充电站采用两路电源供电。主供电源采用 10kV 电缆（沟体埋设）供电，或采用 0.4kV 低压电缆（沟体埋设）供电；备用电源采用 0.4kV 低压电缆（沟体埋设）供电。

1）主供电源采用 10kV 高压供电方式。设置 1 台专用配电变压器，电源采用 10kV 单路常供电源，10kV 侧采用单母线接线方式。高压柜采用真空断路器中置式开关柜或环网柜，设进线柜、计量柜、母线设备、出线柜。低压柜采用双路进线，单母线接线方式，设备采用抽屉柜，设主供电源进线柜（带计量）、低压备用电源进线柜（带计量）、有源滤波无功功率补偿柜、出线柜。主供电源和备用电源之间设连锁装置。低压每路出线带交流计量装置。

2）主供电源采用 0.4kV 低压供电方式。采用双路进线（一主一备），单母线接线方式，设备采用抽屉柜，设主供电源进线柜（带计量）、备用电源进线柜（带计量）、有源滤波无功功率补偿柜、出线柜。主供电源和备用电源之间设连锁装置。低压每路出线带交流计量装置。

（4）小型充电站。小型充电站采用单路 0.4kV 电缆（沟体埋设）供电，配电采用户外供电箱。

8.2.4 二次配置

二次配置如下：

（1）对 10kV 可采用微机线路保护装置和微机变压器保护装置，对 0.4kV 可采用电力参数监测仪。

（2）对电气设备采用电力简易综合自动化监控系统，对各间隔的电流、电压、电量等电气参数做到当地显示和信息远传，可实行“三遥”功能。

8.2.5 交直流系统

充电机以外的站内监控、照明和办公用电由0.4kV母线独立供电。当高压开关采用真空断路器时，可配置直流电源柜，直流系统可配20A·h阀控式铅酸蓄电池。

8.2.6 安全防护

为防止雷电或操作过电压沿电源引入线对低压配电系统产生不良影响，在主开关的电源进线侧与地端子之间装设B级防雷器，在配电母线与地端子之间装设C级防雷器。

为防止电磁干扰对计算机等弱电设备的影响，监控电源引入线可选择装设EMI滤波器。

8.2.7 谐波治理

电动汽车充电机属于谐波源负荷，会产生谐波电流注入公用电网，影响电网电能质量水平，因此需要采取措施抑制谐波电流注入，以改善电能质量，降低电能损耗，保证电网的安全、经济运行。

（1）谐波考核标准。谐波监测点为充电设施接入点，考核标准符合《电能质量公用电网谐波》（GB/T 14549—1993）及《电磁兼容限值对额定电流大于16A的设备在低压供电系统中产生的谐波电流的限制》（GB/Z 17625.6—2003）的规定。

（2）谐波治理方案。谐波治理可按照“同时设计、同时施工、同时验收、同时投运”的原则进行，结合现场实际监测情况综合治理，具体方案如下：

1）采用有源功率因数校正电路的充电机，其满载工作的输入功率因数接近于1，谐波电流总畸变率小于5%，根据现场实际监测情况可不设集中补偿装置。

2）采用无源功率因数校正电路的充电机，其满载工作的输入功率因数小于0.95，谐波电流总畸变率达到20%以上，对电网电能质量影响较大，可采用有源滤波器在低压母线侧集中补偿，补偿容量按不小于充电机总功率的20%配置。

（3）有源滤波器技术。

1）系统原理。有源滤波器（Active Power Filter，APF）是基于电压源变流器（VSC）的一种新型谐波补偿电力电子装置，与负载并联使用，能有效抑制负载谐波，提高功率因数，改善电网供电质量，降低电能损耗。

如图8-2所示，有源滤波器并联于供电系统电网中，能实时检测出非线性负荷电流中需要补偿的基波无功功率电流及谐波电流，快速产生一个与该电流大小相等而极性相反的补偿电流，达到谐波抑制并提高功率因数的目的。

2）应用效果。系统采用有源滤波器时，它能将2~50次谐波有效地抑制，可根据电网的情况调整电压与电流波形的相位角，修正电流波形，提高功率因数，有效地抑制谐波干扰，如图8-3和图8-4所示。有源滤波器除了滤除谐波外，同时还可以动态补偿无功功率，其优点是反应动作迅速，滤除谐波可达到95%以上。

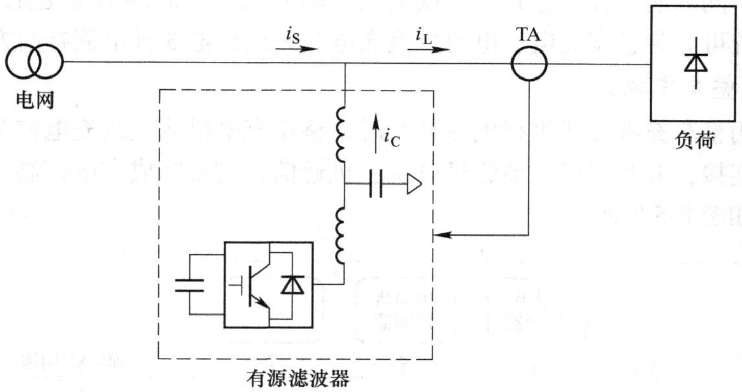

图 8-2 有源滤波器系统原理图

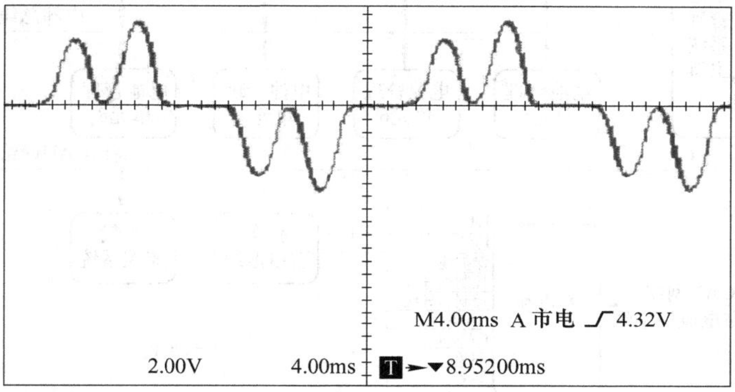

图 8-3 补偿前系统电流波形

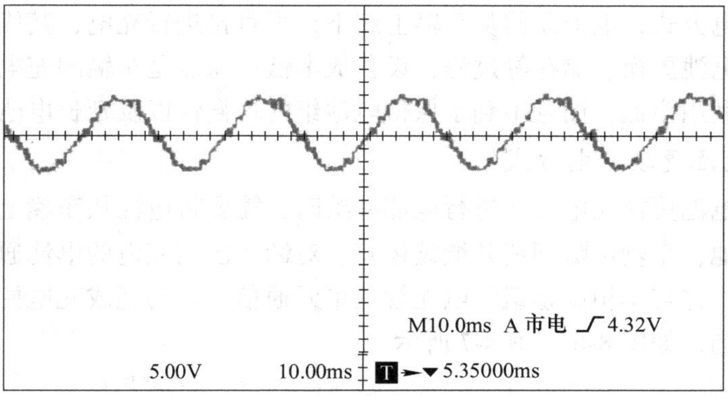

图 8-4 补偿后系统电流波形

8.3 充 电 系 统

8.3.1 电能补给方式

充电站的服务对象是各种类型的电动汽车，不同种类电动汽车的充电需求和运行特点决定了其采用不同的能量补给方式。根据电动汽车补充充电时动力电池是否与车体分离，充电站充电系统可分为整车充电、电池更换充电和无线充电 3 种电能补给方式。

8.3.1.1 整车充电方式

当车辆采用整车充电方式进行电能补给时，整车充电机或直流充电桩与车辆通过专用充电插头进行连接，并与车载电池管理系统主机通信，自动完成充电控制。整车充电系统的拓扑结构，如图 8-5 所示。

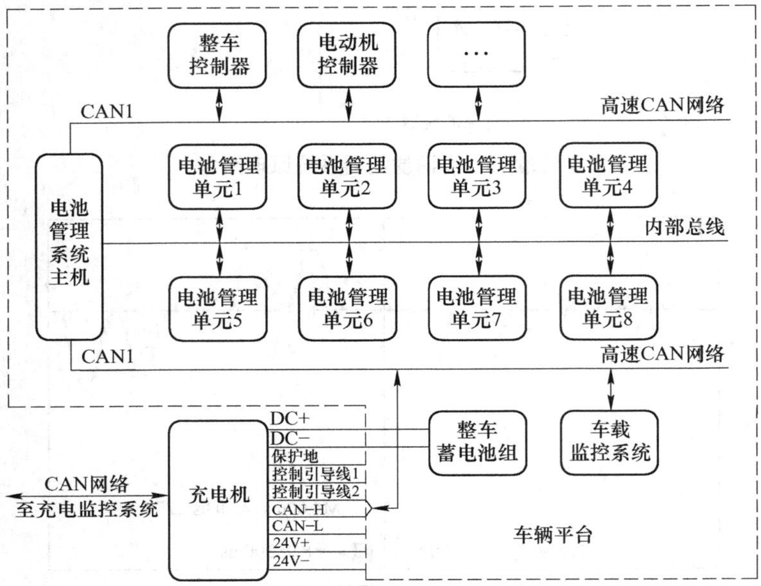

图 8-5 整车充电系统的拓扑结构

采用整车充电方式，电池无需从车辆上卸下，可直接进行充电，其优点是充电操作过程简单，不涉及电池更换、储存等过程，设备成本低；缺点是车辆的充电时间占用了部分运营时间，车辆利用率低，而且不利于保持电池组的均衡性以及延长电池的使用寿命。

8.3.1.2 电池更换充电方式

当车辆采用电池更换充电方式进行电能补给时，需要将电池从车辆上卸下，然后安装上已充满电的电池，车辆可随即离开继续运营。对卸下已放完电的电池通过充电架平台与充电机进行连接，并与单箱或整组的电池管理单元通信，自动完成充电控制。电池更换充电系统的拓扑结构，如图 8-6 和图 8-7 所示。

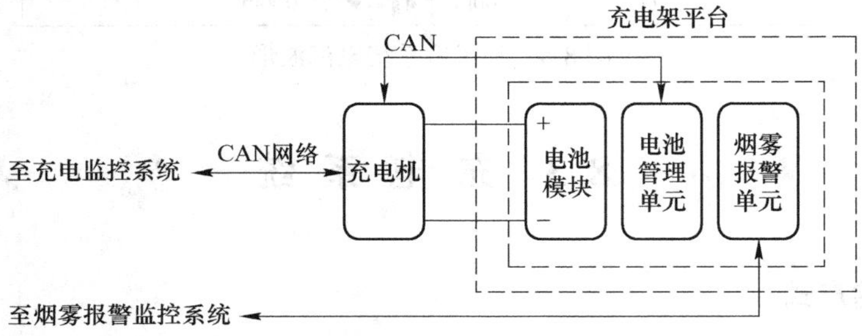

图 8-6 单箱充电系统的拓扑结构

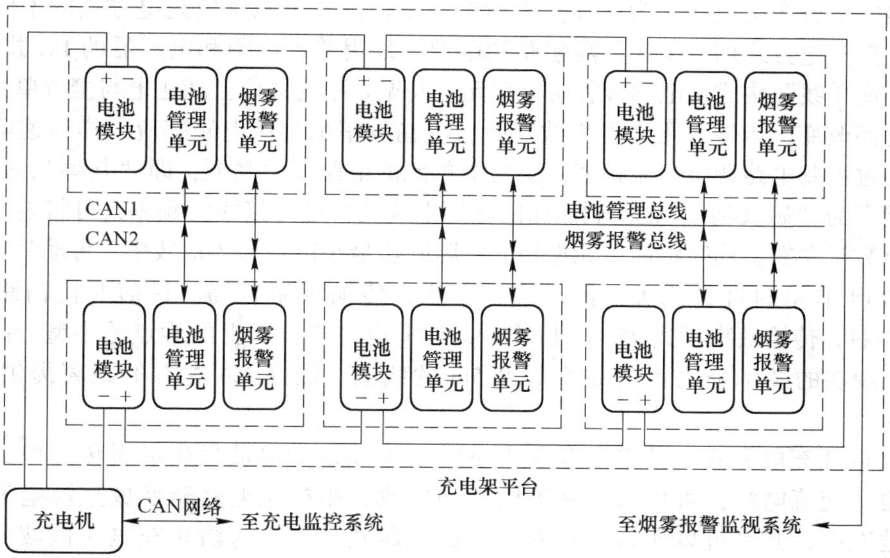

图 8-7 整组充电系统的拓扑结构

电池更换采用单箱充电方式，有利于提高电池组的均衡性，延长电池组的使用寿命；但充电机的数量多，充电机与充电架的连线多，监控网络复杂，设备成本较高。电池更换采用整组充电方式，充电机的数量较少，监控网络简单，设备成本较低；但是相对单箱充电方式而言，整组充电方式不利于保持电池组的均衡性以及延长电池的使用寿命。

相对整车充电方式而言，采用电池更换充电方式可以较大提高车辆的利用率，但对车辆及电池更换设备提出了更高的要求，需要配套专用电池模块、充电架和装卸工具，建立电池调度系统对所有的电池进行数量、质量和状态的监控管理，完成电池快换、充电、配组、储存以及电池容量测试、均衡等维护功能。另外，为满足电池快换要求，需要分区域建设电池更换站。显然，采用电池更换充电方式的充电系统更为复杂，设备和管理成本较高；但能及时给用户提供电能补给服务。

8.3.1.3 无线充电方式

电动汽车无线充电方式是利用无线电能传输技术对蓄电池进行充电的一种新型充电方式，主要有电磁感应充电方式、磁共振充电方式和微波充电方式。

(1) 电磁感应充电方式。电磁感应充电方式是通过送电线圈和接收线圈之间传输电力，这是最接近实用化的一种充电方式。当送电线圈中有交变电流通过时，发送（初级）、接收（次级）两线圈之间产生交替变化的磁场，由此在次级线圈产生随磁场变化的感应电动势，通过接收线圈端对外输出交变电流。该充电方式存在的问题是：送电距离比较短（约 1000mm），并且送电与受电两部分出现较大偏差时，电力传输效率就会明显下降；有异物进入时，会出现局部发热的情况；电磁波及高频方面的防护问题也不易解决；功率大小与线圈尺寸直接相关，需要大功率传送电力时，需在基础设施建设和电力设备方面加大投入。

(2) 磁共振充电方式。磁共振充电方式主要由电源、电力输出、电力接收、整流器等组成，基本原理与电磁感应方式基本相同。电源传送部分有电流通过时，所产生的交变磁束使接收部分产生电势，为电池充电时输出电流。与电磁感应充电方式的不同之处在于，磁共振充电方式加装了两个高频驱动电源，采用兼备线圈和电容器的 LC 共振电路，而并非由简单线圈构成送电和接收两个单元。共振频率的数值会随送电与接收单元之间距离的变化而改变，当传送距离发生改变时，传输效率也会像电磁感应一样迅速降低。因此，可通过控制电路调整共振频率，使两个单元的电路发生共振，即“共鸣”，也称这种磁共振状态为“磁共鸣”。在控制回路的作用下改变传送与接收的频率，可将电力传送距离增大至数米左右，同时将两单元电路的电阻降至最小以提高传送效率。传输效率还与发送和接收电单元的直径相关，传送面积越大，传输效率越高。目前的传输距离可达 400mm 左右，传输效率可达 95%。目前磁共振充电方式技术上的难点是小型、高效率化比较难。现在的技术能力大约是直径 0.5m 的线圈，能在 1m 左右的距离提供 60W 的电力。

（3）微波充电方式。微波充电方式使用 2.45GHz 的电波发生装置传送电力。传送的微波也是交流电波，可用天线在不同方向接收，用整流电路转换成直流电为电动汽车蓄电池充电，并且可以实现一点对多点的远距离传送。为防止充电时微波外漏，充电部分装有金属屏蔽装置，使用中，送电与受电之间的有效屏蔽可防止微波外漏。该充电方式目前存在的主要的问题是磁控管产生微波时的效率过低，造成许多电力变为热能被白白消耗。

相对于电动汽车的有线充电而言，无线充电具有使用方便、安全、可靠，没有电火花和触电的危险，无积尘和接触损耗，无机械磨损，没有相应的维护问题，可以适应雨、雪等恶劣的天气和环境等优点。无线充电技术用于电动汽车充电可以降低人力成本、节省空间、不影响交通视线等。如果可以实现电动汽车的动态无线充电，则可以大幅减少电动汽车配备的动力电池容量，从而减轻整车重量，降低电动汽车的运行成本。

有了无线充电技术，公路上行驶的电动汽车或双能源汽车可通过安装在电线杆或其他高层建筑上的发射器快速补充电能。电费将从电动汽车上安装的预付卡中扣除。电动汽车无线充电如图 8-8 所示。

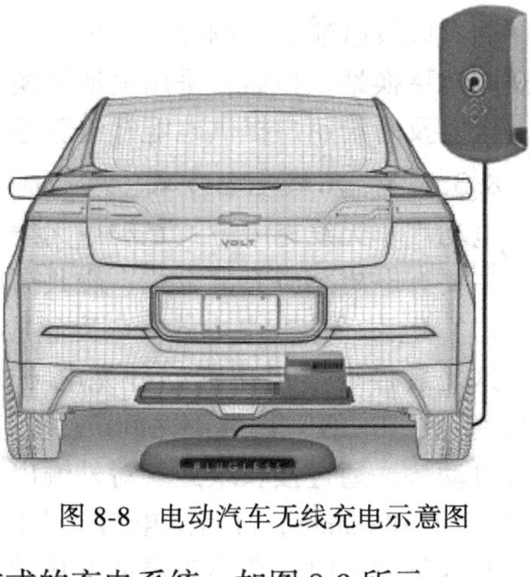

图 8-8　电动汽车无线充电示意图

8.3.1.4　电能补给方式选择

不同的电能补给方式各有自身的特点和适用范围，在实际应用中，需要根据车辆的种类、数量和运行特点，电池的性能和数量，系统运行和管理成本等众多因素进行选择，可以将多种电能补给方式有机结合，实现电动汽车的最优运营。

根据以上分析，适合不同电动汽车电能补给方式的充电系统，如图 8-9 所示。

8.3.2　电动汽车充电方法

电动汽车蓄电池充电方法主要有恒流充电、恒压充电、阶段充电、脉冲充电和智能充电，现代智能型蓄池充电机可设置不同的充电方法。

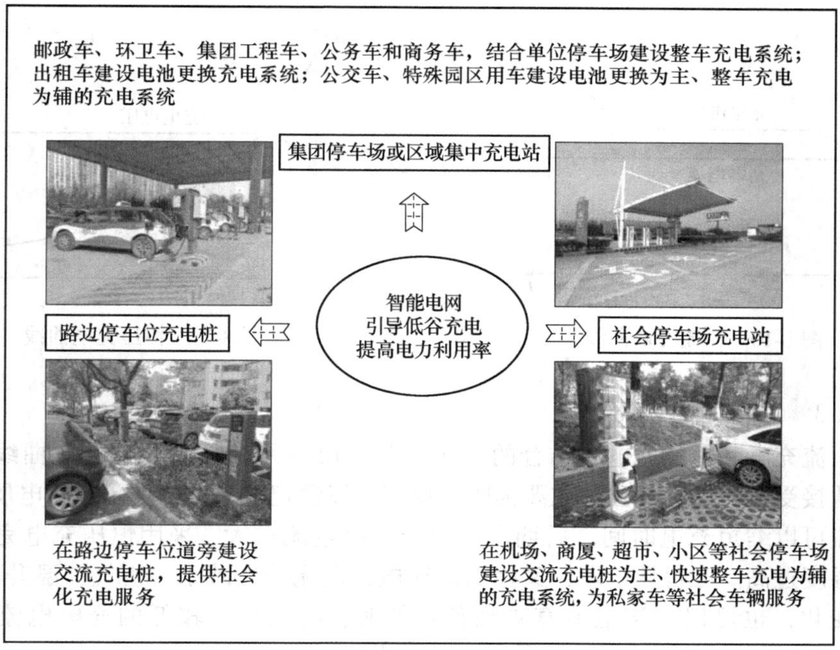

图 8-9 适合不同电动汽车电能补给方式的充电系统

8.3.2.1 恒流充电

恒流充电是指充电过程中使充电电流保持不变的方法，如图 8-10 所示。恒流充电具有较大的适应性，易将蓄电池完全充足，有益于延长蓄电池的寿命。缺点是在充电过程中，需要根据逐渐升高的蓄电池电动势调节充电电压，以保持电流不变，充电时间也较长。

恒流充电是一种标准的充电方法，有 4 种方式：

(1) 涓流充电。即维持电池的满充电状态，恰好能抵消电池自放电的一种充电方法，其充电电率对满充电的电池长期充电无害，但对完全放电的电池充电，电流太小。

(2) 最小电流充电。其是指在能使深度放电的电池有效恢复电池容量的前提下，把充电电流尽可能地调整到最小的方法。

(3) 标准充电。即采用标准速率充电，充电时间为 14h。

(4) 高速率（快速）充电。即在 3h 内就给蓄电池充满电的方法，这种充电方法需要自动控制电路保护电池不损坏。

8.3.2.2 恒压充电

恒压充电是指充电过程中保持充电电压不变的充电方法，充电电流随蓄电池电动势的升高而减小，如图 8-11 所示。合理的充电电压，应在蓄电池即将充足时使其充电电流趋于 0。如果电压过高会造成充电初期充电电流过大和过充电，如果电压过低则会使蓄电池充电不足。充电初期若充电电流过大，则应适当调低充电电压，待蓄电池电动势升高后再将充电电压调整到规定值。

恒压充电的优点是充电时间短，充电过程无需调整电压，较适合于补充充电。缺点是不容易将蓄电池完全充足，充电初期大电流对极板会有不利影响。

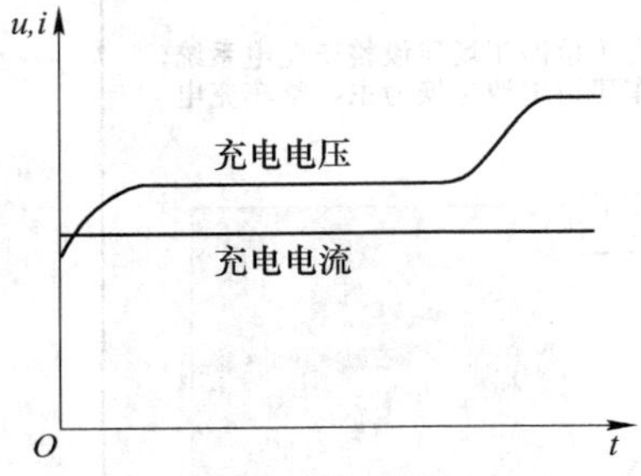

图 8-10 恒流充电曲线

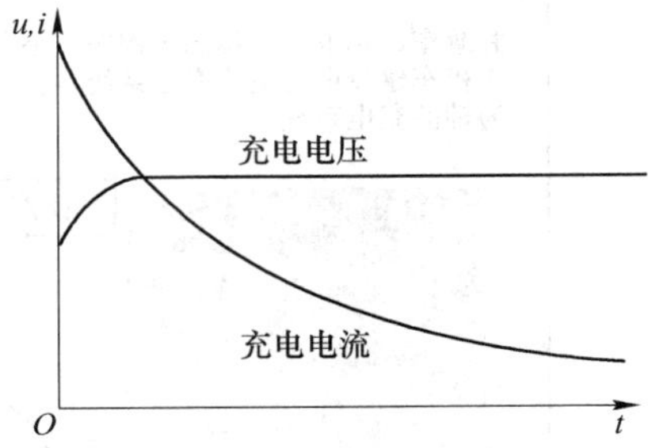

图 8-11 恒压充电曲线

8.3.2.3 阶段充电

采用恒流充电和恒压充电相结合的方法，图 8-12 所示为两阶段法充电曲线，在开始阶段，电池接受电流能力最强，主要为吸热反应，以恒定电流充电到预定的电压值，较大的充电电流可以缩短充电时间。后期由于恒流充电电流过大，采用恒压充电完成剩余过程，避免温度过高。在恒压阶段，又称涓流充电，电流强度减小，析气、温升不再增加，并反方向变化，也可以在当电流衰减到预定值时，再次采用较低的充电电流进行恒流充电。

8.3.2.4 脉冲充电

图 8-13 所示为脉冲充电曲线，在小电流、恒流区和恒压恒流充电方法是一样的，当电池电压到达恒压门限（4.2V）时，脉冲充电模式开始。在脉冲区，充电电源间歇性地对电池以恒定电流充电，目的是消除极化现象，随着电池逐渐充满，充电时间越来越短，停充时间越来越长，占空比越来越小，当占空比低于 5%~10%时，终止充电。

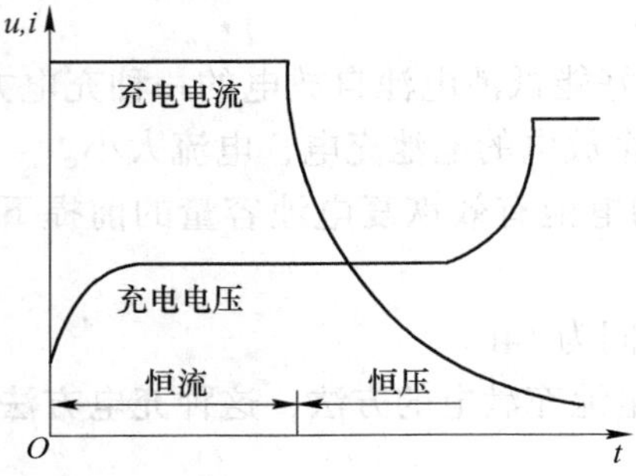

图 8-12 两阶段法充电曲线

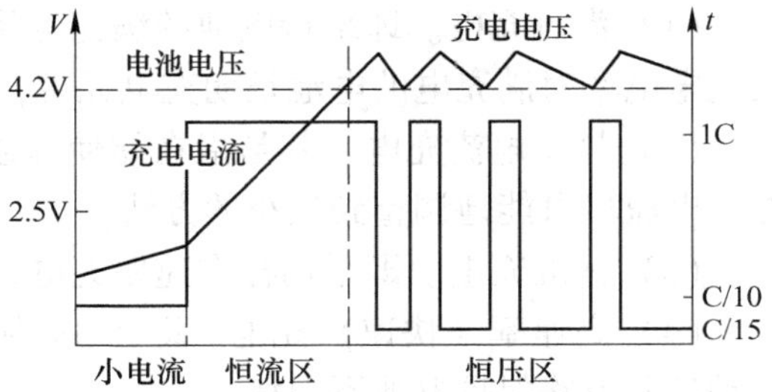

图 8-13 脉冲充电曲线

8.3.2.5 智能充电

智能充电法是较为先进的充电方法，其原理是在整个充电的过程中动态地跟踪蓄电池可接受充电电流，应用 du/dt 技术，根据蓄电池的当前状态，充电电源会自动确定充电工艺参数，使充电电流始终保持在蓄电池可接受的充电电流曲线附近，从而达到最佳的充电效果。其充电特性曲线如图 8-14 所示。智能充电法充电安全、可靠、节能，适合对各种状态和类型的蓄电池充电。

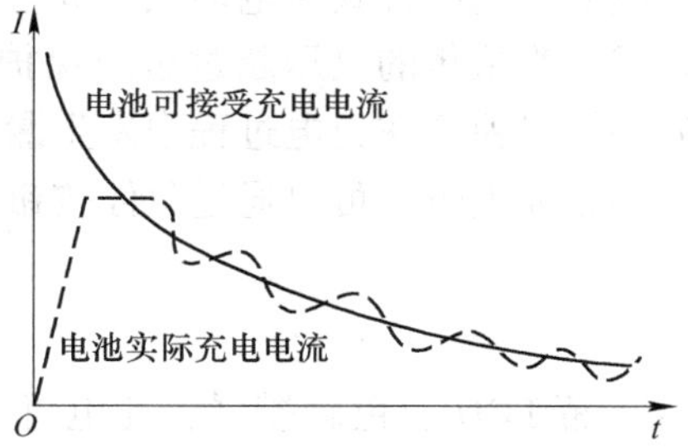

图 8-14 智能充电特性曲线

8.3.3 交流充电桩

8.3.3.1 结构原理

交流充电桩可分为落地式和壁挂式两种外形结构（见图 8-15），其原理如图 8-16 所示。

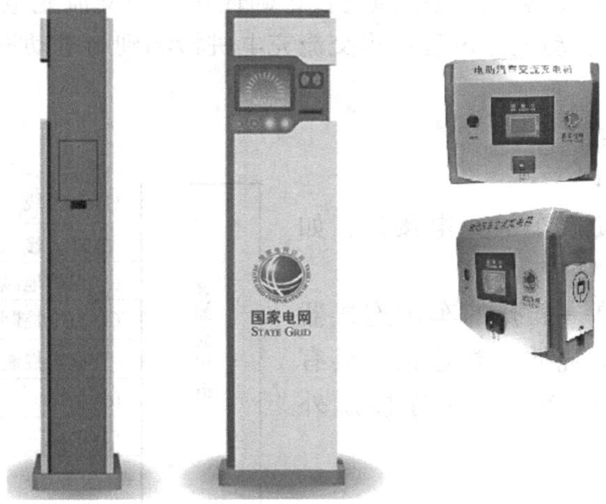

图 8-15 落地式（左）和壁挂式（右）交流充电桩外形结构

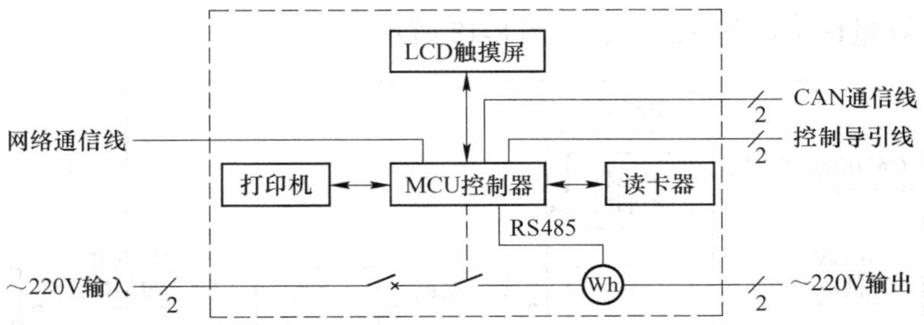

图 8-16 交流充电桩的原理拓扑图

电气部分由 LCD 触摸屏、打印机、RS485 接口的电能表、漏电保护断路器、交流接触器、读卡器和 LED 灯等基本部分组成。LCD 触摸屏可以提供友好的人机操作界面和快捷简单的操作方式，满足客户按照不同的方式对电动汽车进行充电的要求，可以显示当前充电状态、充电电量和充电费用。当采集的电压超过过压保护定值或低于欠压保护定值，充电桩停止充电。漏电保护断路器可保证在充电过程中发生漏电等紧急故障情况下停止充电。当发生意外状况需要紧急停止充电时，可以通过急停按钮来中断充电。

8.3.3.2　功能特点

功能特点有：

(1) 人机交互界面采用大屏幕 LCD 彩色触摸屏，充电可选择定电量、定时间、定金额、自动（充满电为止）4 种模式；显示当前充电模式、时间（已充电时间、剩余充电时间）、电量（已充电电量、待充电电量）及当前计费信息。

(2) 读卡器用于身份识别、记录电量消费信息。打印机用于消费票据打印。

(3) 完备的安全防护措施有：

1) 紧急停止充电按钮。

2) 输出过电流保护功能。

3) 输出漏电保护功能。

4) 自动判断充电连接器、充电电缆是否正确连接。当交流充电桩与电动汽车正确连接后，充电桩才能允许启动充电过程；当交流充电桩检测到与电动汽车连接不正常时，立即停止充电。

5) 具有阻燃功能。

8.3.3.3　充电接口

交流充电桩与电动汽车的充电接口，如图 8-17 所示。

交流充电桩采用单一插孔的车辆连接器与电动汽车车载充电电缆插头相连接，具有防误操作功能及锁紧装置，防止连接意外断开。

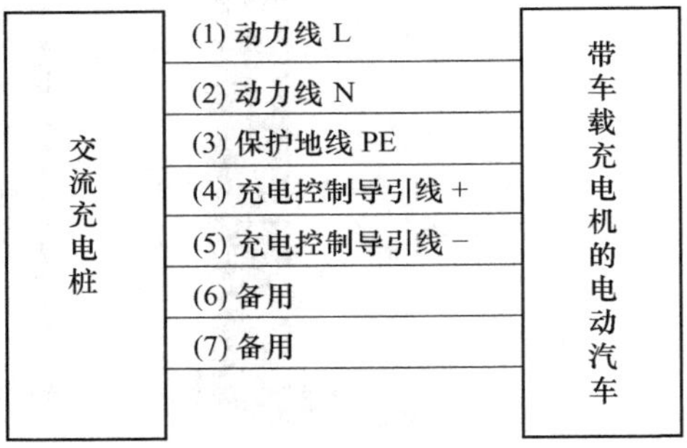

图 8-17　交流充电桩与电动汽车的充电接口

8.3.4　充电机

充电机主要由充电机控制器、整流设备、直流充电桩、计量计费设备等组成，如图 8-18 所示。

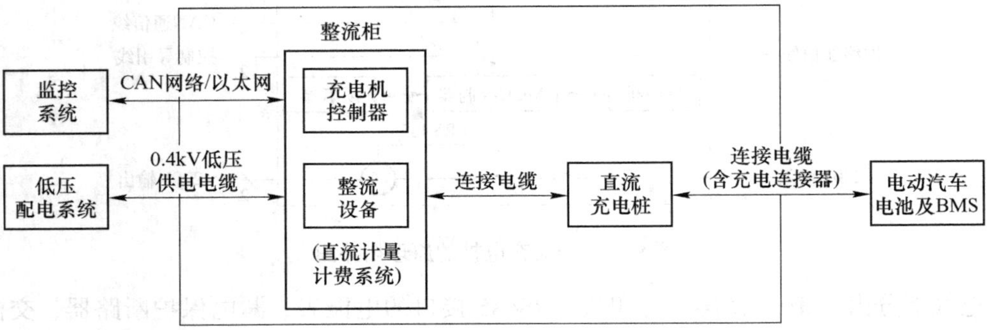

图 8-18　充电机系统组成

根据整流设备工作原理的不同，目前充电机可分为相控式和高频开关式两大类。

相控式充电机采用大功率晶闸管作为开关器件，其交流输入电压经工频隔离变压器降压或升压后，利用晶闸管进行整流，然后经过输出滤波电路得到稳定的直流电压或直流电流。相控式充电机通过调节晶闸管触发导通角来实现稳压或稳流工作，其主要特点是单机功率大，易于实现大电流、高电压充电，可靠性高，技术成熟，性价比高，易于维修，适用于大功率的充电机；但对电网有一定的谐波干扰。

高频开关充电机采用功率晶体管、MOS 管、IGBT 等器件作为高频开关器件，其交流输入电压经过整流滤波后得到脉动的直流电压，该电压经过高频逆变、高频隔离变压器、整流滤波后得到稳定的直流电压或直流电流。高频开关式充电机通过采用脉冲宽度调制（PWM）或者脉冲频率调制（PFM）来实现稳压或稳流工作，其主要特点是系统效率高、体积小、谐波干扰小，可采用多模块并机工作模式，多模块自主均流，在线插拔，多机热备份工作，系统可靠性高，适用于中小型功率的充电机。

表 8-2 为两种充电机主要特点对比。

表 8-2 两种充电机主要特点对比

类别	输入功率因数	对电网谐波污染	效率	稳压、温流、纹波系数	动态响应速度	可靠性	单机容量
相控式	低 （0.8 左右）	高	低 （80%左右）	差 （1%左右）	慢	高	大
高频开关式	高 （0.9 以上）	低	高 （90%以上）	好 （0.5%左右）	快	较高	较大

8.3.4.1 非车载充电机

A 结构原理

非车载充电机为模块化设计，单个充电模块的输出功率为 10kW。10kW 以上充电机采用 2 个或以上的充电模块并联工作，满足整机输出功率需求。

（1）有源功率因数充电模块。充电模块输入采用有源功率因数校正电路，其原理拓扑如图 8-19 所示。

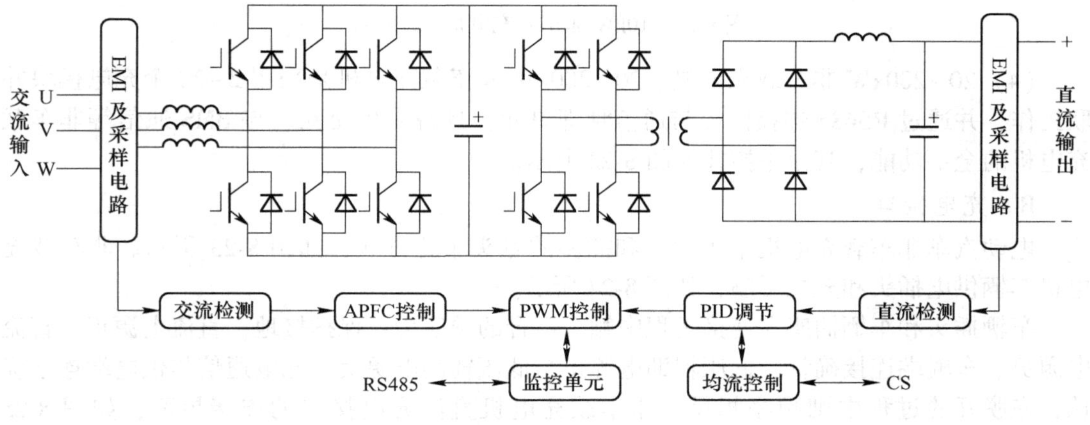

图 8-19 有源功率因数充电模块原理拓扑

（2）无源功率因数充电模块。充电模块输入采用无源功率因数校正电路，其原理拓扑如图 8-20 所示。

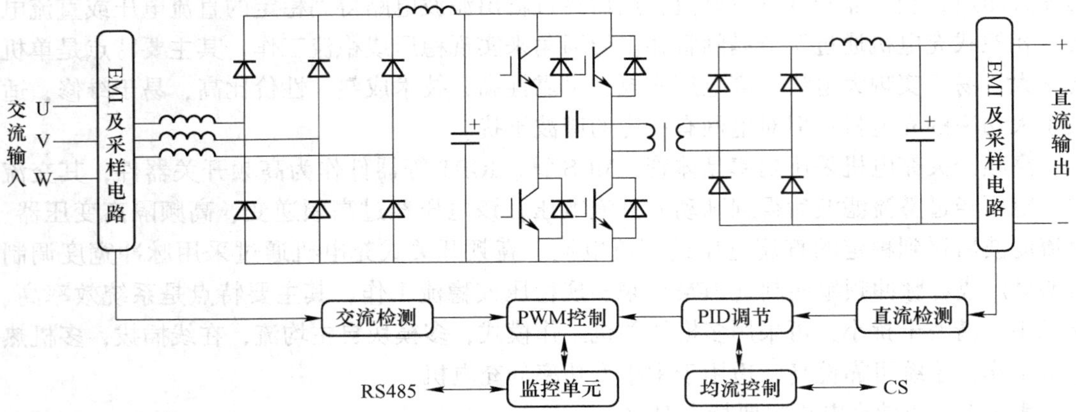

图 8-20　无源功率因数充电模块原理拓扑

（3）10kW 非车载充电机。10kW 非车载充电机是采用 1 个充电模块单机工作，并通过 RS485 连接监控与通信管理单元，具备人机交互、与电池管理系统（Battery management system，BMS）通信等非车载充电机的全部功能，其原理拓扑如图 8-21 所示。

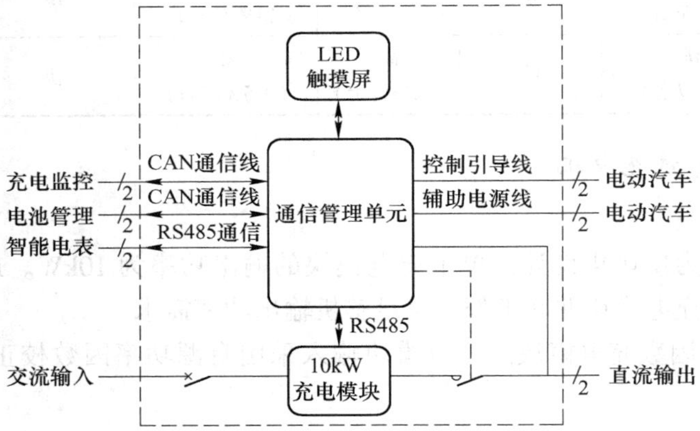

图 8-21　10kW 非车载充电机原理拓扑

（4）20~200kW 非车载充电机。20~200kW 非车载充电机是采用 2~20 个充电模块并联工作，并通过 RS485 连接监控与通信管理单元，具备人机交互、与 BMS 通信等非车载充电机的全部功能，其原理拓扑如图 8-22 所示。

B　充电接口

电动汽车非车载充电机车辆插头和插座的触头布置方式，如图 8-23 所示。非车载充电机车辆供电插头和充电插座，如图 8-24 所示。

车辆插头和车辆插座在连接过程中触头耦合的顺序为：保护接地，直流电源正、直流电源负、车辆端连接确认，低压辅助电源正与低压辅助电源负，充电通信与供电端连接确认；在脱开的过程中则顺序相反。非车载充电机直流充电接口的连接界面，如图 8-25 所示。

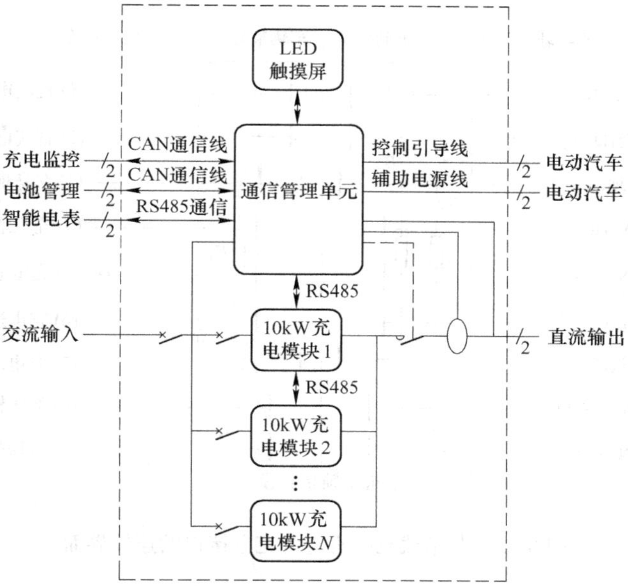

图 8-22 20~200kW 非车载充电机原理拓扑

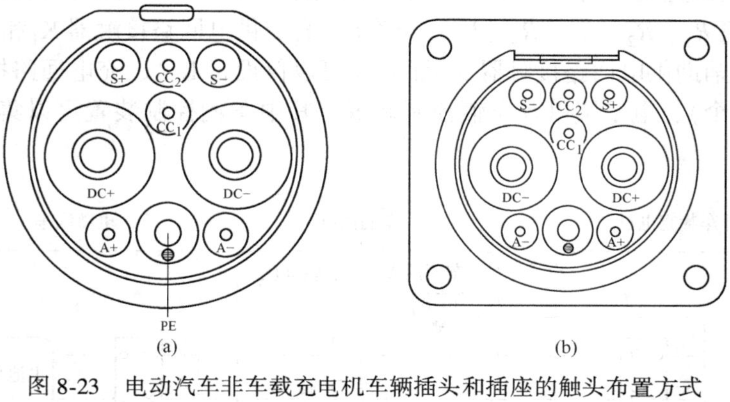

图 8-23 电动汽车非车载充电机车辆插头和插座的触头布置方式

（a）插头的触头布置；（b）插座的触头布置

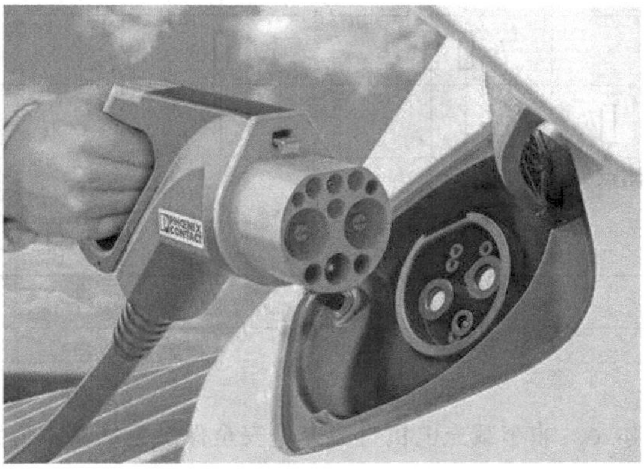

图 8-24 非车载充电机车辆供电插头和充电插座

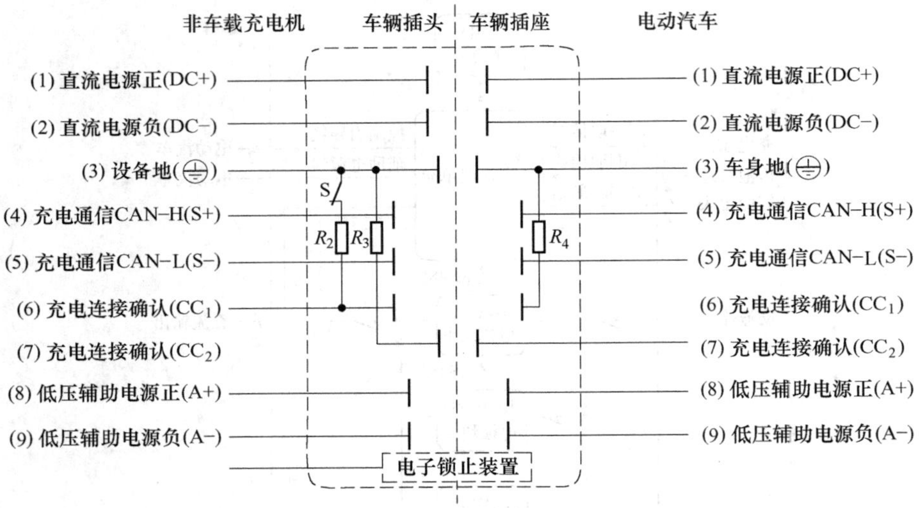

图 8-25　非车载充电机直流充电接口的连接界面

C　充电过程

非车载充电机直流充电安全保护系统基本方案，如图 8-26 所示，包括非车载充电机控制装置，电阻 R_1、R_2、R_3、R_4、R_5，开关 S，直流供电回路接触器 K_1和 K_2（可以仅设置 1 个）、低压辅助供电回路接触器 K_3和 K_4（可以仅设置 K_3）、充电回路接触器 K_5和 K_6（可以仅设置 1 个），电子锁以及车辆控制装置，其中车辆控制装置可以集成在电池管理系统中。

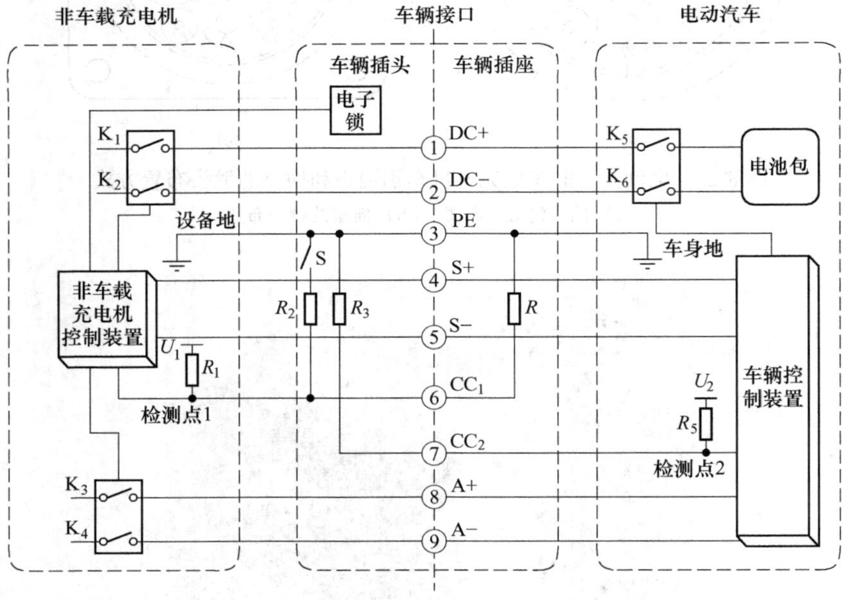

图 8-26　非车载充电机直流充电安全保护系统基本方案

电阻 R_2和 R_3安装在车辆插头上，电阻 R_4安装在车辆插座上。开关 S 为车辆插头的内部常闭开关，当车辆插头和车辆插座完全连接后，开关S闭合。在整个充电过程中，非车载充电机控制装置应能监测接触器 K_1、K_2，接触器 K_3、K_4，以及电子锁状态，并控制其接通和关断；电动汽车车辆控制装置应能监测接触器 K_5 和 K_6 状态并控制其接通及关断。

利用非车载充电机对电动汽车进行充电的过程如下：

（1）车辆插头和插座插合后，车辆的总体设计方案可以自动启动某种触发条件，通过互锁或者其他控制措施使车辆处于不可行驶状态。

（2）操作人员对非车载充电机进行充电设置后，非车载充电机控制装置通过测量检测点1的电压值判断车辆插头与车辆插座是否已完全连接，如检测点1的电压值为4V，则判断车辆接口完全连接，非车载充电机控制电子锁锁止。

（3）在车辆接口完全连接后，如非车载充电机完成自检，则闭合接触器 K_3 和 K_4，使低压辅助供电回路导通，同时开始周期发送“充电机辨识报文”；在得到非车载充电机提供的低压辅助电源供电后，车辆控制装置通过测量检测点2的电压值判断车辆接口是否已完全连接；如检测点2的电压值为6V，则车辆控制装置开始周期发送“车辆拉制装置（或电池管理系统）辨识报文”，该信号也可以作为车辆处于不可行驶状态的触发条件之一。

（4）车辆控制装置与非车载充电机控制装置通过通信完成握手和配置后，车辆控制装置闭合接触器 K_5 和 K_6，使充电回路导通；非车载充电机控制装置闭合接触器 K_1 和 K_2，使直流供电回路导通。

（5）在整个充电阶段，车辆控制装置通过向非车载充电机控制装置实时发送充电级别需求来控制整个充电过程，非车载充电机控制装置根据电池充电级别需求来调整充电电压和充电电流以确保充电正常进行，此外，车辆控制装置和非车载充电机控制装置还相互发送各自的状态信息。

（6）车辆控制装置根据电池系统是否达到满充状态或是否收到“充电机中止充电报文”来判断是否结束充电。在满足以上充电结束条件时，车辆控制装置开始周期发送“车辆控制装置（或电池管理系统）中止充电报文”，在一定时间后断开接触器 K_5 和 K_6；非车载充电机控制装置开始周期发送“充电机中止充电报文”，并控制充电机停止充电，之后断开接触器 K_1、K_2、K_3 和 K_4，然后电子锁解锁。

D 功能特点

功能特点如下：

（1）具有为电动汽车动力电池，安全、自动充满电的能力。充电机依据BMS提供的数据，能动态调节充电电流或电压参数，执行相应的动作，完成充电过程。

（2）具备手动充电功能。在充电过程中，通过专业操作人员设置充电方式、充电电压、充电电流等参数，充电机根据设定的参数执行相应操作，完成充电过程。

（3）具备高速CAN网络与BMS通信的功能。判断充电机是否与电动汽车正确连接；判断动力电池类型；获得电池系统参数及充电前和充电过程中整组和单体电池的实时数据。

（4）可通过高速CAN网络或工业以太网与充电监控系统通信，上传充电机和动力电池的工作状态、工作参数和故障告警信息，接受启动充电或停止充电控制命令。

（5）彩色触摸屏显示与输入人机交互界面，可显示当前电池类型、充电方式、充电电流、充电电压、充电时间、充电电量及计费信息；在手动设定过程中能显示输入和帮助信息；在出现故障时能显示相应告警内容；通过触摸屏可对充电机的参数进行设定或对充电机进行启动或停止控制。

（6）完备的安全防护措施有：

1）紧急停止充电按钮。

2）人工确认启动充电。

3）交流输入过电压保护功能。

4）交流输入欠电压告警功能。

5）交流输入过电流保护功能。

6）直流输出过电流保护功能。

7）直流输出短路保护功能。

8）直流输出防止反接功能。

9）输出软启动功能，防止电流冲击。

10）在充电过程中，充电机能保证动力电池的温度、充电电压和电流不超过允许值，并具有单体电池电压限制功能，自动根据 BMS 的电池信息动态调整充电电流。

11）自动判断充电连接器、充电电缆是否正确连接。当充电机与电动汽车正确连接后，充电机才能允许启动充电过程；当充电机检测到与电动汽车连接不正常时，立即停止充电。

12）充电连锁功能，保证充电机与电动汽车连接分开以前车辆不能启动。

13）具有阻燃功能。

8.3.4.2 车载充电机

车载充电机主要为小型电动汽车进行补充电能，充电功率较小，可利用建在路边、小区等的交流充电桩为电动汽车充电，并充分利用低谷时段充电。

A 车载充电机的组成

车载充电机由交流输入端口、功率单元、控制单元、低压辅助单元、直流输出端口等部分组成，其连接如图 8-27 所示。

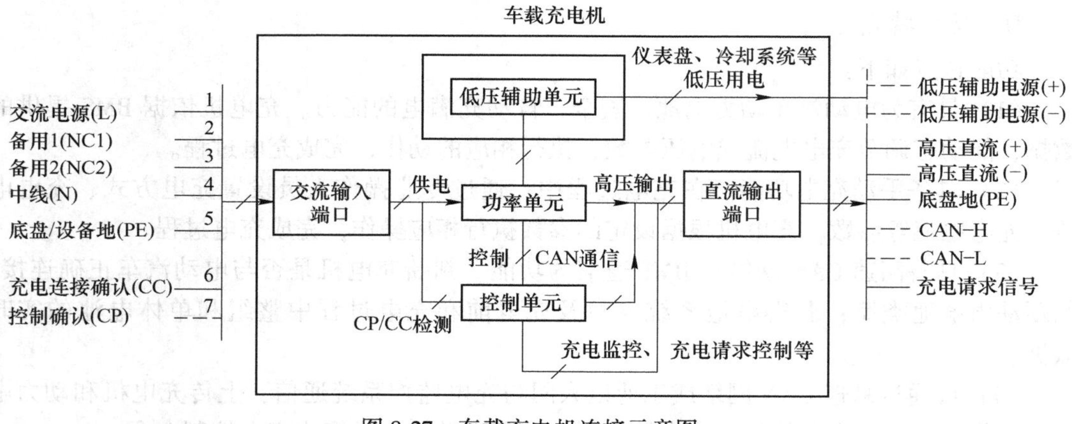

图 8-27 车载充电机连接示意图

（1）交流输入端口。交流输入端口是车载充电机与地面供电设备的连接装置，当使用车载充电机对电动汽车充电时，推荐使用如图 8-28 所示的典型引导电路作为充电接口连接状态及车载充电机输入的判断装置。

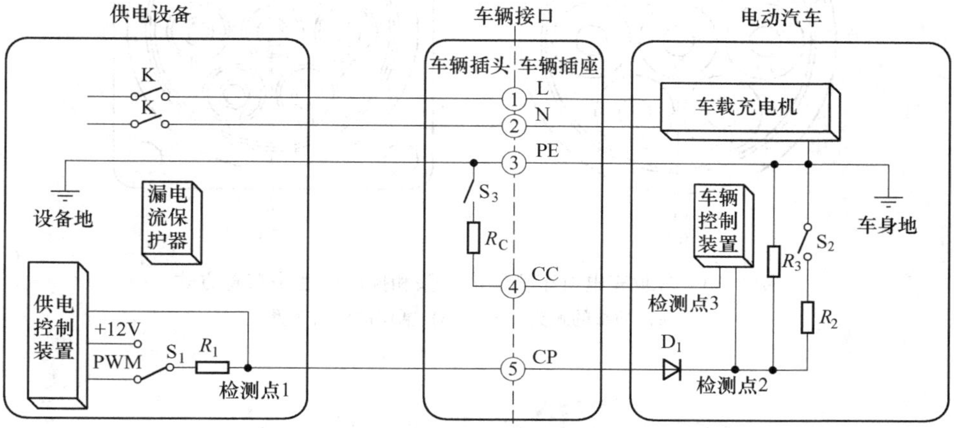

图 8-28 车载充电机输入控制引导电路

（2）功率单元。功率单元作为充电能量的传递通道，主要包括电磁干扰抑制模块、整流模块、功率因数校正模块、滤波模块、全桥变换模块、直流输出模块，其作用是在控制单元的配合下，把电网的交流电转换成蓄电池需要的高压直流电。

（3）控制单元。控制单元主要包括原边检测及保护模块、过流检测及保护模块、过压/欠压监测及保护模块、DSP 主控模块，其作用是通过电力电子开关器件控制功率单元的转换过程，通过闭环控制方式精确完成转换功能，并提供保护功能。

（4）低压辅助单元。低压辅助单元主要包括 CAN 通信模块、辅助电源模块、人机交互模块，其作用是为控制单元的电力电子器件提供低压供电及实现系统与外界的联系。

（5）直流输出端口。直流输出端口是车载充电机与蓄电池之间的连接装置，车载充电机输出控制引导电路，如图 8-29 所示。

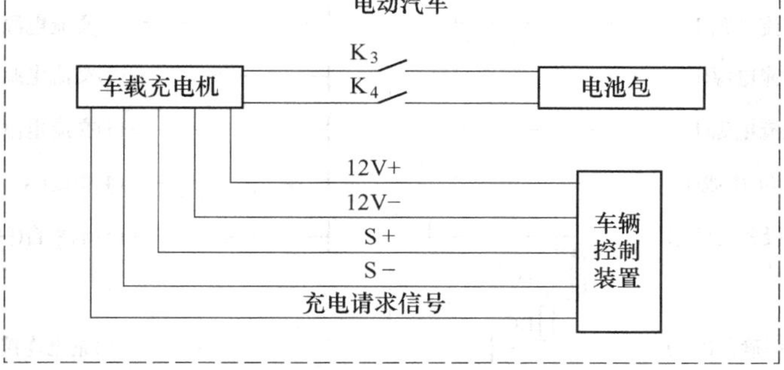

图 8-29 车载充电机输出控制引导电路

B 车载充电机充电接口

电动汽车车载充电机车辆供电插头和插座的触头布置方式，如图 8-30 所示。车载充电机车辆供电插头和充电插座，如图 8-31 所示。

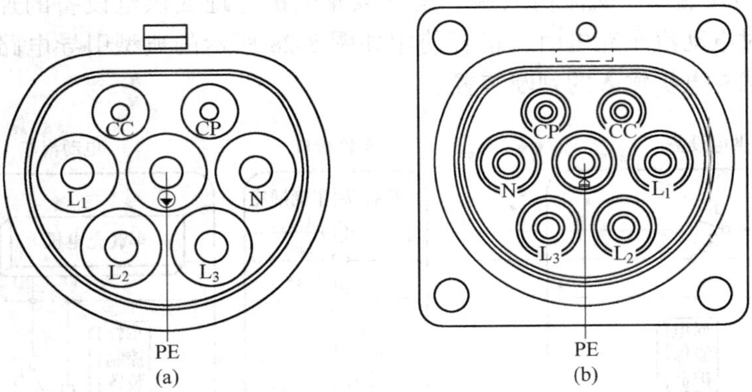

图 8-30　车载充电机车辆供电插头和插座的触头布置方式

（a）插头的触头布置；（b）插座的触头布置

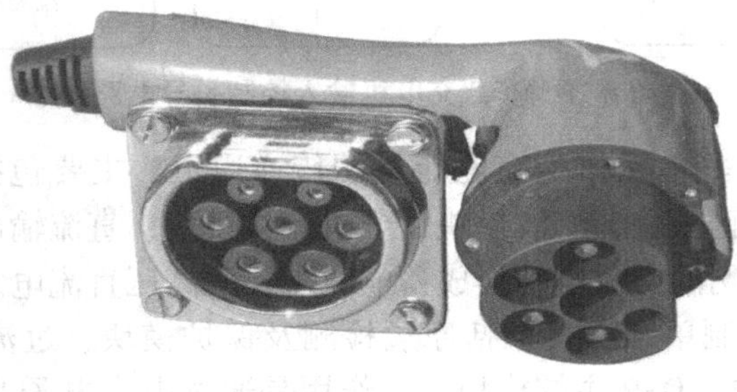

图 8-31　车载充电机车辆供电插头和充电插座

在充电连接过程中，首先接通保护接地触头，最后接通控制确认触头与充电连接确认触头；断开过程相反。车辆充电接口的电气连接界面，如图 8-32 所示，其供电接口的电气连接界面，如图 8-33 所示。

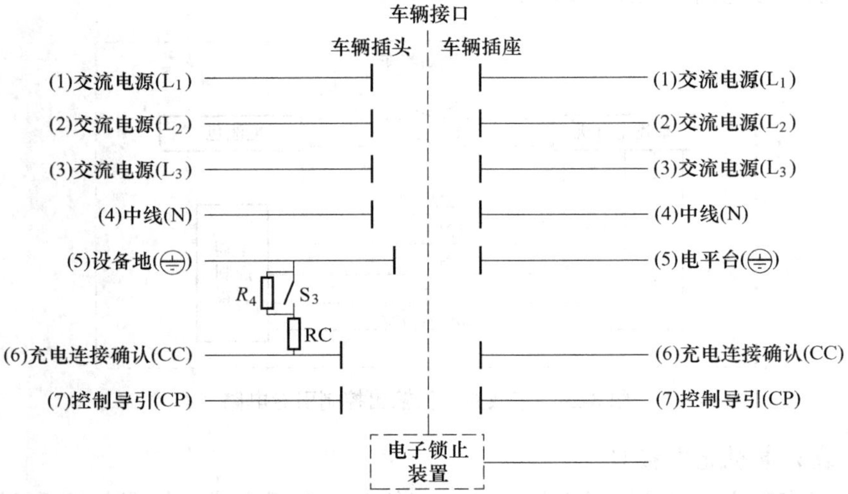

图 8-32　车辆充电接口的电气连接界面

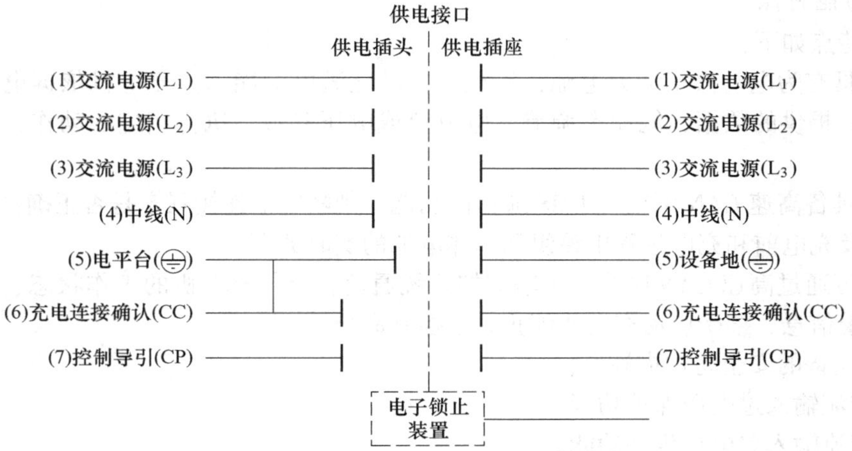

图 8-33 车辆供电接口的电气连接界面

C 车载充电机的充电过程

利用车载充电机对电动汽车进行充电的过程如下：

(1) 车辆插头和插座插合后，车辆的总体设计方案可以自动启动某种触发条件，通过互锁或者其他控制措施使车辆处于不可行驶状态。

(2) 电动汽车车辆控制装置通过测量图 8-26 中检测点 2 与 PE 之间的电阻值，判断车辆插头与车辆插座是否已完全连接。

(3) 在操作人员对供电设备完成充电启动设置后，如供电设备无故障，并且供电接口已完全连接，则闭合 S_1，供电控制装置发出脉冲宽度调制（PWM）信号，电动汽车车辆控制装置通过测量图 8-26 中检测点 2 的 PWM 信号，判断充电连接装置是否已完全连接。

(4) 在电动汽车和供电设备建立电气连接及车载充电机完成自检后，通过图 8-26 中检测点 2 的 PWM 信号确认充电额定电流值；车载充电机给电动汽车控制装置发送充电感应请求信号，同时或延时给车辆控制装置供电；根据充电协议进行信息确认，若需充电，则电动汽车控制装置发送需充电报文并控制充电接触器闭合，车载充电机按所需功率输出。

(5) 车辆控制装置通过判断图 8-26 中检测点 2 的 PWM 信号占空比确认供电设备当前能提供的最大充电电流值；车辆控制装置对供电设备、充电连接装置及车载充电机的额定输入电流值进行比较，将其最小值设定为车载充电机当前最大允许输入电流；当判断充电连接装置已完全连接，并完成车载充电机最大允许输入电流设置后，车辆控制装置控制图 8-26 中 K_3、K_4闭合，车载充电机开始对电动汽车进行充电。

(6) 充电过程中，车辆控制装置可以对图 8-26 中检测点 2 的电压值 PWM 信号占空比进行监测，供电控制装置可以对图 8-26 中检测点 1 的电压值进行监测。

(7) 在充电过程中，当充电完成或者因为其他不满足充电条件时，车辆控制装置发出充电停止信号给车载充电机，车载充电机停止直流输出、CAN 通信和低压辅助电源输出。

D 功能特点

功能特点如下：

（1）具有为电动汽车动力电池，安全、自动充满电的能力。充电机依据电池管理系统（BMS）提供的数据，能动态调节充电电流或电压参数，执行相应的动作，完成充电过程。

（2）具备高速 CAN 网络与 BMS 通信的功能。判断电池连接状态是否正确；获得电池系统参数及充电前和充电过程中整组和单体电池的实时数据。

（3）可通过高速 CAN 网络与车辆监控系统通信，上传充电机的工作状态、工作参数和故障告警信息，接受启动充电或停止充电控制命令。

（4）完备的安全防护措施有：

1）交流输入过电压保护功能。

2）交流输入欠电压告警功能。

3）交流输入过电流保护功能。

4）直流输出过电流保护功能。

5）直流输出短路保护功能。

6）输出软启动功能，防止电流冲击。

7）在充电过程中，充电机能保证动力电池的温度、充电电压和电流不超过允许值，并具有单体电池电压限制功能，自动根据 BMS 的电池信息动态调整充电电流。

8）自动判断充电连接器、充电电缆是否正确连接。当充电机与充电桩和电池正确连接后，充电机才能允许启动充电过程；当充电机检测到与充电桩或电池连接不正常时，立即停止充电。

9）充电连锁功能，保证充电机与动力电池连接分开以前车辆不能启动。

10）高压互锁功能，当有危害人身安全的高电压时，模块锁定无输出。

11）具有阻燃功能。

8.3.5 电动汽车与电网互动技术

8.3.5.1 V2G 技术发展的意义

电动汽车与电网进行双向互动的技术（Vehicle-to-Crid，V2G）是一种新型电网技术，体现的是能量双向、实时、可控、高速地在车辆和电网之间流动，是“智能电网”的重要组成部分。应用 V2G 技术，电动汽车动力电池的充放电将被统一部署，根据既定的充放电策略，在满足电动汽车用户行驶需求的前提下，将剩余电能双向可控回馈到电网。充放电控制装置既有与电网的交互，又有与车辆的交互，交互的内容包括能量转换、客户需求信息、电网状态、车辆信息、计量计费信息等。因此，V2G 技术是融合了电力电子技术、通信技术、调度和计量技术、需求侧管理等的高端综合应用。V2G 技术的实现将使电网技术向更加智能化的方向发展，也将使电动汽车技术的发展获得新突破。开展 V2G 技术研究，具有多方面的意义。

首先，V2G 技术实现了电网与车辆的双向互动，是智能电网技术的重要组成部分。V2G 技术的发展将极大地影响未来电动汽车商业运行模式。研究表明，与智能车辆和智能电网同步进展，可外接充电式混合动力汽车（PHEV）和纯电动汽车（EV）将在 20 年之内成为配电系统本身不可分割的一部分，提供储能、平衡需求、紧急供电和电网的稳定性。90%以上的乘用车辆平均每天行驶时间为1h左右，95%的时间处于闲置状态。将处于停驶状态的电动汽车接入电网，并且数量足够多时，电动汽车就可以作为可移动的分布式储能装置，在满足电动汽车用户行驶需求的前提下，将剩余电能可控回馈到电网。

其次，采用V2G技术和智能电网技术，电动汽车电池的充放电将被统一部署，根据既定的充放电策略，电动汽车用户、电网企业和汽车企业将获得共赢：

（1）对电动汽车用户而言，可以在低电价时给车辆充电，在高电价时，将电动汽车储存能量出售给电力公司，获得现金补贴，降低电动汽车的使用成本。

（2）对电网公司而言，不但可以减少因电动汽车大力发展而带来的用电压力，延缓电网建设投资，而且可将电动汽车作为储能装置，用于调控负荷，提高电网运行效率和可靠性。

（3）对于汽车企业，电动汽车目前不能大规模普及的一个重要原因就是成本过高。V2G技术使得用户使用电动汽车的成本有效降低，反过来必然会推动电动汽车大力发展，汽车企业也将受益。

另外，V2G技术还使得风能、太阳能等新能源大规模接入电网成为可能并实现。风能和太阳能受天气、地域、时间段的影响，不可预测性、波动性和间歇性使其不可直接接入电网，避免影响电网的稳定。目前所建风力发电厂的60%以上能量都因为不够稳定而不能接入电网，通过V2G技术，可用电动汽车来储存风能和太阳能发出的电能，再稳定送入电网。

8.3.5.2 V2G技术原理

电动汽车与电网互动系统如图8-34所示，主要由主控系统、能量转换系统、电池充换系统、梯次电池储能系统4个部分组成。

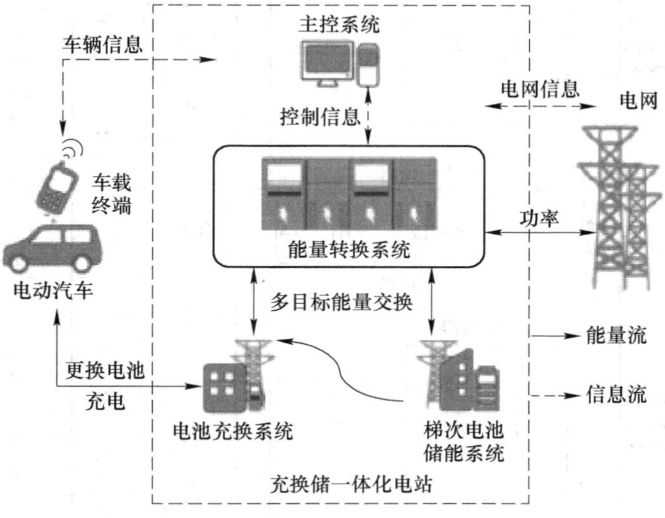

图8-34 电动汽车与电网互动系统

主控系统是充放储一体化站的调度中心，完成三大功能：监视站内配电系统、充电装置、电池系统、能量转换系统及电网系统的状态；处理下级数据采集系统上传的信息；根据监测数据制定一体化站的充放电计划，控制一体化站各子系统的运作。能量转换系统即系统的多用途变流装置，是电网系统和一体化站之间的能量转换通道，它通过多组整流/逆变器以及直流变换器实现交流电网与站内直流系统之间的能量转换。

能量转换系统即系统的多用途变流装置，是电网系统和一体化站之间的能量转换通道，它通过多组整流/逆变器以及直流变换器实现交流电网与站内直流系统之间的能量转换。

电池充换系统直接服务于电动汽车，满足不同的充电需求。电池充换系统包括充电区、换电池区以及电池维护区 3 个模块。

梯次电池储能系统对电池维护区的退役电池进行再利用，开发其储能价值，构成电池储能系统与电网进行灵活可控的能量互动，提高经济效益以及增强电网运行的可靠性。

充放储一体化电站利用多用途变流装置实现电池系统与电网之间的双向能量流动，既能实现对电池可控充电控制，又能对电网快速支持电能及输出可控电流改善电能质量。变流装置结构如图 8-35 所示，通过 1 号可逆 PWM 变流器实现电网与电池充换系统之间的能量交换；通过 2 号可逆 PWM 变流器实现电网与梯次电池储能系统的能量交换。此外，梯次电池系统储能可通过 3 号变流开关为电池充换系统充电以减轻电网负担。当电网发生严重事故时一体化站通过 1 号、2 号变流开关脱离电网运行，进入孤岛运行状态。多用途变流装置必须实现以下功能：

（1）对电池系统，通过直流变换器实现恒流恒压等多种充电方式，提高电池的充放电效率。

（2）对电网系统，通过逆变器输出可控补偿电流，辅助改善电网电能质量。

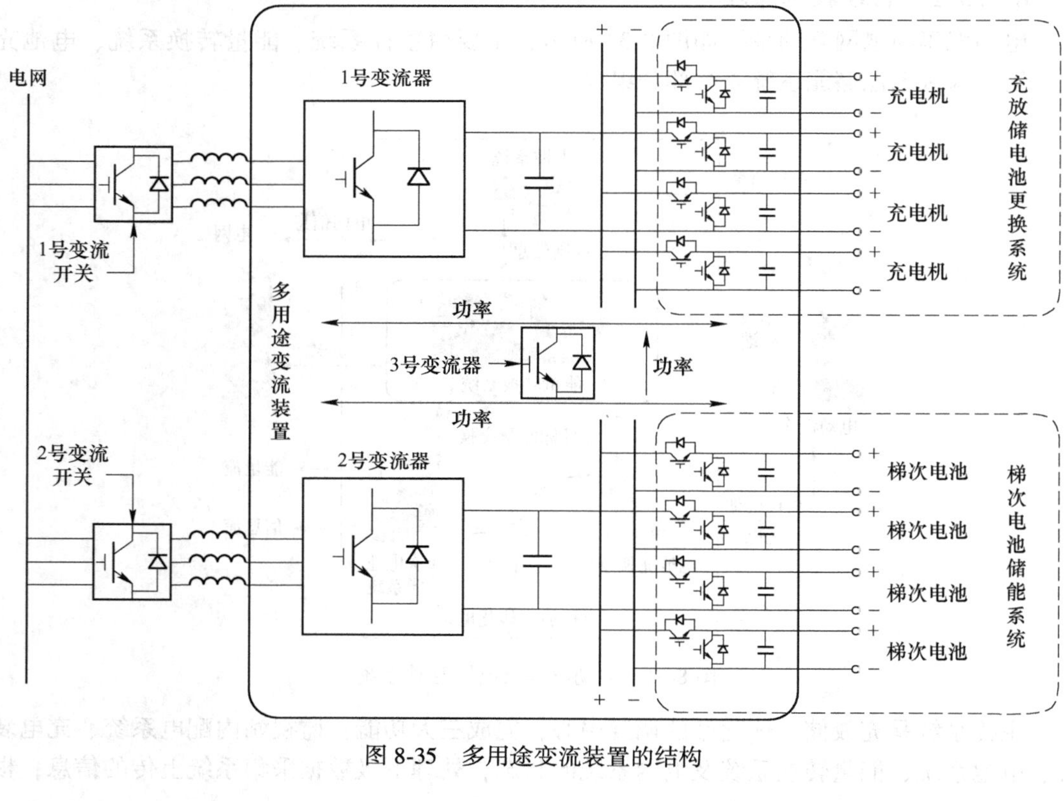

图 8-35　多用途变流装置的结构

（3）通过2组变流器灵活实现电池系统与电网的能量相互转换，既满足电动汽车的供能需求，又能对电网进行必要的电能支持。

充放储电池更换系统中变流装置采用两级变换拓扑结构，其典型电路如图8-36所示。变流装置连接于电网和电池组之间（离网时连接于负载和电池组之间），主要由交流侧LCL滤波器、双向AC/DC变流器、双向DC/DC变流器组成。双向DC/DC变流器在两级变换拓扑中发挥着关键作用，双向DC/DC变流器能控制变流器中功率双向流动，使电池的充放电在同一变流器中实现，并且可自由快速地切换电池的充放电状态。在工频变压器隔离型储能装置中，双向DC/DC变流器可采用双向非隔离型BDC电路实现。

图8-36中采用传统的Buck/Boost电路。双向DC/DC电路用于实现直流母线电压和电池电压的匹配并控制充放电电流，可工作在Buck降压方式或Boost升压方式。在并网充电工作模式下，DC/DC变流器工作在Buck降压方式，对电池充电，将直流母线侧能量储存到电池中。在并网放电（或离网）工作模式下，DC/DC变流器工作在Boost升压方式，电池放电，将电池的能量传递给直流母线。

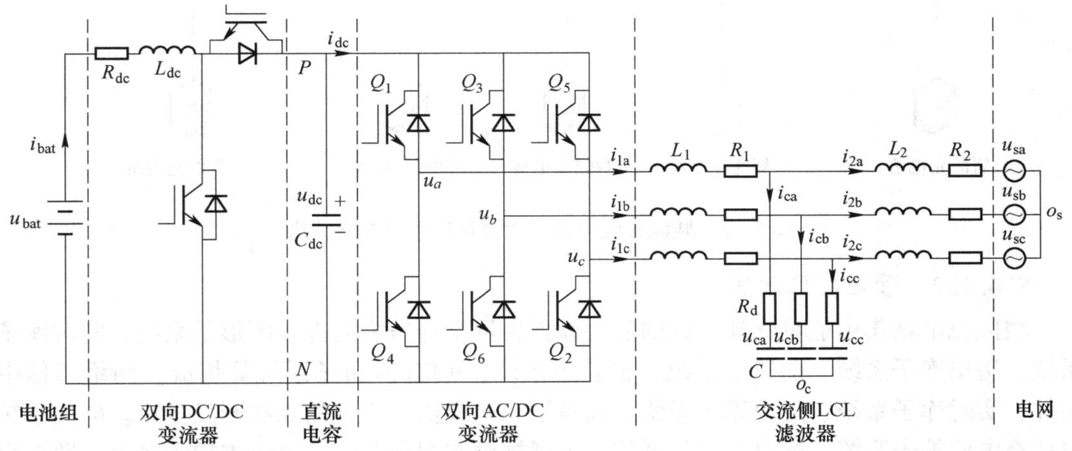

图8-36 两级变换变流装置主电路拓扑

双向AC/DC变流器采用三相全控桥电路构成，可工作在整流状态或逆变状态，对应于传统的PWM整流器或PWM逆变器。与一级变换拓扑型储能装置原理不同，在并网充电、并网放电、离网模式下，双向AC/DC变流器均用于稳定直流母线电压以实现交流侧和电池侧的能量传递。在并网充电工作模式下，AC/DC变流器处于整流工作状态，将电网侧能量馈入直流母线。在并网放电（或离网）工作模式下，AC/DC变流器处于逆变工作状态，将直流母线能量回馈到交流电网（或给负载供电）。

8.4 监 控 系 统

8.4.1 城区充电站集中能量管理系统

8.4.1.1 系统网络结构

城区充电站集中能量管理系统位于城区充电站管理监控中心，结合电网运行信息，针对整个城区的充电站进行综合的能量管理与调配，系统根据实际需要，可以由数据服务器、WEB 服务器、应用服务器、对时系统、标准接口服务器以及相关的监控主机构成。城区充电站集中能量管理系统网络结构如图 8-37 所示。

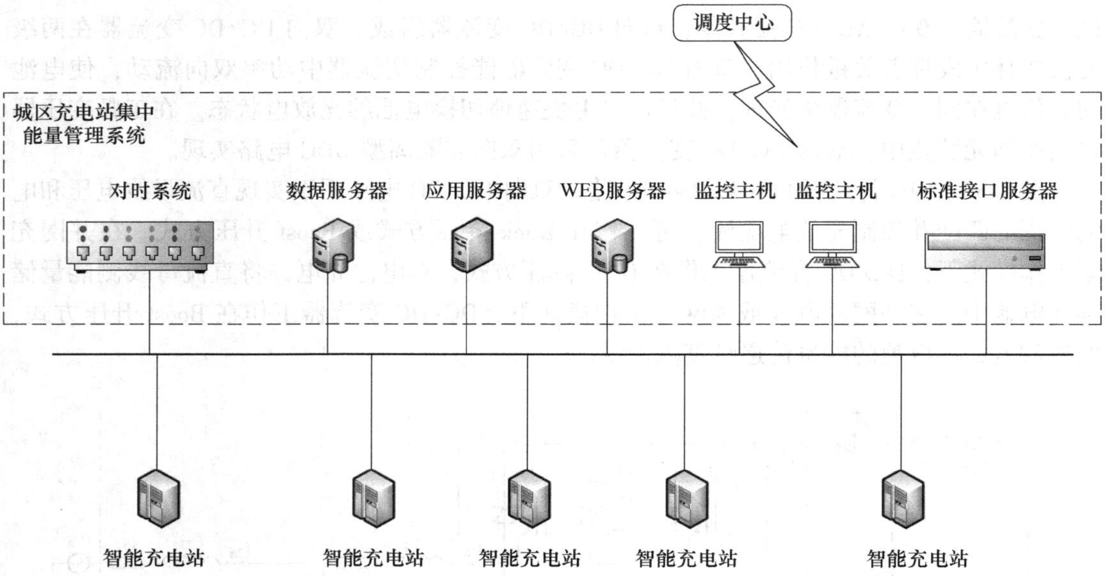

图 8-37 城区充电站集中能量管理系统网络结构

8.4.1.2 管理功能配置

城区充电站集中能量管理系统的后台软件由网络通信中间件、图形子系统、实时库子系统、历史库子系统、前置子系统、报表子系统、WEB 发布子系统等构成。网络通信中间件、实时库子系统、历史库子系统、前置子系统提供了丰富的二次开发接口。应用系统包括充电监控子系统、配电监控子系统、烟感视频监视子系统、电池维护子系统、数据交换与转发子系统等。

8.4.2 充电站监控系统

如图 8-38 所示，充电站监控系统的网络结构分为三层：第一层为充电站中央监控管理系统，包括数据服务器、WEB 服务器、监控主机等设备；第二层为配电监控、充电监控、烟雾监视和视频监视 4 个子监控系统；第三层为现场智能设备。

各子监控系统通过局域网和 TCP/IP 协议与中央监控管理系统连接，实现对整个充电站的数据汇总、统计、故障显示及监控。

（1）配电监控系统。配电监控系统通过以太网、串口等实现充电站供电系统信息的交换和管理，除实现一次开关、变压器等供电设备监测和控制，以及常规二次保护、测量、控制、信号等功能外，该系统还与充电站中央监控管理系统通信，保证在充电系统出现故障时，配电监控系统能采取适当的措施进行安全处理。例如，当充电机失控不能停止充电时，配电监控系统自动切断动力电源。

（2）烟雾监视系统。烟雾监视系统主要监视充电架上的电池状态，或其他重要区域

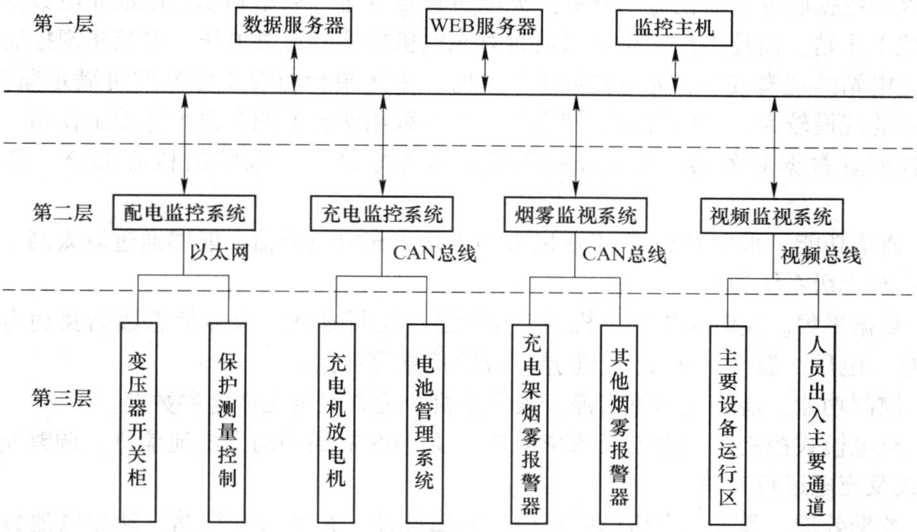

图 8-38 充电站监控系统网络拓扑结构

的设备状态，当动力电池或其他设备发生冒烟、燃烧等危险时发出报警信息，并立即通知中央监控系统进行相应的安保处理。

(3) 视频监视系统。视频监视系统对整个充电站的主要设备及人员进行安全监视，防止发生意外事故。

(4) 充电监控系统。充电监控系统采用分层的网络拓扑结构，如图 8-39 所示。

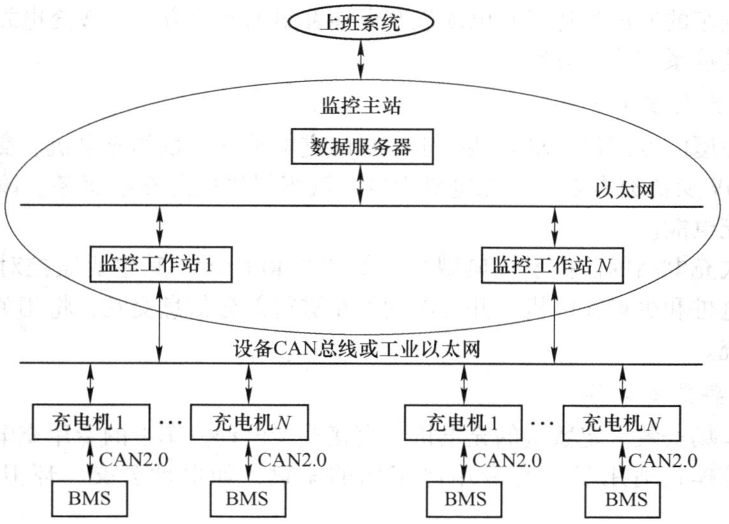

图 8-39 充电监控系统网络拓扑结构

充电监控系统由一台或多台工作站或服务器组成，包括监控工作站、数据服务器等，这些计算机通过网络连接。监控工作站提供充放电监控人机交互界面，实现对充电机的监控和数据收集、查询等工作；数据服务器存储整个充电监控系统的原始数据和统计分析数据等，提供数据服务及其他应用服务。充电机将自身运行数据和动力电池充电数据实时传送给监控工作站，监控工作站也可以通过对充电机启停及充电电压、电流实现控制。

当充电站的规模较小，充电机数量不多时，采用单台监控工作站即可满足监控要求；当充电站的规模较大，充电机数量较多时，可以采用两台或两台以上监控工作站，并根据需要选择配置数据服务器。充电监控系统作为充电站监控系统的核心部分，具备以下功能：

1）通信功能。采用 CAN 或工业以太网方式与充电机通信；能够通过以太网、串口等通信方式与上级系统通信。

2）数据采集。实时采集充电机的工作状态、运行参数、故障信息数据及动力电池的基本信息、电压、温度、SOC、充电量、故障信息等数据。

3）控制功能。遥控充电机启停、紧急停机、远方设定充放电参数等。

4）充电模式控制。根据上级系统指令以及 BMS 提供的动力电池信息，调整充电机的充电模式及充电运行参数。

5）数据处理。具备充电机越限报警、故障统计、充电数据存储、动力电池数据存储等数据处理功能。

6）事件记录。具备事件顺序记录、充电运行参数记录、操作记录、故障记录、动力电池参数记录等功能。

7）人机操作。具备画面显示与操作以及报表管理和打印功能。

8）系统维护。具备数据库、界面及图形、系统参数维护和系统自诊断等功能。

8.4.3　监控系统典型方案

结合电动汽车的发展趋势以及电动汽车电能补给的不同方式，按充电站不同的建设模式，给出以下监控系统典型方案。

8.4.3.1　典型方案一

在小区或商厦的专用停车场安装一定数量的充电桩和少量的充电机。交流充电桩为电动汽车提供 220V 交流充电电源，充电机为电动汽车提供应急充电服务。该模式适用于小型电动汽车补充电能。

该建设模式充电站的监控系统典型结构如图 8-40 所示，其主要监控对象大量是具备交流接口的充电桩和少量充电机，并与电动汽车进行部分信息交互，将相关数据上送给上级集中监控系统。

8.4.3.2　典型方案二

在专用停车场安装一定数量的充电机，直接连接电动汽车上的专用充电接口为车载动力电池充电。该模式适用于具有专用停车场的车辆，如电动公交、环卫、企业公务等车辆。

该建设模式充电站的监控系统典型结构如图 8-41 所示，其主要监控对象是大量的充电机和充电站内配电装置，需要采集电动汽车和电池模块的充电过程数据，与上级集中监控系统进行信息交互。

8.4.3.3　典型方案三

该模式为电池更换站模式，站内安装有直接为电池模块充电的充电机和直接为电动汽

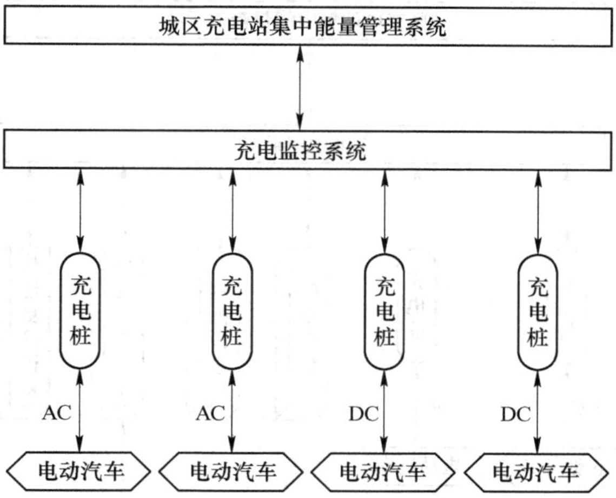

图 8-40 建设模式一充电站监控系统典型结构

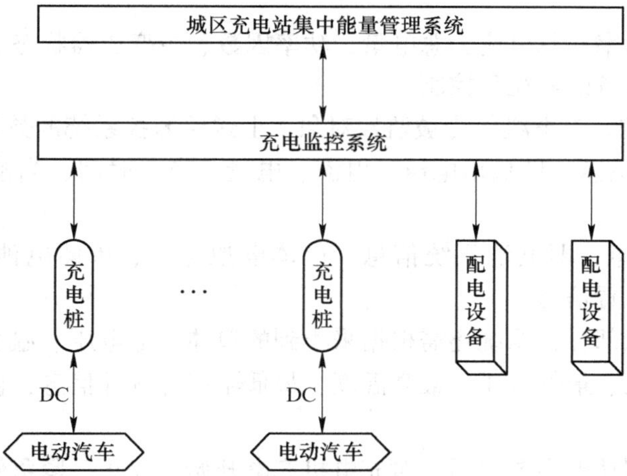

图 8-41 建设模式二充电站监控系统典型结构

车充电的应急充电机，配备电池快速更换设备和充电架，配有专用供电系统，能为电动汽车提供电池更换服务。该模式适用于一次充电续驶里程不能满足日常行驶需要而频繁充电的车辆，如出租车、公交车等。

该建设模式充电站的监控系统典型结构如图 8-42 所示，其主要监控对象是充电机及其连接的电池模块、应急充电机及其连接的电动汽车、配电设备、烟感设备、电池维护设备和快速更换设备等，并与上级集中监控系统进行信息交互。

8.4.4 监控系统特点

监控系统特点如下：

(1) 充电桩监控。监视充电桩的交流输出接口的状态，如电流、电压、开关状态、保护状态等；控制充电桩交流输出接口的开断。

(2) 配电监控。实现对电动汽车充电站配电设备的监控，方便统一管理和数据共享；

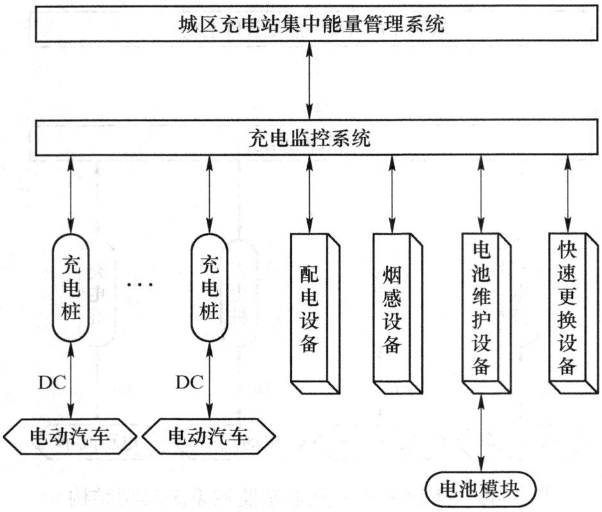

图 8-42　建设模式三充电站监控系统典型结构

可实现对整站的总功率、总电流、总电量、功率因数、主变压器状态、开关状态、无功功率补偿及谐波治理设备的监视和控制。

（3）充电机监控。充电机作为被监控对象，上送给监控系统的数据主要包含：

1）充电机状态信息，即输出电压、电流、电量、充电时间、当前充电模式、充电机故障状态等。

2）电池状态信息，即电池系统信息、单体电池电压、单体电池温度、电池故障状态、电池管理系统设置信息等。

在电池状态信息部分，系统还需根据采集到的单体电池电压、温度等计算出电池模块内单体电池最高电压、最低电压、最高温度、最低温度等统计信息，供限值统计、告警系统使用。

对充电机的控制功能主要包括：对充电机充电开始、停止、紧急停止的控制；对充电机充电模式的调整，即根据充电机连接电池的类型及其充电特性，操作人员可通过图形画面调整各阶段充电参数，并下发给充电机；向充电机及其连接的电池管理系统下发对时命令。

（4）快速更换设备监控。具备电池快速更换设备的充电站，可以通过充电站监控系统对电池快速更换设备下发具体的电池更换命令，让快速更换设备在指定轨道位置更换充电架上指定位置的电池模块；充电站监控系统可采集快速更换设备当前轨道位置、设备状态等信息。

（5）电池维护监控。在大型充电站中，需要通过专用电池维护设备对电池进行定期维护。在维护过程中，系统将采集到的维护数据存入充电站监控系统数据库，形成电池的完整数据档案，便于对电池进行整体评估。

（6）烟雾报警监视。为了保障电池充电安全，除了通过电池管理系统监视电池电压、温度外，在电池充电架中还安装了数量众多的烟雾传感器，用于探测动力电池因过充电导致电池自燃而释放出的烟雾。这些传感器接入充电站监控系统后与充电监控系统（特别是在电池管理系统失效时）一起保障电池充电的安全。

（7）视频监视。对整个充电站的主要设备及人员进行安全监视，防止发生意外事故。

（8）数据交互与转发。充电站要与上级集中监控系统进行数据交互，上送本地总和数据等实时信息以及电池系统充电历史数据信息，以便对电池数据进行集中分析和评估。

8.5 计量计费系统

8.5.1 电网和充电设施之间的计量

对于交流充电桩和中小型充电站，网供计量采用低压计量，配置三相四线多功能双向计量电能表。

对于大型充电站，网供计量采用高压计量，配置三相三线多功能双向计量电能表。

8.5.2 充电设施和电动汽车用户之间的计量计费结算

充电设施和电动汽车用户之间的计费结算采用现场缴费和储值卡预付费相结合的方式。电能计量装置根据电能计量点的位置及充电设备的额定电流选择，具体的配置方案如下：

（1）交流充电桩配置单相智能电能表，安装在交流充电桩与电动汽车之间，在充电桩内预留电能表电气接口和安装空间。

（2）非车载充电机配置直流智能电能表，安装在非车载充电机与电动汽车之间，在充电机内预留电能表电气接口和安装空间。

8.6 充电站典型建设

8.6.1 平面充电站

电动汽车充电站系统组成，如图 8-43 所示。根据场地、电动汽车的应用情况、充电机数量等条件，有大、中、小共 3 种类型平面电动汽车充电站的典型设计。

8.6.1.1 大型充电站设计

大型充电站设计包括：

（1）占地 1700~2000m^2（不同布置方法占地面积稍有不同）。

（2）设置综合办公室和其他相关辅助设施。

（3）配备 12 台充电机（2 台 DC 500V/400A 大型充电机、4 台 DC 500V/200A 中型充电机、2 台 DC 350V/100A 小型充电机和 4 台交流充电桩）。

（4）预留换电池方式的设备安置和运行空间。

（5）配电系统采用 10kV 双路常供电源，单母线接线方式，配电变压器采用低损耗节能型变压器；0.4kV 侧采用单母线分段接线方式，两段母线之间设分段联络柜，并设有源滤波无功功率补偿装置，以减少充电站对电网的污染。

（6）配备计量计费系统，配备完善的充电站监控系统，包括配电监控系统、充电机

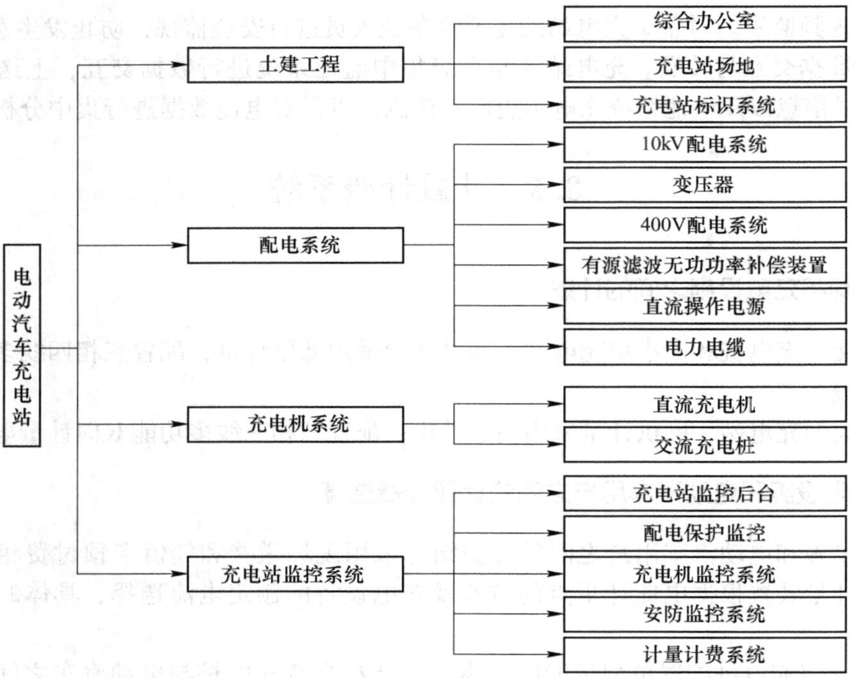

图 8-43　电动汽车充电站系统组成

监控系统和安防监控系统等，实现大型充电站的无人或少人值守运行。

8.6.1.2　中型充电站设计

中型充电站设计包括：

（1）占地约 $1000m^2$。

（2）设置综合办公室和其他相关辅助设施。

（3）配备 8 台充电机（2 台 DC 500V/200A 中型充电机、2 台 DC 350V/100A 小型充电机和 4 台交流充电桩）。

（4）配电系统采用 10kV 单路常供电源，单母线接线方式，配电变压器采用低损耗节能型变压器；0.4kV 侧采用双路进线（一主一备），单母线接线方式，并设有源滤波无功功率补偿装置，以减少充电站对电网的污染。

（5）配备计量计费系统，配备完善的充电站监控系统，包括配电监控系统、充电机监控系统和安防监控系统等，实现中型充电站的无人或少人值守运行。

8.6.1.3　小型充电站设计

小型充电站设计包括：

（1）占地 $50\sim100m^2$。

（2）设置 1~2 台小型充电机（DC 350V/100A）和 2~3 台交流充电桩，因地制宜进行场地布置。

（3）采用 0.4kV 电源供电，配备计量计费系统，可根据需要选配充电机监控系统和安防监控系统，就近布置于附近建筑中。

8.6.1.4 平面充电站子系统设计

电动汽车充电站的配电系统类似于常规配电系统，但考虑到充电整流设备的谐波干扰比较大，需要在400V侧配备有源滤波器及其无功功率补偿装置。

大型充电站进线电源采用10kV双路供电，10kV侧采用单母线接线方式，不设分段开关，高压柜采用真空断路器中置式开关柜，设进线计量柜、TV及避雷器柜、出线柜，如图8-44所示。中型充电站进线电源采用10kV单路供电，10kV侧采用单母线接线方式，高压柜采用真空断路器中置式开关柜，当负荷容量小于400kV·A时，也可使用负荷开关以减少投资，设进线计量柜、TV及避雷器柜、出线柜，如图8-45所示。

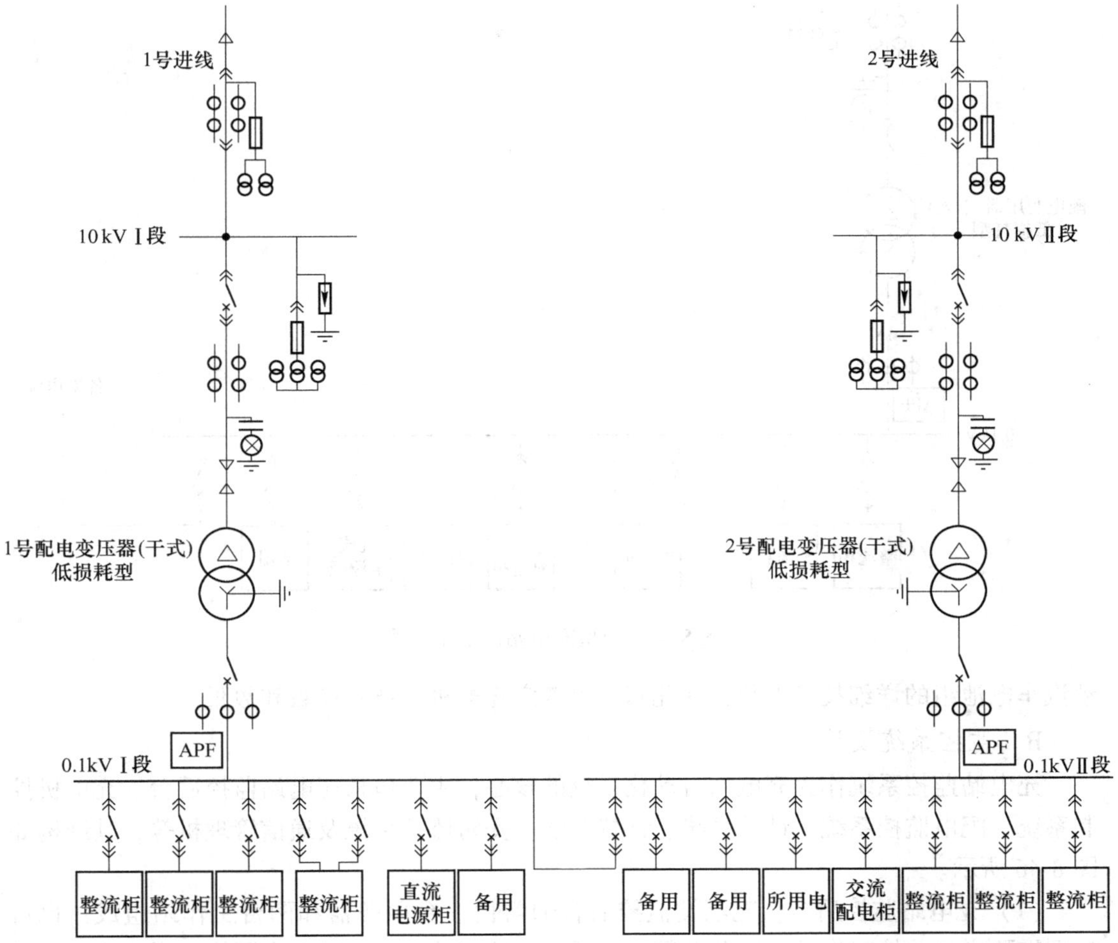

图8-44 大型充电站配电系统图

配电变压器建议选用干式低损耗节能型变压器。配电变压器的容量主要由充电站内充电机的输入容量、充电机数量、充电机同时系数、变压器最佳负荷率、功率因数共同决定。

A 充电系统设计

充电系统设计时，应首先明确充电站建设的规模和运行方式，然后了解计划服务的电

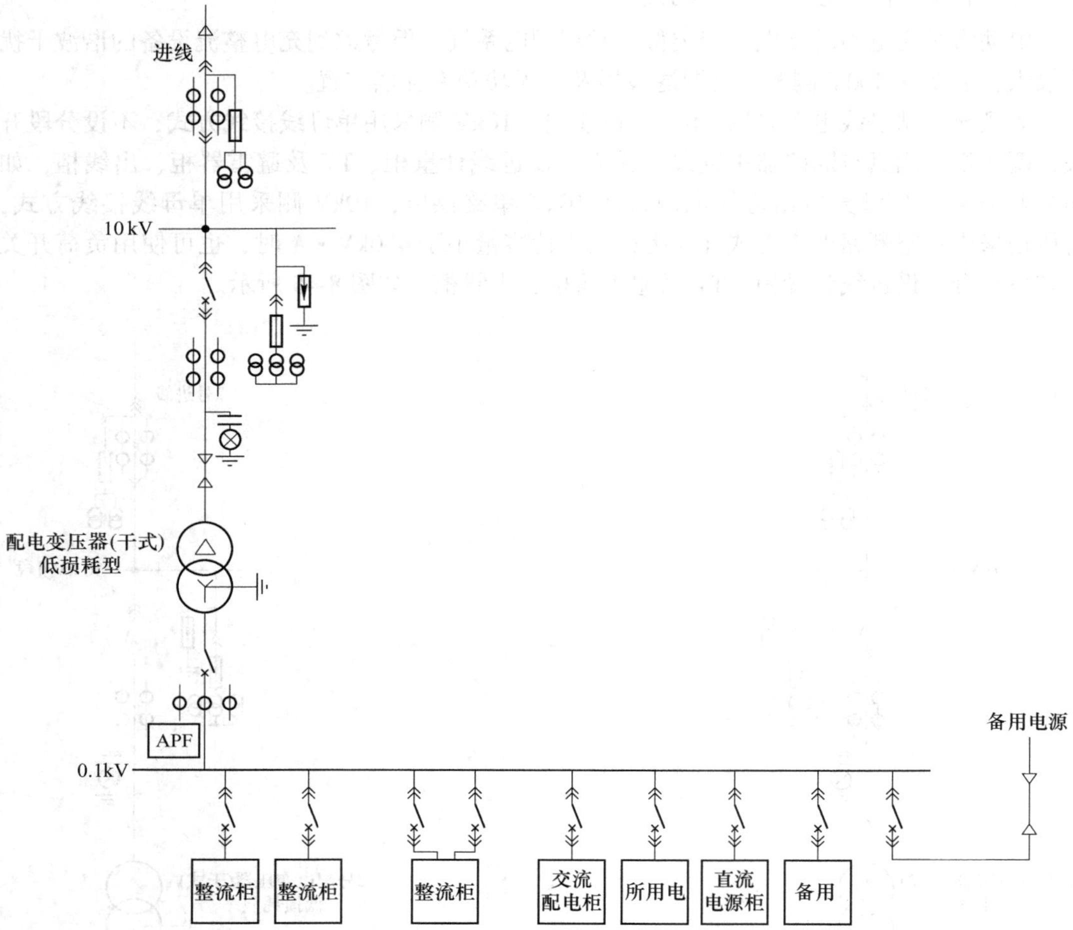

图 8-45　中型充电站配电系统图

动汽车电池组的详细技术参数，在此基础上确定充电机的技术参数和数量。

B　监控系统设计

充电站监控系统作为充电站自动化系统的核心，主要包括充电站监控后台、充电机控制系统、配电监控系统、计量系统、计费系统、安防监控系统及通信管理机等，其结构如图 8-46 所示。

（1）充电站监控后台。充电站监控后台通常由一台服务器和两台工作站组成，也可根据需要增加监控工作站与服务器数量，系统内这些计算机通过以太网络互联。充电站监控后台主要完成充电机及配电系统数据的采集、处理、存储，监控充电机及配电系统的运行；除配电站监控 SCADA 功能外，还提供针对充电站系统的诸如智能负荷调控等高级应用功能，为充电站安全、可靠、经济运行提供保障手段。

（2）充电机控制系统。该系统是充电机的一部分，是充电机的控制中心和通信枢纽，负责与充电设施后台系统交换数据；完成充电机的充电控制；与 BMS 通信获取电池状态和运行信息；获取电能计量表信息，完成充电计费和充电过程的联动控制；将计量计费、

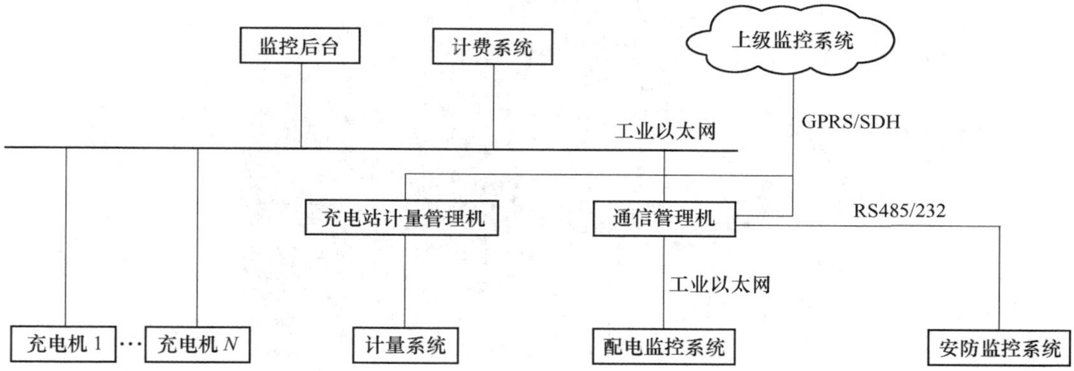

图 8-46 充电站监控系统结构

充电机工作信息传送给直流充电桩，获取并执行直流充电桩上送的控制命令等。

（3）配电监控系统。配电监控系统分为保护和测控两个部分，负责针对充电站配电系统的监控及保护功能的实现，通过通信管理机与充电站后台系统实现双向数据交换。10kV 进线变压器配置微机保护测控一体化装置，具备进线变压器的保护、测量和进线变压器开关的遥控功能；配置一面监控屏，安装通信管理装置和公用测控装置；公用测控装置完成充电站配电系统的测控任务，主要负责采集 0.4kV 母线电压、出线开关的位置信号和负荷电流，并具备低压进线开关和联络开关的遥控功能；为了提高配电系统的自动化程度，实现配电站无人或少人值班，可在 0.4kV 侧配置分段备用自投装置。

（4）安防（视频）监控系统。安防系统完成充电站的视频监控以及消防、门禁和周界安全的监控，通过通信管理机获取配电系统监控及充电机的相关告警信息，用以完成视频联动监控。一般由摄像机、红外报警器、烟感报警器、门禁系统、辅助灯光、声光报警器、连接电缆、监控屏柜、嵌入式硬盘录像机、液晶显示器、报警主机、综合电源、网络交换机、监控终端等设备组成。

（5）计量计费系统。计量计费系统主要由计量部分和计费部分组成，计量部分由关口电能表、直流电能表、交流电能表（含三相表与单相表）以及用电采集终端组成；计费部分主要由计费工作站与服务器组成。

充电站内由用电采集终端负责采集各个关口电能表、直流电能表、交流电能表的实时电量信息，通过本地工业以太网与计费工作站通信，将整个充电站的总电量、各充电机的每次充电电量传送到后台进行处理，并把电量和计费信息存储到数据库服务器中；通过用电采集终端完成与用电信息采集系统或上级监控中心的通信，确保上级系统能够实时获取充电站内的电量信息。

C 标识系统设计

标识系统设计，应用醒目简洁的设计突出环保性、宣传性、未来性的设计理念。根据设置标识的目的，以及标识所依附的建筑物或构筑物的特点，标识系统的设计可分为远、中、近三个层次。远距离标识包括建筑、主棚架等大体量的建筑物；中距离标识包括中小型主棚架、中小型标识柱、LED 显示屏等；近距离标识系统包括灯箱牌、小型标识柱、围栏广告等。图 8-47 和图 8-48 分别给出了大型充电站和充电桩的设计实例。

图 8-47　大型充电站俯视图

图 8-48　大型充电站主视图

8.6.2　立体充电站

立体充电站一般通过在人口密集的居民区和商业区新建或改造占地面积小、空间利用率高的立体停车库，并配备相应的充电设备，实现电动汽车充电功能，是解决电动汽车日益增长的充电需求问题的一个良好方案。根据目前常见的立体停车库种类，国家电网公司指导性技术文件《国家电网电动汽车充电站典型设计》提供了自行式立体充电站、升降横移式机械立体充电站和垂直升降式机械立体充电站三种典型设计方案。

自行式立体充电站采用自行式立体停车场，此类停车场与普通地面停车场类似，车辆通过专用车道上下楼层，自行停放。在停车位后部装设固定充电接口，实现对电动汽车的充电功能。

升降横移式机械立体充电站基于升降横移式机械立体停车库，此种停车设备目前广泛应用于各种室内、室外停车库设计中，由于其车位排列方式简单，空间利用率高，且车位移动范围小，有利于软导线连接，因此是立体充电站的一个较好选择。

垂直升降式机械立体充电站基于垂直升降式机械立体停车库，此类停车库主要应用于土地资源紧缺的市中心商业繁华地区，其特点是占地面积最小，空间利用率最高。垂直升降式机械立体停车库可通过简单的改造即可实现为电动汽车提供充电电源，快速经济地完成立体充电站的建设。因其一般处于繁华地区，所以具有良好的社会形象展示和宣传作用。

立体充电站的配电监控系统、安防监控系统和计量计费系统可参考平面充电站进行设计。

8.6.3 交流充电桩

交流充电桩一般系统简单，占地面积小，安装方便，可安装于电动汽车充电站、公共停车场、住宅小区停车场、大型商场停车场等室内或室外场所，操作使用简便，是重要的电动汽车充电设施。

常用交流充电桩可分为一桩一充式、一桩双充式以及壁挂式。一桩一充式交流充电桩只提供一个充电接口，适用于车辆密度不高的室内和路边停车位；一桩双充式交流充电桩提供两个充电接口，可同时为两辆车充电，适用于停车密度较高的停车场所；壁挂式交流充电桩提供一个充电接口，适用于地面空间拥挤、周边有墙壁等固定建筑物的场所，如地下停车场。

交流充电桩应具备以下功能特点：

（1）具备对充电桩运行状态的综合测控保护能力，如交流充电桩运行状态监测、故障状态监测、充电计量和充电过程的联动控制、短路保护、过电流保护等。

（2）设置指示灯、数码管显示器或触摸屏，显示运行状态。

（3）设置急停开关、操作按键等必需的操作接口。

（4）配置多功能交流电能表，进行交流充电计量。

（5）设置刷卡接口，支持 RFID 卡、IC 卡等常见的刷卡方式，并可配置打印机，提供票据打印功能。

（6）具备充电接口的连接状态判断、连锁、控制导引等完善的安全保护控制逻辑。

（7）具备漏电、短路、过电压、欠电压、过电流等保护功能，确保充电桩安全可靠运行。

（8）提供完善的通信功能，可根据需要上传交流充电桩的运行状态参数，接受远程控制命令。

8.6.4 工程应用

CEV1000 电动汽车充电设施运行管理系统是国电南瑞科技股份有限公司推出的专门应用于电动汽车充电设施运行过程监控的系统。该系统的特点是：

（1）在实现为电动汽车安全可靠充电的基础上，集成配电监控、充电监控、计量计费和安防监控等功能，提高了充电设施运行管理的自动化和智能化水平，减少电网在支持电动汽车应用上的成本投入。

（2）配置了与配电自动化系统、营销监控系统、营销管理系统的接口，实现了充电设施运行管理系统与已有的自动化系统无缝对接。

（3）实现了系统平台的无关性，可适应于所有主流硬件平台，能够安装在主流 Unix、Linux 和 Windows 操作系统上，实现软硬件平台的多元化；具有良好的可扩展性和可伸缩性，能够适应不同规模和不同阶段的充电设施建设需求。

8.6.4.1　系统结构

A　整本架构

CEV1000系统主要由采集/设备层、通信层和运行管理层组成，其整体架构如图8-49所示。

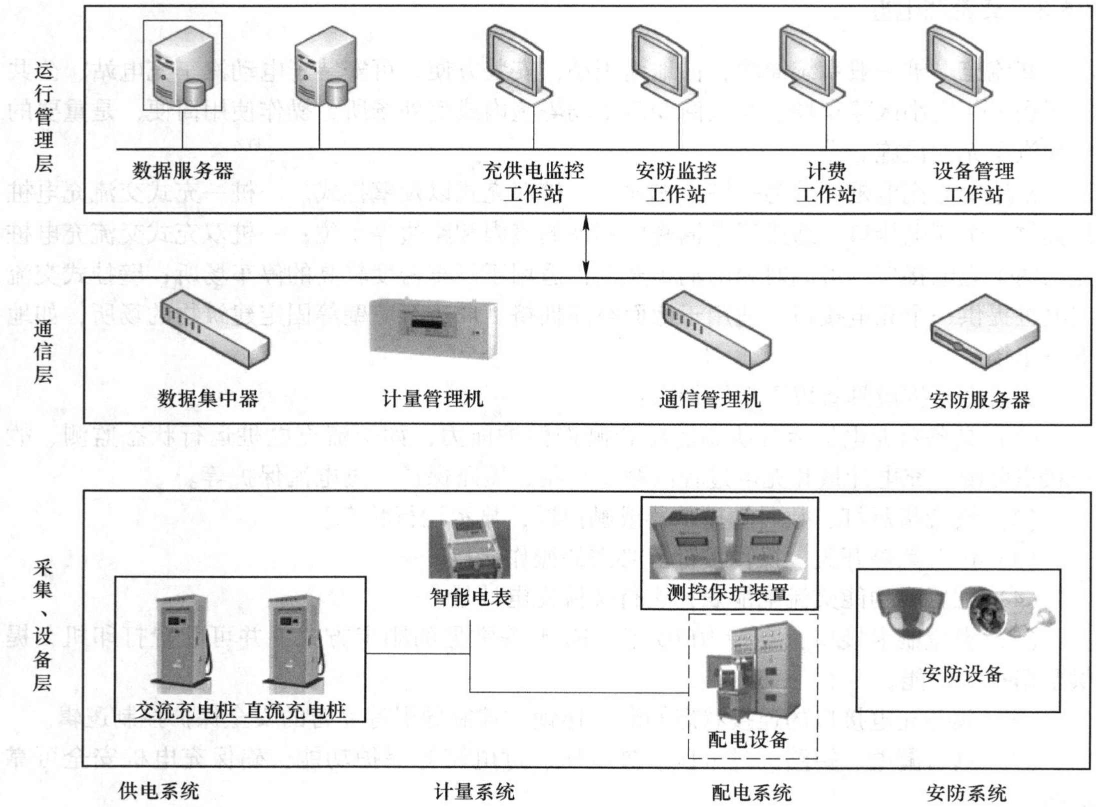

图8-49　CEV1000系统结构

（1）采集/设备层。采集/设备层由交流充电桩、直流充电机、测控保护装置、配电设备、安防设备以及智能电能表组成。交流充电桩采用传导方式为具有车载充电机的电动汽车提供交流电能，提供人机操作界面及交流充电接口，并具备相应的测控保护功能。直流充电机将电网交流电能变换为直流电能，为电动汽车动力电池充电，提供人机操作界面及直流接口，并具备相应的保护测控及安全防护功能，主要由整流柜和充电桩两部分组成。测控保护装置负责针对充电站配电系统的监控及保护功能的实现。谐波治理装置用以抑制电动汽车充电设施注入电网的谐波，将其限制在允许的范围内。安防设备完成视频监控以及消防、门禁和周界安全的监控。智能电能表完成充电过程的电能计量。

（2）通信层。通信层由数据集中器、计量管理机、通信管理机和安防服务器组成，完成充电监控数据、配电监控数据、安防视频数据和充电计量数据的采集。数据集中器采集直流充电机、交流充电桩上送的充电监控数据；计量管理机负责采集整个充电站的总电量、每次充电电量，传送到运行管理层进行处理，并可与用电信息采集系统或上级监控中心通信。通信管理机是系统的通信核心，负责配电系统监控、安防系统、计量计费系统及充电机之间的数据交换以及和上级监控中心的通信。安防服务器完成视频数据的采集、存储与处理。

（3）运行管理层。运行管理层一般由数据服务器、充/供电监控工作站、安防监控工作站、计费工作站、设备管理工作站等组成，并可根据系统实际规模灵活配置服务器和工作站的数量，主要完成充电监控数据、配电监控数据、计量计费数据以及视频监控数据的处理和展现，以及相关的操作控制功能。

B 硬件配置

CEV1000 系统的硬件可根据功能需求灵活配置，大而全的系统配置可以涵盖一个大型电动汽车充电站的所有模块，小而精的系统配置可以仅仅取其若干功能子模块，如监控后台、充电机等。图 8-50 所示为典型的 CEV1000 系统硬件配置。

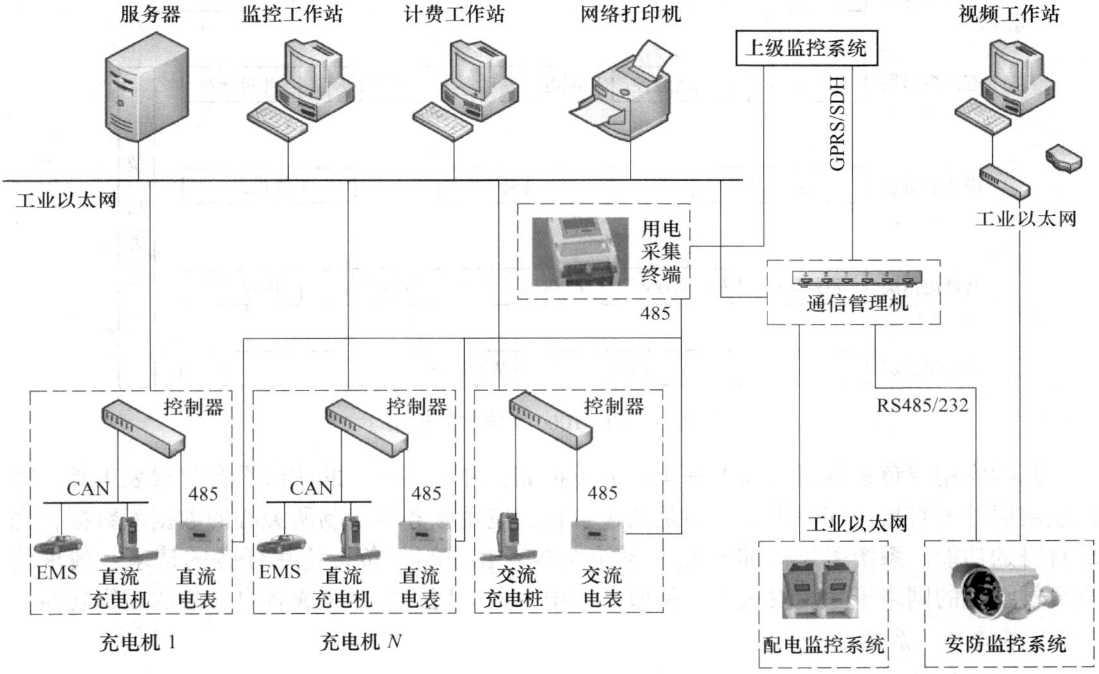

图 8-50 典型的 CEV1000 系统硬件配置

典型的 CEV1000 系统硬件配置包括服务器、监控工作站、计费工作站、安防工作站、直流充电机、交流充电桩、通信管理机、计量管理机、谐波治理装置、保护测控装置、安防设备等。

（1）服务器。包括数据库服务器、前置服务器、SCADA 服务器、计费服务器等，一般根据其不同应用功能各配置两台，也可以共计配置两台，形成双网、双数据库以及应用服务以备用，充分保证系统数据的安全性。

（2）工作站。包括监控工作站、计费工作站、安防工作站，根据系统规模大小进行灵活配置。

（3）直流充电机、交流充电桩。根据系统规模大小配置。

（4）通信管理机。一般配置 1 台通信管理机。

（5）计量管理机。一般配置 1 台计量管理机。

（6）谐波治理装置。根据系统规模大小配置。

（7）保护测控装置。根据配电一次系统的规模进行配置。

（8）安防设备。根据系统规模大小配置 16～32 个摄像头、1 套门禁控制器。

C　软件结构

CEV1000 系统采用多层次的分布式架构，操作系统可选用主流的 Unix（HP-UX/SOLARIS/IBM-AIX）、Linux 或 Windows 操作系统，支持各类主流的数据库，如 ORACLE、SQL Server、Sybase 等，主要由系统平台、基础应用层、应用服务层、客户应用层和对外接口等组成，各个模块协同工作。CEV1000 系统软件模块如图 8-51 所示。

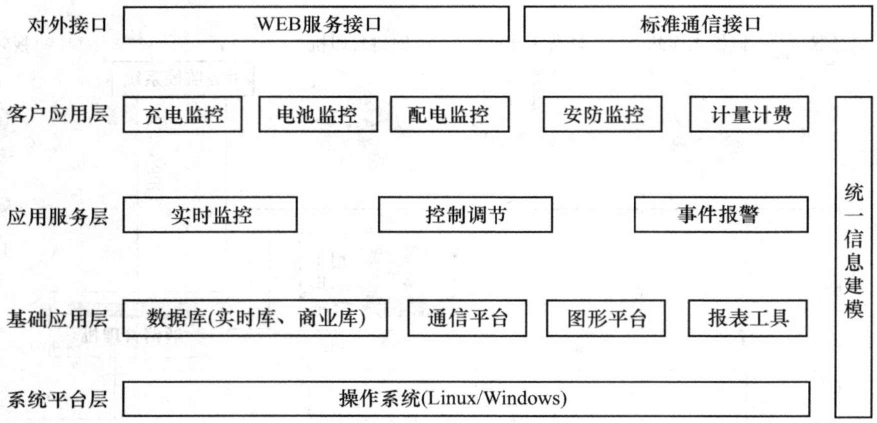

图 8-51　CEV1000 系统软件模块

基础应用层负责数据的前置采集与分类存储，并提供统一的图形平台和报表工具。客户应用层并不直接访问数据库，而是通过各自的应用服务器定制所关心的数据库数据，完成自身的功能。系统采用标准的 C/S 系统结构，客户端只负责应用任务的请求，请求信息经过系统的网络子系统发送到应用服务器中，由应用服务器完成各自关心的逻辑功能。

8.6.4.2　系统功能

A　设备层

a　直流充电机

（1）保护功能：

1）过热保护。当整流柜内部温度超过 80℃时，充电电流自动减小，超过 85℃时，整流柜保护性关机，此时无电流输出，温度下降到约 80℃时自动恢复充电。

2）短路保护。当整流柜输出发生意外短路时，内部电路会限制短路电流。同时，串联的熔断器能迅速切断跟外部电路的连接，等短路故障排除并更换熔断器后即可重新充电。

3）高低压保护。当输入交流电压高于或低于额定输入电压时，整流柜自动关机，电压正常后自动恢复工作。

4）缺相保护。当输入的三相交流电压的某一相或两相断开时，缺相保护电路会启动，自动关闭整流柜电源。

5）充电安全保护。在充电过程中，当出现人员违规带电流拔下连接器时，整流柜能瞬间切断电流输出，以防发生人身安全事故。

（2）采用国际先进的软开关技术，具有转换效率高、输出电流稳定、可靠性高、寿命长等特点。

（3）输入电源为三相五线 AC 380V，通过充电机内部集成功率因数校正，最大程度地减少了谐波对电网的污染。

（4）采用模块化设计，多个模块并联工作，具有强大的容错性，可以方便地对单个模块替换维修。

（5）操作界面使用图形化的触摸屏，可以详细显示各个模块的工作状态及电池的状态。使用 CAN 现场总线与电池管理系统实时通信，对动力锂离子电池的快速充电进行优化和可靠的保护；也可以用手动工作模式，设置手动控制电压、电流和充电时间，适合没有 CAN 通信的应用场合。

（6）采用 CAN 总线与后台监控系统和充电桩实现实时数据交换，达到智能充电的目的。

b 交流充电桩

（1）充电控制功能。充电桩保护模块具有 4 路空触点开关，其中 1 个为动断触点，另外 3 个为动合触点，可以对充电桩充电过程进行控制，并在需要时点亮告警灯。急停按钮可以让充电桩紧急停止充电。

（2）人机交互功能。充电桩显示器可以提供友好的人机操作界面和快捷简单的操作方式，满足客户按照不同的方式对电动汽车进行充电的要求，可以显示当前充电状态、充电电量和充电费用，友好的用户界面可以让客户进行相应的选择。

（3）计量计费功能。充电桩采用 1.0 级电能表，精确计量电动汽车所充电量，电能表具有 2 路 RS485 通信功能，其中一路 RS485 通信口与通信模块实时通信，将电量在液晶显示器上显示并可以上传至后台监控，另外一路 RS485 通信口直接上传至电量采集器，方便供电公司的计量监测。

（4）状态量采集功能。最大可采集 6 路（$YX_1 \sim YX_6$）状态量，状态量输入电压为 24V，6 路状态量分别是 YX_1运行状态监视，YX_2跳合闸状态监视，YX_4急停状态监视，YX_5充电接头监视，YX_3、YX_6为备用。状态量可以上传到后台告警处理。

（5）模拟量采集功能。最多可采集计算 6 路模拟量，分别为 3 路交流电压、3 路交流电流。单相充电桩只有一相测量有用。模拟量可以上传到后台处理。

（6）通信监测功能。充电桩的监测数据除了可以在当地显示外，还可以通过 CAN 网或者以太网上传至后台，供客户在远方在线监测。

（7）保护功能。充电桩具有输出过电压、欠电压、过负荷保护功能，当采集的电压超过过电压保护定值或低于欠电压保护定值时，充电桩停止充电；当采集的电流超过负荷电流定值时，发出告警信号。漏电保护断路器可保证在电动汽车充电过程中发生漏电等紧急故障情况下切断所有电源。当发生意外状况需要紧急停止充电时，可以通过急停按钮来中断电动汽车充电。

（8）辅助功能。鲜明的标识，夜间亮化处理，具有完善的防雷和防触电措施。

c 谐波治理装置

（1）充分利用有源滤波和无功功率补偿电容器的优势。相比于传统的无源型滤波器，该系统的谐波治理装置无论是功能还是滤波性能都大大提高了。

(2) 可实现谐波和无功功率的"分补"和"共补"。在完成补偿谐波功能的基础上，增加了无功功率补偿功能，与传统的无功功率补偿技术（并联电容器投切）不同的是，该系统采用的是一种主动式无功功率补偿技术，它能通过智能检测，瞬时计算出负载所消耗的无功功率，同时产生出相应容量的无功功率，保证了系统的功率因数始终为最佳值（所需的功率因数可由用户自行设定）。

(3) 高效率、主动式谐波滤除。不受系统阻抗和负载谐波特征的影响，适用于各种谐波污染严重的场合，谐波综合补偿率高于 80%。

(4) "一键操作式"全智能谐波补偿装置。在瞬时谐波计算技术和谐波电流补偿技术的基础上，实现整套装置控制、通信以及显示的完全智能化。

(5) 三相三线制与三相四线制系统的通用型电力有源滤波装置。不仅考虑到三相三线制系统的滤波需要，而且还兼顾了更加复杂的三相四线制系统。既能很好地补偿无中线三相系统中的各种谐波，还能应用在有中线的三相系统中，同时补偿三相系统谐波和中线电流谐波。

d 保护测控装置

(1) 交流测量。交流测量分为遥测、保护测量值，同时具备谐波分析、相角测量、序分量计算等功能。遥测可通过装置内高隔离（AC 2000V）、高精度（0.2 级）的 TA/TV 将强交流电信号（5A/100V）不失真地转变为内部弱电信号，经抗混叠处理后进入 A/D 芯片进行模数变换。由于采用了高速、高密度同步采样和 FFT 算法，因此使测量精度得到充分保证。

(2) 遥信功能。装置的遥信可分为实遥信和虚遥信两种类型。实遥信用于采集外部实际开入信号，一般可分为位置动作开入信号和保护投退连接片开入信号。虚遥信用于采集各种保护动作、返回时自动产生的相应的保护动作信息和保护遥控连接片状态信号。保护测控一体化装置具备所有实遥信和虚遥信功能，其他装置只具备实遥信和保护动作及返回虚遥信功能。

(3) 积分电量功能。根据采集的电压、电流可计算积分电量，电量的单位为 kW · h，可采集计算正向有功功率电量、反向有功功率电量、正向无功功率电量、反向无功功率电量。

(4) 遥控功能。线路、电容器、配电变压器保护测控装置提供 1 路实遥控或（1+5）路实遥控输出、8 路虚遥控。主变压器后备保护测控装置提供 6 路实遥控输出。实遥控是输出合闸、跳闸触点，用于断路器、电动刀闸的合、跳控制；虚遥控是以遥控的方式对保护连接片进行投入、退出的控制。

(5) 通信功能。装置支持现场工业总线 CAN、RS485、以太网等多种通信方式，支持部颁 CDT、μ4F、DNP、IEC-870-101、IEC-870-103、IEC-870-104 等常规规约。

(6) 对时功能。根据通信方式、对时设备的不同，装置具有通信对时、脉冲对时、IRGA-B（B 码）对时等方式。

(7) 自检功能。装置具有完备的在线自检功能，有明显的自检提示和闭锁功能，可循环存储 32 个自检事件，并可掉电保持。

(8) 信息记录功能。装置能记录保护动作事件、自检事件、遥信变化事件和单元信息，可顺序存放256条保护信息、256条事件顺序记录、32条自检诊断信息、32条录波信息、32条单元事件记录，信息存储采用先进先出原则。

(9) 录波功能。录波数据存放在非易失性RAM中，可顺序存放32个录波事件，每个事件中可对全部交流量进行录波，录波启动方式为电流越限启动结合差流启动。电流越限启动录波的记录方式可分为连续和断续两种。录波启动后如果在规定的时间（96个采样点）内返回，则采用连续记录方式，即启动时刻前32点，启动时刻后32+X点（X点为录波返回时刻，$1\leqslant X\leqslant 64$），然后再连续记录32点，总计录波96+X点。

(10) 定值管理功能。装置提高定值区管理功能。缺省情况下，配置了15套定值，定值区号为0~140各个定值区的缺省定值是相同的，根据实际的定值可分别修改各区的定值和控制字，对于大多数定值相同的工作区，可采用定值整组复制的方式快速修改定值，然后再单独修改不同的定值。

(11) 保护出口继电器配置功能。装置的保护出口继电器集中在IO板上。保护的告警、动作出口可通过液晶面板进行配置整定。

(12) 打印功能。装置提供一个独立的串行打印接口，可以实现对系统参数、保护参数、历史事件、故障录波等数据的在线打印功能，便于装置的日常管理和故障分析。

(13) 口令管理功能。装置对于保护定值的整定、装置参数的修改等操作设有口令保护，以保障系统运行的安全性。

(14) 调试功能。为便于对装置调试，提供保护信号测试、继电器开出测试等功能，以方便调试人员现场核对信号和测试继电器。

B 通信层

(1) 数据集中器。数据集中器采集直流充电机、交流充电桩上送的充电监控数据。

(2) 通信管理机。通信管理机可以实现各种微机保护、自动装置的通信管理，各种测控装置、充电机、充电桩的通信管理，充电站智能辅助设备（如直流电源通信等的通信管理），与站内监控管理计算机系统的通信交互，与远动调度、集控中心的数据筛选、处理、转发等；支持多种通信接口（以太网、RS232、RS485、RS422、CAN等）和通信规约（如IEC 60870-5-101、IEC 60870-5-104、IEC 60870-5-103、部颁CDT、Host ZF、XT9702、SC1801、μ4F等）；通过GPS自动接受对时和统一系统时间；各设备、装置通信状态检查和监视、记录；内部数据的再加工处理，逻辑生成，转发信息的编辑、合成；通过网络，远程维护和监测；可配置双机冗余工作方式，通信通道监视和自动切换；装置本身具有自诊断和告警功能。

(3) 计量管理机。采集整个充电站的总电量、每次充电电量，传送到运行管理层进行处理，并可与用电信息采集系统或上级监控中心通信。

(4) 安防服务器。安防服务器完成视频数据、门禁信息、消防信息的采集、存储与处理。

C 运行管理层

(1) 充电监控。对充电过程进行实时监测，通过与电池管理系统（BMS）的信息交互自动调整充电机的输出电压和电流，实现智能充电控制，延长电池寿命，保障充电过程的安全可靠。系统可采集充电机的电压、电流、故障信号等运行数据及电动汽车动力电池的总电压、总电流和单体电池电压、温度、故障信号等数据，并以曲线、棒图等多种可视化方式在后台进行展现；可远方遥控充电机启停、校时、紧急停机、设定充电参数等。

（2）充电信息管理。存储并统计分析车辆充电次数、充电起止时间、充电电量、充电费用等以及充电电流电压变化曲线、电池组温度、SOC 等动力电池相关数据，并以报表、曲线、棒图、饼图等多种方式进行展现。

（3）充电计量计费。以 IC 充电卡为载体，实时完成充电设施每次充电过程中的电能计量和计费管理，涵盖 IC 充电卡在支付环节应用的多种业务，提供 IC 充电卡发行、充值、管理以及充电设施支付环境管理和充电业务管理等多个功能模块，为充电设施的大规模商业化运营提供基础。

（4）配电监控。完成充电设施供配电系统的保护和测控功能，保障充电设施电源的安全可靠供给。采集电压、电流、功率、频率、温度等模拟量以及断路器位置、刀闸位置、保护事件、各类预告报警信号、设备状态信号等数据，完成开关的遥控操作。

（5）安防监控。完成充电站的视频监控以及消防、门禁和周界安全的监控结合配电系统和充电系统的相关告警信号，完成视频联动监控。

（6）与其他系统接口。提供与配网自动化系统、电力营销监控系统、充电设施监控中心等系统的完善接口，进行信息交互。

本章小结

充电桩是一种常用的电动汽车能源供给设备，多个充电桩集成的充电站现在是电动汽车主要的能源供给站。本章介绍了充电站供电系统配置，包括供电方式、配电容量、一次及二次配置、交直流系统、谐波治理等；给出了充电系统设计方法，包括电能补给方式、交流充电方式、直流充电方式、电动汽车与电网互动技术；讨论了充电站监控系统建设方案，包括网络拓扑结构、配电监控、烟雾监控、视频监控、充电监控。

思考题

8-1 试论述电动汽车充电站的系统组成及功能配置。

8-2 充电站配电容量如何确定，一次、二次配置如何确定？

8-3 简述交流充电方式工作原理。

8-4 简述直流充电机工作原理。

8-5 无线充电技术是一项什么技术，它有哪几种工作方式？

8-6 V2G 是一项什么技术，其工作原理是什么？

8-7 充电站监控系统网络拓扑结构是怎样的，各个子系统的主要功能是什么？

8-8 根据充电站设计原则，试做一个中型充电站的工程设计。

附　　录

附录 1　电动汽车标准速查

电动汽车整车标准设计基础通用型、安全性、试验方法、技术条件等，有国家推荐性标准，也有行业标准，主要标准见附表 1。

附表 1　电动汽车整车标准

标准代号	标准名称	标准内容及适用范围
GB/T 19596—2004	电动汽车术语	规定了与电动汽车相关的术语及其定义；适用于电动汽车整车、电机及控制器、蓄电池及充电机
GB/T 4094. 2—2005	电动汽车操纵件、指示器及信号装置的标志	规定了电动汽车特有的关于操纵件、指示器及信号装置的识别标志和信号装置显示颜色的基本要求；适用于电动汽车
GB/T 19836—2005	电动汽车用仪表	规定了电动汽车仪表的类别和一般要求；适用于电动汽车用仪表
GB/T 18385—2005	电动汽车动力性能试验方法	规定了纯电动汽车的加速特性、最高车速及爬坡能力等的试验方法；适用于纯电动汽车
GB/T 18386—2005	电动汽车能量消耗率和续驶里程试验方法	规定了纯电动汽车的能量消耗率和续驶里程的试验方法；适用于纯电动汽车
GB/T 18388—2005	电动汽车定型试验规程	规定了纯电动汽车新产品设计定型试验的实施条件、试验项目、试验方法、判定依据和试验报告的内容；适用于纯电动汽车
GB/T 18387—2008	电动车辆的电磁场发射强度的限值和测量方法，宽带，9kHz~30MHz	规定了纯电动车辆在频率范围 9kHz~30MHz 的磁场和电场的辐射发射的限值及测量方法，以及在频率范围 450kHz~30MHz 的传导发射的限值和测量方法；传导发射测量仅适用于车载电池充电系统，其开关频率应在 9kHz 以上，能量通过金属导体传输；传导发射技术的要求仅适用于通过交流电源线对电池充电过程期间
GB/T 24552—2009	电动汽车风窗玻璃除霜除雾系统的性能要求及试验方法	规定了电动汽车风窗玻璃除霜、除雾系统的性能要求及试验方法；适用于除霜、除雾系统使用动力电池作为动力源的 M1 类纯电动汽车
GB/T 24347—2009	电动汽车 DC/DC 变换器	规定了电动汽车 DC/DC 变换器的要求、试验方法、检验规则、标志、包装、运输、储存等；适用于电动汽车动力电源系统用 DC/DC 变换器
QC/T 838—2010	超级电容电动城市客车	规定了超级电容电动城市客车的术语和定义、型号、要求、试验方法、检验规则、标志、运输和保管；适用于采用超级电容器作为动力电源或以超级电容器作为主要动力电源的各种电动城市客车

续附表 1

标准代号	标准名称	标准内容及适用范围
GB/T 28382—2012	纯电动乘用车技术条件	规定了 5 座及以下的纯电动乘用车的术语和定义、技术要求和试验方法；适用于使用动力蓄电池驱动的纯电动乘用车
QC/T 925—2013	超级电容电动城市客车定型试验规程	规定了超级电容电动城市客车新产品定型试验的实施条件、试验项目、试验方法、评定依据、试验程序以及试验报告等内容；适用于采用超级电容器作为动力电源或以超级电容器作为主要动力电源的电动城市客车
GB/T 31498—2015	电动汽车碰撞后安全要求	规定了带有 B 级电压电路的纯电动汽车、混合动力电动汽车正面碰撞、侧面碰撞后的特殊安全要求和试验方法；适用于带有 B 级电压电路的纯电动汽车、混合动力电动汽车
GB/T 31466—2015	电动汽车高压系统电压等级	规定了电动汽车高压系统的直流电压等级要求，分别是 144V、288V、320V、346V、400V 和 576V；适用于混合动力电动汽车、插电式混合动力电动汽车和纯电动汽车
GB/T 18384.1—2015	电动汽车安全要求　第 1 部分：车载可充电储能系统	规定了电动汽车 B 级电压驱动电路系统的车载可充电储能系统的要求，从而确保车辆内部、外部人员以及车辆环境的安全；适用于车载驱动系统的最大工作电压是 B 级电压的电动汽车
GB/T 18384.2—2015	电动汽车安全要求　第 2 部分：操作安全和故障防护	针对电动汽车所特有的危险规定了操作安全和故障防护的要求，以保护车辆内外的人员的安全；适用于车载驱动系统的最大工作电压是 B 级电压的电动汽车
GB/T 18384.3—2015	电动汽车安全要求　第 3 部分：人员触电防护	规定了电动汽车电力驱动系统和传导连接的辅助系统（如果有）防止车内及车外人员触电的要求；适用于车载驱动系统的最大工作电压是 B 级电压的电动汽车

注：B 级电压，对于交流电是 30~1000V，对于直流电是 60~1500V。

附录2 动力电池标准速查

动力电池从产品类别上覆盖了铅酸蓄电池、锂离子电池、金属氢化物镍蓄电池、锌空气电池、超级电容器；从产品级别上覆盖了电池单体、模块、系统以及电池箱体、电池管理系统；从标准规定的内容上，包括了动力电池的安全性、电性能、循环寿命、规格尺寸等。动力电池主要标准见附表2。

附表2 动力电池主要标准

标准代号	标准名称	标准内容及适用范围
QC/T 742—2006	电动汽车用铅酸蓄电池	规定了电动汽车用铅酸蓄电池的要求、试验方法、检验规则、标志、包装、运输和储存；适用于电动汽车用铅酸蓄电池
QC/T 743—2006	电动汽车用锂离子蓄电池	规定了电动汽车用锂离子蓄电池的要求、试验方法、检验规则、标志、包装、运输和储存；适用于电动汽车用标称电压单体3.6V和模块的锂离子蓄电池
QC/T 744—2006	电动汽车用金属氢化物镍蓄电池	规定了电动汽车用密封金属氢化物镍蓄电池的要求、试验方法、检验规则、标志、包装、运输和储存；适用于电动汽车用标称电压单体1.2V和模块的密封金属氢化物镍蓄电池
QC/T 840—2010	电动汽车用动力蓄电池产品规格尺寸	规定了电动汽车用金属氢化物镍动力蓄电池和锂离子动力蓄电池单体及模块的规格及外形尺寸；适用于电动汽车用金属氢化物镍动力蓄电池和锂离子动力蓄电池单体及模块
QC/T 897—2011	电动汽车用电池管理系统技术条件	规定了电动汽车用电池管理系统的术语与定义、要求、试验方法、检验规则、标志等；适用于电动汽车用动力蓄电池管理系统
QC/T 989—2014	电动汽车用动力蓄电池箱通用要求	规定了电动汽车用动力蓄电池系统中蓄电池箱的一般要求、安全要求、机械强度、外观与尺寸、耐环境要求、组装要求、试验方法、标识与标志、运输储存与包装；适用于车载充电的蓄电池箱和快换方式的蓄电池箱
QC/T 741—2014	车用超级电容器	规定了电动道路车辆用超级电容器的要求、试验方法、检验规则、标志、包装、运输和储存；适用于电动道路车辆用超级电容器单体和模块
GB/T 18333.2—2015	电动汽车用锌空气电池	规定了电动汽车用锌空气电池的术语和定义、符号、要求、试验方法、检验规则、标志、包装、运输、储存；适用于以机械更换式作为能量补充方式的电动汽车用锌空气电池
GB/T 31484—2015	电动汽车用动力蓄电池循环寿命要求及试验方法	规定了电动汽车用动力蓄电池的标准循环寿命的要求、试验方法、检验规则，以及工况循环寿命的试验方法、检验规则；适用于装载在电动汽车上的动力蓄电池
GB/T 31485—2015	电动汽车用动力蓄电池安全要求及试验方法	规定了电动汽车用动力蓄电池的安全要求、试验方法、检验规则；适用于装载在电动汽车上的锂离子蓄电池和金属氢化物镍蓄电池、单体及模块，其他类型蓄电池参照执行

续附表 2

标准代号	标准名称	标准内容及适用范围
GB/T 31467.1—2015	电动汽车用锂离子动力蓄电池包和系统　第 1 部分：高功率应用测试规程	规定了电动汽车用高功率锂离子动力蓄电池包和系统电性能的测试方法；适用于装载在电动汽车上，主要以高能量应用为目的的锂离子动力蓄电池包和蓄电池系统，以高功率应用为目的的金属氢化物镍动力蓄电池包和系统等参照执行
GB/T 31467.2—2015	电动汽车用锂离子动力蓄电池包和系统　第 2 部分：高能量应用测试规程	规定了电动汽车用高能量锂离子动力蓄电池包和系统电性能的测试方法；适用于装载在电动汽车上，主要以高能量应用为目的的锂离子动力蓄电池包和蓄电池系统，以高能量应用为目的的金属氢化物镍动力蓄电池包和系统等参照执行
GB/T 31467.3—2015	电动汽车用锂离子动力蓄电池包和系统　第 3 部分：安全性要求与测试方法	规定了电动汽车用锂离子动力蓄电池包和系统安全性的要求和测试方法；适用于装载在电动汽车上的锂离子动力蓄电池包和系统，金属氢化物镍动力蓄电池包和系统等可参照执行
GB/T 31486—2015	电动汽车用动力蓄电池电性能要求及试验方法	规定了电动汽车用动力蓄电池的电性能要求、试验方法、检验规则；适用于装载在电动汽车上的锂离子蓄电池和金属氢化物镍蓄电池单体及模块，其他类型蓄电池参照执行

附录 3 驱动电机标准速查

驱动电机系统是电动汽车的动力输出单元，要求工作可靠，电气接口统一，其主要标准见附表 3。

附表 3 驱动电机系统主要标准

标准代号	标准名称	标准内容及适用范围
QC/T 893—2011	电动汽车用驱动电机系统故障分类及判断	规定了电动汽车用驱动电机系统故障的确认原则、故障模式和故障分类；适用于各类电动汽车用驱动电机系统
QC/T 896—2011	电动汽车用驱动电机系统接口	规定了电动汽车用驱动电机系统的电气接口形式、信号定义，对驱动电机系统的机械接口做了通用性的规定；适用于电动汽车用驱动电机系统
GB/T 29307—2012	电动汽车用驱动电机系统可靠性试验方法	规定了电动汽车用驱动电机系统在台架上的一般可靠性试验方法，其中包括可靠性试验负荷规范及可靠性评定方法；适用于最终动力输出为电机单独驱动或电机和发动机联合驱动的电动汽车用驱动电机系统
GB/T 18488. 1—2015	电动汽车用驱动电机系统 第 1 部分：技术条件	规定了电动汽车用驱动电机系统的工作制、电压等级、型号命名、要求、检验规则以及标志与标识等；适用于电动汽车用驱动电机系统、驱动电机、驱动电机控制器
GB/T 18488. 2—2015	电动汽车用驱动电机系统 第 2 部分：试验方法	规定了电动汽车用驱动电机系统试验用的仪器仪表、试验准备及各项试验方法；适用于电动汽车用驱动电机系统、驱动电机、驱动电机控制器

附录 4　混合动力电动汽车标准速查

混合动力电动汽车标准与纯电动汽车标准有些是共用的，混合动力电动汽车主要标准见附表 4。

附表 4　混合动力电动汽车主要标准

标准代号	标准名称	标准内容及适用范围
GB/T 19750—2005	混合动力电动汽车定型试验规程	规定了混合动力电动汽车新产品设计定型试验的实施条件、试验项目、试验方法、判定依据和试验报告的内容；适用于混合动力电动汽车
GB/T 19751—2005	混合动力电动汽车安全要求	规定了 M 类混合动力电动汽车特殊的安全要求；适用于车载电路的最大工作电压低于 660V（AC）或 1000V（DC）的 M 类混合动力电动汽车；其他类混合动力电动汽车可参照执行
GB/T 19752—2005	混合动力电动汽车动力性能试验方法	规定了混合动力电动汽车动力性能试验方法；适用于 M1、M2、M3、N1、N2、N3 型的混合动力车辆
GB/T 19755—2005	轻型混合动力电动汽车污染物排放测量方法	规定了装用点燃式发动机轻型混合动力电动汽车冷启动后排气污染物排放、曲轴箱气体排放、蒸发排放的测量方法，以及装用压燃式发动机的轻型混合动力电动汽车冷启动后排气污染物排放的测量方法；适用于装用点燃式发动机或压燃式发动机最大设计车速大于或等于 50km/h 的轻型混合动力电动汽车
QC/T 837—2010	混合动力电动汽车类型	规定了混合动力电动汽车的类型及定义；适用于混合动力电动汽车
QC/T 894—2011	重型混合动力电动汽车污染物排放　车载测量方法	规定了混合动力电动汽车在底盘测功机或场地上进行车载排放试验的试验方法；适用于最大总质量超过 3500kg 的混合动力电动汽车
QC/T 926—2013	轻型混合动力电动汽车（ISG 型）用动力单元可靠性试验方法	规定了轻型混合动力电动汽车（ISG 型）用动力单元可靠性的试验方法；适用于 M1 类、N1 类和最大设计总质量不超过 3000kg 的 M1 类及混合动力电动汽车（ISG 型）用动力单元
GB/T 19753—2013	轻型混合动力电动汽车能量消耗量试验方法	规定了装用点燃式发动机或压燃式发动机的轻型混合动力电动汽车能量消耗量的试验方法；适用于装用点燃式发动机或压燃式发动机的、最大总质量不超过 3500kg 的 M1 类、M2 类和 N1 类混合动力电动汽车
GB/T 19754—2015	重型混合动力电动汽车能量消耗量试验方法	规定了重型混合动力电动汽车在底盘测功机或道路上进行能量消耗量试验的试验方法；适用于最大总质量超过 3500kg 的混合动力电动汽车

附录 5 燃料电池电动汽车标准速查

随着各国对燃料电池电动汽车产业的不断投入，燃料电池电动汽车技术逐渐成熟，全球各大汽车集团均有燃料电池电动汽车商业化的计划。各国及各区域燃料电池电动汽车相关标准也在不断制定和完善中。目前的燃料电池电动汽车新标准制定主要集中于燃料电池系统及车载储氢系统两大方面，其中车载储氢系统的标准主要侧重于储氢系统的测试及加注方面。我国燃料电池电动汽车主要标准见附表 5。

附表 5 我国燃料电池电动汽车主要标准

标准代号	标准名称	标准内容及适用范围
GB/T 24548—2009	燃料电池汽车整车术语	规定了与燃料电池电动汽车相关的术语及其定义；适用于使用气态氢的燃料电池电动汽车整车及部件
GB/T 24549—2009	燃料电池汽车安全要求	规定了燃料电池电动汽车特有的燃料系统、燃料电池系统、动力电路系统、功能、故障防护和碰撞等方面的安全要求；适用于使用气态氢的燃料电池电动汽车
GB/T 24554—2009	燃料电池发动机性能试验方法	规定了燃料电池发动机启动特性、稳态特性、动态响应特性、气密性检测、绝缘电阻检测等试验方法；适用于车用质子交换膜燃料电池发动机
QC/T 816—2009	加氢车技术条件	规定了用于装运和加注高压氢气的车辆的术语和定义、要求、标志和运输、停放及随车文件；适用于定型汽车底盘改装的装运和加注高压氢气的加氢车
GB/T 26990—2011	燃料电池电动汽车车载氢系统技术要求	规定了燃料电池电动汽车的车载氢系统的技术条件；适用于使用压缩氢作为燃料，在环境温度为 15℃时，工作压力不超过 30MPa 的燃料电池电动汽车
GB/T 26991—2011	燃料电池电动汽车最高车速 试验方法	规定了燃料电池混合动力电动汽车最高车速的试验方法；适用于使用压缩氢气的燃料电池混合动力电动汽车
GB/T 26779—2011	燃料电池电动汽车加氢口	规定了燃料电池电动汽车加氢口的定义、形式、要求、试验方法、检验规则；适用于使用压缩氢气为工作介质，工作压力不超过 35MPa，工作环境温度为-40~60℃的燃料电池电动汽车
GB/T 29123—2012	示范运行氢燃料电池电动汽车技术规范	规定了进行示范运行的压缩氢燃料电池电动汽车的术语和定义、实施示范运行的基本条件、运行中危害的预防、汽车的启动、停放与存放、氢燃料的加注、意外事故的处理预案与培训、行驶等；适用于在指定道路上进行示范运行的压缩氢燃料电池电动汽车，其氢系统额定工作压力大于 35MPa
GB/T 29124—2012	氢燃料电池电动汽车示范运行配套设施规范	规定了压缩氢燃料电池电动汽车示范运行配套设施的术语和定义、实施示范运行的基本条件、基本要求、加氢站（车）及氢燃料的加注、停车场所与维修车间的相关规范等；适用于压缩氢系统的额定工作压力大于 35MPa 的氢燃料电动汽车示范运行相配套的加氢站、停车场所和维修车间
GB/T 29126—2012	燃料电池电动汽车车载氢系统试验方法	规定了燃料电池电动汽车的车载氢系统的试验方法；适用于使用压缩氢作为燃料，在环境温度为 15℃时，工作压力不超过 30MPa 的燃料电池电动汽车

附录6　充换电设施、充电接口标准速查

电动汽车充换电设备是指为电动汽车动力蓄电池提供电能的相关设施的总称，一般包括充电站、电池更换站、电池配送中心、集中或分散布置的充电桩等。充换电设施主要标准见附表6。

附表6　充换电设施主要标准

标准代号	标准名称	标准内容及适用范围
NB/T 33001—2010	电动汽车非车载传导式充电机技术条件	规定了电动汽车用非车载传导式充电机的基本构成、功能要求、技术要求、试验方法、检验规则及标识；适用于采用传导式充电方式的电动汽车用非车载充电机
NB/T 33002—2010	电动汽车交流充电桩技术条件	规定了电动汽车交流充电桩基本构成、功能要求、技术要求、试验项目、产品资料等方面的要求；适用于采用传导式充电的充电桩选型、配置和检验
QC/T 895—2011	电动汽车车载传导式充电机技术条件	规定了电动汽车传导式车载充电机的基本构成、参数、要求、试验方法、检验规则及标志、包装、运输和储存；适用于纯电动汽车和可外接充电的混合动力电动汽车用的车载充电机
GB/T 29316—2012	电动汽车充换电设施电能质量技术要求	规定了电动汽车充换电设施电能质量相关标准及检测的要求；适用于电动汽车充换电设施，包括交流充电桩以及充换电站
GB/T 29317—2012	电动汽车充换电设施术语	规定了与电动汽车充换电设施相关的术语及其定义；适用于采用传导充电方式的电动汽车充换电设施
GB/T 29318—2012	电动汽车非车载充电机电能计量	规定了电动汽车非车载充电机计量用直流电能计量装置的配置安装要求、技术要求、试验方法和检验规则，规定了充电机计量技术要求；适用于充电机的电能计量
GB/T 28569—2012	电动汽车交流充电桩电能计量	规定了电动汽车交流充电桩电能计量的技术要求及电能计量装置的配置安装要求、试验方法和检验规则；适用于交流充电桩的电能计量
GB 29303—2012	用于Ⅰ类和电池供电车辆的可开闭保护接地移动式剩余电流装置（SPE-PRCD）	规定了SPE-PRCD的分类、特性、标志和产品资料、使用和安装的标准工作条件、结构和操作的要求试验；适用于与具有Ⅰ类绝缘和电池充电装置的电动车辆一起使用的移动式装置
GB/T 29781—2013	电动汽车充电站通用要求	规定了电动汽车充电站的选址原则、供电系统、充电系统、监控系统、电能计量、行车道、停车位、安全要求、标志和标识；适用于采用整车充电方式为电动汽车动力蓄电池进行传导式充电的充电站
GB/T 29772—2013	电动汽车电池更换站通用技术要求	规定了电动汽车电池更换站的建设类型、选址、供电系统、充电与电池更换系统、监控系统、行车道和停车位、土建、安全和消防、标志和标识等；适用于电动汽车电池更换站
NB/T 33004—2013	电动汽车充换电设施工程施工和竣工验收规范	规定了电动汽车充换电设施工程施工规范、竣工验收标准等；适用于新建、扩建和改建的电动汽车充换电设施的工程施工和竣工验收

续附表6

标准代号	标准名称	标准内容及适用范围
NB/T 33005—2013	电动汽车充电站及电池更换站监控系统技术规范	规定了电动汽车充电站及电池更换站监控系统组成、功能要求及技术指标；适用于电动汽车充电站及电池更换站监控系统
NB/T 33006—2013	电动汽车电池箱更换设备通用技术要求	规定了电动汽车电池箱更换设备的形式、基本参数、技术要求、试验、检验规则、标识、包装、运输等内容；适用于电动汽车电池箱更换设备
NB/T 33007—2013	电动汽车充电站/电池更换站监控系统与充换电设备通信协议	规定了电动汽车充电站/电池更换站内监控系统与充换电设备通信的接口和报文规范；适用于电动汽车充电站和电池更换站监控系统
NB/T 33008. 1—2013	电动汽车充电设备检验试验规范　第1部分：非车载充电机	规定了电动汽车非车载充电机试验条件、检验仪器、检验规则、检验项目、试验方法；适用于充电机形式试验、出厂检验、到货验收等
NB/T 33008. 2—2013	电动汽车充电设备检验试验规范　第2部分：交流充电桩	规定了电动汽车交流充电桩试验条件、检验仪器、检验规则、检验项目、试验方法；适用于交流充电桩型式试验、出厂检验、到货验收等
NB/T 33009—2013	电动汽车充换电设施建设技术导则	规定了电动汽车充换电设施建设应遵循的基本技术原则；适用于电动汽车充换电设施的建设，包括交流充电桩、充电站、电池更换站和电池配送中心等
GB 50966—2014	电动汽车充电站设计规范	规定了电动汽车充电站规模及站址选择、充电系统、供配电系统、电能计量、监控及通信系统等；适用于采用整车充电模式的电动汽车充电站的设计

作为连接电动汽车和充电设施的桥梁，充电接口的结构和连接装置的安全性至关重要，需要按照统一的标准进行开发和测试。电动汽车充电接口的统一对电动汽车市场化的推动起到至关重要的作用。充电按口标准主要规定了产品结构尺寸、电气安全、机械强度、耐环境可靠性、使用寿命等方面的技术要求。充电接口主要标准见附表7。

附表7　充电接口主要标准

标准代号	标准名称	标准内容及适用范围
GB/T 20234. 1—2015	电动汽车传导充电连接装置　第1部分：通用要求	规定了电动汽车传导充电系统分类、通信要求、电击保护、电动汽车和供电设备之间的连接、车辆接口和供电接口的特殊要求、供电设备结构要求、性能要求、过载保护和短路保护、急停、使用条件、维修和标识及说明；适用于为电动汽车非车载传导充电的电动汽车供电设备，包括交流充电桩、非车载充电机、电动汽车充电用连接装置等，其供电电源额定电压和额定输出电压最大值为1000V（AC）或1500V（DC）

续附表 7

标准代号	标准名称	标准内容及适用范围
GB/T 18487.1—2015	电动汽车传导充电系统　第 1 部分：通用要求	规定了电动汽车传导充电用连接装置的定义、要求、试验方法和检验规则；适用于电动汽车传导式充电用的充电连接装置，其交流额定电压不超过 690V，频率为 50Hz，额定电流不超过 200A，直流额定电压不超过 1000V，额定电流不超过 400A
GB/T 20234.2—2015	电动汽车传导充电用连接装置　第 2 部分：交流充电接口	规定了电动汽车传导充电用交流充电接口的通用要求、功能定义、形式结构、参数和尺寸；适用于电动汽车传导充电用的交流充电接口，其额定电压不超过 440V(AC)，频率为 50Hz，额定电流不超过 63A(AC)
GB/T 20234.3—2015	电动汽车传导充电用连接装置　第 3 部分：直流充电接口	规定了电动汽车传导充电用直流充电接口的通用要求、功能定义、形式结构、参数和尺寸；适用于充电模式 4 及连接方式 C 的车辆接口，其额定电压不超过 1000V(DC)、额定电流不超过 250A(DC)
GB/T 27930—2015	电动汽车非车载传导式充电机与电池管理系统之间的通信协议	规定了电动汽车非车载传导式充电机与电池管理系统之间基于控制器局域网的通信物理层、数据链路层及应用层的定义；适用于采用传导式充电方式的电动汽车非车载充电机与电池管理系统之间的通信协议，也适用于充电机与具有充电控制功能的车辆单元之间的通信

参 考 文 献

[1] 国务院国发〔2012〕22 号 . 节能与新能源汽车产业规划 [EB/OL]. http: //www. gov. cn/zwgk/2012-07/09/content_2179032. htm.
[2] 国务院国发〔2015〕28 号 . 中国制造 2025 [EB/OL]. http: //www. gov. cn/zhengce/content/2015-05/19/content_9784. htm.
[3] 国务院国发〔2016〕43 号 . "十三五"国家科技创新规划 [EB/OL]. http: //www. most. gov. cn/mostinfo/xinxifenlei/gjkjgh/201608/t20160810_127174. htm.
[4] 国务院国发〔2016〕67 号 . "十三五"国家战略性新兴产业发展规划 [EB/OL]. http: //www. gov. cn/zhengce/content/2016-12/19/content_5150090. htm.
[5] 汤双清. 飞轮储能技术及应用 [M]. 武汉: 华中科技大学出版社, 2007.
[6] 徐国凯, 等. 电动汽车的驱动与控制 [M]. 北京: 电子工业出版社, 2010.
[7] 钱伯章. 新能源汽车与新型蓄能电池及热电转换技术 [M]. 北京: 科学出版社, 2010.
[8] [美] 爱赛尼. 现代电动汽车、混合动力电动汽车和燃料电池车: 基本原理、理论和设计 [M]. 熊素铭, 译. 北京: 机械工业出版社, 2010.
[9] [法] 约瑟夫·贝雷塔. 电动汽车及其驱动技术 [M]. 赵克刚, 译. 北京: 机械工业出版社, 2010.
[10] [美] 约翰 M. 米勒. 混合动力汽车驱动系统 [M]. 刘玉梅, 赵聪聪, 徐振, 等译. 北京: 机械工业出版社, 2010.
[11] [加] 刘伟. 混合动力汽车系统建模与控制 [M]. 殷国栋, 等译. 北京: 机械工业出版社, 2010.
[12] [美] 侯赛因. 纯电动及混合动力汽车设计基础 [M]. 2 版. 林程, 译. 北京: 机械工业出版社, 2012.
[13] 王文伟, 毕荣华. 电动汽车技术基础 [M]. 北京: 机械工业出版社, 2011.
[14] 谭晓军. 电动汽车动力电池管理系统设计 [M]. 广州: 中山大学出版社, 2012.
[15] 邹政耀, 王若平. 新能源汽车技术 [M]. 北京: 国防工业出版社, 2012.
[16] 徐晓慧, 徐石明. 电动汽车及充换电技术 [M]. 北京: 中国电力出版社, 2012.
[17] 王震坡. 电动车辆动力电池系统及应用技术 [M]. 北京: 机械工业出版社, 2012.
[18] 陈全世, 等. 先进电动汽车技术 [M]. 2 版. 北京: 化学工业出版社, 2013.
[19] 杨庆新, 张献, 李阳 . 无线电能传输技术及其应用 [M]. 北京: 机械工业出版社, 2014.
[20] 王兆安, 刘进军. 电力电子技术 [M]. 5 版. 北京: 机械工业出版社, 2015.
[21] 姜久春. 电动汽车动力电池应用技术 [M]. 北京: 北京交通大学出版社, 2016.
[22] 崔胜民. 新能源汽车技术解析 [M]. 北京: 化学工业出版社, 2016.
[23] 王庆年, 曾小华. 新能源汽车关键技术 [M]. 北京: 化学工业出版社, 2017.
[24] 华周发, 李静 . 电动汽车动力电池 SOC 估算方法综述 [J]. 电源技术, 2013 (9): 1686~1689.
[25] 曾小华. 混合动力轿车节能及例与参数设计方法研究 [D]. 吉林大学, 2006.
[26] 吴剑. 并联式混合动力汽车能量管理策略优化研究 [D]. 山东大学, 2008.
[27] 张凤格. 混合动力汽车驱动系统控制策略的研究 [D]. 武汉理工大学, 2010.
[28] 于永涛. 混联式混合动力车辆优化设计与控制 [D]. 吉林大学, 2010.
[29] 张鹏. 电动汽车制动能量回收系统的研究与实现 [D]. 哈尔滨工业大学, 2010.
[30] 朱津明. 串联式混合动力电动汽车动力系统参数匹配与整车性能仿真 [D]. 合肥工业大学, 2012.
[31] 孙绪旗. 氢燃料电池汽车动力系统设计及建模仿真 [D]. 武汉理工大学, 2012.
[32] 徐仕华. 纯电动汽车动力驱动系统与性能研究 [D]. 南昌大学, 2012.
[33] 黄万友. 纯电动汽车动力总成系统匹配技术研究 [D]. 山东大学, 2012.
[34] 温有东. 电动汽车用永磁同步电机的研究 [D]. 哈尔滨工业大学, 2012.

[35] 周飞鲲. 纯电动汽车动力系统匹配及整车控制策略研究［D］. 吉林大学，2013.
[36] 李春涛. 电动汽车用永磁无刷直流电机调速控制器研究［D］. 合肥工业大学，2013.
[37] 李浩. 基于开关磁阻电机的双轮驱动电动汽车驱动系统研究［D］. 合肥工业大学，2013.
[38] 邹发明. 并联式混合动力汽车动力系统参数设计与能量管理策略研究［D］. 重庆交通大学，2013.
[39] 柏林. 电动汽车动力电池的电气特性分析及模型研究［D］. 哈尔滨工业大学，2013.
[40] 邱会鹏. 纯电动汽车整车控制器的研究［D］. 哈尔滨工业大学，2014.
[41] 张亿. 插电混合动力电动汽车动力耦合系统设计与性能研究［D］. 重庆大学，2014.
[42] 刘鹏. 氢燃料电池汽车动力电池 SOC 估算及能量管理策略研究［D］. 武汉理工大学，2014.
[43] 陈志朴. 插电式 CVT 混合动力汽车再生制动控制策略研究［D］. 重庆大学，2014.
[44] 尹鹏飞. 电动汽车两挡自动变速器设计与仿真分析［D］. 哈尔滨工业大学，2015.
[45] 聂松. 新型增程式电动汽车动力传动系统参数设计及综合匹配控制［D］. 重庆大学，2015.
[46] 李旭军. 锂离子电池能量估算与转换均衡控制应用研究［D］. 湘潭大学，2016.
[47] 王华瑞. 总线式汽车电源管理系统研究［D］. 合肥工业大学，2016.
[48] 郑大伟. 基于 CVT 的插电式混合动力汽车再生制动控制策略［D］. 重庆大学，2016.